Eugen Reichl

# SPACE 2024

## Das aktuelle Raumfahrt-Jahrbuch mit allen Starts

Web: www.space-jahrbuch.de / eMail: redaktion@space-jahrbuch.de

1. Auflage, November 2023

| | |
|---|---|
| Initiator: | Verein zur Förderung der Raumfahrt e. V., www.vfr.de |
| Herausgeber: | Thomas Krieger |
| Organisation: | Peter Schramm |
| Lektorat: | Heimo Gnilka, Margit Drexler, Thomas Krieger, Peter Schramm, Stefan Schiessl |
| Titelmotiv: | Stefan Schiessl |
| Layout & Satz: | Stefan Schiessl, www.exploredesign.de |
| Druck: | Rainer Gottschalk, www.flyer-store.de |
| ISBN: | 978-3-944819-24-2 |

# EDITORIAL

***LIEBE LESERIN, LIEBER LESER,***

vor über 45 Jahren ignorierten Frankreich und weitere Partnerländer der Europäischen Weltraumbehörde die Behauptung der USA, dass von nun an, da der Shuttle existiere, alle nicht wiederverwendbaren Trägersysteme obsolet seien. Die Skepsis gegenüber dieser Aussage bereitete in Europa die Bühne für die Gründung der Arianespace, der ersten kommerziellen Vertriebsgesellschaft für Trägerraketen der Welt.

Mit Rückendeckung der ESA, die stark an einem unabhängigen europäischen Zugang zum Weltraum interessiert war, um sowohl ihre Wissenschaftsprogramme als auch die europäische Raumfahrtindustrie zu stärken, wuchs die Arianespace innerhalb weniger Jahre zu einer bedeutenden internationalen Größe auf dem Raumfahrtträger-Sektor heran. 1984, also noch vor der Challenger-Katastrophe, wurde die Hälfte des Weltmarktes an Satelliten für ihre Starts auf Ariane-Raketen gebucht.

Doch kurz nach der Jahrtausendwende begann der Gegenwind von Seiten der Konkurrenten aus den USA, Russland und China zu blasen. Das zwang die Arianespace dazu, die Preise zu senken und einen Upgrade bei der Ariane 5 durchzuführen. Die Zeiten wurden rauer. Das war aber erst ein Vorbote der Dinge, die noch kommen sollten. Mit neuartiger Technologie und niedrigen Preisen schloss SpaceX zunächst langsam zur Arianespace auf, überholte sie schließlich 2017 und ließ sie danach mit immer höherer Beschleunigung hinter sich. Sechs Jahre später ist der Abstand zu SpaceX frappierend. Für die europäischen Entwickler geht es seither im Vergleich zum Weltmarkt nur noch in eine Richtung: Steil bergab. Europa führte im Jahr 2023 ganze drei Orbitalstarts durch. Bei SpaceX werden es am 31. Dezember irgendwo zwischen 90 und 100 Missionen sein.

Schuld an dieser Misere sind viele Faktoren. Zum einen die typische europäische Unentschlossenheit, das völlige Verkennen der tatsächlichen Situation, eine unglaubliche Arroganz und eine schier endlose Kette falscher Entscheidungen. Entscheidungen, die nicht von der Lösung des Problems, sondern von politischen Ränkespielchen getrieben sind. Als Sahnehäubchen auf diesem totalen Debakel endete im Februar letzten Jahres auch noch die Zusammenarbeit mit Russland.

Dieses europäische Drama auf dem Trägerraketensektor ist auch Gegenstand eines Artikels in der diesjährigen Ausgabe von SPACE. Er trägt den Titel: *Europas Abschied vom Weltraum.*

Aber es gab natürlich auch viele positive Highlights in der weltweiten Raumfahrt. Meine drei Favoriten unter den Top-Ereignissen des Berichtszeitraumes September 2022 bis August 2023 sind:

- Der absichtlich herbeigeführte Einschlag der Raumsonde DART am 26. September 2022 auf dem Asteroiden Dimorphos, der glänzend bewies, dass die Abwehr zumindest kleinerer erdgefährdender Asteroiden möglich ist.
- Der Erstflug des SLS/Orion-Systems bei der Artemis I-Mission zwischen dem 16. November und dem 11. Dezember 2022, und …
- Die Landung der indischen Raumsonde Vikram und das Absetzen des Pragyan-Rovers im Rahmen der Chandraayan 3-Mission am 23. August 2023.

Mein „Aufsteiger des Jahres" ist Axiom Space, das sich nicht nur im Raumstationsgeschäft fest etabliert hat, indem es derzeit etwa alle 10-12 Monate eine private Mission zur ISS entsendet und den Bau privater Module für die ISS vorantreibt, sondern auch von der NASA ausgewählt wurde, die Raumanzüge für das ARTEMIS-Mondprogramm zu entwickeln.

„Absteiger des Jahres" ist auch heuer die russische Raumfahrt, der es trotz jahrzehntelanger Vorbereitung nicht gelang, die Raumsonde Luna 25 auf dem Mond zu platzieren und ihr wertvolles Raumfahrzeug mit einem törichten Softwarefehler aus der Anfängerliga vernichtete.

Der „Sonderklasse-Award" geht auch heuer an SpaceX, das nun schon seit einer ganzen Weile eine Kategorie für sich ist, und das gesamte Verfolgerfeld inzwischen vielfach überrundet hat. Auch in Sachen „Innovation" bleibt SpaceX mit Abstand führend. Das Unternehmen unternahm am 20. April 2023 einen spektakulären Versuchsstart mit dem Starship, der ebenso spektakulär misslang. Wir haben dem Starship-Projekt in dieser Ausgabe von SPACE einen eigenen Artikel gewidmet. Titel: *Erfolgreicher Fehlschlag*.

Und schließlich dürfen wir auch China nicht vergessen, das mit stoischer Präzision die erste Phase des Ausbaus der nationalen Raumstation Tiangong abschloss und nun zur zweiten Nation geworden ist, die permanent im Orbit vertreten ist. Erst in diesen Tagen kündigte China außerdem an, die Tiangong-Station von bislang drei auf sechs Module erweitern zu wollen.

Im Editorial der Ausgabe SPACE 2023 freuten wir uns über Europas Initiative zur eigenständigen bemannten Raumfahrt mit der Bezeichnung SUSIE. Dieses (wie wir damals schon berichteten) etwas alberne Akronym steht für **S**mart **U**pper **S**tage for **I**nnovative **E**xploration. Wir versprachen im nächsten Jahr (also in der Ausgabe, die jetzt vor Ihnen liegt) darüber zu berichten, sofern sich in diesem Vorhaben etwas Erkennbares tut. Aber, wir sind hier in Europa. Es hat sich also, wie erwartet, nichts bewegt. Zumindest nichts, was an die Öffentlichkeit gelangt wäre, und deshalb gibt es hier keinen Bericht dazu.

**NUN ZU UNSEREM TRADITIONELLEN „SNEAK PREVIEW".**

Zwei der Beiträge in SPACE 2024 haben wir ja schon eingangs erwähnt. Unser diesjähriger Leitartikel, *Elon Almighty – Faktor X im Sonnensystem*, befasst sich mit einem Dauergast dieses Jahrbuchs: Elon Musk. In Deutschland fast durchweg geschmäht, in der übrigen Welt und vor allem in den USA fast durchweg gefeiert, polarisiert dieser „Macher" die Menschen. Zeit, ihn selbst und vor allem seine raumfahrtbezogenen Aktivitäten wieder einmal zu durchleuchten.

Während man hinsichtlich des Erfolges oder des Misserfolgs beim Jungfernflug des Starship durchaus geteilter Meinung sein kann, gilt das nicht für den ersten Einsatz des Space Launch Systems und der Orion-Raumkapsel bei der Mission Artemis I. Besser hätte es nicht laufen können. Diesen Erfolg würdigen wir in dem Bericht *Die Artemis-Ära hat begonnen*.

Auch in diesem Jahr haben wir mit Erinnerungen an eine deutsche Begegnung einen wunderbaren Beitrag vom VFR-Vorstandsrat Andreas Drexler in der aktuellen Ausgabe. Es ist dieses Mal ein Erlebnisbericht aus seiner Zeit als Wissenschaftsattaché in der Ständigen Vertretung der DDR in Bonn. Er erzählt, wie er Ende der 80er-Jahre den *Besuch von Sigmund Jähn in der BRD* mit in die Wege leitete und mit organisierte. Ein hoch interessanter zeitgeschichtlicher Beitrag mit weitgehend unbekannten Bildern.

Das japanische Unternehmen ispace versuchte im April 2023 eine Landung auf dem Mond. Die ArianeGroup GmbH in Lampoldshausen hatte wesentliche Systeme für dieses Projekt gebaut. Leider misslang die Landung in der entscheidenden Phase. Das lag aber an einer fehlerhaften Software und nicht am Lampoldshausener Beitrag, denn das Antriebssystem arbeitete tapfer bis zur letzten Sekunde Sprit. Timo Krone berichtet über die Mission, erzählt, wo die Fehler lagen und wie es nun mit ispace weitergeht in seinem Beitrag *Der Flug des weißen Hasen*.

Raumfahrtgeschichte darf in SPACE nie fehlen, Dieses Mal berichten wir in dem Beitrag Das erste Rendezvous im Orbit über...? Genau! Über das *erste Rendezvous im Weltraum mit Gemini 6 und Gemini 7* im Dezember 1965.

Im Bericht *Geschäft im cislunaren Raum* stellen wir unter anderem erstmals ausführlich das Blue Moon Projekt von Blue Origin vor. Aber auch andere Mitspieler in diesem neuen Betätigungsfeld kommen nicht zu kurz.

Im Beitrag *ARIS macht Träume* wahr berichtet unser Schweizer Gastautor Adrian Mettauer über die Akademische Raumfahrtinitiative Schweiz, die – im wahrsten Sinne des Wortes – hochfliegende Pläne hat.

Und schließlich untersuchen wir in *Seidenstraße in den Weltraum* die Hegemonialansprüche Chinas in der Raumfahrt.

Leider müssen wir ein Versprechen aus dem Vorjahr brechen, sonst würde uns der Umfang diese Ausgabe wieder aus dem Ruder laufen. Obwohl, „Versprechen brechen" trifft es nicht ganz, denn wir verschieben es nur aufs nächste Jahr. Dann bringen wir den in der letzten Ausgabe von SPACE angekündigten Bericht über das James Webb-Space Teleskop und seine faszinierenden Entdeckungen.

Erst vor drei Jahren eingeführt, aber schon ein „Klassik-Feature" von SPACE: Das *„Raumfahrt-Panorama"*. 24 Kurzartikel zu wichtigen und interessanten Ereignissen, die wir nicht in unseren Fachartikeln mit abgedeckt haben.

Unser diesjähriger Science-Fiction Wettbewerb befasste sich mit dem Thema *„Made in Space"*, also mit industrieller Produktion im Weltraum. Wie immer finden Sie in der aktuellen Ausgabe von SPACE die drei ersten Preisträger. Ihre Stories sind wieder sehr phantasiereich und spannend zu lesen. Im Siegertrio sind zwei „alte" Bekannte und eine Newcomerin. Wie jedes Jahr ein echtes Highlight. Und der Qualitätsstandard der Beiträge geht jedes Jahr weiter nach oben, wie ich finde.

Auch unsere ebenfalls noch recht neue Rubrik der *Micro SF Stories* hat sich etabliert. Wir bekamen erneut eine große Zahl von Einsendungen (136 waren es diesmal), zum großen Teil von hoher Qualität. Sie erinnern sich vielleicht noch: Diese Geschichten sind in ihrem Umfang auf maximal 500 Zeichen inklusive der Leerzeichen beschränkt. In dieser Ausgabe stellen wir wieder die nach unserem Dafürhalten zehn bemerkenswertesten Beiträge vor.

Neben den Artikeln und den Kurzgeschichten widmen wir einen wesentlichen Teil des Buches wie immer einer ausführlichen *Dokumentation aller Raumfahrtstarts* in der SPACE-typischen Berichtsperiode, die für den aktuellen Band vom September 2022 bis August 2023 läuft. Hier gibt es aber eine redaktionelle Änderung, die wir gleich im Anschluss an das Editorial in den Informationen der SPACE-Redaktion näher erläutern. Wir haben damit in den bislang erschienen 20 Bänden jede einzelne Mission, die seit 2003 in den Orbit oder darüber hinausging, im Detail dokumentiert.

Für die Zahlenfreaks und die Daten-Fans unter unseren Lesern haben wir wie jedes Jahr einen großen Block zur *Raumfahrtstatistik* der Jahre 2022 und 2023 erarbeitet.

## INFORMATIONEN DER SPACE-REDAKTION

Zwei Dinge ändern wir ab dieser Ausgabe von SPACE gegenüber den früheren Büchern. Zunächst, und das wird Ihnen wahrscheinlich gleich aufgefallen sein: Das Buch ist dünner als die Jahre zuvor. Was daran liegt, dass wir jetzt noch mehr Inhalt bieten. Ein Widerspruch meinen Sie? Durchaus nicht, denn in den letzten Jahren ist der Umfang von SPACE Jahr für Jahr gewachsen, was der ständig zunehmenden Anzahl von Starts geschuldet ist, denen wir aufgrund unserer Chronistenpflicht Genüge leisten wollten. Angesichts ständig steigender Druck- und Versandkosten hätte das aber zu permanenten Preiserhöhungen geführt, und die wollten wir uns und Ihnen ersparen. Sie werden die gewohnte Raumfahrt-Jahreschronik mit allen Starts des Berichtszeitraums (also in diesem Jahr vom September 2022 bis August 2023 auf den Seiten 182 bis 238) von dieser Ausgabe an in im Buch in einem geänderten Format vorfinden. Textlich auf etwa 500 Zeichen pro Einzelereignis verkürzt, mit einem Bild und einem QR-Code ausgestattet, über den sie mittels Handy, Tablet oder Computer zum „Langtext" weitergereicht werden. Dort können Sie dann, außerhalb des Buches, die komplette Story zu jedem Orbitalstart eines Berichtsjahres lesen.

Bei den Statistiken verzichten wir ab dieser Ausgabe auf die „Detaillierte Statistik der Weltraumstarts". Die Informationen, die Sie darin entnehmen können sind schon seit einigen Jahren in einer Tortengrafik gesammelt dargestellt. Detailinformationen können Sie aber auch in den „ausgelagerten" Langtexten der Chronik (siehe oben) entnehmen, wo wir darauf achten, dass darin jeder einzelne Satellit mit seinen Kerninformationen beschrieben wird.

Am Schluss dieses Editorials ist wie jedes Jahr der Platz, allen zu danken, die wesentlich zum Entstehen dieser Ausgabe beigetragen haben. Das sind die beiden Hauptprotagonisten, unser Grafiker, Layouter und Ideengeber Stefan Schiessl, der dafür sorgt, dass es ein hochwertiges Buch wird, und Peter Schramm, der „General Manager" des Projektes „SPACE". Unterstützend tätig war in diesem Jahr wieder Lothar Karl, der Organisator des VFR-Science Fiction Kurzgeschichten-Wettbewerbs. Ein weiterer herzlicher Dank geht nach Berlin an unsere Lektorin Margit Drexler und nach Weilheim, wo Heimo Gnilka ebenfalls darüber wacht, dass das Buch so fehlerfrei wie möglich bei Ihnen erscheint.

Wie immer noch einige Zeilen zu unserem Kontaktangebot. Sie können uns per E-Mail an redaktion@space-jahrbuch.de erreichen. Persönlicher und direkter geht es über unser Facebook-Konto www.facebook.com/SPACE.Jahrbuch, das fast tägliche Updates erlebt. Abonnieren Sie es und kommentieren Sie mit. Oder sehen sie sich unser spezielles SPACE-Portal unter www.space-jahrbuch.de an, wo sie neben interessanten Dingen rund um das Thema Raumfahrt auch Informationen zu unserem Jahrbuch und sein Entstehen erhalten – und wo es einen Blog gibt, der regelmäßig mit Meinungsartikeln „gefüttert" wird. Diese Seite ist auch der Ort, an dem sie die Bände vergangener Jahre nachbestellen können, die im Buchhandel möglicherweise schon vergriffen sind.

Wenn Sie Kritik für uns haben oder Lob, Tipps oder Meinungen, ein Problem oder eine Frage zu den Inhalten, wenn Sie sich schon mal die Ausgabe für das nächste Jahr reservieren wollen oder gerne der Tochter oder dem Sohn eines oder mehrere der Bücher schenken wollen, gerne auch signiert: nehmen Sie über eine der vielfältigen Möglichkeiten Kontakt mit uns auf. Wir freuen uns auf Ihr Feedback.

Und jetzt hinein ins Raumfahrtgeschehen. Wir wünschen Ihnen viel Freude bei der Lektüre von SPACE 2024. Bleiben Sie uns weiterhin treu und gewogen.

*Im Namen des SPACE-Teams,*

*Ihr* ***Eugen Reichl***

Der Startversuch am 29. August 2022
musste abgebrochen werden.

# THEMEN IM FOKUS

Ein Tesla-Cybertruck zieht einen Anhänger mit einem Starship-Raptor-Triebwerk.

# ELON ALMIGHTY – FAKTOR X IM SONNENSYSTEM

## *„I WANT TO DIE ON MARS, JUST NOT ON IMPACT."*

**Es gibt viele Zitate von Elon Musk, aber dieses ist möglicherweise das Bekannteste. Es entstand in einem Interview beim South by Southwest – Festival in Austin, Texas, im Jahr 2013. Damals sagte Elon Musk, er würde sehr gerne selber zum Mars fliegen und könne sich das vorstellen, wenn die Firma (SpaceX) während seiner Abwesenheit weiterlaufen könnte. Und dann: „I want to die on Mars, just not on impact" (ich möchte auf dem Mars sterben, allerdings nicht bei einem Einschlag).**

Ich weiß nicht mehr, wann der Starrummel um Elon Musk einsetzte. Ich meine, so RICHTIG einsetzte. In der Rückschau verorte ich das heute beim Internationalen Astronautischen Kongress in Guadalajara im Jahr 2016. Auch davor war Musk schon interessant für die Medien, aber da war es noch mehr das Daniel-Düsentriebige an ihm, das die Menschen faszinierte. Es gab da auch schon Tesla, aber der Laden lief mehr schlecht als recht, der Fertigungshochlauf machte Probleme, die Qualität war mies und es schien nur noch eine Frage der Zeit, bis der Laden wieder dicht machte. Auch Musks Raumfahrtfirma, SpaceX, musste sich strecken und recken, um nicht Pleite zu gehen. Es gab acht Starts der Falcon 9 in diesem Jahr 2016. Die Versuche, auf einem Bergungsschiff zu landen scheiterten gerade reihenweise und am 1. September dieses Jahres ereignete sich der spektakuläre Amos 6-Vorfall, den SpaceX bis heute als „Fehlstart" registriert, obwohl er sich drei Tage vor einer geplanten Mission ereignete. Wer sich nicht mehr daran erinnert: Damals explodierte eine Falcon 9 bei einem Test auf der Rampe der Startanlage 40 in Cape Canaveral. Der Satellit war da schon an Bord und wurde zerstört, genauso wie die komplette Startanlage. Sie musste völlig neu aufgebaut werden, und konnte 15 Monate lang nicht mehr eingesetzt werden.

Das Jahr 2016 war das letzte, in dem Europa mehr Starts durchführte als SpaceX. Es war auch das letzte Jahr, in dem SpaceX einen „Fehlstart" erlebte (der ja eigentlich gar keiner war, aber der Satellit des Kunden war dennoch zerstört). Es war auch das erste Jahr, in dem einer der unbeschadet zurückgekehrten Booster (es war die Nummer 1023) ein Jahr später für einen weiteren Start wiederverwendet wurde.

Dennoch, das Jahr 2016 lief für Musk eher mittelprächtig. Da verkündete er im September beim IAF-Kongress unter dem großen Jubel der Anwesenden seine Vision von der „Spacefaring Civilisation" und dass er zur Realisierung dieser Vision genau das richtige Transportmittel zu entwickeln gedenke, das „Mars Vehicle". Aus dem wurde später die „BFR", die „Big Falcon Rocket". Die bezeichneten die Fans aber viel lieber als die „Big Fucking Rocket", und bald danach wurde daraus das „Starship".

MAE MUSK

Elon Musk im Alter von zweieinhalb Jahren.

An der Stelle sollte ich vielleicht eines sagen: Der Autor ist voreingenommen. Er verfolgt die Entwicklung von SpaceX seit dem Tag seiner Gründung, und auch die Entwicklung von Tesla verfolgt er, seit er sich eines Tages im Jahr 2017 entschloss, zu einer Zeit als sich Tesla noch keineswegs berappelt hatte, Aktien des Unternehmens im Wert eines Kleinwagens für einen Kurs von 14,50 Euro pro Aktie zu beschaffen. Der Autor machte das eigentlich nur, weil SpaceX, von dem er sich viel lieber Anteile gekauft hätte, nicht börsennotiert war (und nach wie vor nicht ist). Der Autor machte das mit schwitzigen Händen und mit dem unmittelbaren Gefühl, jetzt das ganze schöne Geld verzockt zu haben, denn für ihn war das seinerzeit eine richtig große Summe. Aber: Es war keine Dummheit. Seither ist der Kurs derart in die Höhe geschnellt, dass das Unternehmen schon zweimal einen Aktiensplit durchgeführt hat. 2020 im Verhältnis von 5:1 und noch einmal 2022 im Verhältnis von 3:1. Jede Aktie, die man sich Jahre 2017 gekauft hat, entsprechen somit 15 Aktien am heutigen Tag.

Elon Musk polarisiert. In manchen Gegenden der Welt mehr, in anderen weniger. Aber ganz besonders in Deutschland. Die Deutschen haben ein spezielles Problem damit, wenn jemand sehr erfolgreich und sehr, sehr reich ist. Und wenn sich jemand, und das auf privater und nicht staatlicher Ebene, mit technologischen Großprojekten beschäftigt, bei denen auch mal eine gewisse Infrastruktur in die Landschaft gestellt werden muss. So jemand kann nach landläufiger Meinung schon „per se" kein guter Mensch sein. Irgendwie felsenfest verankert ist dabei immer die öffentliche Vorstellung, dass so jemand den lieben langen Tag mit seinen – wahrscheinlich in einem Geldspeicher wie

BEN PHILIPPS/TWITTER

Elon Musk, der ruchlose Zocker.

bei Dagobert Duck gehorteten Dollars – nichts anderes anzufangen weiß, als in diesen aberwitzig vielen Fantastilliarden mit erigiertem Pürzel zu baden, anstatt damit gefälligst alle Probleme der Welt zu lösen.

Außerdem kann es doch unmöglich mit rechten Dingen zugegangen sein, denn wie bitte kann jemand in der Grünheide in Brandenburg, nahe Berlin, also in Deutschland, dem Mutterland der Bürokratie, in einem Zeitraum, in dem andere noch nicht einmal die notwendigen Formulare ausgefüllt hätten, eine riesige Fabrik für Elektroautos hochziehen. Das darf doch nicht sein, und so wird über Nacht aus dem Gelände, das Brandenburger Politiker zuvor vergeblich BMW angedient hatten, ein Naturparadies ohnegleichen, das dieser amerikanische Multimilliardär nun aus purer Böswilligkeit und Profitgier vernichten will.

Am 29. September 2023 war es 15 Jahre her, dass es SpaceX als erstem Unternehmen der Welt gelang, eine auf rein privater Basis entwickelte Rakete in eine Erdumlaufbahn zu bringen. Dieser Träger war die Falcon 1. Sie war in der Lage, eine Nutzlast von etwa 180 Kilogramm in einen niedrigen Orbit zu transportieren. Etwa ab dem Jahr 2005 habe ich bei meinem damaligen Arbeitgeber (einem großen europäischen Hersteller von Raumfahrt-Antrieben) fast jährlich einen Vortrag im Rahmen eines Weiterbildungsprogramms für Mitarbeiter gehalten. Häufiges Thema war SpaceX. Das erste Mal dürfte ich ihn wohl um das Jahr 2004 erwähnt haben, zu einer Zeit, als die ganze Musk'sche Infrastruktur aus noch kaum mehr bestand als aus einer leeren Garage im kalifornischen El Segundo.

Ich erinnere mich gut daran, denn bei Vorträgen in meiner Firma hatte ich mich weit aus dem Fenster gelehnt, als ich Jahr für Jahr behauptete, dass man dieses Unternehmen beachten müsse. Hier wachse eine Konkurrenz heran,

Der fünfte und letzte Start einer Falcon 9 im Jahre 2009 auf dem Omelek-Atoll.

2002 bestand die ganze Musk'sche Infrastruktur aus kaum mehr als dieser leeren Garage im kalifornischen El Segundo.

erzählte ich, vor allem weil Musk auf Wiederverwendung setzte. Die wollte er im Übrigen bei der Falcon 1 noch mit einem Fallschirmsystem erreichen.

Das löste bei meinen Kollegen ein nachsichtiges Lächeln aus. Erstens, so setzten sie mir auseinander, hätte das mit der privaten Raumfahrt noch nie funktioniert (was zu diesem Zeitpunkt auch stimmte) und zweitens hätten sie die Sache mit der Wiederverwendbarkeit schon mal durchgerechnet und wüssten von daher genau: Auch das funktioniert nicht. Sehe man doch am Shuttle, bei dem jeder einzelne Flug teurer sei als der Einsatz einer „Verlustrakete".

Tatsächlich schienen die Kollegen recht zu behalten. Der Erstflug der Falcon 1 scheiterte am 26. März 2006. Die Flüge 2 und 3 missglückten auch. Nach dem dritten Fehlschlag am 3. August 2008 war Elon Musk mehr oder weniger pleite. Wohlhabende Freunde boten ihm Geld an, doch er lehnte ab. Zu riskant erschien es im selbst, ihnen das Geld jemals wieder zurückzahlen zu können.

Immerhin: Es waren noch Teile für eine vierte Rakete vorhanden. Ein allerletzter Versuch war also drin. Nur sechs Wochen nach dem dritten Fehlschlag stand Falcon 1 Nummer 4 auf dem Startsockel am Omelek-Atoll auf den Marshall-Inseln.

Und dann war der Bann gebrochen. Der vierte Start gelang. An Bord war ein Nutzlast-Dummy von 170 Kilogramm Gewicht. Der kreist noch heute um die Erde. Noch einmal wenige Wochen später bekam SpaceX von der NASA einen Auftrag für die Entwicklung eines Versorgungssystems für die Internationale Raumstation, bestehend aus einer Trägerrakete, die später die Bezeichnung Falcon 9 bekam, und einer unbemannten Versorgungskapsel mit der Bezeichnung „Dragon". 278 Millionen Dollar Anschubfinanzierung gab es damals. SpaceX war fürs Erste wieder flüssig und nun – mit einem staatlichen Auftrag im Rücken – konnten nun auch guten Gewissens private Investoren mit ins Boot genommen werden.

Elon Musk im Schachteam der Bryanston High School im Jahre 1985. Wer ihn nicht gleich erkennt: Der junge Mann links außen.

Diese meist ungenannten privaten Investoren sind es auch, die Elon Musk bis heute die Stange halten. Wann immer das Unternehmen eine neue Finanzierungsrunde auslobt, in der Regel etwa einmal alle 18 Monate, sind die erforderlichen Mittel in kürzester Zeit eingehoben. So manchen potentiellen Investor muss Musk sogar auf später vertrösten, weil sein Geld momentan gar nicht gebraucht wird.

Dazu kommt, dass Musk durch Verkäufe von Tesla-Anteilen zusätzliches Geld in das Unternehmen stecken kann. Man spricht von mindestens einer Milliarde Dollar. Pro Jahr. Möglicherweise ist es auch mehr. So genau weiß man es nicht. Die derzeit laufenden Vorhaben von SpaceX, also der Aufbau der Starlink-Konstellation und die Entwicklung des Starship verbrennen Geld in geradezu absurdem Tempo. Da sind Seitenfinanzierung wie die inzwischen insgesamt etwa vier Milliarden Dollar aus dem Artemis-Programm der NASA eher „Peanuts".

*1995 bewarb sich Musk um einen Job bei Netscape. Er sandte seine Unterlagen hin, bekam aber nie eine Antwort. Danach entschied er sich, zusammen mit seinem Bruder Kimbal und Greg Kouri eine eigene Firma zu gründen: Zip 2. Im Februar 1999 verkauften sie das Unternehmen an Compac für 307 Millionen Dollar. Musk erhielt beim Verkauf für seinen 7-Prozent-Anteil 22 Millionen Dollar. Dieses Geld steckte er in das Unternehmen X.com, aus dem später der Bezahl-Dienstleister PayPal erwuchs. 2002 wurde PayPal für 1,5 Milliarden Dollar an eBay verkauft. Musk erhielt für seine Anteile von 11,72 Prozent 178,5 Millionen Dollar. Das Gründungskapital für SpaceX.*

Nach dem erfolgreichen Start der Falcon 1 bei ihrem vierten Flug gab es übrigens nur noch einen weiteren Einsatz dieser Kleinträgerrakete. Der erfolgte am 14. Juli 2009. Es war die einzige der fünf Missionen dieser Rakete, bei der auch eine funktionie-

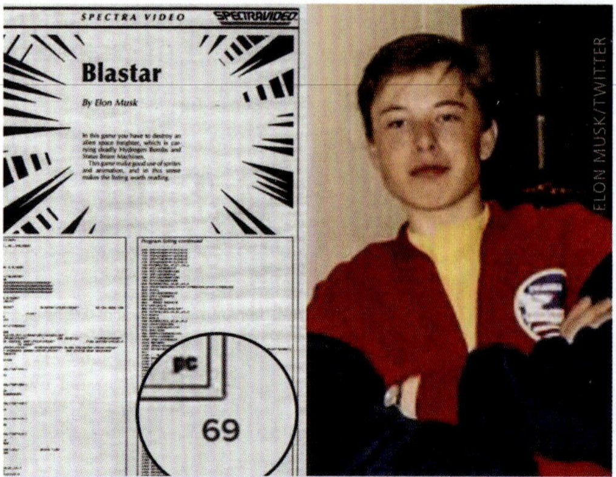

Sein erstes Geld verdiente sich Elon Musk im Alter von zwölf Jahren mit dem Spiel „Blastar". Den Quellcode verkaufte er 1984 für 500 Dollar.

rende Nutzlast im Orbit ankam. Die sechs Satelliten, welche die drei ersten Falcon 1-Raketen transportierten, gingen verloren. Musk erkannte sehr schnell, dass mit kleinen Raketen kein Geld zu verdienen ist. Eine Erkenntnis, die viele Trägerraketen-Startups in diesen Tagen gerade wiederholen. Aus diesem Grund übersprang er auch den geplanten Zwischenschritt mit der Falcon 5, die von sechs Merlin-Triebwerken angetrieben werden sollte (fünf in der ersten Stufe, eines in der zweiten), und in der unteren Mittelklasse angesiedelt sein sollte und ging über zur Falcon 9 mit ihren zehn Triebwerken der Merlin-Klasse.

Seit einigen Jahren ist SpaceX dabei, die Kleinträger-Szene buchstäblich auszutrocknen. Grund dafür sind die Starts der so genannten „Transporter", die speziell auf Klein- und Kleinstsatelliten zugeschnitten sind. Es handelt sich dabei um Sammeltransporte bei denen die Falcon manchmal weit über 100 Nutzlasten (der Rekord liegt derzeit bei 143) auf einmal in den Orbit bringt. Nutzlasten, für welche die Entwickler von Kleinträgerraketen eigentlich den Einsatz ihrer Träger geplant hatten. Der Nachteil kleiner Träger ist: Sie lassen sich von den Kosten her nicht gut skalieren. Eine Kleinträgerrakete, die nur maximal fünf CubeSats in den Orbit bringen kann, wird pro Kilogramm transportierter Nutzlast immer um ein Mehrfaches teurer sein als ein Träger der hundert oder mehr CubeSats auf einmal in den Orbit transportiert. Manche Unternehmen, wie etwa Rocket Lab, gelingt es dabei, auf andere Geschäftsmodelle auszuweichen, indem sie besondere „Premiumstarts" anbieten, bei denen sie ganz auf die Bedürfnisse des Kunden eingehen.

SpaceX dagegen optimiert diese Flüge nach den Kostenkriterien des Unternehmens. Sie gehen jeweils auf die Bahnen, die von den meisten Kunden eines Transporter-Einsatzes gewünscht sind. Das ist in der Regel eine sonnensynchrone polare Umlaufbahn. Die Nutzlast ist so bemessen, dass die erste Stufe der Falcon 9-Rakete wieder zum Startplatz zurückkehren kann. Das spart logistischen Aufwand.

Um die Kunden des Transporter-Einsatzes kümmert sich SpaceX in der Regel nicht. Das machen meist Hardware-Integratoren, die sich darauf spezialisiert haben. SpaceX verhandelt also nicht mit jedem der Kleinkunden selbst, sondern diese Firmen tun das und die bereiten auch das Interface zum Falcon 9-Nutzlastdispenser vor. Sie haben Hubs und Andockpunkte am Dispen-

Der Erstflug der Falcon 9 (Version v1.0) am 4. Juni 2010.

ser gemietet, oder sie haben „carrier“ entwickelt, die diese CubeSats aufnehmen und im Orbit absetzen. Die Falcon 9 sorgt so nur noch ausschließlich für den Transport ins All.

*„Der Mond brachte uns 69 zusammen. Der Mars kann das in der Zukunft wieder tun.“*
*Elon Musk.*

Bei keinem der Falcon 1-Starts wurde die zuvor angestrebte Bergung einer Erststufe (per Fallschirm) wirklich versucht. Für die Falcon 9 war das allerdings vorgesehen. Aber erst später, wenn die Rakete ihre Kinderkrankheiten auskuriert haben sollte. Und so flogen die ersten Falcon 9 im „Wegwerfmodus“, so wie es bis heute alle anderen Raketen weltweit tun.

Auch hier erinnere ich mich an meine Firmenvorträge. Zunächst wurde SpaceX von praktisch jedem Ingenieur in der Trägerraketenindustrie die Fähigkeit abgesprochen, überhaupt einen Träger in der Größe der Falcon 9 zu entwickeln. Vor allem, wenn man sich die Mitarbeiterstruktur bei SpaceX ansah: Abgesehen von einer kleinen Handvoll erfahrener Leute, die aus der klassischen Trägerindustrie kamen, waren das durchweg Techniker und Ingenieure mit einem Alter von weniger als 30 Jahren.

Der Erstflug der Falcon 9 erfolgte am 4. Juni 2010 und war erfolgreich. Nach einer Entwicklungs- und Testzeit von nur fünf Jahren. Das erschütterte meine Kollegen damals erheblich, waren doch bis dahin mindestens doppelt so lange Entwicklungszeiten die Regel. Nur zum Vergleich: Die Ariane 6, die großenteils auf bewährten Komponenten basiert, steht inzwischen im elften Jahr ihrer Entwicklung, und der Erstflug dieser verglichen mit der Falcon 9 doch sehr, sehr konventionellen Rakete zeichnet sich erst vage am Horizont ab.

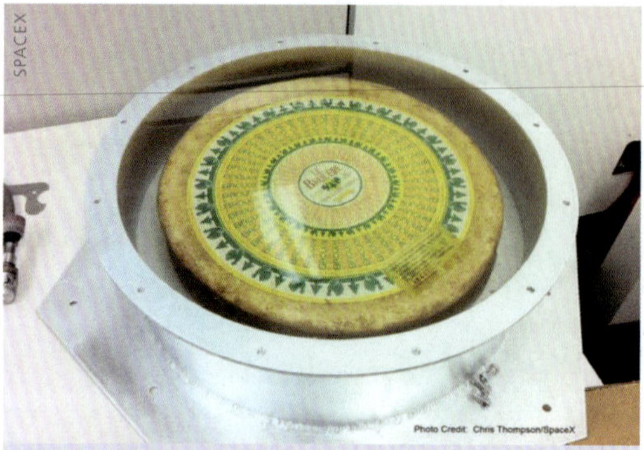


Dieser zwölf Kilogramm schwere Brouère-Käselaib durfte am 8. Dezember 2010 für fünf Stunden in den Orbit.

Meine Kollegen des Jahres 2010 taten den Erstflug-Erfolg seinerzeit als puren Glückstreffer ab. Einmal könne das schon mal zufällig klappen, aber da eine Serie durchzuhalten, das sei schon was ganz anderes. Serienbau von Raketen, so dozierten sie, das könnten nur die großen Aerospace-Konzerne. Tatsächlich stiegen die Startzahlen bei SpaceX zunächst nur sehr langsam. 2010 gab es im Dezember immerhin noch einen weiteren Start, eine fünfstündige Demonstratormission des Dragon, bei der auch acht CubeSats mit an Bord waren. Im Inneren des Dragon gab es aber eine für die Medien sehr Aufsehen erregende Nutzlast, die auch wieder sicher zur Erde zurücktransportiert wurde: Ein riesiger Brouère-Käselaib.

Das allerdings erregte erneut das Stirnrunzeln der Ingenieure in meiner Firma. Konnte man diese Firma überhaupt richtig ernst nehmen, wenn die selbst ihr Geschäft offensichtlich nicht richtig ernst nahmen? Schon damals fiel auf: SpaceX setzt auf den Fun-Faktor. Sie taten das auch, weil es einfach Freude machte, Raketen zu bauen und zu starten, und nicht weil man einen staatlichen Auftrag abarbeitete.

2011 startete keine einzige Falcon 9. In diesem Jahr fiel SpaceX vor allem dadurch auf, dass Elon Musk verkündete, die erste Stufe der Falcon 9 wiederverwendbar machen zu wollen. Damit erntete er erneut großes Kopfschütteln in der gesamten Aerospace-Industrie. War nicht eben grade der Shuttle mit an der Wiederverwendbarkeit gescheitert? Das Verfahren hatte sich doch als viel zu teuer und zu aufwendig herausgestellt. Die irrsinnigen Überholungskosten nach jedem Flug war einer der beiden Hauptfaktoren für die Einstellung des Programms gewesen. Und jetzt wollte es dieser junge Mann aus Kalifornien nochmal probieren? Vor allem das Verfahren, das er anwenden wollte, war haarsträubend. Da hatte wohl einer zu viele Hollywood-Science Fiction B-Movies

Dieses Bild ist, Sie werden es schon vermuten, ein Fake. Aber es ist zu schön, um es Ihnen vorzuenthalten.

gesehen. Eine Rakete die senkrecht startet und senkrecht wieder landet. Wo waren da die Flügel und das Fahrwerk? Aber noch schlimmer: Woher bitte sollte die Kundschaft für eine vielfach wiederverwendbare Trägerrakete herkommen? Selbst wenn das technisch ginge, würde sich das doch nur bei einer großen Zahl von Starts lohnen. Das gaben die weltweiten Startaufträge doch gar nicht her.

| *Jahr* | *Gesamtzahl aller Orbitalstarts* | *davon SpaceX* |
|---|---|---|
| *2011* | *84* | *0* |
| *2022* | *186* | *61* |
| *2023* | *220* | *95-100* |

Niemals wäre das möglich. Hatte man alles selbst überprüft. Und sollte es ihm tatsächlich gelingen, dann seien die thermischen und strukturellen Belastungen doch so groß, dass man die selbe Rakete vielleicht drei oder viermal verwenden konnte, bevor sie reif für den Schrottplatz war. Und da plante dieser Elon Musk eine bis zu zehnmalige Wiederverwendung. Die einhellige Meinung vor allem in Europa war: Kann nicht funktionieren. Völliger Nonsens.

Aber Musk und seine langsam immer größer werdende Truppe, unbedarft wie sie nun mal war, wussten einfach nicht, dass das nicht geht. Und so machten sie das, was andere gar nicht erst versucht hatten.

Genaue und verifizierte Zahlen zu den Entwicklungskosten der Falcon 9 und des Dragon hat es nie gegeben, aber eine Reihe von Auskünften von SpaceX und Kostenermittlungen der NASA. SpaceX schätzte im Jahre 2011 die Kosten auf 300 Millionen Dollar nur für die Falcon 9. Das war natürlich deutlich zu wenig. 2014 lagen genauere Zahlen vor. Demnach hatte die NASA 396 Mil-

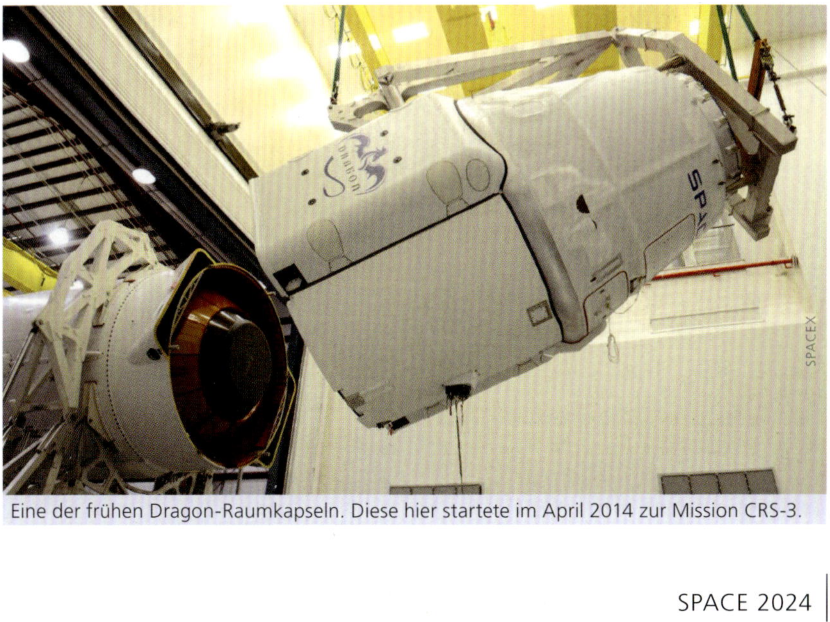

Eine der frühen Dragon-Raumkapseln. Diese hier startete im April 2014 zur Mission CRS-3.

lionen Dollar an SpaceX überwiesen, und die Firma selbst weitere 450 Millionen Dollar an Eigenmittel in das Vorhaben gesteckt. Auf die Rakete selbst (Falcon 1 und Falcon 9 zusammengenommen) entfielen 390 Millionen Dollar, der Rest wurde in das Dragon-Raumschiff investiert. Zusammen jedenfalls weniger als eine Milliarde Dollar. Für eine große Trägerrakete und ein Raumtransportsystem. Auch hier wieder ein Vergleich: Die Entwicklungskosten der Ariane 6 haben kürzlich die Vier-Milliarden-Euro-Grenze überschritten. Die nackte Rakete. Ohne irgendein Raumschiff dazu. In einem Report der NASA gab die Behörde bekannt, dass, hätte man das Vorhaben auf traditionelle Weise als Selbstkostenerstattungsvertrag abgewickelt, die Entwicklung der Rakete alleine etwa vier Milliarden Dollar gekostet hätte. Auf der Preisbasis des Jahres 2011 wohlgemerkt, auf denen die Verträge abgerechnet waren. Eskaliert auf heutigen Geldwert wären das 5,6 Milliarden Dollar.

Auch im Jahr 2012 flog SpaceX nur zwei Missionen. Eine davon aber, am 8. Oktober 2012, war der erste Versorgungsflug von SpaceX für die Internationale Raumstation mit einer Dragon-Raumkapsel. 2013 startete SpaceX dreimal. Immer noch recht wenig, aber es waren drei bedeutende Einsätze für das Unternehmen. Im Frühjahr die zweite Versorgungsmission für die ISS, im September den Erstflug einer verstärkten Falcon 9-Version beim ersten Start von der damals noch als Luftwaffenbasis firmierenden Startanlage in Vandenberg, Kalifornien, und im Dezember der erste Start eines kommerziellen Satelliten (SES 8), erstmals in eine geostationäre Transferbahn.

2013 posiert hier Elon Musk für den „Atlantic" auf seinem roten Tesla-Roadster. Im Hintergrund ein Mockup eines Crew-Dragon, der sich damals schon in Entwicklung befand.

2014 führte SpaceX sechs Orbitalstarts durch. In diesem Jahr war die Möglichkeit der Wiederverwendung der Booster-Stufen noch alles andere als bewiesen. Versuche in niedrigen Höhen bis einige hundert Meter liefen auf dem Triebwerkstestgelände von SpaceX in Mc Gregor in Texas, um das Landeverfahren zu erproben. Das sah nicht schlecht aus. Meine Kollegen in der Firma waren ziemlich beeindruckt, meinten aber, diese kleinen „Hüpfer“ in niedriger Höhe wären doch etwas anderes als eine Rückführung mit achtfacher Schallgeschwindigkeit, welche die Rakete unmöglich aushalten könnte. Man werde schon noch sehen, dass das nicht funktioniert. Die Kritik an SpaceX flaute in diesem Jahr aber schon erheblich ab. Die Sorge um die Position des eigenen Unternehmens in der Trägerwelt nahm dagegen zu. In diesem Jahr plante das Unternehmen eine Zeitlang auch die Durchführung von Flugversuchen in New Mexico, die bis in 100 Kilometer Höhe gehen sollten. Schließlich entschloss sich Musk aber, die Tests gleich mit aktuellen Missionen zu verbinden, um Kosten zu sparen.

*SpaceX startete im zweiten Quartal 2023 insgesamt 648 Satelliten. Das ist 13-mal mehr wie der nächstaktivere Startdienstleister, die chinesische China Aerospace Science and Technology Corporation (kurz: CASC) mit 49 Nutzlasten.*

*Zum Vergleich: Europa startete im selben Zeitraum vier Nutzlasten.*

Das Jahr 2015 war das Jahr der Extreme für SpaceX. Sowohl was die Höhen betrifft, als auch die Tiefen. Sieben Starts führte das Unternehmen in diesem Jahr durch, und erstmals (und bis auf den heutigen Tag zum letzten Mal) scheiterte eine SpaceX-Orbitalmission im Flug. Zwei Minuten und 19 Sekunden nach dem Liftoff, kurz vor dem Brennschluss der ersten Stufe, riss sich einer der Helium-Drucktanks im Inneren der zweiten Stufe los und brachte die Rakete zum Absturz. Die Dragon-Kapsel für die Versorgung der ISS ging verloren, genauso wie acht Kleinsatelliten, die ebenfalls mit an Bord waren.

Auch zwei Landeversuche auf einem Bergungsschiff scheiterten 2015 (aber erst nachdem die Booster ihre Orbitalstartmission erfolgreich durchgeführt hatten). Erstmals startete SpaceX eine Raumsonde (DSCOVR) und am 22. Dezember gelang es erstmals, eine Erststufe erfolgreich zu landen, und zwar in der „Landing Zone 1“ am Cape Canaveral, die extra für diesen Zweck angelegt worden war. Erstmals wurde im Dezember auch eine Falcon 9 der weiter verbesserten Version 1.2 eingesetzt.

Mit dem Jahr 2016 haben wir uns eingangs schon ein wenig beschäftigt. Es war das Jahr, in dem das Starship-Projekt (das damals noch Mars Vehicle hieß) ins Leben gerufen wurde. Es gab acht erfolgreiche Missionen, dreimal scheiterte eine Landung auf einem Bergungsschiff, und, wir hatten es schon bemerkt,

Mit dem „Grasshopper“ übte SpaceX zwischen 2012 und 2014 im Triebwerkstestzentrum Mc Gregor das Landen der Falcon 9-Erststufen. Dieser Testflug führte auf eine Höhe von 744 Metern.

*Im März 2000 hatte Musk einen schweren Verkehrsunfall mit seinem 627 PS starken Mc Laren F1. Im Beifahrersitz: Peter Thiel mit dem zusammen er gerade PayPal entwickelte. Musk ließ den Motor des Sportwagens aufheulen und verlor augenblicklich die Kontrolle über das Fahrzeug. Das Auto geriet auf der stark befahrenen Straße im Silicon Valley ins Schleudern, prallte gegen eine Böschung, flog durch die Luft und zerschellte am Straßenrand. Glas splitterte, Reifen platzten und die Radaufhängung brach. Aber die beiden hatten Glück. Abgesehen von ein paar Prellungen gab es keine Verletzungen.*

*Auch dazu gibt es ein Zitat, das Legende geworden ist. Es stammt von Peter Thiel, der damals meinte:*

*„I'd achieved liftoff with Elon, but not in a rocket."*

*(Es gelang mir mit Elon abzuheben, aber nicht in einer Rakete).*

der israelische Kommunikationssatellit Amos 6 wurde bei einem Test drei Tage vor dem Start zusammen mit seiner Rakete zerstört. In diesem Jahr zog SpaceX mit der United Launch Alliance (ULA) gleich, was die Anzahl an durchgeführten Starts betraf. Danach wurde der Abstand zum größten US-Mitwettbewerber von Jahr zu Jahr stetig größer.

2017 startete SpaceX bereits 17-mal. Die Ära der Wiederverwendung von Trägerraketen begann. Bei fünf der Missionen dieses Jahres wurden bereits früher verwendete Booster ein zweites Mal eingesetzt. Erstmals wurde auch die historische Startanlage 39A des Kennedy Space Centers verwendet, denn die Startanlage 40 war nach der Explosion der Amos 6-Rakete nicht einsetzbar. Erstmals benutzte ein Kunde (Iridium) einen Booster zweimal. Alle Jahre bei SpaceX sind aufregend, aber 2018 war eines der besonderen Jahre. Es gab 21 Missionen, die alle ihre Hauptaufgabe, den Transport ihrer Nutzlast in den Orbit, erfolgreich absolvierten. Der absolute Höhepunkt des Jahres war aber der Erstflug der Falcon Heavy, die damit zum schwersten Einsatzträger der USA wurde. Das Vertrauen der Kunden war aber zunächst nicht groß. Selbst das Angebot Musks, bei dieser Demonstrationsmission Nutzlasten kostenlos mitzuführen, zog nicht. So entschloss er sich seinen roten Tesla-Roadster auf eine Transferbahn zum Mars zu senden. Das sorgte für ikonische Fotos und missgünstige Kommentare aus Europa, die sich nicht einmal entblödeten, pikiert auf diese „Umweltverschmutzung" des Weltalls hinzuweisen.

Das Jahr 2018 brachte auch den Erstflug der Block 5-Version der Falcon 9. Musk behauptete, dies sei die endgültige Version dieses Trägers. Tatsächlich aber ist das einzige, das „eingefroren" ist, diese Typbezeichnung, denn immer noch fließen in jede neu produzierte Falcon 9 stets weitere Verbesserungen ein. Im Dezember 2018 wurde auch erstmals ein Booster zum dritten Mal gestartet. Zwei Landungen misslangen, wobei der Misserfolg am 5. Dezember

SPACEX

2016 sah das Starship, das damals aber noch nicht so hieß, richtig knuffig aus.

Die Nutzlast der ersten Falcon Heavy bestand aus Musks heiß geliebten roten Tesla-Roadster. Der wurde auf eine Bahn in Richtung Mars gesendet.

eigentlich gar keiner hätte sein müssen. Zwar hatte ein Hydrauliksystem in einer der Grid-Fins versagt, worauf der Booster, der sich schon im Landeanflug auf die Landing Zone 1 in Cape Canaveral befand, im letzten Moment umgeleitet wurde. Wo er allerdings, selbst zur Verblüffung der SpaceX-Ingenieure, einige hundert Meter vom Strand entfernt eine perfekte Landung im Wasser hinlegte. Der Booster wurde geborgen, und eine Zeitlang überlegte man bei SpaceX, ihn für eine weitere Mission flottzumachen, ließ es aber dann doch.

Das Jahr 2019 unterbrach den unaufhaltsamen Aufstieg von SpaceX ein wenig. Am Ende des Jahres waren es nur 13 Missionen. Es gab einen Start einer Falcon Heavy, in dessen Folge erstmals eine Nutzlastverkleidung geborgen wurde. Die wurde bei einem Flug im November erneut verwendet. Dafür misslang die Bergung der Falcon Heavy-Zentralstufe. Im März erfolgte auch ein unbemannter Testflug des neuen Crew Dragon zur ISS, wo er einen Tag nach dem Start am Harmony-Modul anlegte. Einziger Passagier an Bord war eine menschengroße Puppe im Raumanzug mit Namen „Ripley". Die Wiederverwendbarkeit von bereits geflogenen Systemen und Komponenten ging konsequent weiter. Erstmals flog ein Cargo Dragon (wie das Frachtraumschiff nun in Unterscheidung vom Crew Dragon hieß), ein drittes Mal.

*Falcon 9 ist eine von nur drei Orbitalraketen weltweit, die Man-Rated sind, also für den Gebrauch in der bemannten Raumfahrt zugelassen sind. Die beiden anderen sind die Atlas 5 N22 und die Sojus 2.1a.*

2019 kündigte Gwynnie Shotwell, Präsidentin und COO von SpaceX, für das Jahr 2020 die Durchführung von 48-50 Starts an. Tatsächlich wurden es nur 26, aber mit dieser Zahl war es dennoch das Beste in der Geschichte von SpaceX. Es war das Jahr, in dem das

*Zum Zeitpunkt, an dem diese Zeilen entstehen (18. Oktober 2023) hat SpaceX mehr als 5.100 Starlink-Satelliten gestartet. Mit diesem Programm steht und fällt die Zukunft des Unternehmens, glaubt man Elon Musk, denn es soll die ehrgeizigen Pläne zur Kolonisierung des Planeten Mars finanzieren.*

*Es könnte klappen, denn zum gegenwärtigen Zeitpunkt verfügt das Starlink-System schon über mehr als zwei Millionen zahlende Kunden. Und die Zahlen steigen steil.*

Starlink-Programm hochlief (14 der 26 Flüge waren Starlink gewidmet) und es war das Jahr, in dem SpaceX in den bemannten Raumflug einstieg. Es war die erste bemannte Mission für die USA, seit neun Jahre zuvor das Shuttle-Programm abgeschlossen worden war. Mit an Bord war Doug Hurley, der auch beim letzten Flug des Shuttle im Juli 2011 als Pilot mit an Bord gewesen war. Bei dieser Mission hatte er eine Plakette in der Station hinterlassen, die derjenige wieder mit zur Erde nehmen sollte, der mit dem nächsten US-Raumschiff von amerikanischem Boden aus zur ISS startete. Er hätte neun Jahre zuvor sicher nicht daran gedacht, dass ausgerechnet er selbst das sein würde.

Unter den erfolgreichen Flügen des Jahres 2020 war auch eine Mission, bei der eine Falcon 9 absichtlich gesprengt wurde. Das war am 19. Januar beim so genannten „Flight Abort Test", bei dem der Booster 1046 (der zuvor drei erfolgreiche Orbit-Missionen geflogen hatte) in der Zone des maximalen Staudrucks (maximum dynamic pressure) in einer Höhe von etwa 18 Kilometern einen Kontrollverlust simulierte. Das Abbruchsystem des Crew Dragon funktio-

Bob Behnken (links) und Doug Hurley waren die ersten Menschen, die sich einer SpaceX-Raumkapsel und einer Falcon 9-Trägerrakete anvertrauten.

Starlink-Logo.

Die erste geglückte Landung eines Falcon 9-Booster gelang am 8. April 2016 im Rahmen der CRS-8-Mission.

nierte wie geplant und brachte die Kapsel 31 Kilometer vom Startort entfernt sicher an ihren drei Fallschirmen ins Meer vor Cape Canaveral. In diesem Jahr misslang zweimal die Landung der ersten Stufe auf dem Bergungsschiff. Beide Fälle waren auf den gleichen technischen Fehler (Reinigungsflüssigkeit in einem der Landesensoren) zurückzuführen.

2021 wurden es 31 Flüge, die allesamt erfolgreich endeten. Die einzige Enttäuschung war der Verlust von Booster 1059 bei seinem sechsten Flug. Bei dieser Mission schaltete sich eines der Merlin-Raketenmotoren der ersten Stufe vorzeitig ab. Für diesen Fall ist die Falcon 9 ausgelegt. Trotz des stillgelegten Motors gab er der zweiten Stufe dennoch die notwendige Geschwindigkeit mit, um die Nutzlast (19 Starlink-Satelliten) im gewünschten Orbit abzusetzen. Allerdings reichte dann der Treibstoff des Boosters nicht mehr, um eine erfolgreiche Landung zu absolvieren.

Am 24. Januar gelang es, bei der Transporter-1-Mission 143 Satelliten gleichzeitig ins All zu bringen. Und auch in diesem Jahr gab es zwei bemannte Missionen.

Um all die kleinen Einzelrekorde, die es zwischendurch immer wieder gab, aufzuzählen, reicht hier der Platz nicht. Vielleicht nur ein Beispiel: Am 18. Dezember 2021 wurde der Booster 1051 zum elften Mal eingesetzt. Das Ziel von Elon Musk war – nur wenige Jahre zuvor – eine bis zu zehnmalige Wiederverwendung eines Boosters.

Auch bei den Astronomen, und hier vor allem unter den Amateur-Astronomen, ist Musks Reputation miserabel, um es noch milde auszudrücken. Schließlich sendet SpaceX tausende von Internet-Terminals in den Orbit, deren Lichtspuren potentiell durch Astrofotografien ziehen können. Und das macht Musk aus reiner Profitgier, so die Überzeugung eines größeren Teils dieser Gruppe. Glaubt man ihnen, ist seither kaum noch eine astronomische Beobachtung möglich.

Leider übersehen sie dabei einen wichtigen Punkt: Musk ist nicht alleine. Er ist momentan nur der Sündenbock. Und obendrein womöglich sogar der Einzige, der auch Maßnahmen trifft, die Reflektivität seiner Raumfahrzeuge zu mindern, soweit es nur geht. Nur aufgrund seiner technischen Überlegenheit ist SpaceX auf diesem Gebiet heute weiter als die anderen Unternehmen. Aber schon in wenigen Jahren werden weitere Konstellationen ans Netz gehen, denn das Geschäftsfeld ist zwar teuer zu entwickeln aber lukrativ. Irgendwann werden die Satelliten von SpaceX in der Minderheit sein, wenn mehrere tausend Kuiper-Satelliten von Amazon (das die beiden ersten Einheiten gerade kürzlich starten ließ) und vor allem der Chinesen, die alleine eine Flotte von mindestens 12.000 solcher Satelliten planen, am Himmel sind. Ob die sich allerdings um die Bedürfnisse von Astronomen kümmern werden, ist sehr fraglich.

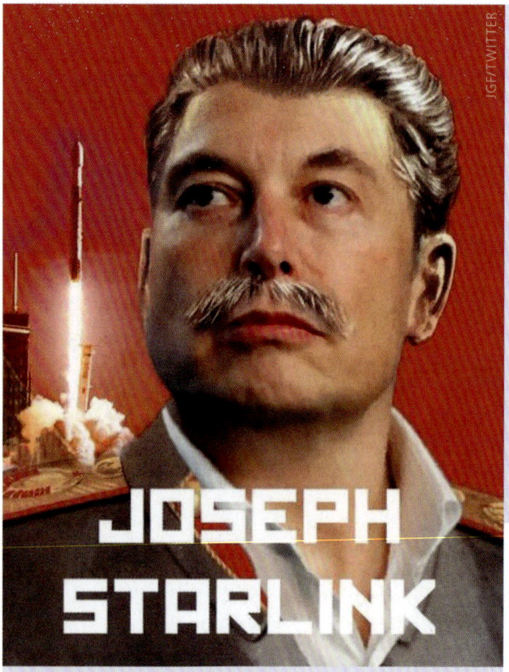


Sie haben es erraten. Das Bild ist NICHT echt. Die Richtung in die es gehen soll aber schon.

*SpaceX startete im zweiten Quartal 2023 insgesamt 648 Satelliten. Das ist mehr als 13-mal so viel wie das nächstaktivere Unternehmen, die chinesische China Aerospace Science and Technology Corporation (kurz: CASC) mit 49 Nutzlasten. Zum Vergleich: Europa brachte im selben Quartal vier Nutzlasten ins All. Vom reinen Nutzlastgewicht her brachte SpaceX in diesem zweiten Quartal zehnmal so viel Masse in den Orbit wie China, der nächste Mitwettbewerber (siehe Grafik Seite 32).*

2022 stieg die Anzahl der Missionen auf 61. Alle vollständig erfolgreich. Das war ein wenig erstaunlich, denn SpaceX hatte angekündigt bis zu 52 Missionen durchführen zu wollen und Musk hatte etwas später von „bis zu 60" Missionen gesprochen. Nachdem man es gewohnt war, seine meist sehr optimistischen Schätzungen nicht allzu ernst zu nehmen, überraschte es am Ende doch, dass es mehr waren als von ihm vorhergesagt.

Das Jahr brachte zahlreiche „firsts", darunter die erste private Crew Dragon Mission zur ISS, organisiert von Axiom-Space unter der Bezeichnung Axiom-1. Insgesamt führte SpaceX in diesem Jahr drei bemannte Missionen durch. Der Booster 1058 flog am 17. Dezember bei einer Starlink-Mission seinen 15. Einsatz und stellte damit einen neuen Rekord für Wiederverwendung auf.

*Elon Musk ist, ich wiederhole mich, in Deutschland extrem unbeliebt. Auf seinem Hauskanal „X" (ehemals Twitter) brandet ihm hierzulande durchweg der blanke Hass entgegen. Zuletzt am 30.September als er auf seinem Account einen Post verbreitete, der die Rolle von deutschen „Seenotrettern" im Mittelmeer kritisierte. Er schrieb: „Derzeit sind acht deutsche NGO-Schiffe im Mittelmeer unterwegs, um illegale Einwanderer vor der Küste abzuholen, die dann in Italien ausgeladen werden".*

*Die Wellen der Empörung schäumten. Es zürnten ihm selbst Leute, die vielleicht sogar seiner Meinung wären. Aber derlei Themen über eine Social-Media-Plattform zu verbreiten und sich so in die deutsche Politik einzumischen? Nein, das geht gar nicht.*

*Aber es kam noch schlimmer, denn er legte kurz darauf nach: „Diese NGOs werden von der deutschen Regierung subventioniert. Ist das der deutschen Öffentlichkeit überhaupt bekannt? Hoffen wir, dass die AfD die Wahlen gewinnt, um diesen europäischen Selbstmord zu stoppen."*

*Hui, da ging die Post ab. NaziNaziNazi!!*

*Die deutschen Twitter-Accounts kochten regelrecht über mit Kommentaren, in denen Musk mit Fäkalsprache überschüttet, als Nazi beschimpft und nach gerichtlicher Ahndung und härtesten Strafen geschrien wurde. Dies machten die Leute, indem sie die Social-Media-Plattform, die sich im Besitz von Elon Musk besitzt und auf der er 157 Millionen Follower hat, kostenlos nutzen. Einen Widerspruch darin sehen sie nicht.*

Und wie sieht es für 2023 aus? Zum Zeitpunkt, an dem ich diese Zeilen schreibe – es ist der 18. Oktober –startet gerade die SpaceX-Mission „Starlink 6-23". Es ist der 74. Flug des Unternehmens in diesem Jahr. Ausnahmslos alle verliefen bislang erfolgreich, wobei hier der wackelige Testflug des noch rudimentären Starship-Prototypen nicht mitgerechnet ist. Über diese Mission berichten wir im nachfolgenden Beitrag.

Alle Einsätze zusammengerechnet war es der 278. Start, den SpaceX über alle Typen durchgeführt hat. Es war die 196. Mission mit einem wiederverwendeten Booster, es war die 236. erfolgreiche Landung, von denen die letzten 162 in ununterbrochener Reihenfolge erfolgreich waren. Bis zum Ende des Jahres erwartet SpaceX zwischen 95 und 100 Missionen absolviert zu haben.

*„Wenn etwas wichtig genug ist,*
*dann mach es auch dann,*
*wenn die Chancen nicht gut für Dich stehen".*
*Elon Musk*

Übrigens liegt auch bereits für 2024 eine Schätzung von Musk für die Startzahlen vor: 144 sollen es werden. Das dürften dann 60 Prozent aller weltweit zu erwartenden Orbitalmissionen sein.
Fakt ist: SpaceX ist DIE Weltmacht des Raumtransportes. Wäre dieses Unternehmen ein Land, es stünde mit Abstand auf Platz eins in der Nationenwertung. Noch vor China und den USA. Und dabei ist das erst der Anfang.

Diese absolute Dominanz macht einer Reihe von Firmen und Politikern Sorgen. Allenthalben wird über die Quasi-Monopolstellung von SpaceX geklagt, aber offensichtlich macht sich kaum jemand Gedanken darüber, dass Elon Musk hier nur ein Vakuum ausfüllt, das genauso gut auch andere Raumfahrtunternehmen hätten ausfüllen können. Wenn sie es denn gewollt hätten. Die Raumfahrtingenieure und –techniker der potentiellen Konkurrenz sind auch nicht dümmer, als die von SpaceX. Statt aber diese Konkurrenz anzunehmen und mit in Wett-

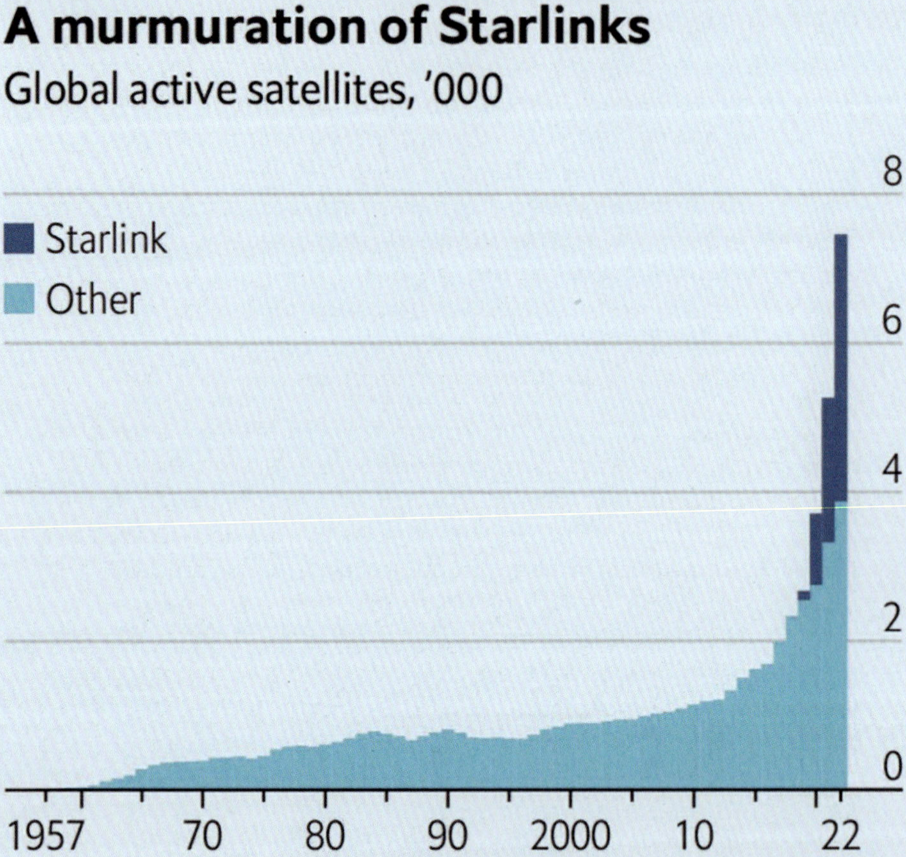


JONATHAN MCDOWELL/TWITTER.

Aktive Satelliten weltweit bis Ende 2022. Die Grafik spricht für sich.

bewerb einzutreten bestand die Strategie der kompletten Raumfahrtwelt darin, darauf zu hoffen, dass SpaceX schon scheitern werde. Das ging mächtig schief.

Anders als in Deutschland findet Musk mit seinen Aktivitäten weltweit überwiegend Zustimmung. Seine gelegentlichen Ausfälle (die er aber so gut wie in allen Fällen wieder zurücknimmt) werden als Teil seiner manchmal fast borderline-artigen Persönlichkeit weitgehend akzeptiert. Auch in den USA gibt es eine fast unveränderliche Prozentzahl an Musk-Gegnern, ich schätze sie auf etwa zehn Prozent, die ihn mit Inbrunst hassen. Ich verfolge einige ihrer Accounts auf Twitter und bin gruselig fasziniert, wie sie geifern und mit allen Mitteln versuchen, seine Vorhaben zum Scheitern zu bringen. Sie überziehen ihn mit Klagen und zeigen selbst Behörden bei der Staatsanwaltschaft an, wenn sie der Meinung sind (und das sind sie immer), dass diese, wie etwa die FAA, nicht rigoros genug gegen Musk und seine „Umtriebe“ vorgehen.

Schon Minuten nach dem ersten Testflug des Starship stand das Internet in Flammen. Abends dann die Nachrichtenagenturen. Tags darauf die Druckmedien. Auch hier, bei einem rein technischen Ereignis, das man doch objektiv bewerten können sollte, machte sich bemerkbar, wer zu Elon Musk stand und wer sein Gegner war.

Die einen fragten in ihren jeweiligen Medien, wie dumm die SpaceX-Ingenieure sein könnten, einen derartig spektakulären Fehlschlag zu feiern, für die anderen dagegen war es ein geradezu epischer Erfolg, alleine schon diesen Behemot von der Rampe gebracht zu haben. Für die einen war es der erste Schritt in das neue Weltraum-Zeitalter, für die anderen ein Fehlschlag, der hoffentlich dazu beiträgt, Musk in Zukunft kleinere Brötchen backen zu lassen. Zwi-

Der bislang einzige Fehlschlag im Flug einer Falcon 9 ereignete sich am 28. Juni 2015.

Der Start des Kommunikationssatelliten Jupiter 3 war die 250. erfolgreiche Mission für SpaceX.

schentöne gab es dabei kaum. Als hätte er nicht schon genug zu tun, hat sich Elon Musk mehrfach in die Debatte um illegale Migration eingebracht und damit heftigste Reaktionen ausgelöst. In Deutschland rufen linke Aktivisten inzwischen zu seiner Enteignung und zum X-(Twitter-) Verbot auf.

Auslöser dafür waren die sich gleichenden Bilder der letzten Wochen in den USA und in Europa. Der Zustrom illegaler Migranten ist sowohl hier wie dort komplett außer Kontrolle geraten. Hier sind es anlandende Boote und Schlepperschiffe und hunderte illegale Grenzübertritte täglich, dort sind es durch das jahreszeitlich bedingt flache Wasser des Rio Grande watende Gruppen, die von der mexikanischen zur texanischen Seite des Flusses wollen. Die politischen Einschätzungen der Lage gleichen sich.

Musk streamte seinen Besuch an der mexikanischen Grenze auf X und erklärte, er wolle einen ungefilterten Blick auf die Probleme werfen. Das richtige Mittel dafür sei „Bürgerjournalismus", und dafür möchte er zunehmend X verwendet wissen. Dafür geht er mit reichweitenstarkem Beispiel voran: 100 Millionen Views sind eine Größenordnung, die von klassischen Medien heute längst nicht mehr erreicht wird. Allerdings gibt es keinen Mangel an Augenzeugenberichten von den Hotspots der Migration, weder in Europa noch in den USA.

Die Wirkung Elon Musks auf die auf endlos gestellten Migrationswellen nach Europa und in die USA ist schon bemerkenswert. Wie bei einem Katalysator scheint schon seine Anwesenheit oder flüchtige Aufmerksamkeit zu genügen, um heftigste Reaktionen zu provozieren. In Deutschland rufen linke Aktivisten zu seiner Enteignung und zum X-Boykott auf und „fliehen" in Scharen zum neuen Netzwerk „Blue Sky" (nachdem sie gerade still und sich leise von Mastodon abgewendet haben, wohin sie flohen, als Musk Twitter kaufte, wo aber zu ihrem Bedauern nichts los war).

Die bisher letzte Stufe des Wahnsinns zündete - stellvertretend für das woke Empörium - Jan Philipp Albrecht von der Grünen Böll-Stiftung. Der will bei Musk eine Neutralitätspflicht entdeckt haben, die dieser verletzt hätte. Er schreibt auf X:

*„In der Causa #Musk/@X geht es nicht um seine Meinungsfreiheit, sondern um die Neutralitätspflichten für ihn und seine Plattform, die einen freien Wettbewerb von Akteuren und Meinungen gewährleisten. Es braucht hier behördliches Eingreifen zum Schutze dieser gesetzlichen Pflichten."*

Die Antwort kam prompt in den „Community Notes", also Faktenchecks, die nicht von staatlich finanzierten NGOs, sondern den Nutzern von X zusammengetragen werden. Und die lautete so:

*„Elon Musk hat auch als Eigentümer der Plattform X das Recht, dort frei seine persönliche Meinung zu äußern. Insbesondere unterliegt er als Privatperson keinen (gesetzlichen)*

Hält General Musk den Strom der illegalen Immigranten auf?

*Neutralitätspflichten, weder in den USA, noch in der EU oder in Deutschland."*

Läuft also doch noch nicht so ganz, wie es die deutschen „Hater" gerne hätten.

Manchmal ist Musk der freundlichste und friedlichste Mensch der Welt. Manchmal ist er aber auch impulsiv bis zum Exzess. Vielleicht erinnern Sie sich noch an die Sache mit der Rettung einer Gruppe Jugendlicher im Jahre 2018, die nach einem überraschenden Hochwasser in einer Höhle in Thailand eingeschlossen war. Zwölf Jungs einer Fußballmannschaft und ihr Trainer. Eine große Rettungsaktion setzte ein, die halbe Welt bot Hilfe an. Auch Musk tat das. Er fuhr sogar selber nach Thailand und schlug schließlich vor, innerhalb weniger Tage ein Mini-U-Boot zu bauen, mit dem die Eingeschlossenen gerettet werden könnten.

> *„In der Zeit, in der ich auf dieser Erde bin, versuche ich so viel Gutes zu tun wie irgend möglich. Wie Sie wissen, bin ich damit nicht immer erfolgreich. Aber das ist das Ziel."*
> *Elon Musk*

Dieses Angebot wurde vom britischen Höhlentaucher Vern Unsworth, der die Aktion vor Ort leitete, in etwas rauen Worten zurückgewiesen. Er wies Musk an, das Gelände augenblicklich zu verlassen und sich „das U-Boot dorthin zu stecken, wo es wirklich weh tut". In einem Interview etwas später meinte Unsworth: „Der hatte keine Ahnung, wie es vor Ort wirklich aussieht. Dieses U-Boot wäre über zwei Meter lang gewesen und nirgendwo um Ecken oder Hindernisse herumgekommen".

Musk war beleidigt, vergriff sich im Ton und bezeichnete Unsworth auf Twitter (wo er damals schon 22 Millionen Follower hatte) als einen „Pädophilen". Das kam gar nicht gut an. Selbst seine größten Fans waren ihm Böse, und seine Geldgeber rieten ihm, sich doch besser auf seine Kernkompetenzen zu konzentrieren.

Musk ruderte denn auch schnell zurück. Er meinte: „Ich bin von einer falschen Annahme ausgegangen, ich werde künftig versuchen nicht sofort zurückzukeilen, wenn mich jemand auf Twitter angreift. Das war mein Fehler. Ich werde es korrigieren."

Was die „Space Bubble" gerne übersieht: Elon Musk ist weit mehr als nur der Gründer, CEO und immer noch weitgehend Besitzer von SpaceX. Er ist auch CEO und Großaktionär von Tesla, Besitzer und CTO von X (vormals Twitter), Präsident der Musk Foundation, Gründer der Boring Company und von XCorp und Mitgründer von Neuralink, Open AI und Hyperloop. Er ist – mit Besitztümern im Wert von aktuell 232 Milliarden Dollar - theoretisch der reichste Mensch auf diesem Planeten. Theoretisch deshalb, weil sein Reichtum ja nicht in verwertbarem Barvermögen besteht, sondern in seinen vielen Unter-

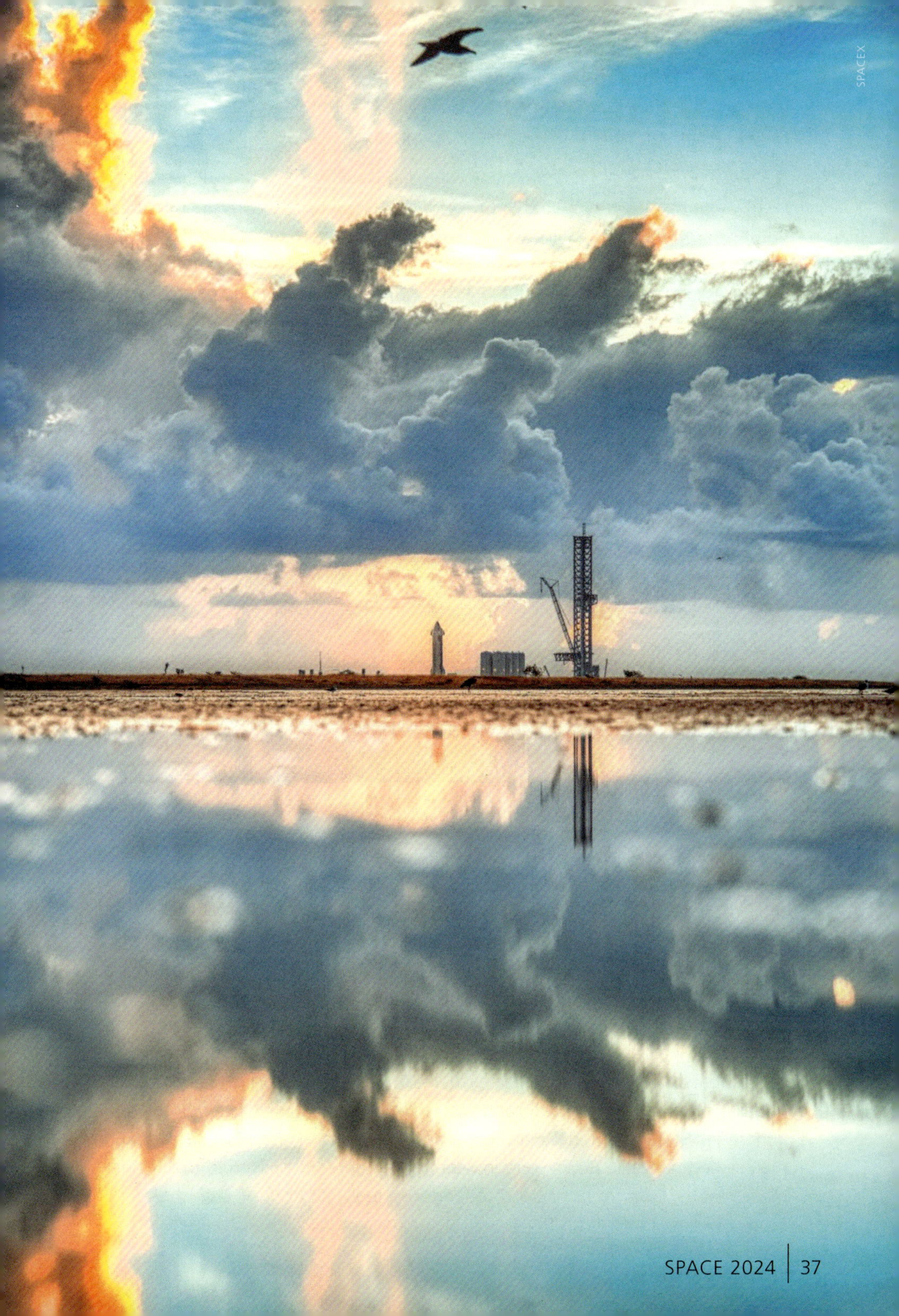
SPACEX

nehmungen gebunden ist. Sein Reichtum ist im Wesentlichen im Anstieg des Wertes der Tesla-Aktien seit dem Jahr 2020 begründet. Davor betrug sein Vermögen unter 20 Milliarden Dollar.

Nach Apollo war in der Raumfahrt 40 Jahre lang tote Hose. Shuttle, ISS, gut und recht. Aber in der bemannten Raumfahrt kam man nie wieder aus der niedrigen Erdumlaufbahn heraus. Gelegentlich die eine oder andere (unbemannte) Raumsonde. Immer wieder der gleiche Trott, Jahr für Jahr. Aber nun kommt wieder Bewegung in die Sache. Nun gibt es fast jeden Tag Neues in den Space-News.

Meistens ist Elon Musk der freundlichste Mensch, den man sich vorstellen kann. Hier mit seinem jüngsten Sohn „Little X" (keine Ahnung, wie der wirklich heißt).

Elon Musk ist nichts weniger als genial. Und manchmal ist er auch saublöd und baut Mist. Manches was er macht, geht eigentlich gar nicht. Mit sehr vielem liegt er aber Dead-Center exakt in der Mitte der Wahrheit, was vielen Leuten noch weniger gefällt, als wenn er falsch läge. Man kann zu ihm stehen, wie man will. Eins ist mal sicher: langweilig ist er nie. Es ist immer spannend zu sehen, was er macht. Wie er die Augen der Menschen manchmal zum Leuchten bringt, oder sie manchmal zur Weißglut treibt.

Wie sieht Elon Musks Zukunft aus? Läuft die Entwicklung linear weiter und passiert ihm nichts (er lebt exzessiv, treibt keinen Sport und ernährt sich ungesund, er lebt schon aufgrund seiner vielen Reisen relativ gefährlich und könnte jeden Tag zum Ziel eines durchgeknallten Elon-Hassers werden), dann mag seine finanzielle Bewertung in zehn Jahren bei 500 Milliarden Dollar oder mehr liegen. Vielleicht ist er dann sogar der erste Billiardär der Geschichte.

Sein Reichtum wird dann im Wesentlichen aus den neuen Geschäftsfeldern von Tesla resultieren, wie dem weiteren Ausbau der Batterietechnik, die jetzt schon einen großen Teil des Unternehmensumsatzes einnimmt. In zehn Jahren könnte auch der humanoide Roboter auf dem Markt sein, von dem bei Tesla die ersten Prototypen noch ziemlich stakselig herumlaufen. Die Herausforderung ist nicht, so etwas zu bauen. Die Herausforderung wird darin bestehen, dass er nicht mehr als ein Mittelklasseauto kosten darf.

Starlink dürfte, so wie Musk es geplant hat, viel Geld für seine privaten Weltraumpläne abwerfen. Damit könnte er seine Mars-Vision wahrmachen. Neuralink könnte schon brauchbare Resultate generiert haben und Querschnittgelähmte wieder zum Laufen bringen. Vor allem aber wird das Starship die Raumfahrt revolutionieren und die Menschheit wirklich zur interplanetaren Spezies machen. In dieser ganzen Zeit wird Elon Musk die Menschen weiterhin polarisieren. Für so manchen wird er der Allmächtige sein, für die anderen der Leibhaftige.

*Im Oktober 2023 erhielt Elon Musk beim 74. Kongress der Internationalen Astronautischen Federation (IAF) des Jahres 2023 in Baku in Aserbeidschan den World Space Award.*

Im Januar 2023 steht ein Starship, also die Kombination aus Super Heavy (Erststufe) und dem eigentlichen Starship (Oberstufe) für die Durchführung von Tests auf dem Startpodest.

# ERFOLGREICHER FEHLSCHLAG

**Die Diskussion um die Frage „War das jetzt eigentlich ein Fehlschlag, oder war es ein Erfolg" begannen schon Minuten nach dem Flug. Und sie ist bis jetzt, sechs Monate später und nur kurz vor dem zweiten Flug des Starship, noch immer nicht beendet.**

Elon Musk, der Gründer und CEO von SpaceX, hatte 2016 bei einem Kongress in Guadalajara die ersten Pläne für eine Großträgerrakete vorgestellt, aus der schließlich das Starship entstehen sollte. Seither wurde das Design immer weiter verbessert. Nach einer Reihe von Versuchen mit anderen Strukturwerkstoffen (lange Zeit war Kohlefaser-Verbundmaterial im Gespräch, es waren schon die dafür notwendigen Maschinen bestellt und teilweise geliefert), wurde schließlich eine spezielle Edelstahl-Legierung für die Primärstruktur ausgewählt. In typisch Musk'scher Rekordgeschwindigkeit wurde in Boca Chica, in Südwesttexas, eine Fabrik und eine Startrampe erbaut. Die ersten noch rohen Prototypen entstanden sogar unter freiem Himmel.

Die Starship-Kombination besteht aus zwei Hauptkomponenten. Zum einen aus dem Booster, auch Super Heavy genannt. Er ist die erste Stufe des Vehikels. Die zweite Stufe, die obendrauf sitzt, ist das eigentliche Starship. Aber auch in Kombination heißt der Raketen-Behemot so. Das Starship ist etwa 120 Meter hoch und hat einen Durchmesser von neun Metern. Damit ist ihr Durchmesser größer als der Rumpf eines 747-Jumbojets und sie ist länger als jede jemals gebaute Rakete. Das Starship wiegt beim Start mehr als 5.000 Tonnen. Mehr als 90 Prozent davon bestehen aus Methan und flüssigem Sauerstoff. Wenn alle 33 Triebwerke feuern, erzeugt die Rakete einen Schub von 7.600 Tonnen und verbraucht dafür 20 Tonnen Treibstoff pro Sekunde.

Der erste Testflug war für Montag, den 17. April, angesetzt. Doch der Termin kam und ging, denn man musste wegen eines eingefrorenen Ventils im Tankdruck-Regelsystem des Super Heavy-Boosters an diesem Tag abbrechen. Der Start wurde für Donnerstag, den 20. April neu angesetzt. In den drei Tagen zwischen den beiden Countdowns lieferten mehr als 100 Tankwagen frischen flüssigen Stickstoff, flüssigen Sauerstoff und flüssiges Methan in die Lagertanks an der Startrampe, um den Bestand aufzufüllen, der seitdem verdampft war. Sie wurden benötigt, um genügend Treibstoffe für den zweiten Startversuch zur Verfügung zu haben. Nach langer gespannter Erwartung startete SpaceX schließlich am 20. April, um 15:33 Uhr mitteleuropäischer Zeit (entsprechend 8:33 Uhr Ortszeit in Texas), von der Starbase in Boca Chica. Mit dem Liftoff begann ein im Idealfall 90-minütiger Testflug um die Welt, der in einer Wasserung des Starship (und hier ist nur die Oberstufe gemeint) im Pazifischen Ozean in der Nähe von Hawaii abgeschlossen werden sollte. Doch die Mission endete schon nach vier Minuten, als das Fahrzeug nach mehreren Triebwerksausfällen über dem Golf von Mexiko außer Kontrolle geriet und sich selbst zerstörte.
Jetzt zunächst einmal meine Eindrücke und Überlegungen beim Betrachten des Live-Webcast von SpaceX an diesem historischen Tag:

Fast schon gleichzeitig mit dem Moment der Zündung war das Starship in eine enorme Wolke aus Staub und Rauch gehüllt und danach zunächst nicht mehr zu erkennen. Für lange Sekunden sah es so aus, als würde die Rakete schon auf dem Startplatz explodieren. Es dauerte eine gefühlte halbe Ewigkeit, bis sich der Träger schließlich langsam aus dem Inferno aus Staub und herumfliegenden Trümmern herausschälte und sich dann majestätisch und langsam

Das voll betankte Starship beim Wet Dress Rehearsal. Wegen der Kälte bildet sich Frost auf der Außenhaut der Rakete.

an der Spitze eines flackernden Feuerstrahls in Zeitlupengeschwindigkeit in den Himmel über der Starbase wuchtete. Vom Boden aus war nicht sofort zu sehen, dass einige der 33 Raptor-Triebwerke der Super Heavy-Erststufe schon in den ersten Momenten des Fluges ausgefallen waren. Dass aber etwas nicht stimmte konnte man an der leicht schrägen Fluglage der Rakete erkennen. Gelegentlich gab es einen orangeroten Flash im Feuerstrahl der Motoren, kleinere Teile des Trägers schienen sich von der Struktur abzulösen. Im Laufe der nächsten zwei Minuten erstarben mehrere Triebwerke. Sie waren die Ursache der roten Flashes, die ich beobachtete. Immer, wenn sich eines von ihnen verabschiedete, blitzte es noch ein letztes Mal auf. Als die Rakete schließlich auf den Scheitelpunkt ihrer Flugbahn von knapp 40 Kilometern mehr kroch denn flog, waren – für den Beobachter der Startübertragung deutlich erkennbar – eine nicht genau zu ermittelnde Anzahl von Raketenmotoren erloschen, während die anderen noch arbeiteten. Der von den ausgefallenen Triebwerken resultierende asymmetrische Schub konnte dann offensichtlich von der Fluglageregelung nicht mehr kompensiert werden. Das führte in der Folge dazu, dass auch die Oberstufe des Raumschiffs (also das eigentliche Starship) nicht von der ersten Stufe der Rakete getrennt werden konnte. Möglicherweise hatte auch ein Hydraulikproblem dazu beigetragen, dass die Schubrichtung der verbleibenden Triebwerke nicht mehr ausreichend gesteuert werden konnte. Dann begann die Rakete zu kippen und zu rollen, vollführte Kreise, begann sich zu überschlagen. Aber sie brach nicht auseinander. Noch nicht. Schließlich eine Art langsamer Looping, und dann ...

...dann explodierte das Ding.

Genaueres erfuhr man schon einige Stunden nach dem spektakulären Ereignis. Die Rakete hatte bereits zwei Triebwerke abgeschaltet, noch bevor sie überhaupt den Startsockel verließ. In den Minuten des Aufstiegs schalteten sich dann weitere sechs der 33 mit Methan und flüssigem Sauerstoff betriebenen Raptor-Triebwerke des Super Heavy-Boosters ab, als er in den Himmel stieg. Etwa zwei Minuten nach dem quälend langsamen Liftoff verlor das Raumschiff die Kontrolle und verließ seinen geplanten Flugkorridor, bis schließlich das autonome Flugabbruchsystem die Rakete vier Minuten nach dem Start in die Luft jagte. Allerdings erst 30 Sekunden nachdem das System den Abbruchbefehl gegeben hatte. Offensichtlich hatte eine zu geringe Sprengkraft der Explosivladungen in der Rakete verhindert, dass der Abbruch sofort wirksam wurde. In dieser halben Minute quälte sich der Träger wie ein waidwundes Tier noch immer weiter.

Das Starship erzielte eine maximale Höhe von 39 Kilometern und eine Höchstgeschwindigkeit von knapp 2.200 Kilometern pro Stunde. Somit erreichte es etwa doppelte Schallgeschwindigkeit und gewann damit auch gute Messdaten über den Staudruck im transsonischen Bereich, der aerodynamischen Zone, bei dem das Fahrzeug den härtesten strukturellen Belastungen seines Aufstiegs standhalten muss. Die Trümmer des Starship fielen nach der Explosion in den Golf von Mexiko. Trotz des explosiven Endes dieser Testmission schienen die Ingenieure mit den Erkenntnissen aus diesem Start durchaus zufrieden zu sein. SpaceX war schon im Vorfeld der Mission sehr darauf bedacht gewesen, die Erwartungen niedrig zu halten.

Das Starship steigt aus Rauch und Staub in den Himmel.

## DIE AUFARBEITUNG

Die Startanlage bot nach dem Liftoff ein Bild der Verwüstung. Sie verfügte für diese Mission weder über einen Flammenschacht, noch über einen Flammenabweiser, noch über eine Flutanlage. Alles Dinge, wie sie gerade beim Start von Großraketen sonst üblich sind. Das Fehlen all dieser Vorrichtungen bewirkte, dass neben den Flammenstrahlen selbst auch die immense akustische Energie, die der Start verursachte, große Schäden an den Bodenanlagen anrichtete. Ein wenig verwunder-

Aufstieg aus dem Inferno.

te es schon, dass man quasi „nackt" startete, ohne diese Standardanlagen zum Schutz von Rakete und Infrastruktur. Womöglich wurde auch SpaceX vom Ausmaß der Schäden überrascht. Andere Startanlagen, darunter die Falcon 9-Launch Pads von SpaceX in Florida und Kalifornien, nutzen große Mengen Wasser, um die akustische Energie beim Start zu dämpfen, und alle verfügen über Flammenschächte. Es gibt aber auch historische Beispiele dafür, dass man solche Einrichtungen nicht unbedingt braucht, wenn nur der Startsockel hoch genug ist. So hat die NASA beispielsweise bei den frühesten Versionen ihrer Saturn-Raketen darauf verzichtet. Ähnlich wie damals die Saturn 1 Block 1 und Block 2 steht auch das Starship einfach frei auf einem 15 Meter hohen Betonpodium.

Der Schubstrahl der Triebwerke war somit direkt auf den Betonboden gerichtet, welcher der ungeheuren Energie der Triebwerke nicht standhielt und augenblicklich aufbrach. Riesige Stücke der Armierung flogen hunderte von Meter weit durch die Gegend. Eine gewaltige Sandwolke wurde aufgewirbelt, die sich noch Stunden später, fortgetragen durch den Wind, viele Kilometer von der Startstelle entfernt auf Häusern, Straßen und Autos absetzte. Als sich alles gelegt hatte, sah es am South Padre Island und in Boca Chica ein wenig aus, wie eines dieser Sahara-Sand-Ereignisse, die wir manchmal in Europa erleben, nur viele Male stärker. Die Autos waren so eingestaubt, dass man mit dem Zeigefinger Gesichter auf die Windschutzscheibe malen konnte.

Die startende Rakete, die endlose Sekunden in dieser gigantischen Staubwolke zu verharren schien, bevor sie sich schließlich mit zeitlupenartiger Geschwindigkeit herausschälte, hinterließ unter dem Startpodest einen viele Meter tiefen Krater. Die herumfliegenden Gesteinsbrocken beschädigten die nahegelegene Tank-Farm, verbeulten die Kryo-Behälter und lagen überall auf dem Strand herum. Alle in der Nähe der Rakete installierten Kameras der Fotografen wurden zerstört. Nur bei einigen wenigen konnten zumindest die Speicherkarten gerettet werden, so dass es einige wenige Nahaufnahmen des Starts gibt. Alles in allem wirkte die Szenerie vor allem in der Nähe des Startsockels apokalyptisch. Schäden an der Startrampe im Starbase-Komplex standen schon vor dem Flug ganz oben auf der Liste der Bedenken, die Musk vor dem Starship-Testflug hatte. „Ich würde es schon als Erfolg betrachten", so meinte er vor dem Start „wenn

LAB PADRE

In der näheren Umgebung des Startplatzes sah es aus, wie in einem SF-Endzeit-Movie.

wir uns weit genug von der Startrampe entfernen, bevor etwas schief geht. Wir dürfen fast alles, bloß nicht die Startanlage in die Luft blasen." Allerdings war es am Ende ziemlich genau das, was die Rakete bei ihrem Erstflug machte. Lediglich der gewaltige Serviceturm, das teuerste Element der Bodeninfrastruktur am Startplatz, überstand die Ereignisse scheinbar unbeschadet.

Musk sagte weiter, SpaceX habe diese erste flugbereite Super Heavy-Erststufe mit der Bezeichnung Booster 7 mit einer Abschirmung nachgerüstet, um seine 33 Raptor-Motoren vor Ausfällen benachbarter Triebwerke durch möglicherweise herumfliegende Trümmer zu schützen. „Das ist sehr wichtig", so Elon Musk wörtlich, „...denn wenn man 33 Triebwerke hat, und eines davon geht kaputt, ist das genauso, als hätte man eine Kiste voller Granaten, und zwar wirklich großer Granaten". Es war bei diesen Statements unmittelbar nach dem Testflug nicht klar (und ist es immer noch nicht), wie viele der Triebwerksausfälle am Super Heavy-Booster – wenn überhaupt – auf Schäden durch Probleme an benachbarten Triebwerken zurückzuführen waren, oder ob sie nicht möglicherweise schon durch herumfliegende Zementbrocken in der Anfangsphase des Starts verursacht wurden. In einem offiziellen Newsletter kurz nach dem Testflug zeigte sich SpaceX aber recht unbeeindruckt. Das Unternehmen vermeldete, dass..."bei einem Test wie diesem der Erfolg auf dem beruht, was wir dabei lernen. Und heute haben wir wir enorm viel über die Fahrzeug- und Bodensysteme gelernt. Die heute gewonnenen

SPACEX

Auf diesem Bild sind die ausgefallenen Triebwerke deutlich zu erkennen

Erkenntnisse werden eine große Hilfe sein, das Starship-System einsatzbereit zu bekommen". Wo bei einem ähnlichen Ereignis andernorts eine jahrelange Flugunterbrechung die Folge wäre, begann man hier schon nach wenigen Tagen mit den Reparaturarbeiten und Verbesserungen. Die nächste Rakete stand ohnehin schon mehr oder weniger flugbereit in der Halle. Beim nächsten Start wird eine gewaltige wassergekühlte Stahlplatte unter dem Startsockel liegen. Große Mengen aus Öffnungen herausflutenden Wassers sollen die akustischen Energien dämpfen, und zusätzlich ein erneutes Spektakel mit großen Mengen herausgeschleuderten Betons verhindern. So zumindest hofft Musk. Ein Probelauf der Anlage bei einem statischen Brenntest des nächsten Starship hat die Wirksamkeit der neuen Anlage bereits unter Beweis gestellt.

Elon Musk meldete schon bald auf Twitter, dass der nächste Start bereits in ein paar Monaten erfolgen könnte. Die Arbeit am nächsten Starship ist jedenfalls weitgehend beendet, die Anlagen sind wieder aufgebaut. Die Verbesserungen wurden vorgenommen. Nun wartet SpaceX nur noch auf die Flugfreigabe der Federal Aviation Administration (FAA).

Das Starship gewinnt an Höhe.

Der Super Heavy-Booster übertraf die Gesamtleistung der N1-Trägerrakete der Sowjetunion, die seinerzeit über 30 Motoren mit 10 Millionen Pfund Schub verfügte. Die N1 erreichte auf keinem ihrer vier Testflüge von Baikonur aus zwischen 1969 und 1972 den Weltraum. Der Starship-Testflug am Donnerstag schaffte es bei seinem versuchten Aufstieg ins All immerhin weiter als jede der vier N1-Raketen, die vor mehr als 50 Jahren ihre Testflüge unternahmen.

Die riesige neue Rakete von SpaceX erzeugt auch etwa doppelt so viel Schub wie die Saturn-V-Mondrakete der NASA aus dem Apollo-Programm oder die Space Launch System-Rakete der NASA, die im November erstmals erfolgreich einen Testflug für das Artemis-Mondprogramm der NASA absolvierte.

Die neue Rakete, die SpaceX schon in naher Zukunft vollständig wiederverwendbar machen will, soll bis zu 150 Tonnen Fracht in eine erdnahe Umlaufbahn befördern. Für Missionen zu weiter entfernten Zielen wie dem Mond muss SpaceX die Betankung im Orbit beherrschen. Das ist noch nie zuvor in so großem Maßstab und vor allem mit kryogenen Treibstoffen versucht worden.

Die Flugbahn-Abweichungen werden größer.

Wäre der Testflug nach Plan verlaufen, hätte sich das eigentliche Starship – also die Oberstufe der Rakete – zwei Minuten und 49 Sekunden nach Beginn der Mission von seinem Super Heavy-Booster gelöst, danach die sechs Raptor-Triebwerke gezündet, um schließlich für etwa 45 Minuten in eine Umlaufbahn um die Erde einzutreten. Das Raumschiff, das in der Nomenklatur von SpaceX die Nummer „Ship 24" trägt, hätte dabei ein Apogäum von 235 Kilometern erreicht, bevor es schließlich über dem Pazifischen Ozean wieder in die Atmosphäre zurückgekehrt wäre, um dann vor Hawaii im Wasser zu landen. Um es vor der Wiedereintrittshitze zu schützen, war das Fahrzeug mit Tausenden von Keramikkacheln bedeckt.

Der Testflug am 20. April kam jedoch nicht weit genug, um die Oberstufe des Raumschiffs und seine Fähigkeit, wieder in die Atmosphäre einzudringen, zu testen. Der Super Heavy-Booster, also die Unterstufe, war so programmiert, dass er einige seiner Raptor-Triebwerke nach der Trennung von der Oberstufe des Raumschiffs erneut gezündet hätte, um dann eine kontrollierten

Wasserung im Golf von Mexiko durchzuführen. Dies sollte einen Test für die Bergung und Wiederverwendung bei zukünftigen Landungen des Boosters darstellen. Auch dieses Ziel wurde nicht erreicht.

Musk meinte nach dem Start: „Es mag noch ein wenig dauern, bevor wir das Schiff in den Orbit bekommen. Doch sobald es uns gelingt, das Starship in die Umlaufbahn zu bringen, müssen wir es auch wieder zurückholen können. Wir müssen es wieder sicher landen. Und das nicht irgendwo. Damit es schnell wiederverwendbar sein soll, muss es genau dort landen, von wo es gestartet ist, denn ein Transport dieses gigantischen Biests über große Entfernungen wäre enorm aufwendig."

Das Starship soll in einigen Jahren die Falcon 9 ablösen. Musk hat sich jedoch verpflichtet, diesen deutlich kleineren Träger auch bei einem Erfolg des Starship noch mindestens bis zum Betriebsende der ISS, also mindestens bis zum Ende der 20er-Jahre in Dienst zu behalten, wenngleich mit reduzierten Startzahlen.

Das Starship beginnt zu taumeln.

Weiter meinte er: „Diejenigen, welche die Geschichte der Falcon 1 und Falcon 9 sowie unsere Anläufe zur Wiederverwendbarkeit verfolgt haben, wissen, dass es fast 20 Versuche gebraucht hat, bis wir tatsächlich erstmals eine Stufe zurückgewonnen haben. Und dann brauchte es noch viele weitere Flüge, bis wir eine sinnvolle Wiederverwendbarkeit erreichten, bei der wir nicht nach jeder Mission die ganze Rakete neu bauen mussten." Sobald das Starship einsatzbereit ist, wird sein erster Auftrag darin bestehen, die Starlink-Internetsatelliten der v2-Reihe des Unternehmens abzusetzen. Dabei handelt es sich um schwere Breitband-

Relaisstationen der nächsten Generation, die sich deutlich von den Satelliten unterscheiden, die derzeit von der Falcon-9-Rakete gestartet werden.

Eine von SpaceX veröffentlichte Animation zeigte das Konzept des Unternehmens für den Einsatz von Starlink-Satelliten von einem Starship aus. Dabei wird ein Mechanismus verwendet, der wie ein riesiger Pez-Spender funktioniert. Im Übrigen zeigte sich auch NASA-Administrator Bill Nelson wenig besorgt über das Ergebnis dieses ersten Flugtests. „Herzlichen Glückwunsch an SpaceX zum ersten integrierten Flugtest von Starship!" schrieb NASA-Administrator Bill Nelson in einer Erklärung nach dem Start am 20. April. „Jede große Errungenschaft im Laufe der Geschichte erforderte ein gewisses Maß an kalkuliertem Risiko, denn mit einem großen Risiko geht auch eine große Belohnung einher. Ich freue mich auf alles, was SpaceX lernt. Auf zum nächsten Flugtest – und darüber hinaus."

Beobachter des Programms nehmen an, dass für den zweiten Flugtest Booster 9 und das Ship 26 eingesetzt werden. Die Missionsziele dürften dieselben sein, wie beim ersten Testflug.

Die Rakete explodiert schließlich in knapp 40 Kilometern Höhe.

## DIE ÄRA DES STARSHIP BEGINNT

War die Mission nun ein Fehlschlag? Nein, das war sie gewiss nicht. Für diejenigen, die etwas mehr über die Trägerraketenindustrie und über iterative Designmethodik wissen, war es ein großer Erfolg, die Super Heavy-Rakete mit ihrer Starship-Oberstufe von der Startrampe zu bringen.

Warum? Man kann natürlich ewig in Meetings sitzen und alles antizipieren, was bei einer solchen Rakete mit ihrer beispiellosen Anzahl an Triebwerken der ersten Stufe und ihrer kolossalen Größe alles schief gehen könnte.

Die Alternative besteht darin, die Rakete in eine hinreichend gute Konfiguration zu bringen und dann einfach mal loszufliegen. Ein richtiger Flug ist der ultimative Test und liefert die besten Daten. Es gibt keine Angst mehr vor theoretischen Fehlern, die vielleicht nie eintreffen und letztendlich zu einem „overdesign" führen. Die Ingenieure des Unternehmens können aus dem realen Flug die realen Fehler klar identifizieren und sie beheben. Die Methode hat nur einen Nachteil: Man muss bereit sein, eine Anzahl von Misserfolgen zu akzeptieren.

Der Prozess von SpaceX ist also chaotischer, aber er ist auch schneller. Man muss auch bedenken: Die NASA hat viele Milliarden Dollar und etwa ein Jahrzehnt für den Bau der Space Launch System-Rakete investiert, die Ende 2022 – abgesehen von Schäden am Startturm – einen nahezu fehlerfreien Erstflug absolvierte. Die NASA folgte dabei der linearen Designmethode, komplett mit umfangreichen, langdauernden und kostspieligen Analysen. Sie machte es, weil ein Ausfall der SLS-Rakete ernsthafte Zweifel an der Kompetenz der Agentur aufgeworfen hätte. Zum Glück kann sich SpaceX als Privatunternehmen das Scheitern leisten. Dies ist möglich, da bereits vier weitere Super Heavy-Raketen gebaut wurden, die fast flugbereit sind. Tatsächlich kann SpaceX in der Zeit, die die NASA für den Bau einer einzigen SLS-Rakete benötigt, mindestens zehn Super Heavy-Erststufen bauen. Wenn die ersten fünf scheitern, die nächsten fünf aber erfolgreich sind, welches Ergebnis ist dann das Bessere? Wie wäre es in zwei oder drei Jahren, wenn SpaceX ein Dutzend oder mehr Super Heavy-Raketen startet und landet, während die NASA-Methode nicht mehr als einen einzigen Start etwa alle 18 Monate bis zwei Jahre zulässt?

Ja, das erste Starship von SpaceX explodierte an diesem 20. April. Aber das Unternehmen wird lernen. Und es wird wieder und wieder fliegen, so lange, bis alle Fehler ausgemerzt sind. Das heißt natürlich nicht, dass dieser Flugtest keinen Anlass zur Sorge geben sollte. Vieles ist noch zu tun. Die Zuverlässigkeit der Triebwerke muss wachsen, die Bodeninfrastruktur verbessert werden, das komplexe System der Treibstoffleitungen muss vielleicht überarbeitet werden. Da hilft es, dass SpaceX über enorme Fertigungskapazitäten verfügt. Das Unternehmen kann beispielsweise jeden Tag eines der neuen Raptor-Triebwerke herstellten. Eine Rate die unerreicht ist in der Raumfahrt-Industrie. Positiv zu vermerken ist, dass die Federal Aviation Administration bestätigte, dass es bei diesem Test keine Verletzten gab. Alle vorher eingeführten Sicherheitsmaßnahmen griffen wie geplant. Die Schäden, obwohl sie erheblich aussahen, spielten sich alle (bis auf einen, nämlich die Sache mit dem Flugsand) im vorher definierten und abgesperrten Sicherheitsbereich ab. Darüber hinaus war einer der größten zukünftigen Kunden dieser Rakete, die NASA, mit dem Test zufrieden. SpaceX hatte sich im Vorfeld gegen Schäden Dritter mit einer halben Milliarde Dollar versichert.

Wenn SpaceX all diese Probleme behebt, und davon kann man ausgehen, sieht man sich die Geschichte dieses Unternehmens an, dann wird es in absehbarer Zeit über die größte vollständig wiederverwendbare Rakete der Welt verfügen. Das Starship hat das Zeug, die Beziehung der Menschheit zum Kosmos für immer zu verändern.

Schon in wenigen Jahren soll das Starship auch für die NASA im Einsatz sein, so wie es diese künstlerische Darstellung mit einer Szene am Lunar Gateway zeigt.

Am Flugtag 13 (28. November 2022) erreichte die Orion ihre maximale Erddistanz, mit einer Entfernung von 432.200 Kilometern von der Erde.

# DIE ARTEMIS-ÄRA HAT BEGONNEN

**Am Sonntag, den 11. Dezember 2022, um 18:40 Uhr mitteleuropäischer Zeit beendete das Orion-Raumschiff der NASA die erste Mondflugmission des Artemis-Programmes mit einer Wasserung im Pazifik, südwestlich von San Diego. Der Wiedereintritt in die Erdatmosphäre, die Landung und die Bergung durch das Spezialschiff USS-Portland waren die letzten Meilensteine der historischen Mission, die am 16. November an der Startrampe 39B am Kennedy Space Center der NASA in Florida begonnen hatte.**

Im Laufe der darauffolgenden 25 Tage und elf Stunden testete die NASA neben der SLS-Trägerrakete (dem Space Launch System) vor allem ihr neues Raumschiff unter den Umweltbedingungen des cislunaren Raumes und zertifizierte beide für den ersten bemannten Einsatz des Programms, bei der die Astronauten von Artemis II eine etwas vereinfachte Version dieses unbemannten Jungfernfluges absolvieren werden. Im Rahmen ihrer Mission führte Orion zwei nahe Vorbeiflüge am Mond durch und näherte sich dabei der Oberfläche des Erdtrabanten jeweils bis auf 130 Kilometer.

Bei seiner größten Erddistanz - am Flugtag 13 - befand sich die Orion 432.000 Kilometer von unserem Heimatplaneten entfernt. Das ist die 1.000-fache Entfernung der Internationalen Raumstation von der Erde. Zweck der Mission war es, alle Systeme des Raumschiffs im Flugbetrieb auf Herz und Nieren zu überprüfen und ihr Leistungsvermögen bis an ihre Grenzen auszuloten.

Kurz vor dem Eintritt in die Erdatmosphäre trennte sich das Besatzungsmodul von seiner Versorgungseinheit, der von der ESA bereitgestellten und in Bremen gebauten Antriebs- und Versorgungseinheit des Raumfahrzeugs. Während des Wiedereintritts widerstand die Orion Temperaturen von etwa 2.800 Grad Celsius, das ist halb so heiß wie auf der Oberfläche der Sonne.

Innerhalb der letzten 20 Minuten ihrer Mission führte das Raumschiff komplexe Flugmanöver durch und verlangsamte sich dabei von fast 40.000 Kilometer pro Stunde auf etwas über 30 Kilometer pro Stunde. Die letzten Kilometer bis zur Wasseroberfläche unterstütze ein mehrstufiges Fallschirmsystem die Landung. „Mission accomplished" konnte die NASA danach verkünden. Doch der Weg bis zum erfolgreichen Abschluss der Artemis I-Mission war steinig und lang.

Wären die Dinge nach Plan verlaufen, dann hätte das SLS seinen Erstflug bereits im Dezember 2016 absolvieren sollen. Als Entwicklungskosten wurden beim Programmstart im Jahr 2011, zu einer Zeit als die Shuttles noch flogen, zehn Milliarden Dollar veranschlagt gewesen. Am Ende wurden es mehr als 23 Milliarden Dollar. Nur für die Trägerrakete allein, ohne die Kosten für die Infrastruktur, das Orion-Raumschiff, die Einrichtung des lunaren Gateways und den Mondlander.

Der geplante Erstflugtermin kam und verstrich. Erst im November 2019 war die SLS-Basisstufe – genannt CS-1 (für Core Stage 1) - in der Michoud Assembly Facility von Boeing nahe New Orleans schließlich fertiggestellt. Vier Wochen später wurde sie mit einer Barke zum Stennis-Testcenter der NASA nach Mississippi transportiert. Im Januar 2020 begannen dort die Prüfstandversuche. Man fing mit Vibrationstests an, ging über zur Erprobung der Elektronik und des Startabbruch-Systems, hin zu Treibstoff-Flusstests, Versuchen mit der Schubvektor-Kontrolle, und schließlich ging es über Countdown-Simulationen hin zu den ersten Betankungsversuchen mit der Stufe.

Die Einzel-Prüfläufe der RS-25 Triebwerke, modifizierte Einheiten

Im September 2020 wurden Schutzabdeckungen über den Solarzellenflügel des Europäischen Service-Moduls angebracht. Dies geschah in der Neil Armstrong Operations and Checkout Building High Bay am Kennedy Space Center der NASA in Florida. Jedes der vier Solarpaneele erzeugt eine Leistung von 11 Kilowatt und hat eine Spannweite von etwa 20 Metern. Gebaut wurde das Service-Modul – es ist nicht zu übersehen – von Airbus Defense and Space in Bremen.

aus dem Shuttle-Programm, waren schon im Jahr zuvor erfolgt. Nun wurden sie in den Schubrahmen an der Basis der Struktur eingebaut. Am 16. Januar 2021, ein Jahr, nachdem die Raketenstufe Stennis erreicht hatte, sollte der „Full Duration Test" (FDT) erfolgen. Das ist ein Brennlauf über die volle Betriebszeit der Stufe von gut acht Minuten Dauer unter Einsatz aller vier Triebwerke. Doch schon 67 Sekunden nach der Zündung verstummten die Raketenmotoren wieder. Wie sich später herausstellte, waren die Limits für den Hydraulikdruck zu konservativ angesetzt worden. Die Sensoren hatten Alarm geschlagen und der Computer schaltete die Triebwerke ab. Unnötig, wie sich herausstellte. Sie hätten problemlos weiterlaufen können.

Nach einigem Hin und Her entschloss sich die NASA, den FDT zu wiederholen. Die Vorbereitungen dafür dauerten zwei Monate. Am 16. März 2021 fand er schließlich erneut statt und diesmal funktionierte alles einwandfrei. Am 24. April 2021 wurde die Stufe auf eine Barke verladen und vom Stennis-Testzentrum auf die mehrtägige Schiffstour zum Kennedy Space Center geschickt.

Die zweite Stufe der SLS-Rakete, die „Interim Cryogenic Propulsion Stage" (ICPS), wartete da schon seit Juli 2017 am Kennedy Space Center auf die Ankunft von Stufe eins. Sie hatte ihre Entwicklungszeit-Vorgabe nur knapp verfehlt und musste danach fast vier Jahre lang eingemottet werden, bis auch die erste Stufe so weit war. Die Feststoffraketen, welche als Booster für die Artemis I-SLS dienen, waren am 12. Juni 2020 am Kennedy Space Center angekommen. Auch sie Jahre hinter ihrem ursprünglichen Zeitplan, aber dank der massiven Verzögerung bei der von Boeing gebauten Hauptstufe fiel das nicht mehr ins Gewicht. Der Stufenadapter, das Verbindungsstück zwischen erster und zweiter Stufe, erreichte das Cape am 29. Juli 2020 und wurde ebenfalls erstmal eingelagert.

Am 23. November 2020 begann in der High Bay 3 des Vehicle Assembly Building (VAB) am Kennedy Space Center der Zusammenbau der SLS-Rakete für den Artemis I-Start. Das sah so aus, dass die ersten Elemente der beiden Feststoffbooster zusammengesetzt und vertikal aufgerichtet wurden, mit zehn Meter Abstand dazwischen, als Platzhalter für die SLS-Zentralstufe, die zu dieser Zeit gerade in Stennis ihren Qualifikations-Brennlauf wiederholen musste.

Am 29. April 2021 war schließlich auch CS-1 im VAB (Vehicle Assembly Building) angekommen. Damit waren nun alle Hauptkomponenten vor Ort, und die Ingenieure und Techniker konnten mit dem finalen Aufbau der Artemis I-Rakete und den elektrischen Tests beginnen. Damit gingen fünf weitere Monate ins Land. Am 8. Oktober 2021 war die Rakete fix und fertig zusammengebaut, einschließlich dem Orion-Raumschiff und dem Fluchtturm. Auch die so genannten Secondary Payloads, zehn Kleinsatelliten, die mit Artemis I auf die Reise gehen sollten, waren jetzt an Bord, eingeschlossen in der Adaptersektion zwischen dem Orion-Raumschiff und der zweiten Stufe.

Weitere Tests folgten. Schwachstellen wurden aufgedeckt. Ein Triebwerkskontroller für eines der RS-25 Haupttriebwerke war defekt, konnte nicht repariert werden und wurde ausgetauscht. All das dauerte bis zum 17. März 2022. An diesem Tag begann der „Roll-out" zur Startanlage 39B zur Durchführung des so genannten „Wet Dress Rehearsal" (WDR), bei dem ein vollständiger Countdown inklusive der Betankung beider Stufen der Rakete bis unmittelbar vor den Zeitpunkt der Zündung durchgeführt wird.

Zwei Anläufe dafür, am 3. und 4. April, mussten wegen verschiedener technischer Probleme hauptsächlich mit der Boden-Infrastruktur wieder abgebrochen werden. Auch ein dritter Versuch am 14. April scheiterte, erneut wegen Problemen mit den Leitungen an der Startrampe und dem Ventilsystem an der Rakete. Am 25. April entschied sich die NASA, den Träger wieder in das VAB zurückzutransportieren.

Dort blieb er bis zum 6. Juni. An diesem Tag ging es wieder hinaus zur Startanlage 39B. Beim 4. Versuch des WDR am 20. Juni gelang es, beide Stufen vollständig zu betanken. Aber wegen eines Wasserstoff-Lecks an einer Ventilkupplung konnte man den Countdown nicht wie geplant bis zur T-9,3 Sekunden-Marke bringen, sondern musste bei T-29 Sekunden stoppen. Dennoch erklärten die NASA-Manager damit das WDR für erfolgreich beendet. Die meisten der Testziele waren erreicht worden.

Am 2. Juli wurde die Rakete erneut zurück in das VAB transportiert, wo sie in den nächsten Wochen für den Start vorbereitet wurde. Dabei wurde auch das so genannte „Flight Termination System" installiert und getestet. Es dient dazu, die Rakete zu sprengen, sollte sie beim Start vom Kurs abkommen. Das SLS verwendet zumindest für den ersten Flug eine ältere Version dieser Vorrichtung, bei dem das Sprengkommando vom Range Safety Officier am Cape gesendet werden muss. Erst ab Artemis II gibt es ein automatisches System.

Der treibende Faktor für die Startfenster einer Mondmission ist vor allem die Stellung des Mondes zur Erde. Man kann nicht jeden beliebigen Zeitpunkt dafür verwenden, sondern nur einige wenige Tage im Umlauf des Mondes um die Erde. Dazu kommen noch Sekundärfaktoren wie die Flugbahn selbst, auf der das Raumfahrzeug nicht zu lange von der Erde abgeschattet sein soll, oder die Vorgabe, dass die Mission bevorzugt bei Tageslicht starten sollte, um gerade bei diesem ersten Testflug ein gutes optisches Tracking zu erlauben (worauf man am Ende aber dann verzichtete).

Am 18. August wurde die Rakete mit dem Crawler-Transporter zum dritten Mal zur 6,8 Kilometer entfernten Startrampe gefahren und kam dort

Im August 2021 wurde die Verkleidung der Kapsel für das Startabbruchsystem (LAS) in der Launch Abort System Facility im Kennedy Space Center der NASA montiert. Es besteht aus vier Schutzplatten, die das Besatzungsmodul vor den starken Vibrationen und dem Lärm schützen sollen, die während des Starts auftreten. Diese Verkleidung wird nach wenigen Flugminuten abgetrennt.

Der Zusammenbau der Hauptsegmente der SLS-Rakete und das Aufsetzen des Orion-Raumschiffs auf den Träger wurde in der High Bay 3 des Vehicle Assembly Building im Kennedy Space Center in Florida durchgeführt. Dieses Bild entstand im Oktober 2021.

in den frühen Morgenstunden des 17. August an. Der Crawler-Transporter ist – mit der unbetankten Rakete auf dem Rücken - rund 9.700 Tonnen schwer. Die mittlere Fahrgeschwindigkeit beträgt etwa 1,4 Kilometer pro Stunde. Aber in derartigem „Renntempo" geht es nur selten voran. Für die Fahrt zur Startrampe und zurück muss deswegen jeweils ein voller Tag veranschlagt werden.

Am 23. August fand der „Flight Readiness Review" statt, bei dem die Rakete für einen Start am 29. August freigegeben wurde. Am 27. August begann der Countdown. Er dauert „normal" 46 Stunden und 10 Minuten, aber schon bald nach seinem Beginn traten Probleme mit der Betankungsanlage auf, dann ein weiteres mit der Kommunikationsausrüstung, schließlich ein drittes mit einem Triebwerkssensor und nachdem die Zeitreserven für das Troubleshootig aufgebraucht waren, musste die NASA abbrechen und setzte einen neuen Versuch für den 3. September an.

Doch auch dieses Mal klappte es nicht, nachdem wieder Probleme beim Betanken der Rakete aufgetreten waren. Wenn hier von „Betanken" die Rede ist, dann ist jedes Mal die Befüllung der Rakete mit Wasserstoff gemeint. Dieser Stoff ist schon seit jeher schwer zu handhaben, mit seiner Flüchtigkeit und seinen Temperaturen von unter minus 250 Grad Celsius. Auf der „Oxidatorseite", also der Betankung mit flüssigem Sauerstoff, traten keine Probleme auf. Hier kann mit höheren Temperaturen um minus 185 Grad gearbeitet werden.

Die NASA entschied daraufhin, am 21. September eine Probebetankung durchzuführen, um die bis dahin getroffenen Maßnahmen zu testen. Die klappte so halbwegs, und daher setzte die NASA einen weiteren Startversuch für den 27. September an. Für den musste sich die Weltraumbehörde aber erst einen „waiver" von der „Range Safety" abholen, einer militärischen Organisation, die für die Luftraumsicherheit über Cape Canaveral verantwortlich ist. Der ursprüngliche Zertifizierungszeitraum für das Flugabbruchsystem war am 6. September abgelaufen. Die Prozesse sehen vor, dass danach die Batterien dieses Systems ausgetauscht werden müssen. Dieser Austausch aber ist nur im VAB durchführbar. Der „waiver" verlängerte das Zertifikat bis zum 30. September.

Doch nun riss der nahende Hurrikan „Ian" die Initiative an sich und machte alle weiteren Bemühungen der Startmannschaft zunichte, die Rakete doch noch zwischen dem 27. und 30. September zu starten. So musste sie ein viertes Mal den Weg zurück ins VAB antreten. Kaum zurück kam es wegen eines Kurzschlusses in einer der Gantries zu einem Schwelbrand, der dazu führte, dass das Gebäude evakuiert werden musste. Die Betriebsfeuerwehr bekam das Problem aber schnell in Griff, die Techniker konnten wieder zurückkehren und die Rakete blieb unbeschädigt.

Während vor den Toren des VAB der Wind mit über 120 Kilome-

Die Mondrakete der NASA begibt sich am 17. März 2022 aus dem Vehicle Assembly Building zu seiner sechs Kilometer langen Reise zum Startkomplex 39B. Transportiert wird auf dem Crawler-Transporter 2.

tern pro Stunde heulte und sich Wassermassen vom Himmel ergossen, standen im Inneren des Gebäudes umfangreiche Arbeiten bevor. Insbesondere am Flight Termination System und an den Tankventilen.

Eine längere Diskussion entstand über die zehn Kleinnutzlasten an Bord der Rakete. Deren Batterien hatten sich im Laufe der 14 Monate, die sie sich jetzt schon an Bord befanden, teilweise wieder entladen und hätten eigentlich ausgetauscht werden müssen. Doch das hätte Wochen gedauert, man hätte dafür das Orion-Raumschiff von der Rakete entfernen müssen, und so nahm man Abstand davon, wohl wissend, dass es für die Kleinraumfahrzeug kritisch werden würde, mit ihren bestenfalls halbvollen Batterien. Der Start des SLS wurde als das höhere Gut betrachtet. Inzwischen hatte man auch schon so viele Betankungsversuche mit der zukünftigen Mondrakete der NASA unternommen – schon in Stennis hatten ja etliche stattgefunden - dass man um ihre strukturelle Integrität fürchtete. Tatsächlich ist der Träger nur für etwa drei Dutzend Be- und Enttankungszyklen zertifiziert. Die superkalten Treibstoffe setzen dem Material gewaltig zu. Man kann diese Prozesse nicht endlos wiederholen.

Am 4. November wurde die Rakete zum fünften Mal mit dem Crawler Transporter zur Anlage 39B transportiert mit der Absicht, am 14. September zu starten. Doch nun gab es eine letzte Verzögerung, denn Ausläufer des Hurricanes Nicole näherten sich dem Cape und brachten unerwartet starken Wind mit Böen von mehr als 100 Kilometer pro Stunde. Es war keine Zeit mehr, die Rakete erneut ins VAB zurückzubringen, und so musste sie die Sturmausläufer auf der Startrampe „ausreiten“. Nachdem Nicole vorübergezogen war, stellte man fest, dass der Wind an einigen Stellen die Isolierung des Trägers beschädigt hatte. Nach intensiver Begutachtung entschieden die Verantwortlichen jedoch, dass dieser kleine Schaden nicht missionskritisch war. Am 16. November, in den noch nächtlichen Morgenstunden am Cape, war es schließlich so weit. Zuvor verlief der Countdown zunächst ereignislos bis um 21:30 Uhr Ortszeit. Dann entdeckte ein Sensor ein kleines Wasserstoffleck am Serviceturm. Zwei Techniker und ein Mann von der Qualitätssicherung fuhren alleine die fünf Kilometer hinaus zur bereits menschenleeren Startrampe, wo die vor Kälte dampfende und durch die Materialkontraktion ächzende, knackende und stöhnende Raketenstruktur stand (wer einmal weit draußen auf einem zugefrorenen See Schlittschuh gefahren ist, kennt diese Art unheimlicher Geräusche). Sie checkten die Kabel und Leitungen, fanden einige lose Verbindungen

Das Space Launch System der NASA mit dem Orion-Raumschiff verlässt am 16. November 2022 um 1:47 Uhr US-Ostküstenzeit den Startkomplex 39B des Kennedy Space Center und beginnt damit die 25-tägige Erprobungsmission.

An der Startanlage gab es erhebliche Schäden, wie hier gut zu erkennen ist.

und zogen sie fest. Die Reparatur half, und die NASA konnte damit fortfahren, die Rakete weiter mit Wasserstoff zu betanken. Die Aktion hatte 43 Minuten des zwei Stunden langen Startfensters gekostet.

Schließlich zählte die berühmte Startuhr in der Besucherzone am VAB die letzten Sekunden herunter. Die Zuschauer begannen mitzuzählen, erst leise, dann immer lauter. Und genauso, wenngleich vielleicht eher in Gedanken, taten es auch weltweit Millionen von Zuschauern an den Bildschirmen.

Um 7:48 Uhr mitteleuropäischer Zeit, entsprechend 1:48 Uhr US-Ostküstenzeit, erwachte die mächtige Rakete zum Leben. 6,4 Sekunden vor dem Liftoff begann die Zündsequenz der vier Haupttriebwerke, die in Abständen von 120 Millisekunden in Betrieb genommen wurden. Diese gestaffelten Zündungen sind notwendig, um die Akustik-, Druck- und Vibrationslasten auf die Rakete und die Startstruktur möglichst gering zu halten und den Aufbau gefährlicher Resonanzen zu verhindern. Jedes der RS-25 Triebwerke brauchte danach drei Sekunden, um 90 Prozent des Nominalschubs zu erreichen. Danach begann eine drei Sekunden dauernde Prüfphase durch den Bordcomputer, um sicherzustellen, dass sich alle Triebwerksparameter im gewünschten Rahmen bewegten.

Nach dem Abschluss der Checks gab der Bordcomputer das Zündkommando an die Feststoffraketen und an die Startanlage, um alle Versorgungsleitungen und Kommunikationsverbindungen mit der Rakete zu lösen. Haltevorrichtungen oder Klammern, welche die Rakete an der Rampe festhalten, gibt es beim Space Launch System nicht.

Der Liftoff, also das Verlassen der Startrampe und die ersten Flugsekunden verliefen perfekt, sieht man einmal von den deutlichen Schäden an der Startanlage 39B ab, der durch die Flammenstrahlen der beiden mächtigen Feststoffbooster und der vier RS-25 Haupttriebwerke der Zentralstufe verursacht wurden.

70 Sekunden nach dem Verlassen der Startrampe war der Bereich der maximalen dynamischen Belastung durch die aerodynamischen Kräfte auf das Raumfahrzeug erreicht. Die Geschwindigkeit betrug da 1.600 Kilometer pro Stunde in einer Höhe von 13 Kilometern. Zwei Minuten und 11 Sekunden nach dem Liftoff, in einer Höhe von 48 Kilometer und einer Geschwindigkeit von 5.100 Kilometer pro Stunde, wurden die beiden Feststoffbooster abge-

Dieses Bild entstand am ersten Flugtag der Artemis I-Mission und zeigt das Innere der Orion-Kapsel. Die Kamera blickt dabei „Commander Moonikin Campos“ über den Rücken, einer Puppe in einem Raumanzug, die mit vielen Sensoren ausgerüstet war. Damit wollte man unter anderem die Strahlungsbelastung auf einen zukünftigen (menschlichen) Astronauten feststellen. Zu sehen sind auch einige Experimente, die im Inneren der Kapsel befestigt sind. Links unterhalb der goldenen Box mit dem NASA-Emblem, nicht ganz leicht zu erkennen, befindet sich der „Artemis I Schwerelosigkeitsindikator“, kein Geringerer als „Astronaut Snoopy“. Erkennen Sie ihn?

Dieses Bild wurde am sechsten Tag der Artemis-I-Mission von einer Kamera an einem der Orion-Solarpaneele aufgenommen. Das Raumschiff trat am Sonntag, dem 20. November, in das Gravitationsfeld des Mondes ein. Am 21. November, näherte sich Orion dem Mond bis auf 130 Kilometer. Der dunkle Fleck in der Bildmitte ist das Mare Orientale.

trennt. Eine weitere Minute später wurden die aerodynamischen Verkleidungs- und Versteifungsbleche um das Orion-Raumschiff abgesprengt. Wieder fünf Sekunden danach feuerten die Trennmotoren des Rettungssystems, das nun auch die Schutzkappe über der Orion entfernte.

Acht Minuten und drei Sekunden nach dem Liftoff erfolgte der Brennschluss der vier Haupttriebwerke. Zwölf Sekunden später wurde die SLS-Zentralstufe von der Orbitaleinheit, bestehend aus der ICPS und dem Orion-Raumschiff, abgetrennt. Zu diesem Zeitpunkt war ein elliptischer Orbit mit einem Perigäum von 30 Kilometer und einem Apogäum von 1.805 Kilometern erreicht. Diese Umlaufbahn hätte nach einer halben Erdumkreisung wieder zurück in die Erdatmosphäre geführt.

Die Hauptstufe hätte die Orion auch komplett in den Orbit befördern können. Sie hätte in diesem Fall aber nach einigen Tagen oder Wochen einen unkontrollierten Wiedereintritt in die Erdatmosphäre durchführen müssen. Um das zu verhindern, wurde das Perigäum so niedrig angelegt, dass die Stufe nach einer halben Erdumkreisung über dem indischen Ozean verglühte.

In der Zeit, während die Kombination aus ICPS und Orion-Raumschiff hinauf in das Apogäum ihrer Orbitalbahn driftete, erfolgte die Entfaltung der vier Solargeneratoren. Dieses Manöver begann 18 Minuten und 20 Sekunden nach dem Liftoff und dauerte etwa zwölf Minuten. 51 Minuten und 22 Sekunden nach dem Verlassen der Startrampe, im Scheitelpunkt der Bahnellipse, wurde mit dem RL-10-Raketentriebwerk der ICPS ein 22 Sekunden langes Brennmanöver durchgeführt, mit der das Perigäum der Kombination von 30 auf 185 Kilometer angehoben wurde. Erst damit war eine stabile Erdumlaufbahn erreicht.

Danach folgte eine weitere Driftphase, in der sich die Kombination dem Einschussfenster für die Mondtransferbahn näherte. 97 Minuten nach dem Liftoff war die richtige Raumkoordinate erreicht. Das IPCS-Triebwerk begann nun für 18 Minuten zu feuern und beschleunigte die Geschwindigkeit der Orbitaleinheit so weit, dass die für den Mondtransfer notwendige Geschwindigkeit erzielt wurde.

Zwei Stunden, sechs Minuten und zehn Sekunden nach dem Liftoff wurde auch die ICPS abgetrennt. Danach befand sich das 26 Tonnen schwere Orion-Raumschiff alleine auf dem Weg zum Mond und begann seinen eigenen mehr als 25 Tage dauernden Testflug. 75 Prozent des kumulierten Gesamtrisikos der Artemis I-Mission lagen damit hinter dem Raumschiff. Nach weniger als einem halben Prozent der abgelaufenen Missionszeit.

Dreieinhalb Stunden nach dem Liftoff von der Startanlage 39B des Kennedy Space Center führte die ICPS ein letztes Brennmanöver durch und brachte sich damit auf eine heliozentrische Umlaufbahn. Dann hatte sie nur noch eine letzte Aufgabe zu erledigen: Sie setzte nach der Trennung von der

Am Flugtag 20 der Artemis-I-Mission kam es noch einmal zu einem nahen Vorbeiflug am Mond. Dabei führte die Orion ein Brennmanöver von 3 Minuten und 27 Sekunden durch, um damit den Rückflug zur Erde einzuleiten.

Orion innerhalb von acht Stunden noch insgesamt zehn Mini-Raumsonden ab.

Der weitere Flug der Orion verlief so gut, dass die Missionsmanager ab der Mitte der Reise sieben zusätzliche weitere Testziele zum vorher geplanten Programm hinzufügten, die sie als „Bonus-Ziele" bezeichneten. Auf ihrer 2,1 Millionen Kilometer langen Reise traten naturgemäß auch einige kleinere technische Probleme auf, die Mike Sarafin, der Missionschef, als „funnies" bezeichnete, also als „Späßchen". Das waren Unregelmäßigkeiten mit den Sternsensoren für die Navigation, eine zunächst rätselhafte Entgleisung im System für den Thermalhaushalt, die durch eine Gasblase hervorgerufen worden war, ein Schaltproblem in der „Power control and distribution unit" und ein Computer-Reset aufgrund der Einwirkung der Weltraumstrahlung. Solche Fälle sind vorgesehen, der Reboot funktionierte einwandfrei. Überhaupt konnten alle Fehler innerhalb kurzer Zeit behoben werden.

Die Rückkehrkapsel des Orion-Raumschiffs landet nach mehr als 25-tägiger Flugzeit an ihren drei Hauptfallschirmen im Pazifik unweit von San Diego.

Nun richten sich die Augen auf die Mission Artemis II. Alle Komponenten dafür sind fertiggestellt und befinden sich gerade in verschiedenen Teststadien. Im ersten Halbjahr 2023 wird die Crew für diese Mission bekannt gegeben, gegen Ende 2024 soll sie fliegen. Sie wird aus drei NASA-Astronauten und einem Mitglied der kanadischen Raumfahrtagentur bestehen. Mit ziemlicher Sicherheit, da achtet die NASA sehr darauf, werden in der Crew auch eine oder zwei Frauen mit dabei sein. Mit Artemis III sollte dann gegen Ende 2025 die erste bemannte Mondlandung seit Apollo 17 erfolgen. Die Zeichen mehren sich aber, dass diese Mission eher dem Aufbau des Gateway in der Mondumlaufbahn gewidmet sein wird, denn es gilt jetzt schon als unwahrscheinlich, dass das HLS, also das „Human Landing System", bis dahin einsatzbereit ist. Es sieht also ganz so aus, als könnte dieser erste Landeversuch des Programms frühestens 2027 erfolgen. Doch das sind „peanuts" im Vergleich zu den bereits überwundenen Schwierigkeiten. Das neue Mondflug-Programm der NASA war oft in Frage gestellt worden, doch nun steht fest: Die Ära von Artemis hat begonnen.

Das von der Wiedereintritts-Hitze erheblich angekokelte Orion-Raumkapsel wird am 11. Dezember 2022 von Tauchern der US-Navy zum Bergungsschiff USS Portland geschleppt.

**Anmerkung 1:** *Für das Orion-Raumschiff war die Artemis I-Mission ein unbestrittener Erfolg. Weniger erfolgreich verlief sie dagegen für die zehn Nanosonden an Bord der zweiten Stufe des Space Launch Systems. Sie mussten schon mit einem schweren Handicap auf die Reise gehen, denn sie waren bereits 14 Monate vor dem Start in die ICPS-Stufe integriert worden, zu einem Zeitpunkt, als man noch annahm, dass der Start innerhalb weniger Wochen erfolgen würde. Nach dem Aufsetzen des Orion-Raumschiffs auf der IPCS hatten die Techniker keinen Zugriff mehr darauf. Ab diesem Zeitpunkt entluden sich die Batterien der Kleinraumfahrzeuge langsam, so dass alle Sonden beim Start sich in kritischem Energiezustand befanden. Fünf der zehn Kleinraumfahrzeuge waren in der Folge nicht im Stande, ihre Missionen zu erfüllen.*

*Eigentlich sollten insgesamt 14 Piggyback-Nutzlasten zusammen mit Artemis I starten. Aber selbst mit den jahrelangen Programmverzögen schafften es vier nicht rechtzeitig, bis zum letztmöglichen Integrationszeitpunkt im Jahr 2021 fertig zu werden. Für eine dieser vier Missionen, sie trägt die Bezeichnung „Lunar Flashlight", stellte sich das aber als Glücksfall heraus, denn diese Sonde konnte mit nur wenigen Tagen Abstand zum Artemis I-Start zusammen mit dem japanischen Hakuto-R-Mondlander auf einer Falcon 9 von SpaceX zum Mond starten. Und zwar mit vollen Batterien.*

**Anmerkung 2:** *Dieser Artikel erschien in einer etwas geänderten Fassung in der Ausgabe 5-2023 von Sterne und Weltraum.*

TIMO KRONE

HAKUTO-R Mission 1 startet im Jahr des Hasen zum Mond

# DER FLUG DES WEISSEN HASEN

**An sich standen die Sterne gut für den ersten HAKUTO-R Mondlander des japanischen Unternehmens ispace. Nicht nur weil er nach dem weißen Hasen „Hakuto" benannt wurde, welcher der japanischen Mythologie zufolge auf dem Mond lebt, sondern auch weil die Landung der HAKUTO-R-Mission 1 auf dem Mond im japanischen Jahr des Hasen erfolgen sollte. Am 11. Dezember 2022 war es so weit. An Bord einer Falcon 9-Rakete startete das Raumfahrzeug mit dem Ziel, als erste private Mondsonde auf dem Erdtrabanten zu landen. Ein Unterfangen, das zuvor nur staatlichen Raumfahrtagenturen unter Einsatz großer finanzieller Budgets erfolgreich gelungen war. Dass eine Mondlandung nicht trivial ist, war dem ispace-Team von Anfang an bewusst, und so wurden viele Eventualitäten im Design des Landers und seiner Software berücksichtigt. In der Raumfahrt kann aber schon die kleinste Ursache große Wirkung haben und dafür sorgen, das finale Missionsziel nicht zu erreichen. Die Schwerkraft schläft bekanntlich nie, auch nicht auf dem Mond, und leider auch nicht für weiße Mondhasen.**

Die Vorbereitungen der HAKUTO-R Mission 1 begannen planmäßig im Juni 2021 mit dem Beginn der Assembly-, Integration- & Testphase (AIT) am ArianeGroup-Standort Lampoldshausen in Baden-Württemberg. Nach Ankunft der in Japan gefertigten Strukturbauteile begann ein gemeinsames Team aus ispace-Ingenieuren und Mitarbeitern der auf Raumfahrtantriebe spezialisierten ArianeGroup mit der Montage und Integration des Mission 1 Landers (M1). Im Anschluss an die Lander-Integration folgte der Einbau der Kundennutzlasten. Mit an Bord der ersten ispace-Mission zum Mond waren unter anderem der „Rashid" Mond-Rover des Mohammed bin Rashid Space Centre aus den Vereinigten Arabischen Emiraten und der transformierbare Mondroboter SORA-Q der japanischen Raumfahrtagentur JAXA. Der kugelförmige Roboter, mit einem Durchmesser von gerade einmal 8 Zentimetern und einem Gewicht von 250 Gramm, wurde vom japanischen Spielzeughersteller TOMY entwickelt. Ausgestattet mit einer energiesparenden Steuerplatine und Sensortechnologie von SONY und dem Wissen der JAXA kann der ultrakompakte und ultraleichte Kamera-Roboter in der Mondumgebung eingesetzt werden. SORA-Q ist auch für den Einsatz auf weiteren Mondmissionen wie beispielsweise der SLIM-Mission (Smart Lander for Investigating Moon) vorgesehen. Für Spielzeugbegeisterte SPACE-Leser sei hier am Rande erwähnt, dass SORA-Q im Onlineshop von Takara TOMY in Japan erhältlich ist.

Der HAKUTO-R Lander für die Mission 1 bei der IABG in München.

Nach Abschluss der Montage- und Integrationsarbeiten des ersten HAKUTO-R Flugmodells, und einem ausgiebigen Abnahmetest des Antriebssystems und der Bordelektronik, folgte im Mai 2022 der Transport des Mondlanders vom ArianeGroup- Kompetenzzentrum für orbitale Antriebssysteme in Lampoldshausen zum Raumfahrttestzentrum der IABG in Ottobrunn bei München.

Dort angekommen absolvierte der flugfertige Mondlander sein finales Testprogramm, einschließlich Vibrations- und Thermal-Vakuumtest, sowie einem abschließenden Funktionstest, um seine Einsatzbereitschaft für die extrem rauen Bedingungen des Weltraums zu bestätigen. Nach Abschluss des umfangreichen Prüfprogramms bei der IABG ging es dann im Oktober 2022 für den M1-Lander in einem Frachtflugzeug vom Münchner Franz-Josef-Strauß-Flughafen an die amerikanische Ostküste zur Cape Canaveral Space Force Station in Florida.

## HAKUTO-R – MISSION 1 BEGINNT REIBUNGSLOS, WENN AUCH VERZÖGERT

Für die HAKUTO-R Mission 1 hat ispace zehn Missionsmeilensteine zwischen dem Start von der Erde und der Landung auf dem Mond definiert. Anhand von festgelegten Erfolgskriterien der einzelnen Meilensteine wird die Mission bewertet. Mögliche Anomalien sollen analysiert und entsprechende korrektive Maßnahmen für die nachfolgenden Missionen 2 und 3 integriert werden, um so die Reife des HAKUTO-R Landers weiter zu verbessern. So die Theorie, und bei vergleichbaren Raumfahrtmissionen übliche Vorgehensweise.

Den ersten Meilenstein der Mission 1 „Completion of Launch Preparations" (Abschluss der Startvorbereitungen) hat das ispace Team Ende November mit dem Abschluss der Startvorbereitungen für den Flug auf einer Falcon 9 Trägerrakete von SpaceX erreicht. Der M1-Lander ist auf der Falcon 9 integriert, die Batterien werden geladen und die Nutzlastverkleidung (englisch: Fairing) der Rakete ist geschlossen. Als Starttermin wird der 30. November verkündet. Aus dem ersten Startfenster wird jedoch nichts, da SpaceX zusätzliche Vorflugkontrollen an der Trägerrakete durchführen muss.

HAKUTO-R M1 integriert auf der Falcon 9 kurz vor dem Schließen der Nutzlastverkleidung.

Als neuer Starttermin wird der 1. Dezember festgelegt. Doch auch dieses Datum kann von SpaceX nicht gehalten werde. Weitere Vorflugkontrollen sind an der Falcon 9 notwendig, wozu die Trägerrakete samt HAKUTO-R zurück in den Hangar gebracht wird. Ein neuer Starttermin steht vorerst in den Sternen. Da aufgrund der Mondumlaufbahn ein Start im Zeitfenster vom 3. bis zum 6. Dezember für ispace nicht in Frage kommt – die Navigation der geplanten Flugbahn von HAKURO-R wäre zu schwierig – kann der Start erst nach dem 6. Dezember und der gesicherten Bereitschaft der Falcon 9 festgelegt werden.

Am 7. Dezember gibt ispace bekannt, dass ein Start der M1 Mission vom SLC-40 Startplatz der Cape Canaveral Space Force Station nicht vor dem 11. Dezember stattfinden wird. Und so ist es dann auch. Am 11. Dezember 2022 um 2:38 Uhr Ortszeit tritt HAKUTO-R M1 an Bord einer Falcon 9 in den Nachthimmel über Cape Canaveral seine langersehnte Reise zum Mond an.

Nach der Trennung des Landers von der Raketenoberstufe meldet das ispace Mission Control Center in Tokio den Erfolg des zweiten Meilensteins: „Completion of Launch and Deployment" (Abschluss des Starts und Bereitstellung). Der Lander hat seine Widerstandsfähigkeit gegen die extremen Lasten des Raketenstarts unter Beweis gestellt und kommuniziert mit Mission Control in Tokio. Erste Maßnahmen zur Schaffung einer stabilen Raumlage des Landers, sowie einer gesicherten Stromversorgung werden eingeleitet.

Am 12. Dezember bestätigt das Mission Control Center die Funkverbindung mit dem Lander, sowie eine stabile Fluglage und eine funktionierende Stromversorgung. Alle wesentlichen Systeme des Landers arbeiten wie vorgesehen. Nach einer ersten Überprüfung der Kundennutzlasten ist der erste Teil des Missionsmeilensteins 3 mit der „Confirmation of completion of initial critical operational status" (Bestätigung des Abschlusses des anfänglichen kritischen Betriebsstatus) erreicht. Der erste große Schritt auf dem Weg zum Mond ist getan und das ispace -Team im Mission Control Center sichtlich bewegt vor Freude.

Der Mondroboter SORA-Q im Transportstatus (links) und im einsatzbereiten Zustand.

Vier Tage später bestätigt ispace den erfolgreichen Abschluss der Checks an den Kundennutzlasten und somit den Erfolg vom Meilenstein 3 „Establishment of a Steady Operation" (Herstellung des stabilen Betriebs). Bei der Kommunikation zwischen dem Lander und der Bodenkontrollstation in Tokio greift ispace auf das Estrack Netzwerk der ESA zurück. Estrack ist ein globales System von

Bodenstationen, das Verbindungen zwischen Satelliten im gesamten Sonnensystem und dem Missionskontrollzentrum der ESA (ESOC) im hessischen Darmstadt herstellt. Der Mondlander wird dabei von den größten Weltraumantennen der ESA unterstützt, darunter die drei 35-Meter-Antennen in New Norcia (Westaustralien), Cebreros (Spanien) und Malargüe (Argentinien), sowie der kommerziellen Erdstation Goonhilly im Vereinigten Königreich, welche Teil des „Estrack Extended Network" ist.

Erste Bilder des Landers von seiner Reise zum Mond veröffentlicht ispace am 14. Dezember. Aufgenommen etwa 19 Stunden nach der Trennung von der Trägerrakete zeigt es die Erde, die teilweise durch die Sonne beleuchtet ist, in Form einer Sichel. Ein weiteres veröffentlichtes Bild, das bereits etwa zwei Minuten nach der Trennung von der seitlich am Lander angebrachten Kamera-Nutzlast „Lunar Imaging System" des kanadischen Unternehmens Canadensys Aerospace aufgenommen wurde, zeigt die Erde und die zweite Stufe der Falcon 9. Neben dem Mondtransportdienst, den ispace mit seine Mondlandern anbietet, um Nutzlasten auf die Mondoberfläche zu bringen, ist der Mond-Daten-Dienst eine weitere wichtige zukünftige Einnahmequelle des Unternehmens. Mittelfristig plant ispace nämlich, die Erhebung und Verarbeitung von verschiedenen Monddaten, wie beispielsweise Bild- und Umweltinformationen, für seine Kunden zur Verfügung zu stellen.

Ein Blick auf die Erde nach erfolgter Trennung von der zweiten Raketenstufe.

Der nächste wichtige Meilenstein erfolgt am 15. Dezember mit dem ersten Orbit-Kontrollmanöver, das den Lander durch die Zündung des Hauptantriebssystems und mit Hilfe des Leit-, Steuerungs- und Navigationssystems erfolgreich auf Mondkurs bringt. Meilenstein 4 „Completion of first orbital maneuver" (Abschluss des ersten Orbitalmanövers) ist somit ebenfalls erfolgreich. Zu diesem Zeitpunkt befindet sich der M1-Lander bereits in einer Entfernung von 550.000 Kilometer zur Erde. Den erdfernsten Punkt von 1,4 Millionen Kilometern wird HAKUTO-R nach den Bahnberechnungen des ispace Teams um den 20. Januar 2023 erreichen. Dort soll er dann mit einem weiteren, dritten Orbit-Kontrollmanöver, den Weg in Richtung Mondumlaufbahn einschlagen.

Doch vor drei kommt bekanntlich zwei, und so wird auch das zweite Manöver zur Orbit-Kontrolle am 2. Januar mit Bravour durchgeführt. HAKUTO-R befindet sich nunmehr 1,24 Millionen Kilometer von der Erde entfernt. Doch bevor der Lander den entferntesten Punkt zur Erde auf seiner nunmehr seit einem Monat stabilen Reise zum Mond erreicht, erfüllt er am 11. Januar quasi im Vorbeiflug bei Kilometer 1,34 Millionen in der Tiefe des Weltraum Meilenstein 5 „Completion of stable deep-space flight operations for one month" (Abschluss eines stabilen Weltraumflugbetriebs für einen Monat).

Es vergehen eineinhalb Monate bis Takeshi Hakamada, der ispace Gründer und CEO, mit der Veröffentlichung eines vorläufigen Erfolgsbericht bekannt gibt, dass der Mondlander in die zweite Phase seiner Mission eingetreten ist. Den entferntesten Punkt auf seiner Reise durch den Weltraum hat er passiert. HAKUTO-R M1 befindet sich nun auf der Flugbahn zum Mond. Die Landung wird für Ende April 2023 geplant.

Nach Abschluss aller Orbitkontrollmanöver im Weltraum erklärt ispace am 18. Marz 2023 den Erfolg des Meilensteins 6 „Completion of all deep space orbital control maneuvers before lunar orbit insertion" (Abschluss aller Orbitalkontrollmanöver vor dem Eintritt in die Mondumlaufbahn). Die finalen Vorbereitungen für das erste Manöver zum Eintritt in den Mond-Orbit beginnen nun. HAKUTO-R M1 führt sein erstes Eintrittsmanöver in den Mond-Orbit am 21. März 2023, nach mehrminütigem Feuern des Hauptantriebssystems, erfolgreich durch. Somit ist auch der siebte Meilenstein „Reaching the lunar gravitational field / lunar orbit" (Erreichen des Mondgravitationsfeldes / der Mondumlaufbahn) erreicht. Nach zwei weiteren Manövern umkreist der Mondlander am 21. März 2023 den Mond auf einer elliptischen Umlaufbahn mit einer Höhe von etwa 100 Kilometern im Periselenum und etwa 6.000 Kilometern im Aposelenum. Alle Manöver im Mond-Orbit sind damit erfüllt, und der Meilenstein 8 „Completion of all orbit control maneuvers in lunar orbit" (Abschluss aller Bahnkontrollmanöver in der Mondumlaufbahn) ist ebenfalls gemeistert.

Am 25. April 2023 gegen 17:40 Uhr mitteleuropäischer Zeit soll der M1-Lander aus der 100 Kilometer hohen Umlaufbahn mit der Einleitung der Landesequenz beginnen. Während dieser Phase führt die Raumsonde mit Hilfe des Hauptantriebssystems Bremszündungen aus, um aus der Umlaufbahn abzubremsen. Mithilfe einer Reihe voreingestellter Befehle passt der Lander seine Fluglage an und verringert die Geschwindigkeit, um eine sanfte Landung auf der Mondoberfläche zu ermöglichen. Der Landevorgang selbst soll etwa eine Stunde dauern.

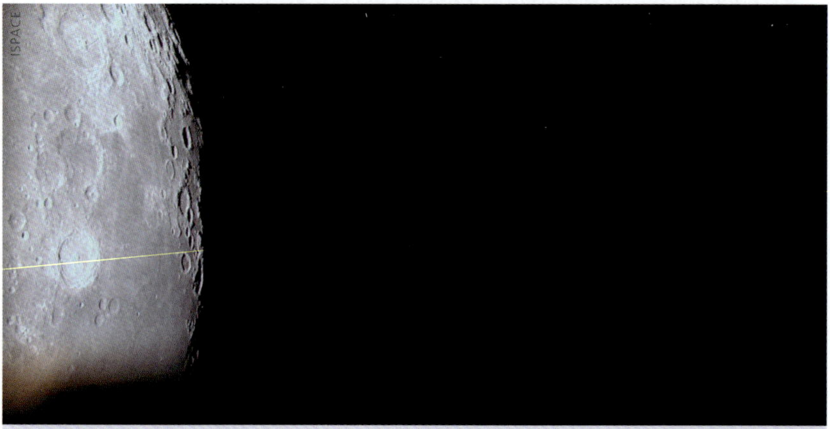


Aufnahme der HAKUTO-R Bordkamera vom östlichen Mond-Rand und den Kratern Petavius, Vendelinus und Langrenus.

## MEILENSTEIN 9 – LANDUNG AUF DEM MOND

Im Internet wird der Live-Stream der HAKUTO-R M1-Mondlandung aus dem ispace Mission Control Center in Tokio übertragen. Die Spannung ist groß auf der Landeparty in Tokio und vor den Monitoren der unzähligen HAKUTO-R-Fans. Wird es ispace als erstes privates Unternehmen schaffen erfolgreich auf dem Mond zu landen, und den Beginn einer neuen Ära in der kommerziellen Raumfahrt einzuläuten?

Am 26. März 2023 gegen 01:40 Uhr japanischer Zeit soll der Lander der Mission 1 auf der Oberfläche des Monds in Nähe des Atlas-Krater aufsetzen, und Gewissheit darüber bringen, ob ispace auch dieses Missionsziel erreicht hat. Doch in den Gesichtern der ispace Ingenieure im Mission Control Center machen sich Sorgenfalten breit. HAKUTO-R meldet sich nach der geplanten Landezeit nicht wie erwartet. Betrübte Stille kehrt ein. Die Kommunikation zwischen dem Raumfahrzeug und dem Mission Control Center ist verloren.

Basierend auf den verfügbaren Daten bestätigt ispace, dass sich der Lander beim Endanflug in vertikaler Position zur Mondoberfläche befand. Kurz nach der geplanten Landezeit wurden keine Daten mehr empfangen, die darauf hindeuten, dass HAKUTO-R M1 sicher und sanft den Mondboden erreicht hat.

Die ispace Ingenieure analysieren die letzten vom Lander gesendeten Telemetriedaten und stellen fest, dass sich die Sinkgeschwindigkeit kurz vor der Landung rapide erhöhte, bevor es zum Kommunikationsverlust kam. Auf dieser Grundlage wird festgestellt, dass der HAKUTO-R Lander mit hoher Wahrscheinlichkeit hart auf der Mondoberfläche aufschlug.

Die sichtlich enttäuschten ispace-Mitarbeiter versammeln sich um ein Modell des HAKUTO-R Mondlanders und Firmengründer Takeshi Hakamada erklärt der Welt, dass der Missionsmeilenstein 9 „Completion of lunar landing" (Abschluss der Mondlandung) nicht erreicht ist. Dennoch ist die Mission für Hakamada und sein Team ein bemerkenswerter Erfolg. So erklärt er: „Obwohl wir nicht damit rechnen, die Mondlandung diesmal erfolgreich abzuschließen, glauben wir doch, dass wir die Zielsetzung dieser Mission vollständig erfüllt haben, da wir mit der Durchführung der Landephase viele Daten und Erfahrungen sammeln konnten. Wichtig ist, dieses Wissen und die Lehren daraus in Mission 2 und darüber hinaus einfließen zu lassen, damit wir das Beste aus dieser Erfahrung machen."

Vereint um Firmengründer Takeshi Hakamada – Ein sichtlich enttäuschtes ispace-Team.

Es folgte eine einmonatige Auswertung und Untersuchung der während der Landesequenz gesammelten Flugdaten durch die Missionsspezialisten im Mission Control Center von ispace in Nihonbashi bei Tokio. Die Analyse der Flugdaten zeigte, dass der Lander den geplanten Verzögerungsprozess vollständig abgeschlossen und seine Zielgeschwindigkeit von weniger als einem Meter pro Sekunde in vertikaler Position in einer Höhe von etwa fünf Kilometern über der Mondoberfläche erreichte. Doch was geschah dann, und weshalb konnte HAKUTO-R nicht wie geplant auf dem Mond landen?

Einen detaillierten Bericht der Landung veröffentlichte ispace am 26. Mai 2023. Demnach begann HAKUTO-R am 26. April 2023 um 00:40 Uhr japanischer Zeit mit der Abstiegssequenz in einer Höhe von etwa 100 Kilometern über der Mondoberfläche. Am Ende der Landephase näherte sich das Vehikel der Mondoberfläche mit einer Geschwindigkeit von weniger als einem Meter pro Sekunde. Der Abschnitt des Landemanövers lief entsprechend den Erwartungen bis etwa 1:43 Uhr, der geplanten Landezeit. Während des Abstiegs kam es jedoch zu einem unerwarteten Messverhalten in Bezug auf die Flughöhe des M1-Landers. Während der Lander seine eigene Höhe auf Null schätzte – oder als auf der Mondoberfläche angekommen – wurde später festgestellt, dass er sich tatsächlich in einer Höhe von etwa fünf Kilometer über der Mondoberfläche befand.

Als der Lander die geplante Landezeit erreichte, sank er mit geringer Geschwindigkeit weiter, bis der Treibstoff des Antriebssystems aufgebraucht war. Zu diesem Zeitpunkt hörte der kontrollierte Sinkflug des Landers auf, sodass er im freien Fall der Mondoberfläche entgegenflog.

Der wahrscheinlichste Grund für die falsche Höhenmessung des Landers war eine Fehlfunktion der Bordsoftware. Basierend auf den überprüften Flugdaten wurde festgestellte, dass die Höhenmessung durch die an Bord befindlichen Höhenmesser stark anstieg, als der Lander auf seiner Abstiegsbahn zum geplanten Landeplatz über eine große Kraterklippe mit einer Höhe von etwa drei Kilometer flog. Entsprechend der ausgewerteten Flugdaten wurde eine größere als erwartete Abweichung zwischen dem von HAKUTO-R gemessenen Höhenwert und der vorab eingestellten Höhe festgestellt. Die Bordsoftware wertete die von den Lander-Sensoren gemessene Höhe als abnormalen Wert und entschied diese zu ignorieren. Diese Filterfunktion der Software dient dazu, große Abweichungen zwischen der gemessenen und der geplanten Höhe abzulehnen. In diesem Fall wertet die Software die geschätzte Höhe des Flugplans als robusten Wert, um einen stabilen Flug des Landers im Falle eines Hardwareproblems oder einer falschen Höhenmessung durch einen Sensor aufrecht zu erhalten. Eine Entscheidung der Software-Entwickler, die dem M1 Lander letztlich zum Verhängnis wurde. Ein wesentlicher Faktor, der zu diesem Designproblem beitrug, war die Entscheidung nach Abschluss des Critical Design Reviews im Februar 2021, den Landeplatz für Mission 1 zu ändern. Diese Modifikation beeinflusste den Verifizierungs- und Validierungsplan der Mission, trotz zahlreich durchgeführter Landesimulationen. Es wurde festgestellt, dass frühere Simulationen der Landesequenz die Mondumgebung der geplanten Navigationsroute nicht ausreichend berücksichtigten, was zu einer Fehleinschätzung der Software bezüglich der Flughöhe des Landers im Endanflug folgte.

In Vorbereitung auf die Mission 2 und die Mission 3 werden nun die Ergebnisse der Fehleranalyse im Design der Lander-Software eingearbeitet. Ferner werden die Simulationen von Landesequenzen für die zukünftigen Missionen von ispace erweitert, um das Ziel der weichen Mondlandung zu erreichen.

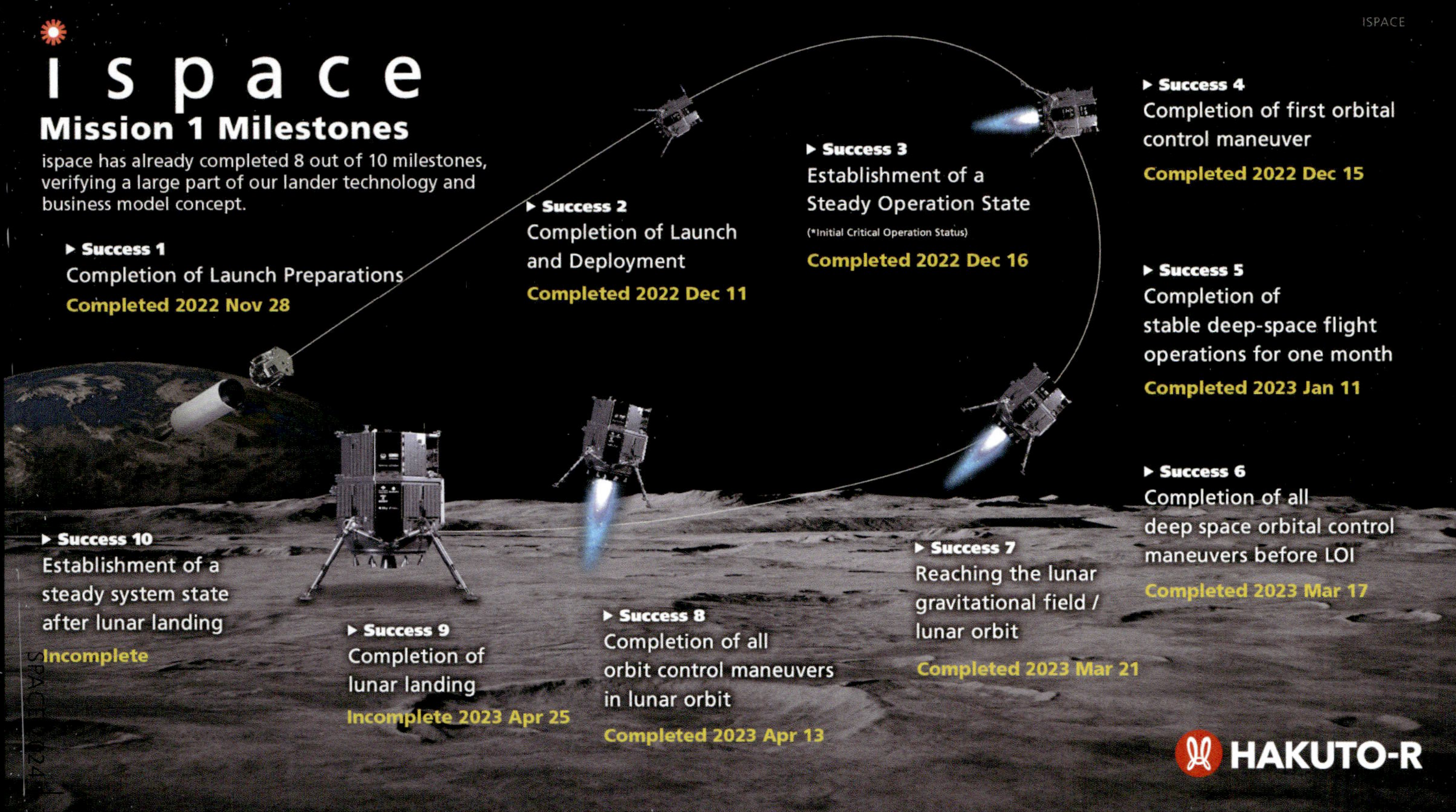


Übersicht der HAKUTO-R Mission 1 Meilensteine

## HAKUTO-R MISSION 2

Die Vorbereitungen für die Mission 2 des HAKUTO-R-Monderkundungsprogramms laufen bereits auf Hochtouren, um einen Start in 2024 zu gewährleisten. So finden bereits die Integrationsaktivitäten des Antriebssystems am ArianeGroup Standort in Lampoldshausen statt. Die komplette Integration, sowie die Abnahme- und Umwelttests des M2 Landers werden diesmal in Japan erfolgen. ispace wird mit der zweiten Mission das Design des Landers weiter validieren, um die mittel- bis langfristige Vision des Unternehmens zur Entwicklung eines cis-lunaren Ökosystems voranzutreiben. Ab Mission 3 plant ispace die Häufigkeit von Mondlandungen und Rover-Expeditionen zu erhöhen, mit dem Ziel, deutlich mehr Kundennutzlasten zum Mond zu transportieren. Dabei schwebt dem Unternehmen vor, Schwärme von Rovern zur Mondoberfläche zu entsenden und somit die Entdeckung und Erschließung von Mondressourcen weiter voranzutreiben. Erklärtes Ziel von ispace ist es die stetige Entwicklung der Mondindustrie und der menschlichen Präsenz auf dem Mond zu ermöglichen.

Der Mission 2-Lander wird neben kommerziellen Nutzlasten auch einen Mikro-Rover von ispace an Bord mitführen. Mit den im Rahmen der Mission 2 gesammelten Monddaten des Landers und des Rovers will ispace weitere Tools und Dienstleistungen für die Planung zukünftiger Mondmissionen für potenzielle Kunden anbieten. Der Mikro-Rover soll mit einer Vorrichtung für das Einsammeln von Mondregolith ausgestattet werden. Ispace möchte damit den zweiten Mond-Regolith-Vertrag mit der amerikanischen Raumfahrtagentur NASA erfüllen. Der Vertrag, welcher im Dezember 2020 zwischen ispace Europe und der NASA geschlossen wurde, sieht das Sammeln von Mondregolith vor, welches im Rahmen einer „Vor-Ort-Übertragung" in das Eigentum der NASA übergehen soll.

Neben dem Rover werden auch einige wissenschaftliche Nutzlasten an Bord der Mission 2 sein. Darunter ein Versuchsaufbau für die Durchführung der ersten Wasserspaltung auf dem Mond, ein Experiment zum Testen von Strahlung im Weltraum und ihre Auswirkung auf elektronische Bauteile und biologische Organismen, sowie eine sogenannte Proof-of-Concept-Demonstration für das erste Experiment zur Lebensmittelproduktion auf dem Mond.

## ENTWICKLUNG DES ISPACE-SERIES 2-LANDER

Im Juli 2022 gab ispace bekannt, dass ihre Tochtergesellschaft, ispace Technologies U.S. Inc., sich einem Team unter der Leitung des non-profit Engineering-Unternehmens Draper anschließt. Das Team hat für die Lieferung von Nutzlasten, darunter zwei Kommunikationssatelliten und eine Reihe wissenschaftlicher Experimente zur Erkundung der Mondoberfläche, im Rahmen der NASA Commercial Lunar Paylod Services Mission (CLPS Mission), 73 Millionen US-Dollar erhalten.

Derzeit arbeitet das US-Team von ispace an der Entwicklung und Qualifikation des Landers der Serie 2, welcher für die Erfüllung der CLPS Task Order CP-12 (unbemannte Mondlandungen im Rahmen des Artemis-Programms und im Auftrag der NASA) vorgesehen ist. Erste Tests des Antriebssystems haben bereits begonnen und mit weiteren Statusberichten zur Entwicklung wird gerechnet. Der Serie 2-Lander, der in den USA entwickelt, hergestellt und gestartet wird, soll erstmals für die in 2025 geplante Mission 3 zum Einsatz kommen.

Es wird definitiv spannend bleiben, die Entwicklung von ispace und ihre kommenden Missionen zum Mond weiter zu verfolgen!

**ÜBER DEN AUTOR:**

**Timo Krone** ist als Senior Business Development Manager für ein europäisches Raumfahrtunternehmen tätig. Mit 25 Jahren Projekterfahrung in der Entwicklung und Produktion von Antriebssystemen für internationale Kunden, hat er bereits an zahlreichen Missionen im Bereich der bemannten, kommerziellen und wissenschaftlichen Raumfahrt mitgewirkt.

McDivitt (vorne) und White warten auf den Start.

# DAS ERSTE RENDEZVOUS IM WELTRAUM

**Nach dem Projekt Mercury, dem ersten bemannten Raumfahrtprogramm der NASA, begannen im Frühjahr 1965, nach zwei unbemannten Testeinsätzen, die bemannten Flüge des Projektes Gemini. In diesem Programm sollten all die Fähigkeiten erlernt und die Techniken erprobt werden, die für das nachfolgende Apollo-Mondlandeprogramm notwendig waren. Dazu gehörten Außenbordmanöver, Flüge von bis zu zwei Wochen Dauer, das Durchführen von Flugbahnänderungen, das Erlernen einer Raumflugroutine. Zu den unabdingbar notwendigen Fertigkeiten, die es zu bewältigen galt, gehörte vor allem auch das Rendezvous im Weltraum, also das gezielte Zusammenführen zweier oder mehrer Raumfahrzeuge im Orbit und darüber hinaus. Die ersten, die sich daran versuchten, waren am 3. Juni 1965 die Astronauten von Gemini 4, James McDivitt und Edward White…**

## ERSTER VERSUCH

Der Start von Gemini 4 war problemlos verlaufen. Sobald sich Gemini 4 von der zweiten Stufe getrennt hatte, wendete McDivitt das Raumfahrzeug und sah sich nach ihr um. Gleich darauf sahen sie den Booster wie er Gase abließ und Treibstoffreste aus der Düse strömten. Wie weit mochte sie weg sein, und in welche Richtung driftete sie? McDivitt schätzte die Distanz auf 120 Meter, White meinte, dass es näher bei etwa 75 Metern wäre.

McDivitt „bremste", zielte auf die Stufe und beschleunigte auf das Ziel hin. Doch es gelang ihm nicht, sich der Stufe zu nähern. Ganz im Gegenteil schien sich der Booster wegzubewegen und begann nach unten zu driften. McDivitt richtete die Gemini erneut aus und versuchte es wieder. Zu seinem Erstaunen bewegte sich die Stufe erneut auf einen völlig anderen Weg. Er unternahm einen dritten Versuch und noch einen Vierten. Doch die Stufe entfernte sich immer weiter.

Als sie auf die Nachtseite der Erde kamen, beobachtete McDivitt die Positionslichter der Stufe. Trotz all seiner Versuche, sich dem Ziel zu nähern hatte sich der Abstand innerhalb von nur 45 Minuten auf 600 Meter vergrößert. Eine Weile sah es so aus, als könnten sie aufschließen. In der Dunkelheit war das aber schlecht zu schätzen. Eine halbe Erdumkreisung später kam der Sonnenaufgang. Das Positionslicht wurde schwächer und verschwand im gleißenden Licht der Sonne und McDivitt traf fast der Schlag. Das Ziel war mindestens drei Kilometer entfernt. Was war falsch gelaufen? Die Antwort war einfach. Die Crew, genau wie praktisch jeder andere auch beim Manned Spaceflight Center, hatte schlichtweg nicht verstanden, wie orbitale Mechanik funktionierte. Geschwindigkeit und Bewegung haben im Orbit eine andere Funktion als auf der Erde. Es gibt nur eine Ausnahme dazu, und das sind sehr geringe Entfernungen im Bereich weniger dutzend Meter. Und das gilt auch nur dann, wenn sich beide Objekte mit gleicher Geschwindigkeit auf exakt der gleichen Bahn bewegen.

Um ein Objekt auf dem Boden zu erreichen, bewegt man sich einfach in einer grade Linie dorthin, wo sich das Objekt zum Kontaktzeitpunkt befinden wird. Im Orbit funktioniert das nicht. Beschleunigt man im Orbit, dann bewegt man sich gleichzeitig in einen höheren Orbit als das Ziel. Dann tritt das scheinbare Paradoxon auf, dass das sich schneller bewegende Objekt, nun in einem höheren Orbit, in Wirklichkeit im Verhältnis zum Zielobjekt langsamer wird, denn seine Orbitalperiode, die eine direkte Funktion seines Abstandes vom Gravitationszentrum ist, hat sich durch die Geschwindigkeitszunahme verlängert.

Die Crew von Gemini 4 beobachtete, dass sich das Ziel vor ihnen wegbewegte. Die richtige Maßnahme wäre es nun gewesen, entgegen allem eingelernten Empfinden, nicht etwa in Richtung auf das Ziel hin zu beschleunigen sondern ganz im Gegenteil abzubremsen. Das hätte in einem kürzeren Orbit für den Jäger resultiert, und er hätte so sein Ziel leichter erreichen können. Im richtigen Moment hätten dann die Geschwindigkeiten beider Objekte aufeinander angepasst werden müssen um die Relativgeschwindigkeiten zueinander zu eliminieren. Erst an diesem Punkt wären dann die paradoxen Phänomene wieder verschwunden, und es wäre eine normale Annäherung auf kurze Distanz möglich gewesen. Die Crew von Gemini 4 hatte jedoch weder die Hilfsmittel noch die entsprechende Ausbildung. So hatte sie keine Chance. McDivitt erkannte schließlich, dass er nichts ausrichten konnte und brach den Versuch ab. Er hatte in diesen ersten 90 Minuten der Mission die Hälfte seines gesamten Treibstoffs aufgebraucht, der für vier volle Tage im Orbit reichen musste. Er wusste auch, dass Whites Außenbordmanöver das wichtigere Ziel bei diesem Einsatz war und dass die Zeit für ein perfektes Rendezvous noch kommen würde.

Start von Gemini 5.

**ZWEITER VERSUCH**

Obwohl Gemini 4 wegen des erfolgreichen Außenbordmanövers von Edward White als großer Erfolg gewertet wurde, musste am Rendezvous ganz offensichtlich noch viel gearbeitet werden. Kaum jemand hatte die komplexe orbitale Mechanik begriffen, die es hier zu bewältigen gab. Die Ingenieure des Langley-Centers der NASA sahen sich die Sache an und kamen zu dem Schluss, dass die Treibstoffmenge an Bord des Raumschiffs für das Halten der Position zwischen der zweiten Stufe und der Gemini durchaus gereicht hätte. Das Problem war, dass die Crew für den Job nicht genügend trainiert worden war. Das galt aber nicht nur für die Crew. Niemand war adäquat trainiert.

Am 8. Februar benannte die NASA die Flugmannschaft für Gemini 5. Ausgewählt wurden Gordon Cooper und Charles Conrad. Neil Armstrong und Elliot See bildeten das Ersatzteam.

Eines der Hauptziele von Gemini 5, ein Übungsrendezvous mit dem so genannten „Evaluation Pod", bekam nach der Pleite bei Gemini 4 eine höhere Dringlichkeit. Cooper und Conrad widmeten dieser Aufgabe deshalb einen großen Teil ihres Trainings. Ein weiteres Ziel war es, einen Flug von acht Tagen Dauer zu versuchen, also die Zeit, die notwendig war, um im Nachfolgeprogramm Apollo zum Mond und zurückzufliegen.

Am Samstag, dem 21. August, half ihnen Günther Wendt, der „Pad Führer", wie ihn die Astronauten aufgrund seiner deutschen Herkunft und seiner Funktion als Chef der Startanlage etwas spöttisch nannten, in ihre Liegen. Exakt um 9:00 Uhr begann die Reise, die länger dauern sollte als je ein Raumflug zuvor. Die Mission war die erste, bei der eine Brennstoffzelle für Energie sorgte. Anders wäre die lange Flugdauer nicht zu bewältigen gewesen. Diese Brennstoffzelle hatte ihre Entwicklungsprobleme aber noch nicht vollständig auskuriert, und war eine zickige Diva. Cooper wollte sie mit dem niedrigst möglichen Druck zu betreiben, um sie zu schonen. Aber schon kurz nach dem Erreichen der Umlaufbahn bemerkte Conrad, dass der Druck unter die zulässigen Werte sank. Flight Control wies ihn an, die Heizelemente hochzufahren um den Druck wieder anzuheben, doch zur Überraschung aller sank der Druck weiter.

Zwei Stunden und 13 Minuten nach Beginn der Mission drehte Cooper das Raumfahrzeug um 90 Grad und gab den Rendezvous-Pod frei. Dann wendete er das Raumfahrzeug, schaltete das Radar ein, und bekam sofort ein Signal. Die Skala zeigte ihm, dass sich der Pod mit einer relativen Geschwindigkeit von zwei Metern pro Sekunde vom Raumfahrzeug entfernte.

Nun sollten die Rendezvous-Übungen beginnen, doch sofort beanspruchte die Brennstoffzelle wieder seine volle Aufmerksamkeit. Gemini 5 war außerhalb der Kommunikationsreichweite einer Bodenstation und jetzt musste er eine Entscheidung treffen. Der Druck war auf unter 138 Newton pro Quadratzentimeter gefallen. Er hatte nie zuvor gesehen, dass eine Brennstoffzelle bei einem solch niedrigen Wert noch arbeitete. Cooper fürchtete, dass sie in Kürze ihren Dienst ganz einstellen würde, und so begann er widerstrebend die elektrischen Systeme im Raumfahrzeug herunterzufahren. Doch ohne elektrischen Strom würde es auch kein Rendezvous mit dem Pod geben. Mussten sie schon wieder zur Erde zurück, kaum dass die Mission begonnen hatte?

Flugdirektor Chris Kraft hatte nun ein Problem. Er wusste, dass die Notfall-Batterien an Bord das Raumfahrzeug selbst dann für einige Stunden mit Strom versorgen würden, wenn die Brennstoffzellen völlig aufgaben. Aber er musste wissen, ob genug Zeit war, in diesem Fall

Cooper und Conrad im Raumschiff. Dieses Bild entstand während einer Simulation am Boden.

eine vernünftige Landezone zu erreichen. Den Notfall-Bergungssektor im Zentralpazifik, in der Nähe von Hawaii, konnten die Astronauten erst während der sechsten Erdumkreisung ansteuern. Während Kraft seine Spezialisten rechnen ließ, waren der Arbeitsdruck in der Brennstoffzelle auf einen nie gekannten Wert von 83 Newton gefallen. Die Techniker bei McDonnell in St. Louis bauten in Windeseile eine Testvorrichtung auf, um herauszufinden, wie niedrig es ging, bevor die Energieeinheiten ihren Dienst quittierten. Während der vierten Erdumkreisung stabilisierte sich der Wert bei unfassbaren 49 Newton. Etwa um diese Zeit erfuhr Chris Kraft auch von seinen Leuten, dass die Batterien für 13 Stunden reichen würden. Von McDonnell kam die Nachricht, dass die Brennstoffzelle rätselhafterweise bei diesem Wert weiter funktionierte. Und so gab Chris Kraft die Mission für einen Tag frei.

So aktivierte Cooper die Systeme eins nach dem anderen wieder. Es funktionierte. Die Brennstoffzellen blieben stabil. Dr. Edwin „Buzz" Aldrin, der Rendezvous-Guru unter den Astronauten, arbeitete in der Zwischenzeit mit den Missionsanalytikern einen Plan aus, um zumindest noch irgendetwas von den Rendezvous-Übungen zu retten. Nur für den Fall, dass eine normale Energieversorgung doch wieder hergestellt werden konnte. Der Druck in den Zellen blieb weiterhin niedrig, aber sie lieferten Strom.

Schließlich stabilisierte sich die Lage. In der Retrospektive betrachteten Cooper und Conrad den dritten Flugtag als den Höhepunkt der Mission. Sie arbeiteten sich stetig durch ihre Experimente und führten das so genannte „Phantom Rendezvous" durch. Sie bekamen ein fiktives Ziel und wickelten ihre Berechnungen ab, so als würden sie tatsächlich eine Agena verfolgen. Mission Control gab ihnen Daten durch, genauso als ob das Zielfahrzeug tatsächlich existieren würde. Mit den Werten und ihren eigenen Kalkulationen manövrierte sich Cooper dann an einen definierten Punkt im Raum. Cooper gelang es, zum richtigen Zeitpunkt am richtigen Platz zu sein. Die Zweifel, ob man überhaupt in der Lage sein würde, ein Rendezvous durchzuführen, schwanden und das Vertrauen für die Mission von Gemini 6 stieg.

Gemini 5 landete 191 Stunden nach dem Start, und verfehlte das Zielgebiet um nicht weniger als 130 Kilometer. Der Computer, nach dem sich Cooper gerichtet hatte, arbeitete so wie er es sollte. Der Fehler war menschlicher Natur. Die Erdrotation beträgt 360,98 Grad pro Tag. Aber bei der Programmierung des Computers hatte der verantwortliche Ingenieur die beiden Dezimalstellen hinter dem Komma weggelassen und einfach runde 360 Grad in die Maschine eingefüttert. Eine gewisse Sorge bereitete dem Flugarzt Charles Berry der Umstand, dass beide Astronauten mit einem reduzierten Blutplasma-Volumen und einem erheblichem Kalzium-Verlust landeten. Er wusste, dass Cooper und Conrad die letzten drei Tage nicht recht viel mehr gemacht hatten, als sich durch den Orbit treiben zu lassen. Sie hätten deutlich mehr Trainingsübungen machen sollen. Aber zu Berry's großer Erleichterung waren beide nach zwei Tagen auf der Erde praktisch wieder bei ihren alten Werten. Die NASA konnte sich nun mit Gemini 6 dem Rendezvous und Docking zuwenden, und danach mit Gemini 7 dem Problem des Langzeitflugs, der nun über zwei Wochen gehen sollte.

Die Besatzung von Gemini 6: Thomas Stafford (links) und Commander Walter Schirra

## DAS RENDEZVOUS FÄLLT SCHON WIEDER AUS

Chefastronaut Donald Slayton hatte die Crew für Gemini 6 schon im November 1964 ausgewählt. Walter Schirra, der schon die Mercury 8-Mission so souverän durchgeführt hatte, würde zusammen mit Thomas Stafford diese zwar kurze, aber technisch hoch anspruchsvolle Mission fliegen. Für die siebte Gemini-Mission, den 14-Tage-Flug, benannte er Frank Borman und James Lovell. Bei der Mission von Gemini 6 sollte erstmals ein speziell für das Rendezvous und Docking konstruierter Zielsatellit eingesetzt werden. Der war auf der Basis der bewährten Atlas Agena-Oberstufe entwickelt und konstruiert worden und trug die Bezeichnung GATV (Gemini Agena Target Vehicle).

Die Besatzung von Gemini 7: James Lovell (links) und Commander Frank Borman.

Am Tag des Starts von Gemini 6, dem 24. Oktober, liefen zwei simultane Countdowns. An der Startrampe 14 war das Team von General Dynamics dabei, die Atlas mit dem GATV 5002 vorzubereiten. Obwohl dies der Jungfernflug der Agena im Gemini-Programm war, war sie dennoch in vielen anderen Varianten seit dem Jahre 1959 schon mehr als 140-mal geflogen. Auf der 1.800 Meter weiter nördlich gelegenen Startrampe 19 stand die Titan II mit Gemini 6. Beide Startvorbereitungen liefen problemlos, es gab keine Verzögerungen. 15 Minuten, bevor die Agena auf die Reise gehen sollte, kletterten Schirra und Stafford in ihr Raumschiff und schnallten sich in ihren Sitzen fest.

Exakt um 10:00 Uhr drückte Thomas O'Malley, der Startdirektor von General Dynamics, auf den Startknopf und die Atlas-Agena donnerte himmel-

Exakt um 10:00 Uhr Vormittag des 25. Oktober 1965 startete die Atlas mit dem GATV 5002 (Gemini Atlas Target Vehicle). Doch das Docking-Ziel für Gemini 6 kam nie im Orbit an.

wärts. Doch bald darauf gab es die ersten Anzeichen, dass irgendetwas falsch lief. Die Telemetrie wies darauf hin, dass die Agena bei der Trennung von der Atlas ins Taumeln geraten war. Ein Funksignal zeigte an, dass das Triebwerk zum vorgesehenen Zeitpunkt zündete. Doch das war schon die letzte Meldung, die von der Rakete kam. Die nächste stammte vom Radar einer Bahnverfolgungsstation der Luftwaffe. Die Air Force meldete, dass an der Stelle, wo eben noch die Agena war, sich nun fünf Bruchstücke befanden.

In der Zwischenzeit konnte der Pressesprecher der NASA nur immer wiederholen, dass die Atlas-Flugkontrolle keine Telemetrie mehr empfing und dass drüben am Pad 19 Schirra und Stafford mit ihren Vorbereitungen weitermachten. Nach 50 Minuten war allerdings die letzte Hoffnung geschwunden, dass die Agena ihren Zielorbit erreicht hatte, und die Mission von Gemini 6 wurde abgeblasen. Die düstere Stimmung nach dem spurlosen Verschwinden von GATV 5002 wurde aber schon bald durch einen kleinen Hoffnungsschimmer aufgehellt. Noch während der nutzlose Countdown für Gemini 6 weiterlief, rannte Frank Borman von der Aussichtsplattform zum Startkontrollzentrum hinüber, um herauszufinden, was passiert war. Dort fand er sich zusammen mit seinem Crewkameraden James Lovell in der Nähe von Walter Burke, dem Gemini-Projektmanager von McDonnell und seinem Stellvertreter John Yardley. Die beiden Astronauten hörten, wie Burke zu Yardley sage „Könnten wir nicht eine Gemini anstelle einer Agena als Ziel starten?" Yardley erinnerte sich, dass die Martin Company (der Hersteller der Titan II) vor einigen Monaten eine so genannte „Rapid-Fire Demonstration" vorgeschlagen hatte, den Start von zwei Geminis in schneller Folge. Raymond Hill, der Chef der McDonnell-Truppe am Cape konnte sich an die Studie erinnern und so begannen die drei darüber zu diskutieren, wie sie an Burke's Idee angepasst werden könnte.

Borman und Lovell hörten sich die Sache mit wachsender Begeisterung an. Burke, Yardley und Hill schauten sich in der Menge im Kontrollraum um, und fanden den NASA-Chef für die bemannte Raumfahrt, George Mueller und den Gemini Manager Charles Mathews. Die beiden zeigten sich sehr skeptisch und gaben der Idee keine Chance. Aber Burke und Yardley hatten sich jetzt an dem Gedanken festgebissen, und begaben sich auf die Suche nach jemandem anderen, dem sie den Plan verkaufen konnten.

Die Ratlosigkeit ist den Flugdirektoren Christopher Kraft und Gene Kranz nach dem Fehlstart der Atlas Agena ins Gesicht geschrieben.

Der Vorschlag von Martin ging dahin, zunächst eine Gemini-Titan voll auszuchecken, sie dann wieder von der Rampe wegzutransportieren und in flugbereitem Zustand irgendwo zu lagern, während die zweite Titan zur Herstellung der Flugbereitschaft in den Service-Tower des Launch Pad 19 kam. Eines der Probleme war, dass die Rakete nach dem vollständigen Auschecken erstens nicht mehr zerlegt werden durfte und dass sie zweitens vertikal gelagert werden musste. Die Antwort bot die Sikorsky S-64 „Skycrane", ein riesiger Hubschrauber, der die fertig ausgecheckte erste Rakete vom Pad 19 zur stillgelegten Startrampe 20 gleich nebenan hinüberfliegen sollte. Dort konnte man sie dann vertikal aufstellen. Dann wurde der zweite Booster startfertig gemacht und gestartet. Danach kam wieder der „Skycrane" zum Einsatz und brachte die erste Rakete zum Launch Pad 19 zurück, wo dann auch sie aufgetankt und gestartet wurde. Diese Methode sollte es möglich machen, zwei Starts innerhalb von etwa neun Tagen von derselben Rampe aus durchzuführen.

Nachdem sie sich bei Mueller und Mathews eine erste Abfuhr geholt hatten trugen Burke und Yardley ihren Gedanken noch einmal bei einem Meeting im Manned Spacecraft Operations Gebäude vor. Doch auch dort bekamen sie die kalte Schulter gezeigt.

Schließlich reisten die beiden nach Houston, um Robert Gilruth für die Idee zu gewinnen. Auch Gilruth hatte seine Zweifel ob das funktionieren konnte. Ihm fielen aber nicht genügend stichhaltige Argumente ein, außer „die Dinge laufen im wirklichen Leben nicht so". Deswegen rief er George Low herein, seinen Stellvertreter, damit der sich die Sache anhörte und ihn bei seinen Argumenten gegen den Plan unterstützte. Damit war er allerdings an den Falschen geraten, denn Low war von dem Plan begeistert. Der einzige Zweifel, der ihm sofort kam, war, ob das Kommunikations- und Bahnverfolgungsnetzwerk zwei bemannte Raumfahrzeuge gleichzeitig betreuen konnte. Das war aber eine Frage für Flugdirektor Chris Kraft. Dessen erste Reaktion, nachdem ihm Burke und Yardley den Plan erläutert hatten war: „Habt ihr den Verstand verloren?". Dann fiel er für eine halbe Minute in Schweigen, während er nachdachte. Schließlich rief er Sigurd Sjoberg, seinen Stellvertreter an, und bat ihn, für den Nachmittag ein Experten-Meeting einzuberufen. Chefastronaut Slayton hörte den Plan als nächster, der ihn sofort an seine Kameraden weitergab. Die waren hellauf begeistert. So begann sich die Waage langsam zugunsten des eben noch als absurd angesehenen Plans zu neigen, und schließlich entschied man sich dafür, die Missionen von Gemini 6 und Gemini 7 gemeinsam durchzuführen. Dazu musste Gemini 7 zuerst starten, und dann auf Gemini 6 warten. Und das konnte dauern.

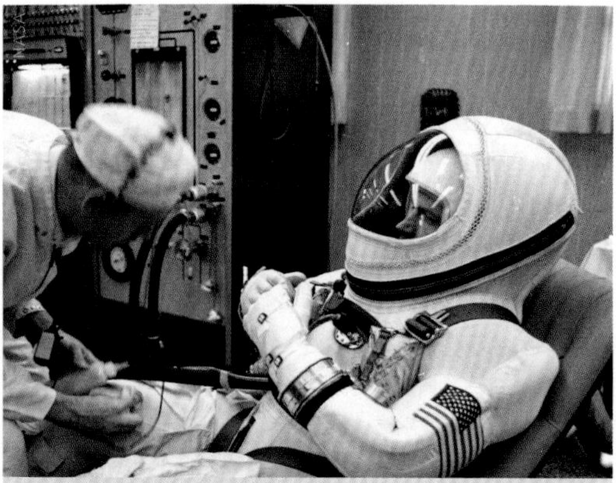

Der flexible Leichtgewichts-Raumanzug der David Clarke Company, eine Spezialanfertigung für Langzeit-Raumflüge, wog statt elf nur noch 7,3 Kilogramm.

## RAUMANZUG JA ODER NEIN

Frank Borman und James Lovell hatten intensiv darüber nachgedacht, wie sie die zwei Wochen gemeinsam im Weltraum verbringen sollten. Sie sprachen viel mit den Piloten von Gemini 4 und Gemini 5 und lernten von ihnen, was sie mitnehmen mussten und wie sie sich physisch und psychisch auf diese Mission vorzubereiten hatten. Der pro Mann verfügbare Platz war ja nicht größer als auf dem Vordersitz eines VW-Käfer. So erfolgreich die vorausgegangenen Flüge auch gewesen waren, fragten sie sich doch, ob man da so einfach weitere sechs Tage dranhängen konnte. White und McDivitt, Cooper und Conrad erklärten übereinstimmend, dass es unmöglich sei, alternierend zu schlafen. Somit stand der erste Beschluss fest. Borman und Lovell würden sowohl gemeinsam arbeiten, als auch gemeinsam an Bord schlafen.

Auch eine andere Lektion aus den vorausgegangenen Flügen war wichtig: Aufgaben einem bestimmten Zeitpunkt in der Mission zuzordnen war sinnlos. Deshalb würden Borman und Lovell einfach mit einer Art Arbeitsplan starten. Experimente und andere Aufgaben würden immer dann erledigt werden, wenn Zeit dafür da war und die Flugkontrolle und die Crew dafür bereit waren. Es gab in der Mission nur drei exakt vorbestimmte Ereignisse. Den Start und die Verfolgung der Titan II-Oberstufe, das Rendezvous mit Gemini 6 und die Landung. Der Rest der 330 Stunden war offen und konnte nach den Erfordernissen gestaltet werden.

Und noch eine Innovation gab es. Die Crew würde ihren Schlaf-, Wach-, Arbeits- und Essrythmus einfach an ihre normale gewohnte tägliche Routine in Houston anpassen. Es gab zwei Arbeitsperioden, eine Vormittags und eine Nachmittags, unterbrochen von einer Mittagspause. Diese Planung passte auch viel besser in die spezialisierten Aktivitäten der drei Schichten im Flugkontrollzentum. Arbeiten auf der Erde oder im Weltraum: Es machte keinen Unterschied mehr.

Das Verstauen von Essensvorräten und Ausrüstung war bei einem zweiwöchigen Flug in einem derart engen Raumschiff ein echtes Problem. Nicht aufgegessene Mahlzeiten, Verpackungsmaterial und Ähnliches konnte ja nicht einfach in die Mülltonne vor dem Haus geworfen werden. Ein Raumfahrzeug wie die Gemini konnte bei einem achttägigen Flug unglaublich vermüllen, hatten schon Cooper und Conrad feststellen müssen. Es musste also zusätzlicher Stauraum gefunden werden. Borman und Lovell flogen nach St. Louis zu McDonnell um sich diesem Problem ganz besonders zu widmen. Die Suche war erfolgreich. Die Abfälle der ersten sieben Tage wurden hinter Bormans Schleudersitz verstaut. Der Müll der zweiten sieben Tage würde hinter Lovells Sitz gelagert werden.

Das nächste Problem waren die Raumanzüge. Die NASA hatte große Hemmungen in diesen frühen Tagen der Raumfahrt, die Astronauten während der Mission die Anzüge ablegen zu lassen. Die Angst vor Lecks war zu groß. Und es gab den Notfallplan, bei einem Brand in der Kapsel einfach die Luft abzulassen. Was natürlich unmöglich war, wenn die Crew keine Raumanzüge trug. Beim Start und bei der Landung war das Tragen von Druckanzügen sowieso keine Frage. Sollten sich die Astronauten ausschleudern müssen (im Gemini-Programm gab es Schleudersitze), wären sie ihr einziger Schutz. Die Lösung war schließlich ein so genannter „Intravehicular Suit“, also

NASA

James Lovell in seinem Leichtgewichts-Raumanzug auf dem Weg zum Raumfahrzeug.

ein „Raumanzug für drinnen". Dieser Leichtgewichtsanzug würde es nicht erlauben, die Mission zu Ende zu führen, wenn es zu einem Kabinenleck käme. Er wäre aber ausreichend, um den nächsten Notlandeplatz sicher erreichen zu können.

Um den ursprünglich elf Kilogramm schweren Gemini-Anzug komfortabler zu machen, entfernte die David Clark Company so viele Versteifungselemente wie irgend möglich. Dann konstruierten sie ihn so um, dass er während des Fluges ausgezogen werden konnte. Eine aufblasbare Haube ersetzte den harten Fiberglashelm und am Ende wog der Anzug nur noch 7,3 Kilogramm. Die Haube konnte einfach mit einem Reißverschluss aufgemacht werden, und der Anzug konnte auch relativ leicht abgelegt und neben den Sitz geschoben werden, ohne dass man ihn irgendwo verstauen musste.

Sollte das Raumfahrzeug gut funktionieren, das hatten die Astronauten der Flugleitung zusätzlich abgerungen, dann konnten die beiden ihre Anzüge ab dem zweiten Flugtag abwechselnd ausziehen. Nur während der missionskritischen Phasen war er wieder anzulegen, etwa beim geplanten Rendezvous und bei Wiedereintritt und Landung.

Die Entscheidung, die Missionen von Gemini 7 und 6 gemeinsam durchzuführen, änderte auch die Ausrüstung des Raumschiffs. Die Crew konnte nun weniger Treibstoff für ihr eigenes Stationkeeping-Experiment verwenden, denn sie brauchte ihn vielleicht für das Rendezvous. Außerdem musste Gemini 7 als Ziel für Gemini 6 präpariert werden und benötigte dafür eine Reihe von Änderungen: Positionslichter, einen Radartransponder und zusätzliche Antennen.

Am 4. Dezember 1965 kletterten Borman und Lovell in ihr Raumfahrzeug. Ohne die geringste Countdown-Unterbrechung donnerte der Booster exakt um 14:30 Uhr Ortszeit von der Rampe. Mit einem makellosen Start brachte die Titan II ihre wertvolle Fracht in den vorgesehenen Orbit.

Gleich nachdem sich das Raumfahrzeug vom Booster getrennt hatte, nur sechs Minuten nach dem Verlassen der Startrampe, drehte Borman die Gemini 7 herum, um die zweite Stufe seiner Trägerrakete zu finden. Zwei Sekunden Schub hatten ausgereicht, um die beiden Komponenten zu trennen. Nun feuerte er für fünf Sekunden, um für das Stationkeeping in Position zu kommen. Die Nachmittagssonne blendete ihn durch das Fenster, aber innerhalb von 30 Sekunden sah er den Booster. Für 15 Minuten blieb Gemini 7 in der Nähe der Stufe. Sie allerdings einzuholen, nachdem sie sich etwas entfernt hatte, kostete mehr Treibstoff als es Borman gefiel. So brach er das Verfolgungsmanöver zur Stufe ab. 30 Minuten nach dem Start begannen sie mit ihren medizinischen Experimenten. Um 19:00 Uhr räumten sie zum ersten Mal in der Kapsel auf und um 20:30 Uhr nahmen sie ihre erste Mahlzeit im Weltraum ein. Danach gab es noch ab und zu Kommunikation mit den Bodenstationen. Als es „Nacht" wurde, begannen die Störungen durch den Funkverkehr abzunehmen und gaben der Crew die Chance auf ein Nickerchen. Borman wurde es warm in seinem Anzug. Er musste den Knopf auf die kühlste Einstellung drehen.

Nach dem Frühstück, um 9:00 Uhr früh am folgenden Tag, teilte CapCom Elliot See der Crew mit, dass es Zeit sei, an die Arbeit zu gehen. Das erste Mal in der Geschichte der bemannten Raumfahrt gab es geregelte Arbeitstage. Technische Probleme wurden analysiert, der Arbeitsplan für den Tag wurde besprochen, Experimente wurden durchgeführt. Die Crew hörte die Nachrichten, vorgelesen von CapCom See. Routine kehrte ein.

Wally Schirra's Schleudersitz wird vor der Mission im „Pyrotechnic Installation Building" des Kennedy Space Center austariert.

45 Stunden nach Beginn der Mission begann Lovell seinen Raumanzug auszuziehen. Auf der Erde eine einfache Aktion. Aber an Bord dauerte es mehr als eine Stunde. Zu diesem Zeitpunkt klagten die beiden über zugeschwollene Nasen und brennende Augen. Borman beschwerte sich, dass es viel zu warm sei. Nachdem Lovell seinen Raumanzug ausgezogen hatte, normalisierte sich die Temperatur in der Kabine allerdings etwas. Damit begann die große Debatte um die Raumanzüge, die volle sechs Tage lang anhalten sollte.

Die Astronauten hatten geplant, dass beide ihre Anzüge gleichzeitig ausziehen sollten, nachdem das Umweltsystem zwei Tage lang seine Zuverlässigkeit bewiesen hatte. Das änderte sich allerdings, als George Mueller davon Wind bekam. Er erhob nachdrücklich Einspruch dagegen und Seamans tat es auch. Sie ordneten an, dass einer der Crewmitglieder ständig seinen Raumanzug anbehalten sollte. Jeder Pilot konnte ihn für jeweils 24 Stunden ablegen, aber der andere musste ihn in dieser Zeit anbehalten. Während des Starts, während des Rendezvous-Manövers und wärend des Wiedereintritts mussten beide den Raumanzug tragen. Borman machte nun immer häufiger Kommentare über seine eigene Pein und Lovells Komfort. Sogar wenn er den Reißverschluss komplett heruntergezogen und die Handschuhe abgelegt hatte, schwitzte Bormann heftig, während sich Lovell komfortabel fühlte. Lovells 24 Stunden ohne den Anzug vergingen und er bat darum, auch die zweite Nacht ohne ihn schlafen zu können. Borman stimmte widerstrebend zu. Aber Lovell war der Größere von den beiden und er hatte mehr Probleme, den Anzug aus- und wieder anzuziehen als Borman. Nachdem die einhundertste Flugstunde ins Land gegangen war, fragte Borman beim nächsten Überflug von Houston vorsichtig bei CapCom Eugene Cernan an, ob der nicht vielleicht mit Chefastronaut Deke Slayton reden könnte. Cernan stimmte zu. In der Zwischenzeit versuchte Lovell wieder, seinen Anzug anzuziehen und Borman seinen abzulegen. Zwei Stunden später hatte es Borman angenehm kühl, während Lovell schwitzte.

Das Problem mit den Raumanzügen arbeitete sich schließlich seinen Weg die Hierarchie der NASA hinauf, und als die Frage immer dringender wurde, wie wach und vital die Crew beim bevorstehenden Rendezvous sein würde, drehte sich das Rädchen langsam aber sicher zugunsten der Besatzung. Als Borman seine Anfrage über Cernan startete, gab sie Missionsdirektor Schneider an George Mueller in Washington weiter. Mueller fragte den Flugarzt Charles Berry. Von Gilruth wusste er schon, dass der dafür war, die Anzüge abzulegen. Und so gab Mueller schließlich nach. Die Astronauten an Bord von Gemini 7 bekamen ihren Willen und die Debatte hatte ein Ende.

Doch trotz dieser Unbequemlichkeiten verlief die Mission effizient und erfolgreich. Die Astronauten waren in guter Stimmung und guter Verfassung. Die Systeme des Raumfahrzeugs funktionierten nahezu fehlerfrei und die Orbit-Anpassungsmanöver, um den Warte-Orbit für das Rendezvous mit Gemini 6 zu erreichen, verliefen problemlos. Gemini 7 war auf seiner fast perfekten Kreisbahn in 300 Kilometern Höhe darauf vorbereitet, Gemini 6 zu empfangen.

## EINE BEINAHE-KATASTROPHE

Noch während Gemini 7 auf der Startrampe stand, waren die Techniker der Startanlage 19 schon in Wartestellung gewesen. Borman und Lovell hatten noch nicht den Orbit erreicht, als sie sich schon auf die Startrampe stürzten und die Anlage für Gemini 6 bereit machten. Das Startteam transferierte das GLV-6 (Gemini Launch Vehicle Nr. 6) innerhalb nur eines Tages zur Rampe 19 und verband es mit dem Raumfahrzeug. Es wurde sogleich aktiviert, um den Radartransponder zu testen, als Gemini 7 Cape Kennedy überflog.

Die Arbeiten verliefen derart schnell, dass man schon bald einen Start am achten Flugtag von Gemini 7 für möglich hielt, anstatt wie ursprünglich geplant am neunten. Am Sonntag, dem 12. Dezember bestiegen die Astronauten Walter Schirra und Thomas Stafford ihre Gemini 6-Raumkapsel, die sie zum ersten Weltraum-Rendezvous in die Umlaufbahn bringen sollte. Nach einem problemlosen Countdown, präzise um 9:54 Uhr erwachten die beiden Raketenmotoren der Titan II zum Leben. 1,2 Sekunden lang liefen die Triebwerke kreischend hoch und die Missionsuhr an Bord der Gemini begann zu laufen. Doch dann erstarben sie wieder und Stille senkte sich über das Startgelände. Langsam trieb die Rauchwolke von der Rakete weg.

Sekunden nach dem abgebrochenen Start vom 12. Dezember 1965. Die Rauchwolke verzieht sich langsam.

Die atemlos stillen Sekunden, die jetzt folgten, waren vielleicht die spannungsgeladensten des ganzen Gemini-Programms. Wenn es je einen Zeitpunkt gegeben hätte, die Schleudersitze zu betätigen, um sich schnellstmöglich von dieser hochbrisanten Riesenbombe zu entfernen, dann jetzt.

Kenneth Hecht, der Chef der Gemini Rettungs- Lande- und Bergungsaktivitäten, war überrascht, dass die Crew sich nicht herauskatapultierte. Gemäß den Regeln, die für diese Art von Notfall festgelegt waren, hätte die Mannschaft jetzt genau das tun müssen. Wenn sich das Fahrzeug auch nur fünf Zentimeter von der Rampe abgehoben hätte, wäre es zur Katastrophe gekommen, aber nichts geschah. Schirra war derjenige, der den „D-ring" hätte ziehen müssen. Und er entschied sich, das nicht zu tun. Trotz der bereits laufenden Missionsuhr.

In diesem Krisenmoment blieb der erfahrene Testpilot gelassen. Schirra verließ sich eiskalt auf seine eigenen Sinne. Er wusste, dass sich Gemini 6 nicht bewegt hatte, und er wusste, dass die Uhr nicht stimmte. Ohne sonderliche Erregung in der Stimme meldete er sich wenige Sekunden nach dem Stilllegen des Triebwerks und gab schlicht und einfach eine technische Meldung durch: „Tankdruck sinkt".

Als klar war, dass der Booster nicht explodieren würde, wurde der Serviceturm wieder in die Vertikale gebracht und die Startmannschaft hastete zurück in den White Room. Nachdem sichergestellt war, dass die Crew die Pyrotechnik in der Kapsel deaktiviert hatte, öffnete Günter Wendt die Luke und half den enttäuschten Astronauten aus dem Raumfahrzeug. Noch war nicht alles verloren. Gemini 7 hatte noch sechs Tage im Orbit. Genug Zeit, wie die Verantwortlichen der NASA hofften, die Ursache des Problems zu finden, es abzustellen, und einen neuen Startversuch zu wagen.

Auch beim dritten Versuch noch guter Dinge. Schirra und Stafford beim Frühstück vor dem Start am 15. Dezember.

Was war geschehen? Die Triebwerke waren hochgelaufen, 1,2 Sekunden nach dem Start der Raketenmotoren hatte sich jedoch eine Steckerverbindung am Heck der Rakete zu früh gelöst. Dies hatte den Zeitgeber an Bord der Kapsel in Gang gesetzt, ohne dass die Rakete schon abgehoben hätte. Warum aber der Bordcomputer die Triebwerke wieder abgestellt hatte, war jedoch nicht so ganz klar. Martin und das Team der Luftwaffe setzten für den 16. Dezember einen neuen Startversuch an. Als Ursache für den rätselhaften Vorfall konnte auch nach intensiver Suche nichts anderes identifiziert werden, als der zu früh gelöste Stecker. Eine Kontrolle in der Abnahmedokumenation zeigte, dass die Verbindung korrekt hergestellt worden war. Allerdings stellte sich heraus, dass sich einige dieser Einheiten leichter lösten als andere. Nach Gemini 6 wurden somit alle Stecker dieser Art mit einem zusätzlichen Sicherungsdraht versehen. Eine gewisse Unzufriedenheit mit dieser Fehlerermittlung blieb aber. Sollte das wirklich der einzige Grund gewesen sein?

Die Ingenieure hatten sich in der Zwischenzeit die Daten des Schubaufbaus der suspekten Zündung angesehen. In den Telemetrie-Aufzeichnungen erschien am Anfang alles normal, aber ein paar seltsame Schnörkel weiter rechts in der Plotter-Linie wiesen darauf hin, dass der Schub schon abgenommen hatte, noch bevor der Stecker rausfiel. Nun wurden die Spezialisten von Aerojet-General (dem Hersteller der Titan II-Triebwerke) hinzugezogen. Eine detaillierte Analyse zeigte, dass das Problem in der Nähe des Gasgenerators angesiedelt sein musste. Um sieben Uhr abends an diesem 12. Dezember begannen die Aerojet-Ingenieure das Triebwerk Bauteil für Bauteil unter die Lupe zu nehmen. Sie arbeiteten die ganze Nacht hindurch, konnten aber nichts finden.

Als Charles Mathews anderntags um neun Uhr vorbeikam, sah er ihren Gesichtern an, dass sie keinen Erfolg gehabt hatten. Gerade als er fragen wollte, was nun zu machen sei, kam ein aufgeregter Ingenieur hereingerannt und rief, dass er die Lösung habe: Eine Staubkappe war versehentlich in einem der Triebwerke zurückgelassen worden. Monate zuvor war im Werk in Baltimore der Gasgenerator für eine Reinigung entfernt worden. Als das Absperrventil am Sauerstoffzugang abmontiert wurde, hatten die Techniker auf die Zugangsleitung eine Staubkappe gesetzt, um zu verhindern, dass Schmutz in die Einheit kam. Als der Generator nach der Reinigung wieder installiert wurde, hatte man die Staubkappe übersehen. Die schwer zugängliche Lage des Absperrventils, oben auf dem Triebwerk, genau unterhalb des Tanks, hatte verhindert, dass der Fehler bemerkt wurde. Der Gasgenerator wurde vorsichtshalber ausgetauscht, und innerhalb von 72 Stunden war Gemini 6 wieder startklar.

## DAS ERSTE RENDEZVOUS DER RAUMFAHRTGESCHICHTE

Im dritten Anlauf gelingt der Start von Gemini 6.

Am 15. Dezember 1965 konzentrierten sich die Erwartungen auf den dritten Versuch von Gemini 6, das erste Rendezvous im Weltraum durchzuführen. Um 8:37 Uhr morgens verließ die Rakete die Startrampe. Walter Schirras Worte drückten die Erwartung und Ungeduld aus. Im Moment des Abhebens sagte er: „Und jetzt zum dritten Mal: go". Fünfeinhalb Minuten später meldete der Bordcomputer eine Geschwindigkeit von 7.830 Metern pro Sekunde. Sie waren im Orbit angekommen. Wenige Minuten zuvor hatten Borman und Lovell das Cape überflogen und nach Gemini 6 Ausschau gehalten. Sie konnten aber außer Wolken nichts sehen. Aber nur Minuten später erfuhren sie von der Bahnverfolgungsstation auf den Kanarischen Inseln, dass die Orbitparameter von Gemini 6 ein Perigäum von 161 Kilometern und ein Apogäum von 259 Kilometern aufwiesen. So legten sie ihre Raumanzüge an, und warteten auf die Ankunft ihrer Besucher.

Das Rendezvous-Profil, das man sich überlegt hatte, plante das Einholen von Gemini 7 während der vierten Erdumkreisung, also etwa sechs Stunden nach dem Start. Zum Zeitpunkt als Gemini 6 den Orbit erreichte, war das verfolgende Raumschiff knapp 2.000 Kilometer hinter seinem Ziel. 94 Minuten nach dem Start zündete Schirra die Triebwerke von Gemini 6 für vier Sekunden. Das Perigäum war danach dasselbe, aber das Apogäum lag nun bei 272 Kilometern. Gemini 6 blieb näher an der Erde als Gemini 7, bewegte sich somit relativ zu diesem Raumfahrzeug gesehen schneller, und holte mit jeder Minute auf. Nach der ersten Erdumkreisung von Gemini 6 lag die Distanz bei nur noch 1.175 Kilometern.

Über Carnarvon, zwei Stunden und 18 Minuten nach Beginn der Mission, befand sich Gemini 6 im Apogäum. Zeit für eine neue Bahnanpassung. Schirra zündete seine Raketenmotoren für 19 Sekunden um weiter Geschwindigkeit aufzunehmen, und somit die Orbitalbahn zu erhöhen. Über dem Pazifik drehte Schirra sein Raumfahrzeug um 90 Grad nach rechts und zündete erneut die Triebwerke. Danach war die Bahn-Inklination von Gemini 7 und Gemini 6

Gemini 6 nähert sich Gemini 7 (I).

Gemini 6 nähert sich Gemini 7 (II).

deckungsgleich. Der Abstand beider Vehikel zueinander hatte sich zu diesem Zeitpunkt auf 483 Kilometer verringert. Drei Stunden und 15 Minuten nach dem Start meldete Elliot See an Schirra, dass von nun an der Radarkontakt mit Gemini 7 möglich sein sollte. Schirra und Stafford bekamen ein intermittierendes Signal, aber schließlich blieb es stabil. Es zeigte die Entfernung mit 434 Kilometer an. Erneut über Carnarvon, nach drei Stunden und 47 Minuten, feuerte Schirra die hinteren Triebwerke für 54 Sekunden und beschleunigte die Gemini damit um knapp 50 Kilometer pro Stunde. Das Resultat war nun eine fast kreisförmige Bahn, zwischen 270 und 274 Kilometer über der Erde. Die beiden Raumfahrzeuge waren jetzt 319 Kilometer voneinander entfernt

Während das Fahrzeug auf dem niedrigeren Orbit langsam die Distanz verringerte, dimmte Schirra das Licht in der Kapsel, um die Sicht nach außen zu verbessern. Fünf Stunden und vier Minuten nach dem Start konnte er Gemini 7 erkennen. Aus einer Entfernung von 100 Kilometern. Fünf Stunden und 16 Minuten nach Beginn der Mission bereitete sich Schirra vor, das letzte Rendezvous-Manöver durchzuführen. Die beiden Schiffe waren nun nahe genug beieinander, dass Gemini 6 direkt auf Gemini 7 zusteuern konnte, ohne dass orbitale Bahneffekte auftraten. Nun war es an der Zeit, Geschwindigkeit abzubauen. Schirra führte im Abstand von zwölf Minuten zwei Anpassungsmanöver durch. Das eine fünf Stunden und 32 Minuten nach dem Start, das andere bei fünf Stunden und 44 Minuten. Sechs Minuten später, in einem Abstand von nur noch 900 Metern, bremste Schirra noch einmal mit den vorderen Triebwerken. Die Entfernung verringerte sich auf 200 Meter und schließlich auf 40 Meter. In dieser Entfernung ging Schirra auf den „Stationkeeping-Modus". Die Relativgeschwindigkeit zwischen den beiden Fahrzeugen war jetzt Null. Am 15. Dezember 1965, um 14:33 Uhr amerikanischer Ostküstenzeit war das erste Rendezvous-Manöver in der Geschichte der Raumfahrt Wirklichkeit. Im Missionskontrollzentrum brach Jubel aus.

Borman und Lovell hatten dem Feuerwerk der heranfliegenden Gemini 6 fasziniert zugesehen. Die Flammenzungen der Bremstriebwerke waren zwölf Meter lang. Als Schirra und Stafford näher herankamen, gab es eine zweite Überraschung. Borman sagte: „Bei euch hängt jede Menge Zeugs am Heck herum". Minuten später konnte Schirra zurückgeben: „Bei euch sieht das aber auch nicht anders aus". Leinen und Gurte, drei bis fünf Meter lang, trieben hinter beiden Raumfahrzeugen her. Für mehr als drei Erdumkreisungen blieben die beiden Raumschiffe nun in Abständen von 30 Zentimetern bis 90 Meter zusammen. Gemini 6 flog zur Rückseite von Gemini 7 um die losen Seile zu untersuchen. Schirra und Stafford wechselten sich ständig in der Steuerung ab. Als es für Bormann und Lovell Zeit war, ein Experiment durchzuführen, ging Gemini 6 auf Abstand und „parkte" in zwölf Metern Distanz. 20 Minuten lang berührte niemand die Steuerung und die beiden Raumfahrzeuge verblieben in einer stabilen Position zueinander. Dann traten die beiden Fahrzeuge in den Erdschatten ein. Schirra hatte sich vor dem Flug Gedanken über die Sichtverhältnisse während der Dunkelheit gemacht, aber sie waren exzellent. Die Dockinglichter, eine Taschenlampe, ja sogar das Kabinenlicht von Gemini 7 sorgten für genügend Helligkeit.

Die Astronauten waren beeindruckt über ihre Fähigkeit, das Raumschiff mit kleinsten Schubimpulsen sehr präzise zu bewegen. Sie konnten noch Geschwindigkeitseingaben vornehmen, welche die Fahrt nur um 30 Zentimeter pro Sekunde veränderten. Schließlich entfernte sich Gemini 6 wieder von Gemini 7. Es war langsam Zeit zu Bett zu gehen. Für Schirra und Stafford war es ein langer Tag gewesen. Sie aßen etwas und begannen dann ihre Ruheperiode. Als Schirra am nächsten Morgen mit einer veritablen Erkältung erwachte, war er froh, dass sie die Mission so ausgelegt hatten, dass sie bereits nach einem Tag zurückkommen konnten, wenn die Aufgabe erledigt war.

„Stationkeeping" mit Gemini 7.

## DOPPELTE RÜCKKEHR VOR NEUEN ZIELEN

Das war der Fall, und die Missionskontroller mussten ihre Aufmerksamkeit ohnehin wieder Gemini 7 widmen, um den Langzeitflug gut zu Ende zu bringen. So begann Gemini 7 seinen zwölften Tag im Orbit und Gemini 6 kam heim. Schirra meldete sich noch einmal bei Borman und Lovell: „Ihr macht einen guten Job, Frank und Jim. Wir sehen uns in ein paar Tagen am Strand". Dann trennte er die Gerätesektion ab und feuerte die Retro-Raketen.

Schirra brachte das Raumfahrzeug in eine Position bei der er und Stafford mit den Köpfen nach „unten" zur Erde hin ausgerichtet waren. So konnte er den Erdhorizont besser sehen. Der Computer meldete, dass er das Zielgebiet zu überschießen drohte. Schirra veränderte den Lagewinkel zunächst um 55 Grad nach links, dann nach rechts. Das verkürzte die Flugbahn, denn die Gemini erreichte ihre höchsten Auftriebswerte, wenn sie einfach geradeaus flog. In einer Höhe von 14.000 Metern warf die Crew den Stabilisierungsschirm aus, der Hauptschirm öffnete sich in 3.200 Metern Höhe. Die Landung erfolgte schließlich 13 Kilometer vom Flugzeugträger Wasp entfernt, erstmals direkt vom Fernsehen über den geostationären Kommunikationssatelliten Early Bird übertragen. Am 16. Dezember 1965, nach 16 Erdumkreisungen und einer Gesamtdauer von 25 Stunden und 16 Minuten, war die erste bemannte Rendezvous-Mission der Raumfahrtgeschichte beendet.

Die Ereignisse des elften Flugtages hatten ihren Enthusiasmus noch einmal stimuliert. Nachdem ihre Gäste wieder weg waren, sank Bormans und Lovells Motivation ein wenig und nachdem die Neuheit des Raumflugs nachließ, richteten sich ihre Gedanken heimwärts. Schließlich war es auch für Borman und Lovell an der Zeit, zurückzukehren. Die Crew hatte wieder die Raumanzüge angelegt und die letzten losen Dinge verstaut. Über Canton zündeten sie automatisch und exakt zum vorgesehenen Zeitpunkt die Retro-Raketen. Das Wiedereintrittssystem arbeitete nahezu perfekt. Die Kapsel tauchte mit einem kräftigen Schlag ins Wasser. Borman versuchte einen Bergungs-Hubschrauber auszumachen. Noch in der Umlaufbahn hatte er eine kleine Wette mit Schirra abgeschlossen, bei der es darum ging, wer näher am Flugzeugträger landete. Nachdem er jetzt weit und breit niemanden sehen konnte

Am Heck beider Raumschiffe hingen eine Menge Gurte und Leinen lose herum.

meinte er „Scheiße! Wir sind weiter weg als Wally". Doch da meldete sich schon „Air Boss", der primäre Bergungshelikopter. Der Pilot hatte allerdings zunächst auch keine genaue Ahnung, wie weit ab vom Ziel sie waren. Er meinte aber, dass es hinsichtlich der Genauigkeit eine der besseren Landungen im Programm gewesen sei.

Es waren am Ende 11,8 Kilometer, die Gemini 7 nach 330 Stunden und 35 Minuten bis zum Bergungs-Flugzeugträger Wasp fehlten. Borman fühlte sich ein wenig schwindlig. Eine halbe Stunde nach der Wasserung standen die beiden schwankend auf dem Deck der Wasp. Es war die zweite Raumschiff-Crew, die das Schiff innerhalb von drei Tagen aufnahm.

Im Rückblick gesehen war das Jahr 1965 nicht nur die Wendemarke im Rennen um den Mond, sondern auch der bisherige Gipfelpunkt der bemannten Raumfahrt überhaupt. Innerhalb nur eines Jahres hatten die USA zehn Männer in den Weltraum geschickt und sie wieder sicher zur Erde zurückgebracht. Wesentliche Ziele des Gemini-Projektes waren schon erfüllt. Rendezvous, Langzeitflüge, EVA und viele wissenschaftliche Experimente. Das neue Jahr sollte noch einmal dieselbe Zahl an bemannten Gemini-Flügen bringen und technisch noch fortschrittlichere Dinge erproben. Danach war der Weg für Apollo geebnet.

Großer Empfang für Schirra und Stafford an Bord der USS Wasp.

ARCHIV DREXLER

Prof. Kröll, Prof. Joachim, Dr. Merbold und Dr. Jähn in gelöster Atmosphäre.

# ERINNERUNGEN AN EINE DEUTSCHE BEGEGNUNG

**In Gedenken an Dr. Sigmund Jähn und den 45. Jahrestag seines Raumfluges**

*Vorbemerkung: Bis zum Ende der deutschen Teilung unterhielten die beiden deutschen Staaten im jeweils anderen Staat diplomatische Vertretungen, die Botschaften gleichkamen. Die „Ständigen Vertretungen" wurden am 3. Oktober 1990 geschlossen. Der Autor war von 1986 bis 1990 1. Sekretär und Wissenschaftsattaché der Ständigen Vertretung der DDR in Bonn.*

Der 29. Mai 1989 war ein sonniger und warmer Frühsommertag. Ich war mit Dr. Ulf Merbold auf dem Hauptbahnhof Köln verabredet, um gemeinsam Dr. Sigmund Jähn zu einem Besuch in der damaligen Bundesrepublik zu begrüßen. Der Zug rollte pünktlich ein. Ulf Merbolds Begrüßungsworte waren herzlich, wenngleich sie mir im Nachhinein etwas steif erschienen angesichts der Tatsache, dass es nicht ihre erste Begegnung war und beide sich durch ein gemeinsames Erlebnis, von dem ich erst später erfuhr, verbunden fühlten. Sigmund Jähn wurde von Prof. Ralf Joachim vom Institut für Kosmosforschung der Akademie der Wissenschaften der DDR begleitet. Vermutlich war es Prof. Joachims und meine Anwesenheit, die Ulf Merbold zu einem eher protokollgerechten Verhalten bewog. Der Besuch des Kosmonauten aus der DDR und erstem Deutschen im All war der Initiative und Beharrlichkeit Ulf Merbolds zu verdanken. Jähns Reise war das Ergebnis einer aus heutiger Sicht unglaublich langen Vorbereitungszeit von fast zwei Jahren und es war meine erste persönliche Begegnung mit Sigmund.

Ende September 1987, der Honecker-Besuch in der BRD war gerade erst wenige Tage her, lernte ich auf einem Empfang der USA-Botschaft in Bonn Dr. Dieter Genthe vom DFVLR, dem heutigen DLR, kennen. Genthe war über diese Begegnung und unsere Bekanntschaft sehr erfreut und gab mir zu verstehen, dass er gerne mit mir über etwas reden würde. Das war nicht ungewöhnlich. Immerhin war gerade anlässlich des Honecker-Besuchs ein Abkommen über die Zusammenarbeit auf den Gebieten von Wissenschaft und Technik (WTZ-Abkommen) unterzeichnet worden.

Doch zunächst lud mich Dr. Genthe zu einer Besichtigung des DFVLR-Standortes in Köln ein. Ich war beeindruckt, insbesondere vom Astronauten-Trainingszentrum. Dann rückte Dr. Genthe mit seinem Anliegen heraus. Man wolle mit mir über eine Einladung Sigmund Jähns reden. Auch das passte in die Zeit. Nach dem bereits erwähnten Honecker-Besuch gingen in der Ständigen Vertretung der DDR in Bonn täglich Kontakt- und Begegnungswünsche aus allen gesellschaftlichen Bereichen der alten Bundesrepublik ein.
Dr. Genthe arrangierte ein Gespräch bei Prof. Walter Kröll, dem damaligen Vorstandsvorsitzenden der DFVLR. Auf dem Weg in die Vorstandsetage begegneten wir Ulf Merbold, der ebenfalls auf dem Weg dorthin war. Merbold schien mich zunächst zu ignorieren und wirkte eher distanziert. Dr. Genthe musste mehrfach den Versuch unternehmen mich vorzustellen. Später erfuhr ich, dass Ulf Merbold über die Einschaltung der Ständigen Vertretung der DDR nicht sehr erfreut war. Das sollte sich später ändern.

Der Autor und Dr. Dieter Genthe freuen sich über den gelungenen ersten Tag des Besuchs von Sigmund Jähn.

Nachdem Prof. Kröll das Gespräch eröffnet hatte, schilderte Ulf Merbold sein Unbehagen darüber, dass er Sigmund Jähn regelmäßig auf den IAF-Kongressen begegnen würde, es aber noch nie zu einem Treffen auf deutschem Boden gekommen sei. Deshalb möchte er eine Einladung an Jähn aussprechen. Kröll fragte, ob ich das Vorhaben unterstützen könnte. Ich sagte zu, denn es passte ja wie gesagt in die Zeit, obwohl mir schlagartig klar war, welche großen Steine auf dem Weg lagen. Da war zunächst die Tatsache, dass Sigmund nicht nur Kosmonaut war, sondern eben auch General der NVA. Von seinen dortigen Vorgesetzten war wohl keine wohlwollende

Unterstützung zu erwarten, um es vorsichtig auszudrücken. Auch die Formulierung „...auf deutschem Boden..." war schwierig, da die DDR grundsätzlich von zwei deutschen Staaten sprach und auf die Betonung der eigenen Souveränität Wert legte. Und schließlich durfte nicht der Eindruck entstehen, dass es sich um einen privaten und nicht um einen offiziellen Besuch handelt. Der möglichen Unterstellung einer „Deutschtümelei" und der „Verbrüderung zweier Landsleute" musste weiträumig aus dem Weg gegangen werden.

In der Folgezeit traf ich mich mehrfach mit Ulf Merbold und Hans-Ulrich Steimle, dem damaligen Bereichsleiter Raumfahrt der DFVLR. Ich gab Formulierungshilfen und verhinderte den einen oder anderen Tritt in ein politisches Fettnäpfchen. Ich riet auch dazu, die Einladung an das Institut für Kosmosforschung der Akademie der Wissenschaften zu richten, weil ich das für erfolgsversprechender hielt. Und um der Ehrlichkeit Willen gestehe ich, dass ich das alles auch tat, weil ich in der Einladung auch eine Wertschätzung und Anerkennung der wissenschaftlichen Leistungen meiner Heimat sah. Ich wollte dieses Treffen ermöglichen und ich wollte dabei sein. Was sich danach konkret in den maßgeblichen Gremien beider Seiten ereignet hat, entzieht sich meiner Kenntnis. Es hatte allerdings den Anschein, dass es auf beiden Seiten nicht nur Befürworter gab. Irgendwann gab es schließlich grünes Licht. Nun weilte ich häufiger im Institut für Kosmosforschung in Berlin-Adlershof, um mit Prof. Kautzleben, dem damaligen Direktor des Institutes, und Prof. Joachim die Reise unsererseits vorzubereiten. Und Ende Mai 1989 trafen Sigmund und sein Begleiter endlich in Köln ein.

Dr. Siegmund Jähn und Dr. Ulf Merbold (oben) mit den damaligen „Jungastronauten" am D1-Trainingsmodul. Reihe 2 von links: Gerhard Thiele und Heike Walpot. Reihe 3: Renate Brümmer. Reihe 4: Hans Schlegel und Ulrich Walter.

Das Besuchsprogramm war eng gedrängt. Der erste Tag gehörte dem Bereich Raumfahrt in Köln. Prof. Kröll ließ es sich nicht nehmen, den Gast persönlich zu begrüßen. In Köln stand im Mittelpunkt des Programms das Astronauten-Trainingszentrum und die ausführliche Erläuterung der Experimente der D1-Mission und der in Vorbereitung befindlichen D2-Mission. Es kam zu herzlichen Begegnungen und intensiven Gesprächen mit den damaligen „Jungastronauten" Heike Walpot, Renate Brümmer, Gerhard Thiele, Hans Schlegel und Ulrich Walter, die sich seit einem Jahr auf die D2-Mission vorbereiteten und damals noch nicht ahnen konnten, dass Sigmund eines Tages einige von ihnen für ihre späteren Flüge ins All instruieren wird. In den darauffolgenden Tagen wurden die DFVLR-Zentren in Stuttgart, Oberpfaffenhofen und Braunschweig besucht. Dieser Teil der Reise wird mir aus einem ganz anderen Grund immer in Erinnerung bleiben. Als Transportmittel wurde ein Trainingsflugzeug der DFVLR, eine Cessna 210 „Centurion" gewählt. Pilot war Ulf Merbold, neben ihm nahm Sigmund Platz, Prof. Joachim und ich mussten auf die Rückbank. Merbold war sehr bemüht seinem Gast die Schönheiten des Landes zu zeigen. Dazu wurde die Maschine auch mal kurz in die Seitenlage gebracht, um Sigmund einen Blick auf eine Burg oder eine Kleinstadt zu ermöglichen. Am ersten Tag unserer Rundreise jedenfalls sehnten Prof. Joachim und ich, die wir noch nie in einem solch kleinen Flugzeug gesessen hatten, die Landung herbei. Merbold überließ Sigmund auch zeitweise die Steuerung des Flugzeuges, die dieser routiniert meisterte und auch sichtlich genoss. Denn nach seinem Raumflug war es für Jähn mit der Fliegerei in der DDR vorbei. Man wollte das Risiko des Endes eines Kosmonautenlebens à la Gagarin mit all seinen Mutmaßungen und Gerüchten keinesfalls eingehen. Es war ein Wunder, dass Sigmund noch selbst Auto fahren durfte.

Nach der Landung in Stuttgart. Der Autor zwischen Merbold und Jähn vor der Cessna 210 „Centurion".

Später erfuhr ich, dass die beiden die Nummer schon einmal abgezogen hatten. 1986, anlässlich des IAF-Kongresses in Innsbruck, hatten sie eine längere Konferenzpause für einen heimlichen Rundflug genutzt. Wer weiß welchen Stellenwert die persönliche Disziplin in Jähns Leben einnahm, kann ermessen wie außergewöhnlich Jähns Verhalten in diesem Fall war und wie sehr ihm die Fliegerei gefehlt haben muss. Ein Höhepunkt der Reise war die Besichtigung des deutschen Operationszentrums (GSOC) in Oberpfaffenhofen. Danach ging es weiter nach Braunschweig. Entgegen dem ursprünglichen Plan entschieden sich Jähn und Joachim, gleich von dort die Heimreise mit dem Zug nach Berlin anzutreten. So könne man schließlich Kosten sparen. Da war er wieder, der disziplinierte Kosmonaut Sigmund Jähn. Ich flog mit Ulf Merbold nach Köln zurück. Ich erwähnte, dass Sigmunds Reise auch meine erste Begegnung mit ihm war. Über seinen untadeligen Charakter, seine Warmherzigkeit, seine Bescheidenheit und seine Disziplin haben Zeitgenossen und Weggefährten bereits viel geschrieben. Und auch ich werde mich Zeit meines Lebens an die stillen Seiten des Vogtländers erinnern. Die Lehrerin unserer Botschaftsschule bat mich, Sigmund unbedingt zu den Kindern zu bringen. Das Besuchsprogramm war eng getaktet und etliche Begegnungswünsche mussten abgelehnt werden. Ich trug Sigmund den Wunsch vor, allerdings ohne

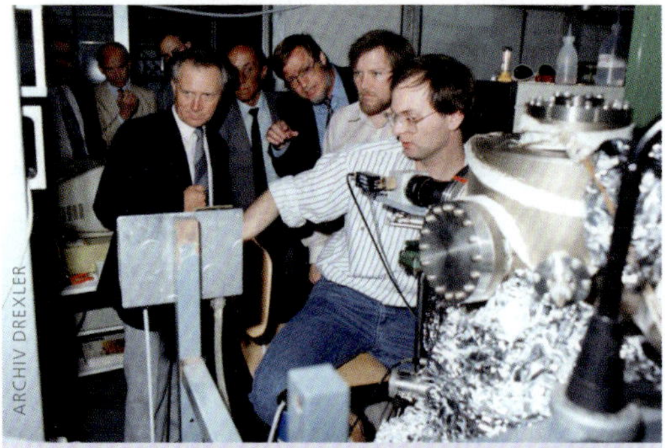

Erläuterung der Versuchsanordnungen der D1-Mission.

eine Zusage zu erwarten. Sigmund jedoch verzichtete kurzerhand auf sein Mittagessen und kam in die Schule. Die Gepflogenheiten verlangten es, dass man vorher beim Hausherren vorbeischaut. Botschafter Horst Neubauer, ein erfahrener Diplomat, empfing den Gast und es entspann sich ein kluges Gespräch zwischen zwei Männern, die die Welt gesehen hatten, wenn auch aus verschiedenen Perspektiven. Und es war Sigmund, der das Gespräch höflich mit dem Satz ausklingen ließ: „Herr Botschafter, es tut mir leid, aber die Kinder warten." Wenige Minuten später saß Sigmund umringt von zwei Dutzend Kindern auf einem Kinderstuhl und beantwortete geduldig alle Fragen. Diesmal war ich es, der auf der Einhaltung des Zeitplanes bestehen musste. Aber Sigmund konnte auch stur sein. Der Korrespondent des DDR-Fernsehens in Bonn, Lutz Renner, forderte hartnäckig ein Interview direkt vor dem Haupttor der DFVLR in Köln. Es war zwar ein offizieller Besuch, aber Sigmund hatte richtigerweise erkannt, dass die Gastgeber kein Interesse an einer politischen Überhöhung des Besuchs haben konnten. Schließlich setzte sich Sigmund durch und das Interview fand im Hotel statt.

Dr. Ulf Merbold erläutert die Ziele und Ergebnisse der D1-Mission. Die Personen von links: Dr. Ulf Merbold, nicht erkennbar, Gerhard Thiele, der Autor, Prof. Walter Kröll, Prof. Ralf Joachim, Dr. Sigmund Jähn.

So sehr Sigmund Jähn und Ulf Merbold sich als Kosmonaut und Astronaut verstanden und respektierten, so wenig kamen sie in politischen Fragen überein. Beide hatten sehr unterschiedliche Erfahrungen mit dem ostdeutschen Staat gemacht und daraus resultierte eine fast unversöhnliche Haltung. Während der eine diesem Staat alles verdankte, musste der andere eben diesen Staat verlassen, um seine Träume verwirklichen zu können. Jähn hielt die DDR für den besseren Staat, den er nicht bereit war aufzugeben, während Merbold sicher an eine deutsche Einheit glaubte, wann immer sie auch eintreten würde. Während des Besuches kam es an einem Abend in Stuttgart bei Bier und Wein zu einem Disput, der nicht einvernehmlich endete. Das bedeutete aber nicht, dass Jähn gegenüber der gesellschaftlichen Entwicklung in seinem Heimatland unkritisch war. Unter vier Augen teilte er mir seine Besorgnis mit. Und er machte seine Verärgerung an seiner Wahrnehmung fest, dass sich die Staatsführung sehr weit von Teilen der Bevölkerung entfernt hatte. „Wenn die da oben das nicht begreifen, dann weiß ich nicht, was werden soll!". Nur Wenige dürften Sigmund Jähn in dieser Frage so nachdenklich erlebt haben. Zum Ende der Reise sprach Sigmund eine Einladung an Ulf Merbold zu einem Gegenbesuch in der DDR aus. Und das sicher nicht nur aus Höflichkeit oder weil es sich so gehörte. Die Vorbereitungen, in die ich nicht einbezogen war, müssen sich ähnlich umständlich gestaltet haben und der Besuch ist wohl dann auch wieder von „ganz oben" genehmigt worden.

Die beiden ersten Deutschen im All.

Diesmal fand die Reise erstaunlicherweise im privaten Rahmen statt. Aber Ulf Merbolds Erscheinen an der Grenze war wohl intern nicht richtig kommuniziert worden. Es klingelten sich ein paar Telefone heiß und auch ich wurde gefragt, ob ich schon wieder dahinterstecken würde. Aber diesmal war ich ja nicht schuld. Jedenfalls hat der Gegenbesuch die Beiden wieder ein weiteres Stückchen näher gebracht. Das DFVLR und das damalige Bundesforschungsministerium waren seit 1988 mit GLAWKOSMOS in Gesprächen über eine bundesdeutsche Teilnahme an Missionen mit SOJUS zur MIR-Orbitalstation. Schon damals hatte Ulf Merbold offensichtlich die Idee, Sigmund Jähn als Berater zu gewinnen. In der Folgezeit bemühte er sich hartnäckig und schließlich erfolgreich, Sigmund in die Projekte der deutsch-russischen Zusammenarbeit zu integrieren. Sigmund erwarb sich in dieser Zeit viel Anerkennung und Sympathien als Berater und Instrukteur aller Deutschen, die mit den Russen geflogen sind. Er hat unzweifelhaft eine Generation deutscher Kosmonauten bis zu Alexander Gerst geprägt. Der Grundstein dafür wurde bei dieser Reise 1989 gelegt.

Sigmund bin ich danach regelmäßig begegnet und wir haben uns gern an diese Tage erinnert. 2018 konnte ich ihm im Beisein fast aller deutschen Astronauten und Kosmonauten in Morgenröthe-Rautenkranz anlässlich des 40. Jahrestages seines Fluges den Ehrenpreis europäischer Raumfahrtvereine „Silberner Meridian" überreichen. Prof. Ralf Joachim konnte eine verantwortungsvolle Position in der damaligen Deutschen Raumfahrtagentur (DARA) einnehmen. Mit Dr. Dieter Genthe hat mich seit der Jähn-Reise eine lange und ehrliche Freundschaft verbunden.

**ÜBER DEN AUTOR:**

Dieser Bericht stammt vom VFR-Vorstandsrat **Andreas Drexler**, der schon sein ganzes Leben der Wissenschaft und Technik und insbesondere der Raumfahrt verbunden ist.

Die Vega C ist für zwei Jahre außer Gefecht.

# EUROPAS ABSCHIED VOM WELTRAUM

**Es ist der 6. Oktober 2023, Nachmittag um halb fünf. Eben schreibe ich an diesem Artikel, als mir auf Twitter (ja, heißt jetzt „X", ich weiß, aber ich nenne es immer noch so) ein Tweet auffällt. Mal wieder einer von der Sorte, die beim Durchforsten der „Raumfahrt-Bubble" schlechte Nachrichten über Europas Trägerraketen verkünden. Dieses Mal erfahre ich, dass Sentinel 1C „umgebucht" wird. Der Erdbeobachtungssatellit sollte an sich auf einer Vega C starten. Doch jetzt muss sich die ESA nach einem anderen Transportdienstleister umsehen, denn die Vega C – sie fliegt nach einem Fehlstart im Dezember 2022 ohnehin schon seit zehn Monaten nicht mehr – wird das wohl auch für mindestens ein weiteres Jahr nicht tun. Es sieht ganz danach aus, dass auch dieser Auftrag wieder bei SpaceX landen wird. Es kann aber auch ein indischer Träger werden. Indiens Raketen liefern zuverlässig und sie liefern häufig. Nur wenige Tage zuvor konnte ich lesen, dass die Exploration Company ihren Bikini-Orbiter aus dem Startmanifest der Ariane 6 streichen ließ. Er sollte auf der neuen europäischen Rakete im Oktober 2023 ins All starten. So lautete zumindest der Plan im Juni 2022. Nun wird er wohl mit Indiens Polar Satellite Launch Vehicle fliegen. Nochmal ein paar Tage davor waren es vier Galileo-Navigationssatelliten, die von der Ariane-**

**space hinüber zu SpaceX wanderten. Und grade lese ich, es werden wohl noch einmal vier weitere werden, die Elon Musks Raumfahrtfirma startet. Und so schmilzt der Auftragsbestand für die Ariane 6 Monat für Monat weiter ab**.

27 Jahre war die Ariane 5 im Einsatz. Während dieser Zeit symbolisierte sie Europas garantierten Zugang zum Weltraum. Mit ihrem Abschiedsflug am 5. Juli 2023 krönte sie eine durchwachsene Karriere von 117 Missionen. Dabei brachte sie mit „Heinrich Hertz" und „Syracuse 4B" noch einmal zwei große Kommunikationssatelliten ins All.

Das Zuverlässigkeitswunder, als das sie von der PR-Abteilung der Arianespace lange Zeit mit peinlichen Elogen hochgejazzt wurde, war sie nie. Ein bisschen mehr Bescheidenheit hätte ihren Apologeten gut zu Gesicht gestanden. Ich habe den Erstflug der Ariane 5 am Nachmittag des 4. Juni 1996 noch in guter Erinnerung. Nicht in Kourou, sondern im großen Konferenz- und Vortragsraum der ArianeGroup – die damals noch DASA hieß – in Ottobrunn. Dort beobachtete ich zusammen mit einigen hundert Projektingenieuren, Technikern und interessierten Kollegen gespannt die Direktübertragung aus Französisch Guyana. Ich erinnere mich noch genau an den Jubel, als sich die Rakete von der Startanlage löste, und das Stöhnen, das durch die Menge ging, als die Rakete nach 37 Flugsekunden explodierte. Und an die minutenlange betretene Stille danach. Zuversichtlich wie man war, hatte man vier teure Forschungssatelliten der ESA unter die Nutzlastverkleidung gepackt. Deren Trümmer, zusammen mit denen der Rakete, lagen jetzt in den Mangrovensümpfen von Französisch-Guyana.

Aber man berappelte sich. Na gut, oder auch nicht gut, es war ein glatter Fehlschlag. Aber das kann ja bei einem Erstflug schon mal passieren. Immerhin scheitern 50 Prozent aller Jungfernflüge von orbitalen Trägerraketen, und immerhin hatte Europa im Jahr 1996 ja noch die Ariane 4, die in jenem Jahr bei neun Einsätzen neunmal erfolgreich flog. Auch der zweite Einsatz der Ariane 5, fast 17 Monate nach dem Erstflug-Desaster, war alles andere als eine Vorzeigemission. Die Rakete mit ihren vier Satelliten an Bord explodierte jetzt zwar nicht mehr unmittelbar nach dem Abheben, aber sie strandete in einer deutlich zu niedrigen Umlaufbahn. Machte aber nicht so viel, denn Europa hatte ja noch die Ariane 4, die im Jahr 1997 bei jeder

Start zum letzten Flug der Ariane 5 am 5. Juli 2023. Dabei brachte sie mit „Heinrich Hertz" und „Syracuse 4B" noch einmal zwei große Kommunikationssatelliten ins All.

ihrer elf Einsätze erfolgreich war. Erst ein weiteres Jahr später klappte es mit der Ariane 5 dann im dritten Anlauf. Danach begann eine kurze Serie erfolgreicher Flüge. Aber schon am 12. Juli 2001 kam es zur nächsten massiven Fehlfunktion, die seinerzeit zum „Teilerfolg" hochstilisiert wurde. Erneut strandete die Ariane 5 auf einer wesentlich zu niedrigen Bahn. Zwei Satelliten waren an Bord. Einer musste als Totalverlust sofort abgeschrieben werden, der andere, ein Technologiedemonstrator der ESA namens Artemis, verfügte über ein experimentelles Ionentriebwerk. Das hievte diesen Satelliten in einer viele Monate langen Aktion am Ende doch noch in den vorgesehenen Orbit. Dieser Teilversager war nicht schön, aber immerhin verfügte die Arianespace ja noch über die Ariane 4, die im Jahr 2001 sieben sehr erfolgreiche und ausnahmslos fehlerfreie Einsätze absolvierte. Am 11. Dezember 2002 saß ich wieder im Ottobrunner Vortragssaal und sah mir die Übertragung vom Erstflug der neuen Version der Ariane 5 an, der Ariane 5 ECA. Es war zwei Wochen vor Weihnachten und kurz nach Mitternacht mitteleuropäischer Zeit. Und wieder war ich Zeuge des Scheiterns.

Die neu konstruierte Düsenverlängerung hatte den dynamischen Lasten nicht standgehalten, bekam einen Riss, die heißen Gase strömten seitlich aus der Düse und warfen die Rakete drei Minuten nach dem Liftoff aus der Bahn. Der Gesamtschaden betrug 630 Millionen Euro, die beiden Kommunikationssatelliten Hotbird 7 und Stentor versanken im Atlantik. Doch auch in diesem Jahr 2002 rettete die Ariane 4 die Bilanz der Arianespace mit elf fehlerlosen Einsätzen. Danach flog die Ariane 5 mehr als 20 Jahre lang fehlerlos. Oder fast fehlerlos, wäre da nicht der ebenso peinliche wie absurde Vorfall vom 25. Januar 2018 gewesen. Der Liftoff verlief einwandfrei, doch kundige Beobachter am Strand von Kourou wunderten sich schnell, warum die Rakete nicht wie üblich genau nach Osten aufs Meer hinausflog, sondern gleich nach dem Verlassen der Startrampe scharf nach rechts abbog, und über die Köpfe der Beobachter in Richtung Süden entschwand.

Die Ariane 44L, die stärkste Variante des Standardträgers der Arianespace. Sie rettete Europas Raumfahrt in der schwierigen Jugendphase der Ariane 5.

In den Minuten danach berichtete der Startkommentator seinen Zuhörern minutenlang über eine Abfolge von Kontaktaufnahmen entlang der nominalen Flugroute, die allesamt frei erfunden waren. Der Mann las einfach nur seine zuvor aufgeschriebenen Notizen ab. Aufmerksame Beobachter der Startübertragung konnten aber an den ratlosen Gesichtern und hektischen Gesten der Ingenieure im Kontrollraum feststellen, dass etwas nicht stimmte. Die Vermutung wurde zur Gewissheit, als

Stéphane Israël, der CEO von Arianespace, ans Mikrofon trat, reuig den Fehlschlag der Mission meldete und die Kunden um Entschuldigung bat. Die beiden Satelliten an Bord, SES 14 und Alyahsat, seien verloren, so verkündete er der Welt. So sorry. Waren sie aber nicht. Die wackere Ariane 5 hatte die beiden Raumfahrzeuge auch ohne jeden Kontakt mit ihrer ratlosen Kontrollmannschaft inzwischen sicher im Orbit abgesetzt. Nach einer ganzen Weile meldeten sich die zwei Satelliten bei ihren jeweiligen Kontrollzentren und führten Israëls Statement ad absurdum. Allerdings war die Bahn, auf der sie am Ende gelandet waren, die falsche. Es kostete die beiden Satelliten einiges an Treibstoff (zu Lasten ihrer Lebensdauer), in den korrekten Orbit überzuwechseln. Immerhin: sie waren dazu in der Lage, und konnten bald danach ihren regulären Dienst antreten. Was war geschehen? Es war einer der ersten Flüge, der unter der Ägide der ArianeGroup stattfand. Im Bestreben, Kosten zu senken, hatte man einen der Kontroll-Loops im Vorfeld des Starts eliminiert. Dabei war den Verantwortlichen entgangen, dass die Steuerungssoftware der Rakete die Flugdaten der vorausgegangenen Mission im Speicher hatte, die man per copy & paste übernommen hatte. Wie gesagt: Die brave Ariane 5 funktionierte an diesem Tag fehlerlos, und konnte nichts dafür, dass auch diese Mission am Ende nur als „Teilerfolg" gewertet werden konnte. Die Rakete leistete perfekte Arbeit, man hatte sie nur auf den falschen Kurs geschickt.

Grafische Darstellung des Kommunikationssatelliten SES-14.

Vor und nach diesem absonderlichen Vorfall hat man ihr mit die teuersten Nutzlasten in der Geschichte der Raumfahrt anvertraut, darunter XMM-Newton, Envisat, Rosetta, Herschel, Planck und JUICE und insgesamt fünf ATVs für die Versorgung der Internationalen Raumstation. Mit ihrer Fähigkeit, eine Nutzlast von mehr als zehn Tonnen in einen geostationären Transferorbit zu bringen, hatte sie auf dem kommerziellen Markt ein Alleinstellungsmerkmal. Fünf Versionen gab es von der Ariane 5. Drei Varianten der Basisversion, welche die Bezeichnungen Ariane 5G, Ariane 5G+ und Ariane 5GS trugen. Dann die Spezialversion für die

Transporte des ATV-Versorgungsmoduls für die ISS und die Transporte der Galileo-Navigationssatelliten. Sie trug die Bezeichnung Ariane 5 ES. Und schließlich die Variante, die in den letzten Jahren ausschließlich in Betrieb war, die Ariane 5 ECA, mit der auch insgesamt die meisten Starts absolviert wurden. Die Spezialität der ECA war ihr Vermögen, zwei oder drei große Nutzlasten in einer Mission zu transportieren, wofür es ein ausgefeiltes Mehrfach-Startadaptersystem gab. Trotz der zuletzt doch noch erreichten Reputation (der präzise Start des James Webb Space Telescope hat viel dazu beigetragen) ist sie nie die „zuverlässigste Rakete der Welt" gewesen, als die sie über Jahre hinweg von der reichlich großspurigen PR-Abteilung der Arianespace hochgejazzt wurde. 96 Prozent reichten dafür einfach nicht aus. Ja, sie war zuverlässiger als die russische Proton oder die ukrainische Zenit. Das schon. Aber die zuverlässigste Rakete der GANZEN WELT? Das wäre sie gewesen, hätte es die Delta, die Atlas und die Sojus nicht gegeben. Oder die japanische H2A. Oder die chinesische Langer Marsch 3B. Aber immerhin war sie es, die Europas Raumfahrt Gewicht, Glanz und Glamour gab.

Statischer Brennlauf des Ariane 6-Prototypen vom 5. September 2023

## WANN IST DIE ARIANE 6 ENDLICH EINSATZBEREIT?

Doch das ist nun alles Geschichte, denn Fakt ist: So schlecht wie gegenwärtig ist Europas Trägerraketenindustrie seit den 70er-Jahren nicht mehr dagestanden. Wir befinden uns zum Wechsel vor dem Jahr 2024, sind also eigentlich irgendwo in der Zukunft angekommen, und Europa hat keinen eigenen Zugang zum Weltraum mehr. Der jetzige Zustand ist eine Geschichte des Scheiterns der ESA, deren Gründungsanspruch vor fast 50 Jahren auch und vor allem die Sicherstellung des unabhängigen Zugangs Europas zum Weltraum war. An diesem Anspruch war auch schon ihre Vorgängerorganisation ELDO (die European Launcher Development Organisation) zerbrochen, damals mit einer Rakete, die den Namen

„Europa“ trug. So wie es jetzt aussieht, wird die Ariane 6 nicht vor Sommer 2024 fliegen, über vier Jahre nach dem ursprünglich geplanten Datum für den Jungfernflug. Von der ArianeGroup bekommt man längst keine Termine mehr für einen möglichen Erstflug. Der Eindruck entsteht, dass man da inzwischen aufgegeben hat. Eine ganze Reihe kritischer Tests steht noch aus, und wer kann schon garantieren, dass die alle zur Zufriedenheit verlaufen werden? Am 5. September vermeldete die Europäische Weltraumorganisation eine erfolgreiche Testfeuerung einer Zentralstufe der Ariane-6-Rakete. Es war dies der erste von zwei Versuchen dieser Art. Die Probezündung fand auf der Startrampe des Weltraumbahnhofs in Kourou, in Französisch-Guayana, statt. Wie geplant lief das mit Wasserstoff und Sauerstoff betriebene Vulcain 2.1-Triebwerk für vier Sekunden. Dieser Test war allerdings nach den bereits zuvor vielfach revidierten Plänen eigentlich für Juli vorgesehen gewesen. Da wurde er aber kurz vor Erreichen des Zündzeitpunktes abgebrochen. Daraufhin wurde der Versuch für den 29. August erneut angesetzt, schließlich aber wieder abgesagt, wegen eines, wie die ESA meldete, „technischen Problems mit der Betankungsanlage“.

ESA-Generaldirektor Josef Aschbacher.

Nach dem Versuchslauf am 5. September war als nächster Schritt ein weiterer Heißfeuertest für den 3. Oktober angesetzt. Dieses Mal sollte das Triebwerk für 470 Sekunden laufen, und die gesamte Flugphase der ersten Stufe simulieren. Aber dazu kam es nicht, denn am 21. September entdeckten die Techniker einen Fehler im Schubvektor-Kontrollsystem. Das braucht man, um während des Aufstiegs die Fluglage der Rakete zu regeln. Wann hier Abhilfe geschaffen werden kann? Keine Ahnung. Kein Wunder, dass der Generaldirektor der ESA, Josef Aschbacher, nicht dazu zu bewegen ist, auch nur einen ungefähren Termin für den Erstflug der Ariane 6 bekannt zu geben. Selbst wenn der Jungfernflug der Ariane 6 – nach Schätzung des Autors frühestens im Sommer 2024 – gelingt, und das ist bei Erstflügen in maximal 50 Prozent aller Starts der Fall, wird sie danach im selben Jahr kein weiteres Mal mehr fliegen. Auch im Erfolgsfall dauert es Jahre, bis die Produktion auf ein sinnvolles Niveau hochläuft. Es ist angesichts der Geschichte der Ariane 4 und Ariane 5 vollkommen unrealistisch, anzunehmen, dass die ersten Missionen vollkommen fehlerfrei ablaufen werden, und man sofort und unverzüglich zu einer Ausweitung der Produktion übergehen kann.

Schauen wir uns dazu nur einmal die Zahlen an, wie lange es bei vergleichbaren Mittelklasseträgern zwischen dem Erstflug und dem vierten erfolgreichen Einsatz dauerte. Bei der Altas 5 waren es zwei Jahre und vier Monate.

Bei der Falcon 9 zwei Jahre und neun Monate, bei der Delta 4 drei Jahre sechs Monate, bei der Langer Marsch 5 drei Jahre und acht Monate. Bei der Ariane 5 waren es vier Jahre und drei Monate, bei der Langer Marsch 7 waren es fünf Jahre und 11 Monate, bei der indischen PSLV waren es mehr als acht Jahre und bei der GSLV, ebenfalls aus Indien, dauerte es mehr als 14 Jahre.

Sieht man sich diese historischen Werte an, dann scheint es kaum realistisch, dass Europa den vierten erfolgreichen Start einer Ariane 6 früher als drei Jahre nach dem Erstflug des Trägers erzielen kann.

Mit diesen drei Raketentypen will Amazon seine Kuiper-Konstellation bestücken. Von links sind das die Vulcan der ULA, die New Glenn von Blue Origin und die Ariane 6 der ArianeGroup.

## ES SIEHT GAR NICHT GUT AUS

Das wirft Fragen hinsichtlich des einzigen „Großkunden" der Arianespace auf, der Firma Amazon mit ihrer Kuiper-Internet-Konstellation. Der erste Start einer Ariane 6 für Kuiper sollte eigentlich Ende 2024 erfolgen. Danach müssten innerhalb von zwei Jahren 18 weitere Missionen für das Projekt abgewickelt werden. Das aber ist völlig ausgeschlossen. Mit einiger Sicherheit werden also auch Startaufträge dieses potentiellen Großkunden woandershin umgebucht werden. Amazon kann gar nicht anders, muss das Unternehmen doch ein Mindestdatum für die Stationierung seiner Satelliten seitens seiner Genehmigungsbehörde treffen, andernfalls verfällt die Lizenz. Schon von daher sind die Startdienstleister für das Projekt mächtig unter Druck, denn die Hälfte der 3246 Satelliten muss bis 30. Juli 2026 gestartet sein. Mit der anderen Hälfte kann sich Amazon drei Jahre länger Zeit lassen. Einen Startdienstleister aber, der einen Termin um den anderen verbaselt, kann sich der Weltkonzern nicht leisten.

Es kommt aber noch dicker. Viel dicker. Nicht nur die vier eingangs erwähnten Galileo-Starts (mit jeweils zwei Satelliten) werden nun von SpaceX durchgeführt, die ESA hat 49 Nutzlasten im Gesamtgewicht von 16,5 Tonnen, die im Zeitraum 2024 – 2026 in den Orbit gebracht werden müssen und für die noch kein Startvertrag existiert. Was auch nicht anders geht, denn in diesem Zeitraum wird dafür kein einziger europäischer Träger verfügbar sein. Selbst dann nicht, wenn die Ariane 6 ab 2025 mit ihren nominalen Transporten beginnen und in etwa zu diesem Zeitraum vielleicht auch die Vega C endlich ihren Dienst wieder aufnimmt.

Fakt ist: seit Jahren kann kein Kunde mehr auf einen auch nur halbwegs zuverlässigen Starttermin bei Arianespace für die Ariane 6 oder die Vega C hoffen. Fast alle von denen, die den Fehler gemacht haben, schon auf diese Träger zu buchen, springen wieder ab. Im Manifest bleiben damit nur noch so dubiose Phantasiekunden wie der Alina-Mondlander, ein Projekt, das mit Sicherheit nie realisiert werden wird. Im Dezember 2022 scheiterte der zweite Start der Vega-C-Rakete, was zum Verlust zweier Pléiades-Neo-Satelliten von Airbus führte. Die Untersuchungskommission fand heraus, dass eine fehlerhafte Innenbeschichtung am Düsenhals der zweiten Stufe die Ursache für den Ausfall war. Um das Fahrzeug wieder für den Flugdienst zu zertifizieren, verlangte die unabhängige Untersuchungskommission von Avio, mit der überarbeiteten Düse einen statischen Brennlauf für die Demonstration der Tauglichkeit der Änderungen durchzuführen. Der fand am 28. Juni statt – und scheiterte wieder. Nach 40 von geplant 97 Sekunden Brennzeit versagte die Düse erneut. Damit war klar: Mit der Rückkehr der Vega C in den Einsatzbetrieb noch im Jahr 2023 wird das nichts. Die Düse muss neu konstruiert werden, und da die ESA danach zwei fehlerfreie Testläufe mit der Zefiro 40-Stufe fordert, wird es wohl Herbst 2024 werden. Wahrscheinlich eher noch später.

Die vorletzte Vega in der Basisversion startete am 9. Oktober 2023.

All das führt dazu, dass es schon 2023 nicht mehr als drei europäische Orbitalstarts gegeben hat. Das sind die beiden Abschiedsmissionen der Ariane 5, die ja schon stattgefunden haben, und der Start einer Basisversion der Vega-Rakete. Von der ist danach noch ein Stück auf Lager, mehr gibt es davon auch nicht, denn längst hätte sie von der Vega C abgelöst werden müssen. Einfach neue Basis-Vegas zu produzieren ist keine Option (und würde im Übrigen auch viel zu lange dauern), denn um das Fass endgültig voll zu machen stammen von dieser Rakete auch noch wesentliche Bauteile der vierten Stufe aus der Ukraine. Wieder einmal war Europa zu geizig für eine Eigenentwicklung. Im Übrigen ist auch diese Basisversion des europäischen Kleinträgers bei ihren letzten sechs Einsätzen zweimal gescheitert und damit alles andere als ein Ausbund an Zuverlässigkeit. Konstatieren wir also: Bis zum Ende des Jahres 2024 fliegt nur noch das einzig verbliebene Exemplar der Basis-Vega. Mit der Ariane 6 wird im kommenden Jahr wahrscheinlich nicht mehr als der Jungfernflug stattfinden. Sofern der erfolgreich verläuft, könnten wir Anfang 2025 die zweite Ariane 6 auf dem Starttisch sehen. Bei beiden Trägern – Vega C und Ariane 6 – ist das Manifest zunächst einmal voll, bei Ariane 6 vor allem wegen Kuiper. Keine dieser Raketen kann vor 2027 weitere Nutzlasten aufnehmen. Die Kunden werden sich also daran gewöhnen, ihre Starts woanders zu buchen als in Europa. Neben SpaceX hat sich hier vor allem die indische ISRO eine Reputation als zuverlässiger Partner

So stellt es sich der Grafiker vor: Start einer Spectrum-Rakete von Isar-Aerospace. Sie wird 1.000 Kilogramm in einen niedrigen Erdorbit bringen können, und ist von daher eine der leistungsfähigeren europäischen Kleinträger.

aufgebaut. Für das Guyana Space Center selbst – dort starten bislang alle Trägerraketen Europas – ist diese niedrige Startfrequenz ein echtes Problem. Viele Menschen, die dort arbeiten, könnten ihre Jobs verlieren. Hotels, Restaurants und andere Einrichtungen in Cayenne konnten in der Vergangenheit mit einem ständigen Strom an Besuchern und Startmannschaften rechnen. Menschen, die dort einkauften und übernachteten, in Kinos und Restaurants gingen. Das fällt nun zu einem großen Teil weg.

Eventuelle Flugversuche der Nano- und Mikroträger-Startups, die im kommenden Jahr möglicherweise in Europa stattfinden, können wir getrost außen vor lassen. Selbst wenn die ersten Flüge gelingen sollten (und das ist eher unwahrscheinlich), werden sie noch über viele Jahre keinen wesentlichen Beitrag zur europäischen Unabhängigkeit im Weltraum leisten. Und man muss auch konstatieren: Sie sind fast durchweg viel zu klein konzipiert. Durch die Rideshare-Flüge der Inder und von SpaceX sind die Startpreise für Kleinnutzlasten in den letzten Jahren ins Bodenlose gefallen. Es sind Preise, mit denen kein europäischer Anbieter auch nur im Ansatz mithalten kann. So liegt denn die einzige Chance dieser neuen Kleinraketen in institutionell subventionierten binneneuropäischen Starts. Nicht übersehen werden darf, dass für Europa auch das Segment der Mittelklasse komplett weggefallen ist. Hier hat man sich auf die Dienste der russischen Sojus verlassen, die nun aber, des Überfalls auf die Ukraine wegen, für Europa nicht mehr fliegt. Auch hier hat man es in den vergangenen Jahren nicht für nötig erachtet, ein eigenes Startgerät in der Leistungsklasse von etwa 4-8 Tonnen für die niedrige Erdumlaufbahn zu schaffen.

## DER LACHENDE DRITTE

Über diese verdrießliche Situation kann sich immerhin einer freuen: Elon Musk, dessen Raumfahrtunternehmen SpaceX mit verlässlicher Präzision alle Startaufträge abarbeitet, die von den Programmverzögerungen der Ariane 6 und der Vega C herüberschwappen. Noch vor zehn Jahren konnte man überhebliche Kommentare europäischer Raumfahrtmanager über SpaceX hören, die mit geschwellter Brust von den eigenen Qualitätsstarts salbaderten und prahlten, dass man in Europa eben einen Mercedes baue (und deshalb wesentlich teurere Startgebühren nehmen könne) im Gegensatz zum „Billigheimer" SpaceX, dessen Rakete vielleicht gerade noch mit einem Tata zu vergleichen wären. Im Gedächtnis blieb auch eine Presse-

Start einer Falcon 9 zur Starlink-Mission 6-17 am 18. September 2023.

Rückkehr einer Erststufe von SpaceX zur nächsten Verwendung. Das macht Startdienstleistungen billig.

konferenz im Jahre 2013 beim Singapore Satellite Industry Forum, als der Arianespace-Manager Richard Bowles behauptete, das, was SpaceX mache sei „ein Traum" und man solle sie (SpaceX) ruhig schlafen lassen. Sie würden schon bald aufwachen und mit der Realität konfrontiert werden. Die europäische Arroganz rächt sich nun bitter. So wird jetzt das damals viel geschmähte Unternehmen Europas Generalunternehmer für Startdienstleistungen, und es ist SpaceX hoch anzurechnen, dass es sich nicht über Europas Unvermögen lustig macht. Seien es Sentinel-Satelliten der EU, seien es militärische Aufklärer der Bundeswehr, Umweltbeobachtungssatelliten für Italien, Wissenschaftsmissionen der ESA wie zuletzt Euclid oder wie schon bald Flüge für das Galileo-System: All das fliegt bei SpaceX, weil Europas Raketen nicht vom Boden kommen. Wie weit Europa inzwischen von der Weltspitze abgehängt ist, mag man daran erkennen, dass zum Zeitpunkt, an dem diese Zeilen entstehen, SpaceX seit Beginn des Jahres 2023 nicht weniger als 71 erfolgreiche Orbitalmissionen geflogen hat. Im Schnitt eine alle vier Tage. Und – nur ganz nebenbei – SpaceX führte eben (Stand 8.10.23) die 230. erfolgreiche Landung eines orbitalen Boosters durch. Und was hat man vor zehn Jahren in Europa über dieses „völlig unsinnige Feature" gelacht.

SpaceX hatte es sich zur Vorgabe gemacht, seine Erststufen bis zu 10-mal wiederzuverwenden. Dieses erst wenige Jahre alte Ziel hat man inzwischen schon weit übertroffen. Eine Reihe von Falcon 9-Boostern wurden inzwischen schon mehr als 15-mal eingesetzt. Und das gleiche gilt im Übrigen für die teuren Nutzlastverkleidungen. Die Ariane 6 wurde entwickelt, um preislich wettbewerbsfähiger zu werden, um insbesondere den Kampf mit der Falcon

9-Rakete von SpaceX aufnehmen zu können. Das ist längst vergessen. Heute wird lediglich darauf hingewiesen, dass man wohl den Preis der Ariane-5-Rakete unterbieten werde, räumte aber mit Hinweis auf die hohe Inflationsrate ein, dass die Inflation ihren Tribut fordern würde.

Das ursprüngliche Preisziel für eine Ariane-62-Version, also der Variante, die über zwei seitlich angebrachte Booster verfügt, lag einmal bei 76 Millionen US-Dollar. Die leistungsstärkere Version mit vier Boostern, bezeichnet als Ariane 64, sollte 126 Millionen Dollar kosten. Derzeit hat eine Falcon-9-Rakete, die in ihrer Tragfähigkeit in etwa vergleichbar ist, einen Grundpreis von 67 Millionen US-Dollar. Diesen Preis nimmt SpaceX aber nur deswegen, weil es auf dem Weltmarkt derzeit weit und breit keinen Konkurrenten zu ihren Trägern gibt.

De facto ist es aber wohl so, dass die Falcon 9 dank der Wiederverwendbarkeit selbst bei einem Startpreis von nur 40 Millionen Dollar noch mit einer satten Gewinnmarge fliegen dürfte. Mit diesem Geld kann man über 18 Tonnen Nutzlast in einen niedrigen Erdorbit bringen und die Rakete kann dann trotzdem noch teilweise (Erststufe und Fairings) erneut eingesetzt werden. Wieder und wieder. Damit kommt man auf einen unschlagbaren Kilopreis in den Orbit von nur 2.350 Dollar. Mit ziemlicher Sicherheit wird die Ariane 6 mindestens beim sechsfachen dieses Wertes liegen. Mit den reinen Produktionskosten und ohne auch nur einen Euro an Entwicklungskosten zu amortisieren.

## EIN TRAUERSPIEL

Besserung ist in Europa über viele Jahre hinaus nicht in Sicht. Hier lernt man es einfach nicht. Selbst wenn Europa alle nur denkbaren Anstrengungen unternimmt, um den Rückstand zu SpaceX aufzuholen (was, wie die Erfahrung zeigt, keinesfalls passieren wird), werden die 30er-Jahre ins Land gehen bis man den heutigen Stand des Konkurrenten erreicht. Aber SpaceX (und auch andere) werden gewiss nicht darauf warten, bis die Europäer mühsam aufholen. Bei der Konkurrenz geht die Entwicklung in großen Schritten weiter. Bereits in zwei oder drei Jahren wird das Starship routinemäßig fliegen, die Vulcan wird es tun und die New Glenn von Blue Origin. Und so nimmt Europa Abschied vom Weltraum. Besserung ist nicht in Sicht. Europa ist auf dem langen Abstieg zu einer Provinz-Weltraummacht. Die entscheidenden Dinge passieren in China, in den USA und zunehmend in Indien. Es ist ein Trauerspiel.

*P.S. Zu guter Letzt, und eigentlich schon nach Redaktionsschluss, trudelt auch noch Andrew Parsonsons Newsletter „Europe in Space" bei mir ein. Thema: Die ArianeGroup will 210 Millionen Euro pro Jahr mehr nur für den Betrieb des Ariane 6-Programms. Zusätzlich zu den Entwicklungskosten. Die bisherige jährliche Subvention betrug 140 Millionen €. Doch lesen Sie selbst: https://shorturl.at/djnp3.*

*So passt eins zum anderen. Wir bleiben dran an der Story.*

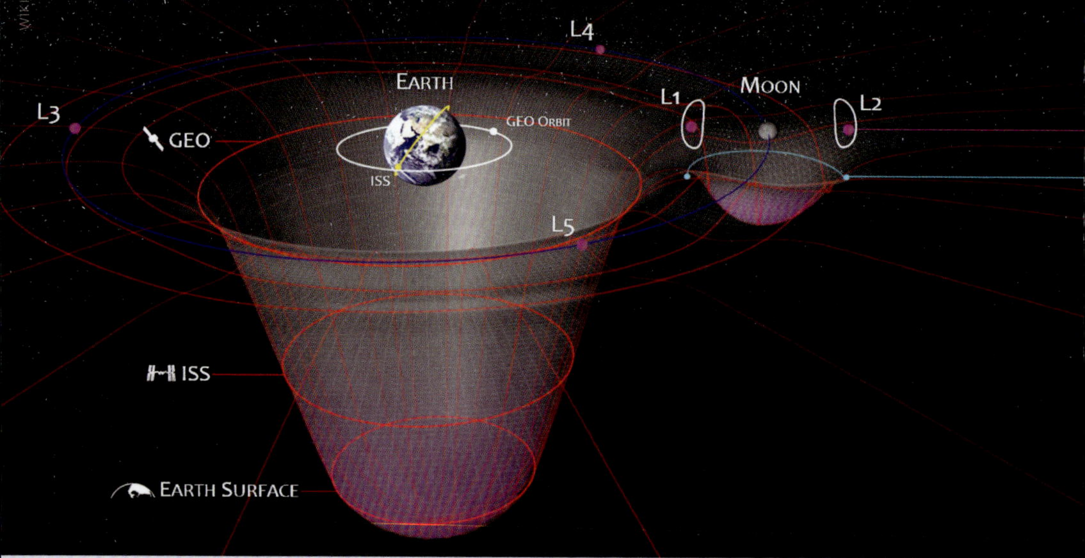


Der cislunare Raum mit seinen „Schwerkraftsenken". Auch die fünf Lagrange-Punkte des Erde-Mond-Systems sind mit abgebildet. Die Grafik lässt ahnen, welche Kräfte notwendig sind, um auch nur eine niedrige Erdumlaufbahn zu erreichen. Sie zeigt auch, dass aus dem geostationären Orbit ein nur noch vergleichsweise kleiner Geschwindigkeitsimpuls genügt, um den Mond zu erreichen. Die Größenverhältnisse stimmen natürlich nicht. Ware es maßstabsgerecht, dann müsste der Mond zwölfmal so weit von der Erde entfernt sein, wie hier abgebildet.

# GESCHÄFT IM CISLUNAREN RAUM

**Per Definition beginnt der cislunare Raum jenseits des geostationären Gürtels. Er umfasst ein ungeheures Raumvolumen, das unter den gravitativen Einfluss der Erde und des Mondes fällt. In einem etwas erweiterten Sinn beinhaltet der cislunare Raum auch noch zwei der insgesamt fünf Lagrange-Punkte des Erde-Sonne-Systems. Nicht dazu zählt der Lagrange-Punkt 3, der sich zwar auf der Erdbahn, aber auf der anderen Seite der Sonne befindet, 300 Millionen Kilometer von der Erde entfernt. Auch die Lagrange-Punkte 4 und 5 sind zu weit entfernt. Eingeschlossen sind aber die Lagrange-Punkte 1 und 2 des Erde-Sonne-Systems, auf denen sich schon viel wertvolle Raumfahrtinfrastruktur befindet, wie etwa das James Webb-Space Teleskop oder die europäische Astronomiesonde Euclid.**

Damit können wir die bereits heute von Menschen (wenngleich noch sehr sparsam) bewirtschaftete Zone auf einen Durchmesser von ganz grob drei Millionen Kilometer in der Ebene der Ekliptik definieren.

Der cislunare Raum beinhaltet natürlich auch den Mond selbst und seine Oberfläche. Die entspricht in etwa einer Landfläche von der Größe Afrikas. Ausgestattet mit einem durchaus vergleichbaren Ausmaß an Bodenschätzen aber (noch) vollkommen unbewohnt. Kein Wunder, dass deshalb manche den Mond auch als den siebten Kontinent bezeichnen.

Selbst wenn man den cislunaren Raum auf das Volumen seiner Definition im engeren Sinne begrenzt, also lediglich das Raumvolumen zwischen Erde und Mond betrachtet, dann ist das immer noch 2000-mal mehr als das Raumvolumen von der Erde bis zum geostationären Gürtel und umspannt eine Entfernung vom zwölffachen dieser Distanz.

Dieser cislunare Raum beginnt für eine wachsende Zahl von Unternehmen und Institutionen an Bedeutung zu gewinnen. Derzeit noch vor allem für Forschung und Technologie, doch auch in zunehmendem Maß für die Entwicklung neuer kommerzieller Märkte. Zwischen den beiden Raumfahrt-Supermächten setzt um die Inanspruchnahme dieses Raumes gegenwärtig ein Wettbewerb ein. Bei den Chinesen ist er ein wichtiger Agendapunkt im laufenden Fünfjahresplan (siehe Kapitel *Seidenstraße in den Weltraum*), und in den USA vermerkte der White House National Science and Technology Council (der nationale Wissenschafts- und Technologierat des Weißen Hauses): „Die vor uns liegende Dekade ist von kritischer Bedeutung für die Erschließung des cislunaren Raumes inklusive der Oberfläche des Mondes".

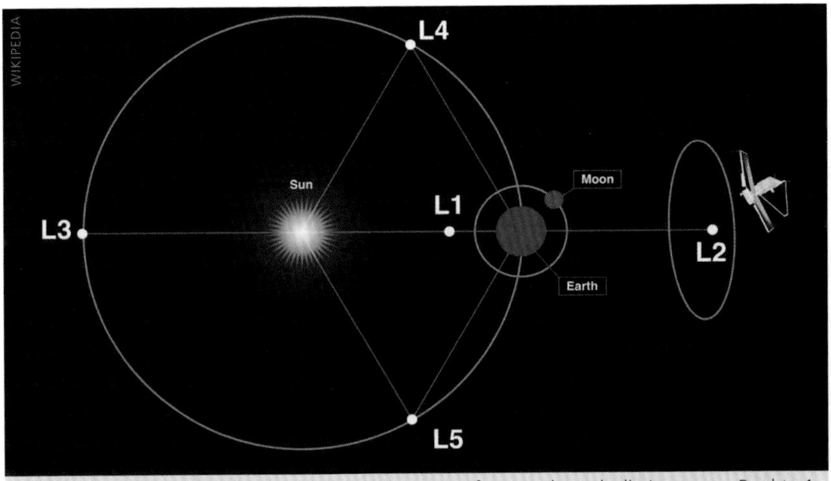


Der cislunare Raum in einem erweiterten Sinn. Er umfasst auch noch die Lagrange-Punkte 1 und 2 des Erde-Sonne-Systems. Auch hier ist kein korrekter Maßstab gegeben.

Erstmals seit der Apollo-Ära werden auch wieder Menschen in den cislunaren Raum reisen. Zunächst nur für kurze Stippvisiten, dann aber auch um dort zu bleiben. Viel Geld fließt in den USA derzeit in die Entwicklung der cislunaren Infrastruktur. Das stammt nicht nur aus dem gut ausgestatteten NASA-Budget für das Artemis-Programm sondern vor allem auch von den privaten Initiativen von Elon Musk und Jeff Bezos, die ihrerseits Milliardenbeträge in die Entwicklung cislunarer Technologie und Infrastruktur stecken.

Ihre privaten Raumfahrtfirmen SpaceX und Blue Origin halten derzeit zusammen NASA-Verträge im Wert von etwa 7,5 Milliarden Dollar für das Artemis-Programm. Es ist aber ein offenes Geheimnis, dass diese Summen die tatsächlichen Kosten auch nicht annähernd decken. Mindestens 50 Prozent der gesamten Entwicklungskosten müssen diese Unternehmen an Eigenmitteln selbst mit in das Programm einbringen, so dass man annehmen kann, dass alleine hier etwa 15 Milliarden Dollar, wahrscheinlich aber noch deutlich mehr, in die Entwicklung der cislunaren Raumflugsysteme fließen werden.

## BLUE MOON

Dass nicht nur SpaceX sondern auch Blue Origin jetzt viel Geld in die Mondflug-Infrastruktur steckt, liegt daran, dass der letzte große NASA-Vertrag mit einem Wert von 3,4 Milliarden Dollar an das Raumfahrtunternehmen von Jeff Bezos ging. Noch 2021 war Blue Origin bei der Ausschreibung des HLS (Human Landing Systems) gegen SpaceX leer ausgegangen.

Die Auftragsvergabe krönte einen langen, gelegentlich kontroversen Kampf von Blue Origin um den Eintritt ins Artemis-Programm. Das Unternehmen (und ein weiteres Team) verloren im Wettbewerb gegen Elon Musk. Nicht weil der unbedingt das bessere Konzept gehabt hätte, sondern weil er seinen Angebotspreis einfach an die bei der NASA verfügbaren Mittel angepasst hatte, während seine beiden Mitwettbewerber ihre tatsächlichen Kosten verlangten. Und die lagen beim Doppelten (Blue Origin) respektive beim dreifachen (Dynetics) der verfügbaren NASA-Mittel. So blieb der NASA nichts anderes übrig, als die verfügbaren knapp drei Milliarden Euro an Elon Musks Unternehmen zum Bau einer Variante seiner Starship-Rakete für die erste Mondlandung im Rahmen der Mission Artemis 3 zu vergeben. Auf beiden Seiten bestand der unausgesprochene Konsens, dass die wahren Entwicklungskosten bei SpaceX mindestens das Doppelte dieser Summe, wahrscheinlich aber eher das Dreifache betragen würden. Blue Origin protestierte gegen diese Vertragsvergabe und verzögerte so die Arbeiten am Starship-Lander, doch die Bemühungen des Unternehmens blieben erfolglos. Im vergangenen November gewann dann SpaceX nochmal weitere 1,1 Milliarden US-Dollar

Das Lunar Starship von SpaceX.

für die Entwicklung einer verbesserten Version seines Lunar Starship, die längere Aufenthalte auf der Mondoberfläche ermöglichen soll. Doch nun sind beide im Boot mit der NASA und hoffen auf ein sehr langfristiges Geschäft. Beide Lander könnten über Jahrzehnte im Einsatz sein. Zwei unabhängige Landegeräte verschiedener Anbieter zur Verfügung zu haben, so teilte die NASA in einer Erklärung mit, „wird den Wettbewerb verstärken, die Kosten für die Steuerzahler senken, einen regelmäßigen Rhythmus von Mondlandungen unterstützen, weiter in die cislunare Wirtschaft investieren und der NASA helfen, ihre Ziele auf und um den Mond herum zu erreichen, und darüber hinaus auch eine Vorbereitung für zukünftige Astronautenmissionen zum Mars sein." Anders als SpaceX, das seinen Auftrag alleine abzuarbeiten gedenkt, führt Blue Origin ein Team aus mehreren großen Aerospace-Firmen an. Mit im Boot sind Lockheed Martin, das einen cislunaren Tanker bereitstellen soll, Boeing, das unter anderem Docking-Technologie liefern wird, Draper, das die Flugführungs-, Navigations- und Simulatortechnologie beistellen wird, der Nutzlast- und Logistikspezialist Astrobotic und Honeybee Robotics für Handhabung von Frachtliefersystemen. Die Entwicklungsarbeiten sind, über eine ganze Reihe von Zwischenschritten, auf die Artemis 5-Mission hin ausgerichtet, die derzeit für das Jahr 2029 geplant ist. Dann soll der Blue Origin-Mondlander zum ersten Mal bemannt für eine Landemission eingesetzt werden.

Der Blue Moon-Lander von Blue Origin.

Der vollständig wiederverwendbare Blue Moon-Lander wird etwa 17 Meter hoch sein und in die knapp sieben Meter durchmessende Nutzlastverkleidung der New Glenn-Rakete von Blue Origin passen. Die Crew-Kabine des Raumfahrzeugs, die vier Astronauten bis zu 30 Tage lang beherbergen kann, wird auf vier Landebeinen über den Raketenmotoren sitzen. Eine kurze Treppe ermöglicht einen einfachen Zugang zur Oberfläche.

Oberhalb der Mannschaftskabine befinden sich ein elliptischer Flüssigsauerstofftank und ein zylindrischer Wasserstofftank, sowie Kühlpaneele und Solarmodule. Über einen Port an der Seite des Mannschaftsraums kann ein Rover an den Lander andocken, so dass Astronauten von einem Vehikel ins andere wechseln können, ohne sich zuerst „ins Freie" wagen zu müssen.

Anflug eines Orion-Raumschiff an den Lunar Gateway.

Der Lander wird am Lunar Gateway andocken, das sich in einer weiten Umlaufbahn um den Mond befindet. Dort warten die vier Artemis-Astronauten, die an Bord einer Orion-Kapsel mit dem Space Launch System der NASA dorthin transportiert wurden. Nach dem Umsteigen der Crew wird Blue Moon die Besatzung zur Mondoberfläche bringen und sie nach einem Aufenthalt von bis zu 30 Tagen wieder zurück zum Gateway und der Orion befördern. Der cislunare Transporter von Lockheed Martin wird Treibstoffe aus der erdnahen Umlaufbahn zum Gateway transportieren, wo er am Blue Moon-Lander andockt, und ihn für seinen späteren Abstieg zur Oberfläche mit Treibstoff versorgt.

Der NASA-Vertrag mit Blue Origin sieht einen unbemannten Testabstieg vom Gateway und eine Landung in der Nähe des Südpols vor, bevor dann beim zweiten Einsatz (sofern Flug Nummer 1 erfolgreich verläuft) dem Blue Moon-Lander auch Astronauten anvertraut werden. Im Vorfeld plant das Unternehmen mindestens zwei Testflüge mit weniger leistungsfähigen Versionen des Landers, um Systemtests für die bemannbare Variante durchzuführen. Der Blue Moon-Lander kann in zwei Versionen konfiguriert werden. Die erste ist eine bemannte Version, die in der Lage sein wird, vier Astronauten bei lunarem Tag oder lunarer Nacht überall auf der Mondoberfläche zu landen, wo es gewünscht ist. Das wird die erste Ein-

Orion, angedockt am Gateway.

satzmission sein, die im Rahmen von Artemis V zu fliegen ist. Dasselbe Fahrzeug kann aber auch als Frachtversion konfiguriert werden, mit der bis zu 20 Tonnen Nutzlast auf die Mondoberfläche transportiert werden können, wenn auch ein Rückflug in die Umlaufbahn geplant ist. In diesem Fall muss natürlich zusätzlich der Treibstoff für den Wiederaufstieg mit an Bord sein. Im Falle einer Landung für einen stationären Gebrauch (also ohne einen Rückflug in den Mondorbit) kann der Blue Moon-Lander bis zu 30 Tonnen auf die Oberfläche transportieren, beispielsweise um Habitate für eine Mondstation zu liefern oder andere dauerhafte Infrastrukturkomponenten wie etwa eine Energiestation zu bilden.

Zwischen Einsätzen an der Oberfläche kann der Lander in einer Halo-Umlaufbahn bleiben, oder einfach am Gateway andocken und auf Folgemissionen warten. Soweit der grobe Plan. Sehen wir uns nun noch einige Details an.

## PROJEKTABLAUF

Blue Origin will für sein Konzept des so genannten Blue Moon-Landers einiges von der Technologie seines suborbitalen New Shepard-Programmes verwerten, und dieses Fluggerät auch aktiv in die Entwicklung mit einbinden. So ist es beispielsweise geplant, Landesensoren für Blue Moon bei Einsätzen des New Shepard zu erproben. Zum Mond transportiert werden soll der Lander mit dem New Glenn, der Trägerrakete, die sich momentan bei Blue Origin in Entwicklung befindet. Der Blue Moon-Lander ist ein erstaunlich großes Vehikel. Er ist etwa 17 Meter hoch und mit drei BE-7-Triebwerken ausgerüstet, ebenfalls eine Eigenentwicklung von Blue Origin. Diese Raketenmotoren werden mit flüssigem Sauerstoff und flüssigem Wasserstoff betrieben. Allerdings ist er trotz seiner Ausmaße in der Größe nicht mit dem Lunar Starship von SpaceX zu vergleichen, das auf der Mondoberfläche 48 Meter hoch aufragen wird.

Blue Origins System ist auch nicht gerade wenig komplex, denn es braucht zwei verschiedene Vehikel und den Einsatz von vier Trägerraketen um zu funktionieren. Mit einer der Trägerraketen wird der leere Lander transportiert, mit einer Zweiten ein Raumschlepper mit einer Dritten ein Tanker und mit der Vierten der Treibstoff. Raumschlepper und Tanker werden im niedrigen Erdorbit miteinander verbunden, bekommen danach den Treibstoff geliefert und fliegen dann zum Mond, wo sie in der Mondumlaufbahn den Blue Moon-Lander betanken. Der ist dann mehrfach wiederverwendbar, solange nur genügend Tanker eintreffen, um ihn neu zu befüllen. Tanker und Raumschlepper werden, wir haben es schon festgestellt, von Lockheed Martin entwickelt und gebaut. Das Fluggerät für die bemannte Landung wird von Blue Origin als Blue Moon Mark-2 (oder kurz: MK2) bezeichnet. Doch bevor der in den Einsatz gehen soll, werden Geräte und Verfahren mit einem verkleinerten unbemannten Modell erprobt, dem Blue Moon Mark-1 (kurz: MK1). Bis 2026 will Blue Origin zwei Einheiten

Diese grafische Darstellung bietet einen interessanter Größenvergleich. Von links: der Blue Moon-Lander, das Lunar Starship von SpaceX, das Apollo Lunar Module, und der bemannte chinesische Lander der ersten Generation.

dieses Gerätes auf dem Mond gelandet haben. Sie sind in der Lage eine Fracht von 3,3 Tonnen auf einem beliebigen Ort auf der Mondoberfläche abzusetzen. Das MK1-Modell soll nicht nur ein Testvehikel sein, sondern letztendlich auch ein vollständig eigenes Produkt werden, sozusagen ein „Blue Moon-Mini".

Der erste Einsatz des MK1-Modells wird wahrscheinlich, wegen des hohen Missionsrisikos, ganz ohne Nutzlast stattfinden und lediglich mit einem umfangreichen Kamerasystem bestückt werden. Dieser Flug dient hauptsächlich dazu, den Lander sorgfältig zu testen und die eventuell noch im System schlummernden Fehler zu eliminieren.

Für die zweite Mission gibt es zufolge des Programmleiters bei Blue Origin, John Couloris, bereits eine ganze Reihe von Interessensbekundungen seitens potentieller Kunden. Das Konzept bietet eine erhebliche Anwendungsbreite, und so verspricht er sich auch einen Serienbau des MK1-Modells für die unterschiedlichsten Anwendungszwecke, denn mit über drei Tonnen Nutzlast auf der Mondoberfläche lässt sich schon einiges anfangen. So könnte man den MK1 zur Basisstation einer kleineren robotischen lunaren Infrastruktur machen. Oder zum Transporter einer kleinen Flotte von Rovern. Oder als Energiezentrale einer bemannten Basis, die dann mit kleinen Spaltreaktoren der Kilopower-Klasse bestückt werden, wie sie gerade in Entwicklung sind. Sie könnten auch als Kommunikationsrelay für eine lunare Infrastruktur eingesetzt werden, damit nicht für jedes einzelne Erkundungsfahrzeug oder jedes Habitat komplette Übertragungselemente separat mittransportiert werden müssen. Möglichkeiten gibt es jedenfalls viele. Die Zeitpläne für die beiden ersten MK1-Missionen sind ambitioniert. Beide sollten bis 2026 abgewickelt sein. Für 2027 ist der erste und noch unbemannte Flug eines MK2-Vehikels geplant, bevor dann die zweite MK2-Mission im Jahre 2029 im Rahmen der Artemis V-Mission stattfinden soll. Aber wie immer sind Zeitpläne bei so hochkomplexen Raumfahrtvorhaben mit größter Vorsicht zu betrachten.

Ist momentan in Entwicklung, Der Mini-Nuklearreaktor der Kilopower-Klasse.

## CISLUNARER TRANSPORTER

Neben den beiden Typen von Landern wird Blue Origin, zusammen mit Lockheed, auch einen so genannten cislunaren Transporter entwickeln und bauen. Der wird viele Komponenten des MK2-Vehikels verwenden, wie beispielsweise den Cluster aus drei BE-7-Triebwerken. Auch Lockheed wird so viel an so genannter „heritage hardware" verwenden, wie irgend möglich. Das sind Systeme und Subsysteme, die das Unternehmen schon für die Orion-Kapsel entwickelt hat. Beim cislunaren Transporter, und nicht, wie man vielleicht annehmen möchte beim Lander, liegt die größte technische Herausforderung der gesamten Blue Moon-Architektur. Zum einen ist er eine unabdingbare Systemkomponente. Ohne ihn funktioniert das Konzept nicht. Aber er hat auch ein entscheidendes technisches Handicap, nämlich das solarbetriebene „zero-boil-off-system" für die in großen Mengen transportierten kryogenen Treibstoffe. Wer um die Diffusionseigenschaften von Wasserstoff weiß, und welch technischer Aufwand betrieben werden muss, um ihn über viele Monate bei Temperuren unter dem Siedepunkt flüssig zu halten (also bei Temperaturen von unter -253 Grad), kann ahnen, welchen technischen

Das Orion-Raumschiff von Lockheed. Hier zusammen mit der Erde. Technologie daraus wird sich im cislunaren Transporter finden.

Herausforderungen Blue Origin und Lockheed gegenüberstehen. Dennoch sind die Unternehmen zuversichtlich, diese Hürden zu meistern. Ein weiterer wichtiger Punkt dieser Technologie ist auch der automatische Transfer von flüssigem Sauerstoff und Wasserstoff von einem Raumfahrzeug zu einem anderen. Das cislunare Fahrzeug besteht aus zwei Komponenten. Einem so genannten „Tug", also einem Raumschlepper und dem eigentlichen Tanker. Sie werden separat auf jeweils einer einzelnen New Glenn-Trägerrakete starten. Im niedrigen Erdorbit werden die beiden Komponenten zusammengekoppelt und bilden ab dann den cislunaren Transporter. Ein ähnliches System, wenngleich auf einer etwas geänderten Philosophie basierend, wird im Übrigen auch SpaceX entwickeln. Beide Systeme können dann über ihren unmittelbaren Zweck hinaus auch als Treibstoffdepot (oder Wasserreservoir) genutzt werden und bilden dann den Grundstock eines cislunaren Ökosystems. Doch zurück zum Blue Moon-Transporter.

Sind nun die beiden Bauteile, also „Tug" und „„Tanker", miteinander verbunden, wird er mit Sauerstoff und Wasserstoff betankt. Dies erledigt die zweite Stufe einer weiteren New Glenn, die an den Transporter anlegt und den Transfer dieser beiden Treibstoffkomponenten vornimmt. Nun startet der Transporter zum Lander, der sich entweder frei fliegend in einem rektilinearen Halo-Orbit befindet, oder am lunaren Gateway angelegt hat, und transferiert den Treibstoff in dessen Tanks. Zwischen den Mondeinsätzen könnte der Transporter auch Fracht- oder Treibstoffeinsätze für andere Kunden im cislunaren Raum durchführen.

## KOMMERZIELLES NUTZLASTPROGRAMM DER NASA

Raumfahrzeuge, die einen solchen Transport in Anspruch nehmen könnten, wären beispielsweise zukünftige Nutzlasten des Commercial Lunar Payload Services Programmes (CLPS) der NASA. Deren erste Mission, die Astrobotic Peregrine Mission 1 soll Ende 2023 oder Anfang 2024 auf die Reise zum Mond gehen. Sie wird beim Jungfernflug der Vulcan der United Launch Alliance an Bord sein, und dort den finanziellen Vorteil (aber auch das nochmal erhöhte technische Risiko) einer Erstflug-Nutzlast tragen. Um letzteres ein wenig zu senken, hat die NASA im April 2023 die Hälfte der für die Peregrine Mission 1 vorgesehenen Nutzlasten wieder vom Lander genommen, und wird sie später auf andere CLPS-Lander verteilen, auf zukünftigen Artemis-Missionen starten, oder bei internationalen Projekten (wie dem japanischen ispace-Lander) unterbringen. Die durch das Abladen einiger Instrumente gewonnenen Nutzlast-Reserven will Astrobotic in eine größere Treibstoffmenge für den Transfer zum Mond und die Landung ihres Vehikels investieren. Die NASA hat unter dem Budgettitel „Commercial Lunar Payload Services" bisher acht unbemannte Missionen zur Mondoberfläche und eine in den Mondorbit geordert. Es sollen aber im Laufe der Zeit noch viele mehr werden. Die Weltraumbehörde kauft dabei nur den Transportservice. Entwicklung, Bau und Betrieb der Vehikel obliegt den kommerziellen Unternehmen. Lander wie der Blue Moon Mark-1, der ja ein Nebenprodukt des Artemis-Programmes ist, sind hier übrigens nicht enthalten. Der entsteht in reiner Privatinitiative.

| Missionsbezeichnung | Name des Vehikels | Bestimmungsort |
|---|---|---|
| Astrobotic Peregrine Mission 1 | Peregrine | Sinus Viscositatis |
| Intuitive Machines 1M-3 | Nova C | Reiner Gamma |
| Firefly Blue Ghost Mission 1 | Blue Ghost | Mare Crisium |
| Firefly Blue Ghost Mission 2 | Blue Ghost | Mondrückseite |
| Firefly Blue Ghost Mission 2 | Lunar Pathfinder | Mondorbit |
| Intuitive Machines 1M-1 | Nova C | Malapert A |
| Intuitive Machines 1M-2 | Nova C | Kraterwall Shakleton |
| Astrobotic Griffin Mission 1 | Griffin | Krater Nobile |
| Team Draper Series-2 | Series-2 | Schrödinger-Basin |

Die neun in der Tabelle genannten CLPS-Einsätze sollen alle zwischen Ende 2023 und Ende 2026 erfolgen. Astrobotic mit seiner Peregrine Mission 1 macht dabei den Anfang. Die Flüge sind allesamt Hochrisiko-Missionen mit einer Erfolgswahrscheinlichkeit von nicht mehr als 50 Prozent. Das liegt zum einen am engen Kostenrahmen der Missionen und zum anderen an der durchweg geringen Erfahrung der beteiligten Unternehmen an komplexen Missionen dieser Art. Das nimmt die NASA aber billigend in Kauf, ist es doch eines der erklärten Ziele dieses Programmes, sich für die Zukunft einen Stamm an zuverlässigen lunaren

Die Erde vom Mond aus gesehen.

Transportdienstleistern aufzubauen. Firmen, die womöglich auch erst durch Fehler lernen müssen. SpaceX und Blue Origin mögen die derzeit größten Mitspieler bei der Entwicklung cislunarer Infrastruktur außerhalb Chinas sein. Aber es gibt noch eine ganze Reihe anderer Unternehmen, die dabei mitmachen, und zum Teil auch beträchtliche Eigenmittel hineinstecken. So entwickelt Axiom Space (siehe hierzu auch das Raumfahrt-Panorama) derzeit den Raumanzug für die Mondastronauten, und die Firmen Lockheed und Westinghouse erhielten den Auftrag von der NASA, einen kleinen Spaltreaktor als Stromquelle für eine permanente Mondstation im des Artemis-Programms zu entwickeln.

Das amerikanische „Institute for Defense Analyses, Science and Technology Policy" identifizierte kürzlich 84 Unternehmen, die eine Beteiligung an kommerziellen Aktivitäten für den Aufbau einer cislunaren Infrastruktur planen. 36 dieser Unternehmen wollen sich am Aufbau der Transportinfrastruktur beteiligen, 18 Firmen wollen am Aufbau einer Industrie für die Gewinnung lunarer Ressourcen mitwirken, 17 Firmen arbeiten an Habitaten und Strukturen auf dem Mond und 13 Firmen beteiligen sich im Aufbau und Unterhalt lunarer Betriebsabläufe und Infrastruktur wie etwa der Energieversorgung.

Zusätzlich zu diesen 86 Firmen identifizierte das Institut drei Unternehmen, die im weiteren Sinne Navigationsdienste anbieten, zwei, die auf dem Gebiet wissenschaftlichen Datentransfers tätig werden wollen und fünf, die auf dem Sektor „private goods" mitmachen wollen, wobei nicht genau spezifiziert war, was sich dahinter verbirgt.

Auch die US Space Force hat schon ihre Absichten für cislunare Aktivitäten angekündigt. Die betreffen Gebiete wie Forschung und Technologie vor allem im Hinblick auf zukünftiges Wachstum der Tiefraum-Infrastruktur, die so genannten „situational awareness-Fähigkeiten", also einfach zu wissen, was im cislunaren Raum los ist, und wer dort welche Aktivitäten betreibt (Spacecraft monitoring), und cislunare Kommunikation und PNT-Aktivitäten (das steht für Positioning, Navigation und Timing).

Alleine aus institutionellen Aufträgen könnte in den Jahren 2024 – 2040 ein Auftragswert von 68 Milliarden Dollar resultieren. Und das betrifft nur die USA alleine. Gehen wir ruhig davon aus, dass China und andere Länder zusammengenommen noch einmal denselben Aufwand investieren. Auch wenn es uns hierzulande derzeit noch ein wenig wie Science Fiction erscheint: Der cislunare Raum wird schon in wenigen Jahren ein wesentliches Raumfahrt-Geschäftsfeld darstellen.

Der Nova C-Mondlander von Intuitive Machines ist nahezu startfertig.

ARIS

ARIS-Team

# ARIS MACHT TRÄUME WAHR

**Die Akademische Raumfahrt Initiative Schweiz (ARIS) wurde im August 2017 von einer Gruppe Studenten in einem Hörsaal der Eidgenössischen Technischen Hochschule in Zürich gegründet. Es ist ein gemeinnütziger Verein mit dem Ziel, Studierende in praktischer Projektarbeit im Raumfahrtbereich auszubilden. Seit der Gründung wurden mehrere Raketen durch verschiedene Teams für verschiedene Testzwecke entwickelt und gestartet. Das ambitionierteste Ziel ist die Höhenforschungsrakete «Odyssey», die 2027 über 100 Kilometer Flughöhe erreichen soll.**

Das waren meine ersten Gedanken, als klar wurde, dass ich einen Artikel über ARIS schreiben werde: Es läuft einfach so vieles. Wie bekomme ich hier einen Überblick? Und: Es gibt viele spektakuläre Fotos und Filme von Raketenstarts und Triebwerkstests. Und schließlich poppen in meinem Gedächtnis die originellen Projekt-Patches auf, wie zum Beispiel von Heidi oder Tell, beide eher kleine Höhenforschungsraketen. Sie illustrieren, was ARIS ausmacht und ein gutes Stück weit auch typisch schweizerisch ist: Kreativität, Forscherdrang und etwas „Folklore".

Nun der Reihe nach. Wie wir gelesen haben, startete dieser Verein 2017. Das ursprüngliche Ziel war ein Start mit einer selbst entwickelten Forschungsrakete beim Spaceport America Cup in New Mexico. Jetzt sind wir im

Jahr 2023. Was ist seither passiert? Ich fasse zusammen: Ja, sie waren in New Mexico mit einer eigenen Rakete. Seitdem kamen 14 weitere aufeinander abgestimmte Projekte dazu, ein Weltrekord und viele Podestplätze an Wettbewerben und vieles mehr. Insgesamt dient das Ganze einem wahrlich höheren Ziel, nämlich eine Höhenforschungsrakete, die 2027 die Kármán-Linie von 100 Kilometer knacken soll, und ein CubeSat, der bereits 2025 ins All fliegen soll. Die Projektarbeiten lassen sich wie folgt grob gruppieren:

Projektlogos TELL und HEIDI

**1. Triebwerksentwicklung**

Anfänglich nutzte ARIS noch kommerzielle Feststoff-Triebwerke. Seit 2019 entwickelt und testet ARIS jedoch eigene, komplexere Antriebe in eigenen, mobilen Prüfständen. Die Triebwerke wiederum werden von den Raketenprojekten genutzt, wie z.B. das Hybridtriebwerk Daedalus, das in der Rakete Piccard genutzt wurde.

**2. Raketenentwicklung und Recovery Systeme**

In diesem Bereich werden die Raketen entwickelt mit Recovery-System, Telemetrie, Avionik, Airframe, Payload-Systemen usw. Die Raketen wurden bisher bei internationalen Wettbewerben eingesetzt wie Spaceport America Cup (SAC) White Sands in New Mexico, oder European Rocketry Challenge (EuRoC) in Portugal. In der Schweiz werden Testflüge bis ein Kilometer Höhe durchgeführt (ARIS hat dazu eine Bewilligung), oder auch Droptests von Helikoptern der Schweizer

Firing Day

Armee. Langfristig soll aus den Raketen schließlich die Höhenforschungsrakete Odyssey entwickelt werden.

### 3. Nutzlast-Projekte

CubeSat-Projekt SAGE: Wie altern wir Menschen auf einem Asteroiden oder Mond? Dieser Frage geht das Swiss Artificial Gravity Experiment (SAGE) nach. Der kleine, aber umso erstaunlichere Nanosatellit wird dazu mit menschlichen Zellen «bemannt» und dank einem Steuersystem im Orbit in Rotation versetzt, um Mikrogravitations-Bedingungen zu schaffen. Ein medizinisches Labor untersucht den Werdegang der «Besatzung» und Nahrung sorgt für ihr Wohlbefinden. Drei Jahre soll so im Orbit geforscht werden – die Daten werden direkt nach Zürich übertragen. Der Start ist bereits für das zweite Quartal 2025 geplant.

Das Projekt Nautilus wiederum zielt darauf ab, ein unbemanntes Unterwasserfahrzeug (UUV) zu entwickeln, das die Ozeane der Eismonde von Jupiter und Saturn erforschen soll.

CubeSat SAGE

## HIGHLIGHTS AUF EINEN BLICK

Die letzten Jahre waren ergiebig – auf der nachfolgenden Seite eine Timeline mit einer, aus Platzgründen, eingeschränkten Auswahl an Highlights aus den verschiedenen Bereichen. Ich finde: ARIS ist «the right stuff» – die typische Raumfahrt-Mischung aus akribischer Detailarbeit, heulenden Triebwerken, wenig Schlaf und vielen Emotionen. Für die Studenten bedeutet ARIS aber auch die

**2023: Flüssigkeitstriebwerk Prometheus**

Regelbares, flüssigkeitsgekühltes Testtriebwerk; bis 100 Sekunden Brenndauer; 7 kg Schub.

**2027: Forschungsrakete Odyssey**

Flüssigkeitsantrieb > 100 km Flughöhe.

**2023: Forschungsrakete Bernoulli**

Hybridantrieb auf Basis Astrea; 5,5 Meter lang, 90 kg schwer, 3 kg Payload, die gesteuert landen soll

**2022: Flüssigkeitstriebwerk Lea**

Test-Flüssigkeits-Triebwerk (flüssiger Sauerstoff und Ethanol; Grundlage für Prometheus

**2022: Forschungsrakete Helvetia**

Hybridantrieb Astrea; 5,3 Meter lang; 82 kg, schwer; 4 kg Payload.

**2022: Hybridtriebwerk Astrea**

Für die Helvetia und Bernoulli Rakete; 600 kg Schub.

**2021: Forschungsrakete Piccard**

Hybridantrieb Deadalus; 6.4 km Höhen-Weltrekord für Klasse 0 Hybrid Triebwerk; 6 Meter lang und 100 kg schwer; 4 kg Payload.

**2019: Hybridtriebwerk Daedalus**

Erstes in-house hergestellten Hybridantrieb für die Piccard-Rakete; Mobiler Prüfstand entwickelt; 650 kg Schub

**2019: Forschungsrakete Heidi**

Feststoffantrieb; 2.78 Meter lang und 25 kg schwer. Holte den 2. Platz beim Spaceport America Cup 2019.

**2018: Forschungsrakete Tell**

Erste Rakete; Feststoffantrieb (führte zur spontanen Nutzlast-Trennung, siehe Video); Gewann den Charles Hoult Award for Modeling and Simulations am Spaceport America Cup

**2017: Gründung**

Transformation des Hörsaals in Hardware und Projektarbeit – eines der Hauptziele des Vereins.

## HERAUSFORDERUNG PROJEKTORGANISATION

Der ARIS-Verein hat sich langfristige und größere Ziele gesetzt, wie der CubeSat oder die Höhenforschungsrakete Odyssey. Da ARIS auf Studenten-Teams aufbaut, wurden und werden solche langfristigen Projekte in Etappen auf einzelne Studenten-Teams gesplittet. Die Projektkonfiguration sieht in der Regel so aus:

- Rund 50 Studenten in verschiedenen Subteams, die in ihrer Freizeit an dem jeweiligen Projekt arbeiten.
- Der Zeitrahmen beträgt in der Regel ein Studienjahr, ausgenommen sind die größeren Projekte wie SAGE oder Odyssey, dort reden wir von 4 bis 5 Jahren.
- Die Arbeiten erfolgen meistens im Zusammenhang mit Bachelor-, Semester- und Masterarbeiten.
- Die Studenten stammen schwerpunktmäßig aus dem Studienbereich Ingenieurswissenschaften, aber auch aus den Bereichen Natur- und Wirtschaftswissenschaften.
- Auf Basis des NASA-Standardhandbuchs hat ARIS Projektmanagement Standards definiert. Dementsprechend unterteilen sich Projekte in Etappen (Meilensteine), die dazu dienen, die Qualität und Integrität eines Projektes während der Entwicklung sicherzustellen.

Hier sieht man auch die Herausforderungen: Die Studenten arbeiten freiwillig in ihrer Freizeit und der Zeitrahmen ist recht eng, wenn man sich vorstellt, dass die Teams im Rahmen der Projektinitialisierung erst die genauen Spezifikationen zusammen festlegen. Dank der Verteilung auf rund 50 Schultern steht recht viel Kapazität zur Verfügung. Aber, damit die Zusammenarbeit mit 50 Personen wiederum gut funktioniert, ist ein gutes Projektmanagement und Koordination wichtig sowie der Wissenstransfer von vorhergehenden Projekten. Damit die Teams effizient arbeiten können, hat ARIS diverse Planungs- und Zusammenarbeits-Instrumente und -standards festgelegt. Und wenn man sieht, dass das Helvetia Team nur neun Monate benötigt hat, um ihre Forschungsrakete zu bauen, scheint das ganz gut zu funktionieren.

Die bisherigen Projekte sind jeweils als Proof of Concept einzelner Elemente zu betrachten und werden laufend an Komplexität skaliert, wie zum Beispiel der Antrieb. Hierzu ist etwas sehr wichtig: Alles gut dokumentieren, damit die nächsten Teams darauf aufbauen können. Es geht in diesem Sinne stetig vorwärts Richtung Hauptziel, ähnlich wie die Raumfahrtprogramme anderer Länder, einfach in einem Diät-Format. Die Studenten nehmen dabei nicht nur technische Hürden, sie lernen auch sehr wichtige Grundlagen, die sie generell später im Beruf nutzen können. Dazu gehört vor allem auch das Projektmanagement, das ja ursprünglich aus der Raumfahrt stammt. Interessant und schön ist übrigens auch, dass viele dieser Studenten schließlich Jobs bei den ARIS-Partnern finden.

Ich fasse zusammen: Erfolgsfaktoren sind ein gutes Projektmanagement, Koordination, aber auch ein gutes Dokumentieren und eine Prise Teamgeist.

## ARIS PARTNER

Gut ist, dass die Studenten-Teams von erfahrenen Experten unterstützt werden. Da haben wir zum Beispiel Bruno Berger, Mitgründer und leitender Ingenieur beim Swiss Propulsion Laboratory (SPL). SPL verfügt über einen eigenen Prüfstand, in welchem Flüssigkeits-Triebwerke bis 500 Kilogramm Schub getestet wurden, mit Ethanol als Treibstoff und flüssigem Sauerstoff als Oxidator. Die Betonung liegt auf „wurden", da SPL momentan in einer Art «Standby Modus» ist. Brunos' Fachwissen ist spürbar in ARIS-Projekte eingeflossen – das Erbe wurde vollzogen.

Es gibt aber noch andere Bereiche, in denen erfahrene Fachspezialisten ihr Know-how einfließen lassen. Industriepartner – allen voran die Initiative Partners: Beyond Gravity (ehemals RUAG Space), Kistler, Meteomatics und Oerlikon – unterstützen ARIS sowohl finanziell-materiell als auch durch ihre Expertise und Feedback für die technischen Teams. ARIS verfügt jedenfalls über ein umfassendes Verzeichnis mit Fachspezialisten, mit denen sie regen Kontakt pflegen.

Odyssey Logo

## UND WOHER KOMMT DAS GELD?

Die Frage der Fragen, die man sich nicht nur privat stellt, sondern vor allem in der Raumfahrt: Woher kommt das Geld? Ich habe selber schon ausgeklügelte Raumfahrtprojekte zu verkaufen versucht, sogar in exotischen Ländern, aber am Schluss blieb es „hinten rechts" (da wo die Brieftasche sitzt), weiterhin leer.
ARIS hat, zumindest für die bisherigen für Raumfahrtverhältnisse eher kleineren Projekte, einen Weg gefunden. Grundsätzlich entfallen schon mal die Miet- oder Lohnkosten, da die Studenten in ihrer Freizeit daran arbeiten. Es bleiben vor allem die Material- und Transportkosten sowie Spesen. Ein großer Teil des Budgets wird über «Value in Kind» abgewickelt, also statt Cash erhält ARIS materielle

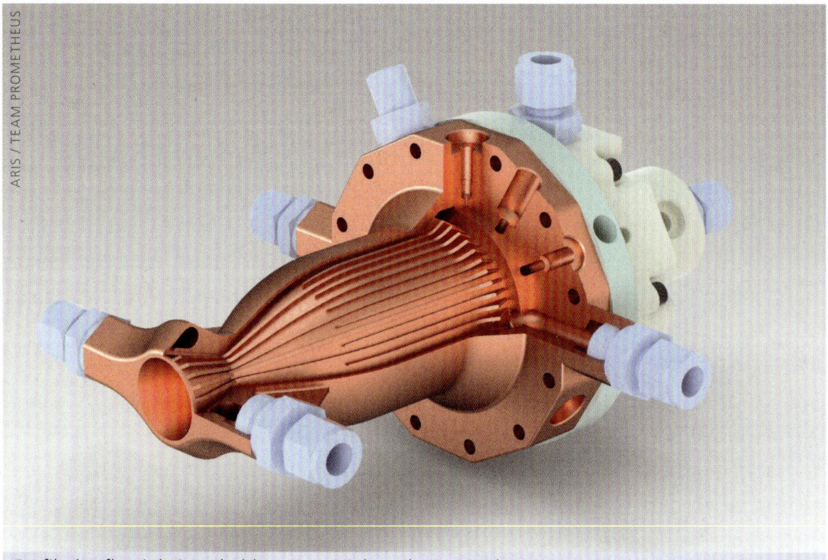


Grafik des flüssigkeitsgekühlten Test-Triebwerks Prometheus

Unterstützung, Beratung, oder kann bestehende Infrastrukturen mitbenutzen. Der Beitrag kommt aus der Industrie und von akademischen Instituten. Die Eidgenössische Technische Hochschule Zürich (ETH), stellt zum Beispiel den Großteil der Infrastruktur zur Verfügung. Für Unternehmen ist dies spannend, da sie einerseits Werbefläche auf der Webseite und der Forschungsrakete erhalten, andererseits auch ihre Produkte durch ARIS testen lassen können wie z.B. neue Sensoren oder Dichtungen usw. Zudem haben sie Zugang zu einem Pool voller motivierter und erfahrener Studenten, die sie später für ihr Unternehmen engagieren können.

In der Regel schwankt der Sachleistungsanteil zwischen 30 und 80 Prozent. Die Rakete Helvetia oder auch Piccard zum Beispiel kosteten etwa 200.000 Euro. Davon entfielen etwa 80 Prozent auf Sachleistungsanteile. 40.000 finanzierte ARIS durch Sponsoring und Teambeiträge.

## ODYSSEY

Wie schon erwähnt ist Odyssey ein größeres und langfristigeres Ziel. Odyssey ist eine Höhenforschungsrakete mit Format. Sie soll die 100 Kilometer-Kármán-Linie knacken. Der momentane Stand dazu: Gestartet wird wahrscheinlich in Norwegen vom Andøya Space Center, oder in Esrange in Schweden – erste Kontakte dazu bestehen bereits. Momentan ist nur ein Start vorgesehen. Das Projektbudget geht in den siebenstelligen Bereich, wovon 50 Prozent der Barmittel für die Starterlaubnis budgetiert werden müssen.

ARIS ist zuversichtlich, dass sie die Finanzierung finden werden, da der Verein momentan einen großen Rückhalt unter den rund 70 Partnern aus Industrie und dem Bildungsbereich hat. Aber, es ist noch ein längerer Weg, da ist sich ARIS im Klaren und daher wohl auch der Name „Odyssey".

Die Systemdefinition ist bereits erfolgt, nun arbeiten Teams am Kerndesign der Rakete. Sie wird übrigens mit einem Flüssigkeitstriebwerk bestückt sein, das auf den Erfahrungen vom Projekt Prometheus aufbauen wird und Ethanol und flüssigen Sauerstoff verbrennen wird. Deutlich umweltfreundlicher, als die gängigen Höhenforschungsraketen mit Feststofftriebwerken. Wer schon mal den gelblichen Nebel nach einem Raketenstart in Esrange erlebt hat, weiß wovon ich rede. Die Nutzlast soll schließlich gesteuert landen. Dieser Teil baut auf den Projekten Periphas und Phoenix auf, die schon gezeigt hatten, dass die Nutzlast an einem selbst entwickelten Gleitschirm gezielt gelandet werden kann.

## MEIN FAZIT

ARIS ist jetzt kein kommerzieller Player in der europäischen Raumfahrtszene. Aber, macht ARIS nicht das, wovon wir, oder zumindest ich, immer träumten, nämlich mit Freunden eine Rakete bauen?

*Ein Gastbeitrag von Adrian Mettauer*

Mit einem Super Puma-Helikopter wird die Gleitschirm-Landung der Phoenix-Nutzlast erprobt.

Besatzungsmitglied in einer chinesischen Crew zu sein (wie hier bei Shenzhou 13)? Nicht möglich für Europas Astronauten.

# SEIDENSTRASSE IN DEN WELTRAUM

**Erst kürzlich hatten die Vereinigten Staaten den Weltraum als eine „Domäne der Kriegsführung" bezeichnet. China hielt dem in einem kürzlich von der chinesischen Regierung veröffentlichten Weißbuch zur Landesverteidigung entgegen, es betrachte den Weltraum als den „Feldherrenhügel im internationalen strategischen Wettkampf". Damit ist der aktuelle Ton zwischen den beiden Weltraum-Supermächten angeschlagen. Und dieser Ton ist rau.**

Die regelmäßigen Leser von SPACE wissen: Im Weltraum geht es nur noch um die USA und China. Russland ist aus dem Kampf um den Weltraum längst ausgeschieden. Nicht freiwillig, sondern den Umständen geschuldet. Das Land befand sich schon seit langem in einem stetigen Niedergang. Der Überfall auf die Ukraine gibt ihm den Rest. Für Russland heißt es definitiv: „Game over".

Trotz lauwarmer chinesischer Bekenntnisse zur Partnerschaft mit Russland weiß man dort: Im Weltraum ist Russland nur noch ein Klotz am Bein. Man wird den ehemaligen Lehrmeister noch für eine Weile in einer zunehmend kleiner werdenden Juniorrolle mitlaufen lassen, vor allem deswegen, um auch weiterhin Zugriff auf billige russische Ressourcen zu bekommen. Ein gleichwertiger Partner wird Russland nie mehr werden.

Und Europa? Das hat im Weltraum, trotz vollmundiger Eigenpropaganda, nie eine wesentliche Rolle gespielt und tut es gegenwärtig noch weniger als in den sechziger Jahren des vergangenen Jahrhunderts. Europa schafft es nur noch, von einem Fettnapf in den nächsten zu stolpern.

Gerade hat man sich hier die Möglichkeit zur Zusammenarbeit mit China auf Jahrzehnte hin selbst verbaut und setzt stattdessen einmal mehr auf die oftmals und in vielen Projekten bewiesene brüchige Zusammenarbeit mit den USA. Eine kräftige Investition in die Europäische Raumfahrt und der Wille zu einer entschlossenen Führung war nie die Sache des Alten Kontinents.

Dabei hat Europa in der Vergangenheit einiges an Aufwand betrieben, um seine Astronauten für Besuche der chinesischen Tiangong-Raumstation vorzubereiten. Aber diese Tür hat man sich nun unnötigerweise selbst zugeschlagen. Kooperationen gibt es zwar weiterhin noch, aber die sind auf einen sehr überschaubaren und rein akademischen Rahmen zusammengeschmurgelt. Bei größeren gemeinsamen Projekten mit China ist man de facto ausgestiegen. Im Januar 2023 brachte es der ESA-Generalsekretär während seines jährlichen Pressebriefings auf den Punkt, als er erklärte, dass sein Fokus auf der Partnerschaft bei der Internationalen Raumstation mit den USA, Russland, Kanada und Japan bleibe. Wörtlich sagte er: „Im Moment haben wir weder das Budget noch – lassen Sie es mich so ausdrücken – das politische grüne Licht oder die Absicht uns in einer zweiten Raumstation, also der Teilnahme am chinesischen Tiangong-Projekt zu engagieren".

CNSA

Vor einigen Jahren haben europäische Astronauten schon mit ihren chinesischen Kollegen trainiert. Hier mit Samantha Cristoforetti und Matthias Maurer, von chinesischer Seite Mitglieder der Crews von Shenzhou 13 und 14. Die damaligen Hoffnungen auf gemeinsame Missionen haben sich zerschlagen.

## UNSELIGES WOLF-AMENDMENT

Die USA haben sich schon früher dafür entschieden, in der Raumfahrt fast alle Kontakte zu China abzubrechen. Im April 2011 untersagte es der US-Kongress der NASA per Gesetz, ohne ausdrückliche vorherige Genehmigung mit ihrem chinesischen Pendant zusammenzuarbeiten. Dieses als „Wolf-Amendment" bekannte Gesetzt, benannt nach dem republikanischen Senator Frank Wolf, macht es China unmöglich, sich am Programm der Internationalen Raumstation (ISS) oder anderen US-Raumfahrtaktivitäten zu beteiligen.

Wörtlich lautet es:

*(a) None of the funds made available by this division may be used for the National Aeronautics and Space Administration or the Office of Science and Technology Policy to develop, design, plan, promulgate, implement, or execute a bilateral policy, program, order, or contract of any kind to participate, collaborate, or coordinate bilaterally in any way with China or any Chinese-owned company unless such activities are specifically authorized by a law enacted after the date of enactment of this division. (b) The limitation in subsection (a) shall also apply to any funds used to effectuate the hosting of official Chinese visitors at facilities belonging to or utilized by the National Aeronautics and Space Administration.*

Übersetzt lautet dies in etwa (und bitte entschuldigen Sie hier Ungenauigkeiten, denn dieser Text ist feinstes hardcore-Juristenfachenglisch) wie folgt:

*(a) Keine der unter diesem Budgettitel bereitgestellten Mittel dürfen von der Nationalen Luft- und Raumfahrtbehörde oder vom Amt für Wissenschafts- und Technologiepolitik dafür verwendet werden, bilaterale Vorhaben, Programme, Aufträge oder Verträge gleich welcher Art und Weise mit China oder einem Unternehmen in chinesischem Besitz zu entwerfen, zu planen, zu veröffentlichen, einzuführen oder durchzuführen, es sei denn, solche Aktivitäten werden ausdrücklich durch ein Gesetz erlaubt, das nach dem Datum des Inkrafttretens dieses Abschnittes erlassen wurde. (b) Die Beschränkung in Unterabschnitt (a) gilt auch für alle Geldmittel, die verwendet werden, um die Unterbringung offizieller chinesischer Besucher in Einrichtungen zu bewirken, die der Nationalen Luft- und Raumfahrtbehörde gehören oder von ihr genutzt werden.*

Einen Start mit einer Langer Marsch 2F-Rakete (wie hier beim Start von Shenzhou 15) wird es für Europäer, Kanadier, Russen und Amerikaner nicht geben.

Jegliche Zusammenarbeit mit China ist der NASA somit untersagt. Noch nicht einmal Einladungen zu einem Mittagessen sind erlaubt. Dieses Gesetz macht zwar eine Zusammenarbeit auf eng limitierten Gebieten nicht ganz unmöglich, aber es erschwert sie extrem, denn für jede einzelne Ausnahme, und sei sie noch so klein, bedarf es einer Zustimmung der Mehrheit des US-Kongresses.

Eine solche Ausnahme gab es bislang genau einmal: Während der chinesischen Chang'e 4-Mondlandemission arbeitete die NASA mit China zusammen, um den Mondlander und den Yutu 2-Rover auf der Mondrückseite mit Hilfe des Lunar Reconnaissance Orbiter der NASA zu überwachen. Die NASA konnte das aber nur tun, weil sie sich zuvor die Genehmigung des Kongresses für genau diese eine spezifische Aktion eingeholt hatte. Danach musste sie sich auch noch umständlich dafür rechtfertigen, in dem sie erklärte…

*Das gesetzliche Verbot der Verwendung von Haushaltsmitteln der NASA für die bilaterale Zusammenarbeit mit China … gilt nicht für Aktivitäten, für welche die NASA dem Kongress bescheinigt hat, dass sie kein Risiko darstellen, dass sie nicht zum Transfer von Technologien, Daten oder anderen Informationen der nationaler Sicherheit führen, oder Auswirkungen auf die wirtschaftliche Sicherheit der USA gegenüber China haben, und die keine wissentlichen Interaktionen mit chinesischen Offiziellen beinhalten, die den USA als direkt an Menschenrechtsverletzungen beteiligt bekannt sind. In Übereinstimmung mit dem Gesetz hat die NASA dem Kongress die entsprechende Bescheinigung für diese Aktivität ausgestellt.*

Eine derart gestaltete öffentliche Erklärung ist im Prinzip ein Schlag ins Gesicht. Im Nachhinein ist es erstaunlich, dass China überhaupt darauf eingegangen ist. Diese in den letzten Jahren zunehmend konfrontative Natur der Beziehungen zwischen den USA und China verschärft sich vor dem Hintergrund rascher technologischer Fortschritte Chinas in der Entwicklung seiner ohnehin schon beeindruckenden Weltraumfähigkeiten. Dazu kommen in immer kürzeren Zeitabständen weitere destabilisierende Faktoren hinzu.

Künstlerische Darstellung der Mondsonde Chang'e 5 unmittelbar nach dem TLI-Einschussmanöver, noch in großer Erdnähe. Für dieses Projekt durfte die NASA ausnahmsweise Unterstützung leisten. Aber es brauchte die Zustimmung des US-Kongresses dafür.

Zu den Treibern der Instabilität gehört die tiefgehende Verschränkung militärischer und ziviler Aktivitäten mit konventionellen und nuklearen Weltraumwaffensystemen in China, die Testaktivitäten mit direkt aufsteigenden (also ballistischen) Antisatellitenwaffen und das dramatische Wachstum von Internet-

Konstellation mit Zehntausenden neuer kommerzieller Satelliten. Bei all diesen Themen ist China heute fast gleichauf mit den USA. Diese und andere Themen zeigen, dass die Regularien und die Infrastruktur der Raumfahrt-Governance mit dieser Entwicklung nicht Schritt gehalten haben. Ganz im Gegenteil verlieren sie immer mehr an Terrain. Um das Risiko einer Eskalation zu senken, sollten die Vereinigten Staaten und China eigentlich alles Notwendige tun, um sicherzustellen, dass ihre Warn- und Sicherheitseinrichtungen aufeinander abgestimmt werden. Dass vor allem auch dann gemeinsam koordiniert wird, wenn man eigene Ziele verfolgt. Die anhaltenden Spannungen in den Beziehungen zwischen den USA und China erschweren aber die Bewältigung potenzieller Konflikte im Weltraum.

Dies gilt nicht länger nur für den unmittelbar erdnahen Weltraum, denn schon bald gehören auch der Mond und der cislunare Raum zum Wirkungsbereich der beiden Nationen. Nur wenige Jahrzehnte später wird es um den Mars und den Asteroidengürtel gehen. Das mag zunächst noch in einiger Ferne liegen, richtig akut ist aber bereits jetzt die Frage der Internet-Konstellationen und des so genannten „Weltraummülls". Hier wäre es mehr als nur wünschenswert, wenn die Vereinigten Staaten und China zusammenarbeiten würden, um die Auswirkungen dieser Themen auf die Weltraumsicherheit unter Kontrolle zu halten, und Koordinierungsmechanismen für Satellitenumlaufbahnen und dem darauf ablaufenden Verkehr zu schaffen.

Vorbereitung für den Start von Tianzhou 5 auf einer Langer Marsch 7 am 12. November 2022 vom Weltraumbahnhof Wenchang aus.

Aber schon bald danach, und genauso wichtig, wäre ein bilaterales, aber noch besser weltweites, Abkommen über die Nutzung des Mondes und des cislunaren Raumes bis hin zu den Lagrange-Punkten. Auch Nutzungsregularien für Asteroiden-Bergbau wären hilfreich. Die Ressourcen sind hier zwar im Prinzip unendlich, aber irgendwann wird es zum ersten Streit kommen, wenn jemand seltene Metalle an einem Asteroiden abbauen will, ein anderer auf seine früheren Entdeckerrechte pocht und dann seine Waffe zückt, um sie zu verteidigen. Aber gibt es denn nicht schon ein Weltraumrecht, das so etwas definitiv klärt? Ich fürchte, da gibt man sich Illusionen hin, doch sehen wir uns diesen Punkt genauer an.

## „OUTER SPACE TREATY" UND „LUNAR TREATY"

Wir haben weltraumrechtliche Aspekte in SPACE schon früher behandelt, und wollen es auch im Zusammenhang mit der Betrachtung der chinesischen Aktivitäten auch hier wieder tun, denn sie werden zukünftig zunehmend wichtiger werden. Werfen wir zunächst einen Blick auf das bedeutendste und älteste der internationalen Weltraumabkommen, den Outer Space Treaty, also den Weltraumvertrag des Jahres 1967. Er ist das erste große Dokument, das Grundprinzipien für die Erforschung und die Nutzung des Weltraumes festlegte. In der Zwischenzeit ist er leider nicht mehr der Frischeste, weil er von den Entwicklungen der letzten fünfeinhalb Jahrzehnte überholt wurde. Einige seiner Bestimmungen sind aber auch heute noch gut anwendbar (beispielsweise die gegenseitige Hilfeleistung in Notfällen betreffend). Andere sind schon deutlich aus der Zeit gefallen, wie beispielsweite die Abschnitte mit den Haftungsbestimmungen. Und eine dritte und wachsende Gruppe von Problemfeldern war in den 60er-Jahren überhaupt nicht relevant, wie beispielsweise Fragen der Beseitigung (oder eher die Nicht-Beseitigung) von Weltraummüll, und die deshalb auch nicht Vertragsbestandteile sind.

Interessanterweise war der Hauptgrund dafür, warum der Outer Space Treaty vor mehr als 55 Jahren überhaupt ins Leben gerufen wurde, die mögliche wirtschaftliche Nutzung des Weltraums und damit verbunden die Frage, ob man am Weltraum überhaupt Eigentum erlangen kann. Exakt dieser Punkt erhält heute wieder enorme Aktualität.

Die Chinesen sind stolz auf ihr Weltraumprogramm. Hier spielt das Xian-Symphonieorchester beim Start des Tianhe-Moduls der chinesischen Raumstation.

Der „Outer Space Treaty" entstand zwei Jahre vor der ersten bemannten Mondlandung. Damals trieb die Staatengemeinschaft die Sorge um, was wohl passiert, wenn einer der beiden Supermächte, also entweder die Sowjetunion (die damals viele im Wettrennen um die erste Mondlandung vorne sahen) oder die Ame-

Auch dieses Bild der kecken jungen Dame am Startgelände Xichang, wo eine Langer Marsch 3B-Trägerrakete auf ihren Einsatz wartet, drückt irgendwo die Bewunderung für das chinesische Raumfahrprogramm aus. Würde man sich sonst zu einem kleinen Bergmarsch aufmachen, um so einen Anblick zu genießen?

rikaner den Mond nach der Landung für sich beanspruchen würden. Nicht umsonst wurde dieser Passus (von vielen etwas hämisch als der „Neid-Paragraph" bezeichnet) gleich im allerersten Artikel untergebracht. Da heißt es in den Sätzen 2 und 3: „Der Weltraum, einschließlich des Mondes und anderer Himmelskörper, steht allen Staaten ohne irgendwelche Diskriminierung auf der Grundlage der Gleichheit und in Übereinstimmung mit dem Völkerrecht zur Erforschung und Nutzung offen. Alle Teile von Himmelskörpern sind frei zugänglich." Dann kommt der sehr kurze und prägnante Artikel 2: „Der Weltraum, einschließlich des Mondes und anderer Himmelskörper, unterliegt nicht nationaler Aneignung aufgrund von Souveränitätsansprüchen, aufgrund von Nutzung oder Besetzung oder aufgrund irgendeines anderen Titels".

Niemand kann also an irgendeinem Körper im Weltraum Eigentum erwerben. Weder an Planeten, noch an Monden, noch an Asteroiden. Die überwiegende Anzahl aller Länder auf der Erde haben dieses Abkommen ratifiziert, unterzeichnet oder sind ihm beigetreten. Derzeit 135 Staaten bezeichnen sich in irgendeiner Form an dieses Abkommen gebunden und haben diese Absicht formal entweder in Washington, London oder Moskau hinterlegt. Die USA haben das Abkommen 1967 ratifiziert, Russland im selben Jahr, damals noch als Sowjetunion. China ist dem Abkommen ebenfalls beigetreten, allerdings erst 1983.

Hinsichtlich seiner Bestimmungen über die Ausbeutung von Ressourcen des Weltraums ist der Vertrag, wir haben es schon beiläufig bemerkt, ein Dokument der Habenichtse. Sie wollten damit verhindern, dass sich die Sowjetunion oder die USA den Weltraum aneignen, ohne dass sie selbst etwas davon abbekommen. Wenn sie selbst schon keinen Zugriff auf die Ressourcen des Weltraums hatten, dann sollten sie die anderen auch nicht bekommen.

Das scheint ein wenig absonderlich, denn an diesem Paragrafen konnten weder die Sowjetunion noch die USA ein sonderliches Interesse haben. Sie waren ja die Einzigen, die schon damals zumindest theoretisch die Möglichkeit gehabt hätten, den Mond auszubeuten. Nachdem aber im Jahre 1967 noch keiner von beiden wusste, wer von ihnen zuerst den Mond erreichen würde, passten auch diese Artikel zunächst in das Kalkül beider Staaten, und so unterzeichneten sie.

Dass Nutzungen von Planeten, Monden und Asteroiden ohne irgendeine Form von Eigentum praktisch nicht möglich ist, wurde geflissentlich übersehen und führt zu absurden Betrachtungen. Stellen wir uns einfach vor, dass ein Unternehmen einen kleinen Eisen-Nickel-Asteroiden ausbeutet und in diesem Prozess den Asteroiden vollständig abbaut. Die Firma dürfte nach geltendem Recht an dem nunmehr nicht mehr vorhandenen Asteroiden zwar kein Eigentum anmelden, wohl aber an dem Abbauprodukt, also dem kompletten Asteroiden. Auf dem Mond wäre der Abbau von Helium 3 ohne eine definierte Form von Eigentum auf eine bestimmte Parzelle zu erheben auch unmöglich, schließlich will man ja nicht, dass jemand mit seinem Schürfgerät auf dem Gelände herumfährt, das man selber grade unter ungeheurem Aufwand erschlossen hat.

Der Outer Space Treaty krankte obendrein zusätzlich daran, dass er ausschließlich Staaten als handelnde Parteien im Weltraum vorsah. Es zeichnet sich jedoch ab, dass viel eher Privatunternehmen unterwegs sein werden, um die Ausbeutung durchzuführen. Und um es noch komplizierter zu machen: Es wird auch multinationale Unternehmen geben, die das tun.

Der zweite Versuch, die „Großen" mit ihren eventuellen Besitzansprüchen an die Kandare zu nehmen, war der Lunar Treaty des Jahres 1979. Dieser Versuch war zwar ganz nett, aber Russland und die USA, weiterhin die einzigen, die den Mond tatsächlich hätten ausbeuten können, durchschauten das durchsichtige Spiel und traten dem Abkommen gar nicht erst bei. Auch China tat das nicht, wohl schon im Hinblick auf seine absehbare zukünftige Rolle im Weltraum.

Auch mit solchen Bildern kann man Akzeptanz herstellen. Ein Techniker des Weltraumbahnhofs Wenchang ist beim Rollout einer Langen Marsch 5-Rakete mit seiner kleinen Tochter unterwegs.

Erneut war es ein Versuch der „Habenichtse", die großen Raumfahrtnationen daran zu hindern, Ansprüche auf Ressourcen im Sonnensystem anzumelden, ohne die Zustimmung aller anderen Nationen zu erreichen. Die „Habenichtse" versuchten dabei, den verschwommenen Begriff der „Common Heritage of Mankind" einzuführen, um die USA, Russland und China daran zu hindern, handfeste nationale oder private Ansprüche auf Himmelskörper oder Teile davon anzumelden.

Am Ende waren dem Abkommen 22 Länder beigetreten, hatten es ratifiziert oder unterzeichnet. Darunter so „bedeutende" Raumfahrtnationen wie Chile, der Libanon, Marokko, Pakistan, Peru, die Philippinen und Rumänien, nicht aber keine von denen, auf die es wirklich angekommen wäre. Nicht eine raumfahrende Nation unterzeichnete es. Das Vertragswerk war somit im Grund komplett wertlos. Trotzdem berufen sich heute gerade europäische Weltraumrechtler gerne darauf, wenn es um die Frage von Besitzansprüchen an Himmelskörpern geht. So, als wäre es ein Dokument globaler Gültigkeit. Was es definitiv nicht ist. Ohnehin war die Sache mit den Besitzansprüchen über die Jahrzehnte, in denen die Raumfahrt stagnierte, in einer Art Dämmerzustand. Alle Jubeljahre tat jemand seine Meinung dazu kund, dann schlief die Sache wieder ein. Die Ansprüche an ein zukünftiges Weltraumabkommen reichten dabei von der vollständigen „Sozialisierung" des Weltalls, mit Mitspracherecht aller Nationen mittels eines wolkigen „Internationalen Regimes" bis hin zu Regelungen, die in etwa dem US-Homestead Act des Jahres 1862 entsprachen, nachdem jeder, der in der Lage ist, sich auf einem Stück Land niederzulassen und es zu bewirtschaften, auch das Eigentum daran erlangt.

Dieses Bild ist gestellt, aber man sieht es so oft, dass man es schon fast als „Meme" bezeichnen könnte. Eine junge Familie, die dem Start einer Langer Marsch 5 zusieht. Ein Bild das ausdrückt: Die Zukunft Chinas liegt im Weltraum.

In dieser Zeit entwickelten sich die vollständig gegensätzlichen Vorstellungen in EU-Europa und dem US-Wirtschaftsraum über zukünftiges Weltraumrecht. Von China hörte man in dieser Zeit praktisch gar nichts. Europäische Weltraumrechtler forderten erst einmal eine umfangreiche und detaillierte Festlegung von Regularien, bevor man mit der Ausbeutung des Weltraums beginnen könnte, während die US-Experten der wesentlich pragmatischeren Meinung waren, dass man die Sache einfach erst einmal laufen lassen sollte, bevor man dann, aufgrund der Erkenntnisse die man aus der Praxis gewinnen würde, das Ganze mit der Ausarbeitung einer rechtlichen Basis quasi „nachsichert". Als sich die 20er-Jahre näherten, begann die bisher eher als Science Fiction abgetane Möglichkeit der Ressourcennutzung des Weltraums sich langsam als mögliche Realität abzuzeichnen. Nun kam Druck in den Kessel. Zumindest von den USA. Der Rest der Welt kümmerte sich weiterhin kaum darum. Einige recht akademische Bedenken, verbunden mit dem hier üblichen steil hochgereckten moralischen Zeigefinger, kamen aus Europa. Donald Trump lehnte komplexe internationale Regelungen ab, schon weil er absah (und da hatte er wohl recht), dass die Verhandlung eines solchen Abkommens Jahrzehnte dauern, und unvorteilhaft für das freie Unternehmertum der USA ausfallen würde. So veranlasste er 2020 eine „Executive Order" mit der etwas irreführenden Bezeichnung „Encouraging International Support for the Recovery and Use of Space Resources" (Förderung der internationalen Unterstützung für die Ausbeutung und Nutzung von Weltraumressourcen). In dieser Order legte er klipp und klar nieder, dass... „...the United States do not view outer space as a ‚global commons'" (in etwa: Die Vereinigten Staaten betrachten den Weltraum nicht als „globales Gemeingut"). Den Mondvertrag bezeichnete er als den „fehlgeschlagenen Versuch das freie Unternehmertum einzuschränken".

Auch die Regierung Biden denkt nicht im Mindesten daran, den Weltraum als „Common Heritage of Mankind" zu betrachten und ihn womöglich auch noch mit ambitionierten ethischen Regularien zu befrachten, so wie es den Theoretikern dieses Gebiets in Europa vorschwebt. Und sie denkt auch nicht im Mindesten daran, die Realisierung der wirtschaftlichen Interessen der USA „einzubremsen". „America first" gilt unter Biden genauso wie unter Trump.

## DER ARTEMIS-ACCORD

Damit war die Generalrichtung für den ARTEMIS-Accord vorgezeichnet. Der ARTEMIS-Accord, entwickelt für das unter US-Führung laufende internationale Mondlandeprogramm gleichen Namens, ist kein völkerrechtlich bindendes Instrument. Vielmehr stellt es eine bilaterale Übereinkunft der USA mit den einzelnen ARTEMIS-Partnern dar. Dennoch ist er von enormer Bedeutung für die Zukunft, legt er doch die Richtung fest, wie sich die Unterzeichner in Bezug auf die Nutzung von Weltraum-Ressourcen künftig verhalten werden.

Dadurch, dass die im Accord festgehaltenen Schlüsselprinzipien in diesem Programm zur angewendeten Praxis werden, haben sie automatisch einen signifikanten Einfluss auf jeglichen nachfolgenden Regulierungsrahmen für menschliches Handeln jenseits der Erde. Bis zum Redaktionsschluss für dieses Buch haben sich bereits 29 Länder dem ARTEMIS-Accord angeschlossen. Das sind wesentlich mehr, als in diesem Programm überhaupt mitarbeiten. Nach

Wo immer China im Weltraum aktiv ist: Als Erstes wird beflaggt...

langjährigem Zaudern und Zagen hat sich auch Deutschland am 15. September 2023 endlich bequemt, diesem Abkommen ebenfalls beizutreten und dem Beispiel anderer europäischer Nationen wie Frankreich, Luxemburg, Großbritannien, Italien und sogar der Ukraine zu folgen.

All diese Partner sehen – anders als lange Zeit Deutschland – kein Problem darin, sich den darin festgelegten Regeln zu unterwerfen. Die meisten dieser Länder sind ganz pragmatisch am Ausbau ihrer bereits bestehenden bedeutenden Raumfahrt-Produktionskapazitäten interessiert und sehen den ARTEMIS-Accord nicht als Hindernis, das es zu bekämpfen gilt, sondern eher als einen Baustein für das Wachstum ihrer Volkswirtschaften.

Im Accord findet sich durchgehend die Referenz zum bestehenden Rechtsrahmen des Outer Space Treaty. Somit ist er absichtsvoll darauf ausgelegt, die Unterzeichner dahingehend zu beruhigen, dass es sich hier nicht um Anweisungen einer Hegemonialmacht handelt, wie man sich zukünftig im Weltraum zu verhalten habe. Beruhigend wirkt auch, dass im Accord ein explizites Statement existiert, dass das zukünftige „Mining" von Weltraumressourcen im Einklang mit internationalem Recht abgewickelt wird. Der Unwillen in Deutschland, das Dokument zu unterzeichnen, fokussierte sich im Wesentlichen auf zwei Punkte. Der eine betrifft die künftige wirtschaftliche Nutzung des Weltraums, der zweite

...selbst bei Starts kleinerer Raketen wie dieser Kuaizhou 1A.

die Art und Weise, mit welcher der Accord zustande kommt. Was Deutschland vor allem aufstieß, ist die Gestaltung des Accords durch die USA außerhalb der „normalen" Kanäle internationalen Weltraumrechts. Weder ist das Büro der Vereinten Nationen für Weltraumfragen (UNOOSA) mit eingebunden, noch der UN-Ausschuss für die friedliche Nutzung des Weltraums (COPUOS).

Genau das ist allerdings auch eines der Hauptbedenken der US-Seite und mit ein Treiber dafür, dass der ARTEMIS-Accord überhaupt geschaffen wurde: Das Wissen, dass weder die UN noch die europäischen Weltraumrechtler zu Potte kommen werden. Die Furcht vor der hingebungsvollen Liebe der EU und der UN zu feinziseliertem Vertragswerk, das unendliche Verhandlungsrunden dreht, bis dann am Ende zwar Dokumente edelsten Standards produziert werden, die jedoch für den praktischen Gebrauch komplett wertlos sind.

Alles in allem ist der ARTEMIS-Accord – es mag einem gefallen oder nicht – ein revolutionäres Werk in der rechtlichen Behandlung der Nutzung des Weltraums. Er hat nur einen schweren Fehler: China ist nicht mit dabei.

Die Abwesenheit Chinas im Accord liegt im Verbot der Zusammenarbeit von US-Institutionen mit diesem Land begründet. Spätestens hier zeigt sich, wie unsäglich unsinnig dieses Verhalten ist, denn es wirkt wie ein Brandbeschleuniger und führt dazu, dass China nun in zunehmendem Tempo alle Kapazitäten entwickelt, die notwendig sind, um seinerseits zur Raumfahrt-Hegemonialmacht aufzusteigen. Und dafür hat das Land bereits seine eigenen Pläne..

## CHINAS HEGEMONIALPLAN

Als die unbemannte Landesonde Chang'e 5 die chinesische Flagge auf der Mondoberfläche entrollte, schwärmte die staatliche Global Times: „Die chinesische Nationalflagge leuchtet vom Mond in einem noch helleren Rot", und machte gleich darauf aufmerksam, warum sie diese Aktion für so bedeutsam hält:

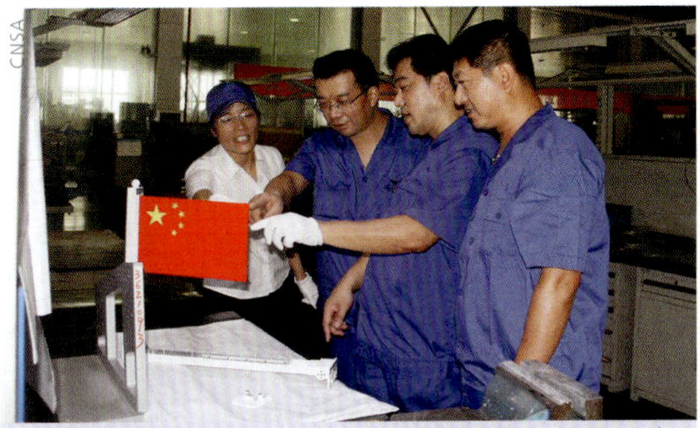

Die Mondflagge von Chang'e 5 in der Herstellung.

„Die chinesische Fahne von Chang'e 5 wurde zur ersten und einzigen Nationalflagge, die jemals im 21. Jahrhundert auf dem Mond öffentlich präsentiert wurde … gefeiert als die lebendige und neue Ikone der Monderkundung, inspiriert sie die heutige Menschheit genauso, wie es einst die Flagge von Apollo 11 tat. Sie ermutigt und befeuert heutige und künftige Generationen, sich in den Weltraum zu begeben … Eine Nationalflagge auf einem anderen Himmelskörper repräsentiert die umfassende Stärke und den technologischen Fortschritt eines Landes".

In der Folge drückt der Artikel die Erwartung aus, dass so bald China in den 30er-Jahren eine Roboterbasis auf dem Mond errichtet hat, gefolgt von einer bemannten Landung und der Errichtung fortschrittlicher Anlagen für die Nutzung und den Abbau der Mondressourcen, sich die Welt, beeindruckt ob einer solchen Demonstration des Wissens, Könnens und der Macht, dem chinesischen Gesellschaftsmodell zuwenden, und die Führung Chinas in der Welt anerkennen wird.

Solche Hoffnungen und Erwartungen darf man nicht als naiv abtun, oder als „nur ein Artikel in einer regierungsnahen Zeitung“. Chinas entschlossen gelenkte Entwicklung hin zu Weltraum-Hegemonialmacht hat tatsächlich langfristige Auswirkungen auf das Ansehen des Landes in der internationalen Politik. Präsident Xi hat seit seiner Machtübernahme alle Anstrengungen unternommen, um sicherzustellen, dass China auf allen Gebieten politischen und technologischen Handelns zum durchsetzungsfähigen und dominanten Akteur auf der Weltbühne wird. Hauptmaßnahme dieser Anstrengungen ist Xis Fokussierung auf die so genannte „Belt and Road Initiative“ (kurz BRI). In Deutschland ist sie unter dem Begriff „Neue Seidenstraße“ besser bekannt. Im Rahmen dieser Initiative hat China mit mehr als 90 Ländern und internationalen Institutionen Vereinbarungen abgeschlossen. Xi legt dabei großen Wert darauf zu betonen, dass diese Initiative nicht nur chinesischen Interessen dient, sondern dem Wohl der ganzen Welt.

Auch hier, bei der Landung von Shenzhou 15, wird beflaggt.

Als integraler Bestandteil, eingebettet in diese BRI-Initiative, sind Chinas Raumfahrtpläne zu betrachten. Deshalb vergibt das Land Anreize, in einem von China geführten umfassenden Raumfahrtplan mitzuwirken. Die Marketing-Strategie ist: Je mehr China die Meisterung komplexer High-End-Weltraumtechnologie demonstriert, desto mehr internationale Partnerschaften wird es anziehen. Anders als im Westen, wo es nur in wenigen Ausnahmevorhaben wie ARTEMIS eine über viele Jahre reichende Generalstrategie gibt, hat China einen langfristigen Plan. Eine Vision, die weit in die Zukunft blickt, und nicht nur eine Handvoll von Einzelprojekten, die lediglich einige Jahre vorausschauen und kaum jemals in einen Rahmen eingebunden sind.

Denken und handeln sind im Westen viel kurzfristiger angelegt. Hier müssen die Raumfahrtplaner jedes Jahr, bei jeder Debatte über den Staatshaus-

Die Crew von Shenzhou 14. Von links: Chen Dong, Kommandant, Cai Xuzhe, Bordingenieur und Liu Yang, Bordingenieurin.

halt, fürchten, dass sie die für ihre Ziele notwendigen Budgets nicht erhalten. Ihnen sitzt die ständige Angst im Nacken, dass nach Neuwahlen die Prioritäten geändert, Budgets umgewidmet werden, Interessengruppen intervenieren oder in dann gerade vorherrschende zeitgeistige Trends investiert wird. Immer wieder werden hier Programme, für die bereits große Summen ausgegeben wurden, mit einem Federstrich storniert. Wir haben das in Europa mit dem Hermes-Programm erlebt und bei den US-Mondplänen ist genau das in den vergangenen drei Jahrzehnten ebenfalls mehrfach passiert. Nach Jahren startet man dann gewöhnlich wieder bei Punkt Null neu.

Dem gegenüber setzt China auf Kontinuität und das stetige, sukzessive Abarbeiten eines langfristigen Plans. China hat den „Langen Marsch" Maos nicht nur verinnerlicht, er verkörpert auch ein chinesisches Ideal. Chinesische Wissenschaftler und Techniker arbeiten ohne Angst, dass schon die nächste Budgetdebatte in den politischen Gremien das Ende der begonnenen Vorhaben bedeuten könnte. Noch über den Fünfjahresplänen steht in China jede Art von fortschrittlicher technologischer Entwicklung unter einem systemischen, ganzheitlichen und koordinierten Ansatz. Sie sind festgehalten in den „Xi Jinping Thoughts" (Xi Jinpings Ideen des Sozialismus chinesischer Prägung). Ihr Ziel ist es, China bis 2035 in ein autoritär geführtes, modernes sozialistisches Land zu verwandeln, in dem der Weltraum integraler Bestandteil ist. Nicht zuletzt deshalb sind viele der mittelfristigen Ziele Chinas, wie die Errichtung der bemannten Mondstation, auf genau dieses Jahr hin ausgerichtet.

Die zweite Fokussierung besteht auf dem Jahr 2049. Dann jährt sich der Jahrestag der Staatsgründung des „Neuen China" zum 100-sten Mal. Bis dahin will China jedes andere Land auf diesem Planeten hinter sich gelassen haben. Doch auch dann wird der Plan noch nicht enden.

Landung des Raumschiffs der Neuen Generation. Mit einer Landekapsel wie dieser werden Chinas Mondastronauten vom Erdtrabanten zurückkommen. Auch hier wird als Erstes die Nationalflagge gesetzt.

Seine Durchführung wird streng von der Kommunistischen Partei Chinas kontrolliert. Der Staatsrat gibt nicht nur die Generalstrategie, sondern auch Details vor. Selbst Science Fiction-Autoren bekommen Leitlinien, in welcher Form ihre Stories gestaltet werden sollten. Ein gutes Beispiel einer die Welt anführenden Weltraummacht China beschreibt Xixin Liu in seiner „Trisolaris-Trilogie" (Deutsch: Die drei Sonnen), ein Werk, das auch im Westen große Resonanz gefunden hat. Alles läuft in China geordnet und aufeinander aufbauend. Trägerraketen, Satelliten, bemanntes Raumflugprogramm, Raumstation, Probenrückführung von Mond und Mars, experimentelle bemannte Mondlandungen, superschwere Trägerraketen, permanent bemannte Mondbasis, Energie aus dem Weltraum, nuklearbetriebene Raumschiffe, bemannte Flüge zum Mars, die 100-Astronomische-Einheiten-Mission bis 2049.

Die Komplexität wächst, und mit ihr wachsen die Fähigkeiten Chinas. Die Infrastruktur wird größer und ausgefeilter, der Weg zu den Sternen ist vorgezeichnet. Xi strebt danach, eine autoritär geführte Welt- und Weltraumordnung aber mit weitgehender wirtschaftlicher Freiheit und einem sorgfältig konstruierten Narrativ vom „Wohl der Menschheit" zu errichten. Chinas Mondprogramm spielt in diesem Narrativ eine entscheidende Rolle, weswegen der Mond in Chinas Raumfahrt aktuell die größte Rolle spielt. Er ist zum einen der weithin sichtbare Leuchtturm des erzielten Fortschrittes zum anderen aber auch ein wichtiger Baustein für die Ausweitung chinesischen Wirtschaftens und Handelns über die Erde hinaus. All das wird in den USA mit Irritation und Besorgnis wahrgenommen. So meinte der NASA-Administrator Bill Nelson in einem Interview Anfang 2023 nach dem Abschluss der 26-tägigen Artemis I-Mission der NASA, bei der eine unbemannte Orion-Kapsel um den Mond flog: „Tatsache ist, wir sind in einem Raumfahrtwettlauf. „Und weiter: „Wir sollten gut darauf achten, dass sie nicht unter dem Deckmantel wissenschaftlicher Forschung zum Mond gehen und uns eines Tages erklären: ‚Ihr bleibt draußen, wir sind hier und das ist unser Territorium. '"

Artemis I war der erste große Schritt im Plan der NASA, wieder Astronauten auf der Mondoberfläche zu landen, um danach mit dem Aufbau einer dauerhaften amerikanisch dominierten Präsenz zu beginnen. Doch es geht viel langsamer voran, als erhofft. Unter Trump sollte die erste bemannte Mondlandung der Nach-Apollo-Ära im Jahr 2024 erfolgen. Derzeit steht der Plan auf Ende 2025, und ich kann jedem schon jetzt versprechen: Sie wird keinesfalls vor 2027 tatsächlich stattfinden, wahrscheinlich sogar noch viel später.

Das ARTEMIS-Programm der NASA setzt auf eine Reihe neuer Systeme und Technologien, die sich alle noch in der Entwicklung befinden. Es setzt darauf, dass Jahr für Jahr die notwendigen Budgets zur Verfügung gestellt werden, was in den USA schon beliebig unwahrscheinlich ist. Jegliche signifikante Verzögerung im US-Programm bedeutet, dass die USA in die Gefahr laufen, hinter China zurückzufallen. Der ehemalige Astronaut Terry Virts, der heute als Autor und Berater arbeitet, erkannte bei derselben Gelegenheit: „Auf einer bestimmten Ebene ist das ein politischer Wettbewerb, um zu zeigen, welches System besser funktioniert. Was China wirklich will, ist die Bestätigung als bestes Land der Welt. China will die dominierende Macht der Erde sein. Wenn sie uns auf dem Mond schlagen, zeigt das, dass sie besser sind als wir."

Noch einmal zurück zu Bill Nelson. Auf die Frage, ob US-Astronauten noch vor den Chinesen auf dem Mond landen werden meinte er lakonisch: „So Gott will." Unbedingte Zuversicht sieht anders aus.

So sieht Chinas Raumstation aktuell aus.

Der Astronaut James Irwin beim zweiten EVA der
Apollo 15-Mission am 1. August 1971 am Rand der Headley-Rille.
Fotografiert wurde er vom Apollo 15-Kommandanten David Scott.

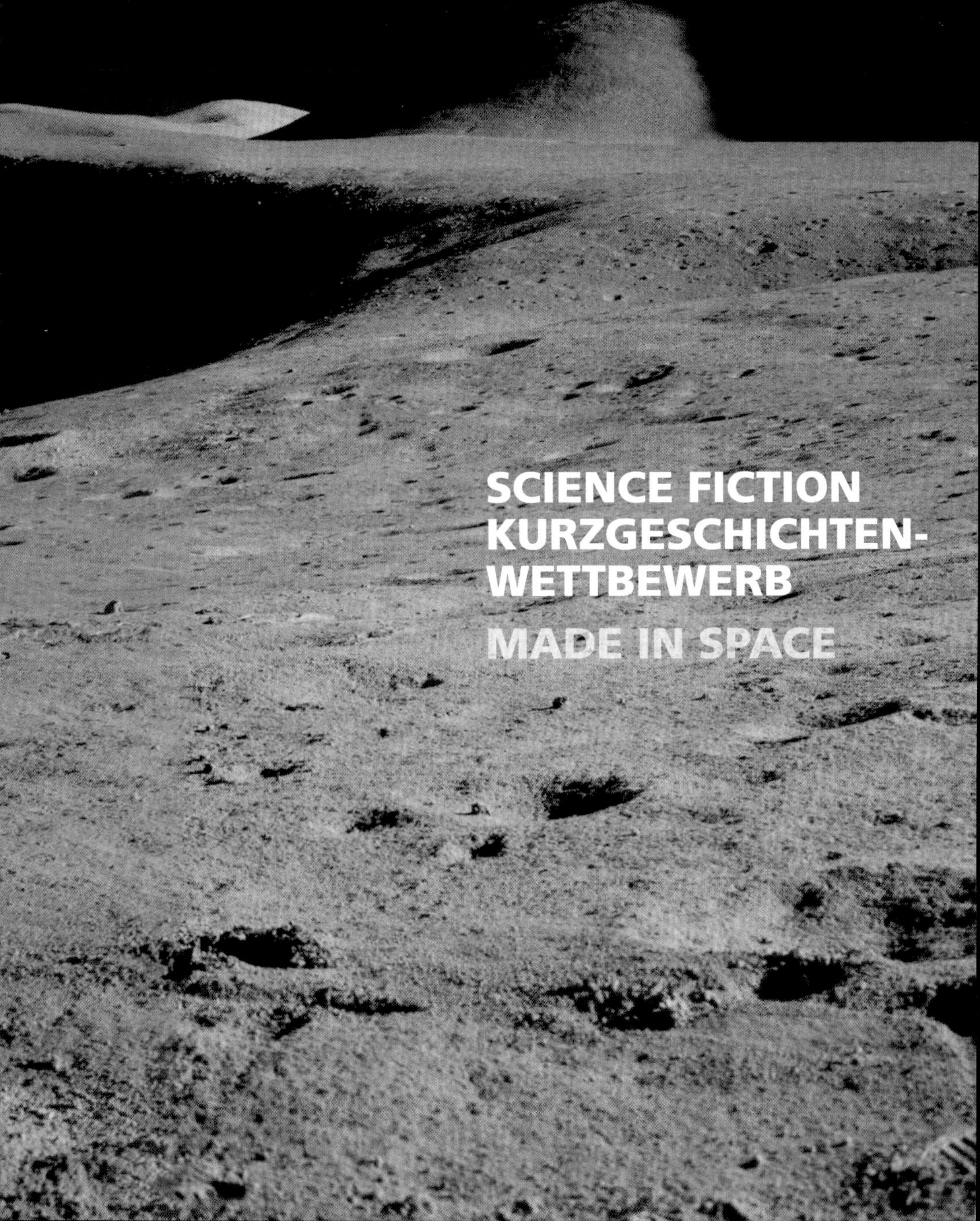

# SCIENCE FICTION KURZGESCHICHTEN-WETTBEWERB

## MADE IN SPACE

**RAIKO MILANOVIC**

# REGOLITH BLUES

## SCIENCE FICTION WETTBEWERB 2023 – PLATZ 3

Am zweiundvierzigsten Tag nannten wir unsere Landefähre in Ithaca Station um. Die NASA rief uns starrsinnig weiter mit Lunar-Ice-South-Pole-Processing-Facility, aber wir meldeten uns mit Ithaca. Am Lunaren Südpol sieht man stets die Erde, aber wir durften nicht zurück. Das passte doch. In den Medien wurden viele Gründe dafür genannt, aber letztendlich lief alles auf ein „Bleibt, wo ihr seid" hinaus. Die Politiker, sonst gerne die Lieblingsvorurteile ihrer Wähler bedienend, blieben unschlüssig. Was gut für uns war, da weniger sozial gesonnene Christenmenschen Atombomben vorschlugen. In dieser Stimmung wollte ich nicht zurück zur Erde – mit oder ohne posthumen Orden.

Oleg und ich huschten nach einer schweißtreibenden Schicht hinter die Schlackenhalde. Die Ziegel waren alle sauber aufgeschichtet und wir hatten noch ein paar Minuten. Oleg wühlte schon im Regolith.

„Bestens temperiert!" rief er und zog die Flasche raus, die sein Großvater dem Gelingen der Mission beigesteuert hatte. Der Reif dampfte im Sonnenlicht. Oleg stülpte geschickt einen Schlauch über den Flaschenhals und steckte das andere Ende durch das R-Ventil im Helm.

„Cheers mate," sagte er und nahm einen Schluck.

Oleg sprach besser Englisch als ein Londoner Taxifahrer. Er hatte dort studiert. Mein Russisch war bescheiden, aber auch das neue Russland nahm die soziale Interaktion beim Trinken ernst. Ich nahm den sorgfältig abgekniffenen Schlauch entgegen und toastete auf den Erfolg unserer Mission, würdigte das

Andenken früherer Kosmonauten und Astronauten und wünschte Oleg schließlich gute Gesundheit.

„Was?" kam es aus der Fähre.

„Bitte wiederholen."

„Wir machen hier noch klar," sagte ich schnell und hielt Oleg vier Finger entgegen. „Für die nächste Schicht; wir kommen gleich."

Dann schaltete ich auf Kanal vier. Die Flasche stand zwischen uns im Mondstaub und wir reichten uns gegenseitig den Schlauch mit dem Schwarzgebrannten wie einen Shisha-Schlauch in irgendeiner Bar auf der Erde. Bis Cheney seine Rede halten würde, hatten wir noch etwas Zeit. Eigentlich war das auch sein Verdienst, dachte ich als ich den Schlauch zurück reichte. Ohne seine Sparmaßnahmen wäre das Arbeiten erträglicher, aber dieser Bastard kannte ja nur seine Bilanzen. Als wir vor vier Wochen im Mondorbit angekommen waren hatten die Roboter schon angefangen aus Mondstaub Ziegel zu backen. Der Fortschritt war beachtlich und wir konnten sie bald neu programmieren, damit sie unser Iglu bauten. Die Roboter arbeiteten fleißig und unermüdlich, bis das Iglu einstürzte. Das Teleskop des Gateways hatte nicht genügend Auflösung und die Roboterlinsen waren zu ungenau um uns zu zeigen was schiefgelaufen war. In einem hektischen Tag wurde der Plan umgeschrieben, damit wir vor Ort rausfinden konnten, was schief gelaufen war. Und das hieß die erste Zeit in der Landefähre zu wohnen.

Nach der Landung befreiten wir die Roboter aus dem Ziegelhaufen, der unsere menschenwürdige Unterkunft hätte sein sollen und luden ihre Daten herunter. Wir quetschten uns in die Fähre und warteten auf Marikos Befund. Es war eng und wir waren ungeduldig, aber sie ignorierte uns und ging die Protokolle der KI durch.

„Sie erkennen nicht, dass die Wand schief ist," erklärte sie am nächsten Tag. Sie sah gar nicht nach einer zwölf Stunden Schicht aus, Tee trinkend mit einer Hand auf der Tastatur.

„Aber wieso?" Mariko lächelte fein und sagte „KI steht für Künstliche Idioten." Bei einem gewissen Sonnenstand, erklärte sie, verschatteten die Ziegel die Fugen und die KI sah die Ziegel weiter draußen als sie tatsächlich waren. Ich konnte mir gut vorstellen, wie sie eifrig Splines legte, um elektroneurotisch das kleinste Fehlerquadrat einzuhalten. Jeder Mensch, selbst in einem klobigen Raumanzug, hätte gefühlt, wie schief die Ziegel standen, aber die KI kannte nur ihre Koeffizienten und ließ die Roboter Ziegel schichten, bis die Wand einstürzte. Wir machten uns daran, alles wieder gerade zu rücken. Oleg kannte die Wirkung des Brandes gut genug um die Flasche nach dem dritten Schluck zu verschließen und wieder im Regolith zu vergraben. Nicht nur deswegen kehrten wir wie Schuljungen zur Fähre zurück. Wir hatten trotz des ganzen Zeitdrucks unser Pensum erledigt und Cheney ein bisschen Freizeit abgerungen. Fühlte sich gut an. In der Luftschleuse schnupperte Aimée demonstrativ, als ich den Helm abnahm, sagte aber nichts und half mir mit den Anschlüssen.

„Besprechung in zwanzig," sagte sie.

Cheney würde von der Erde aus dozieren. Jemand hatte die Schlafsäcke zusammengerollt und an eine Seite der Kabine geschoben, damit wir was zum Sitzen hatten. Auch in einem Sechstel Erdschwerkraft ist ein Aluboden hart. Ein Tablett lehnte an der Leiter zur Luftschleuse. Man sah bereits das SPEX Logo. Es roch nach Schweiß, Mondstaub und Kameradschaft. Aimée, Mariko, Phil, Oleg, Woody und ich, Jakub. Wir, die Besatzung der Prospero, am Südpol des Mondes, um Eis zu gewinnen.

Ihr seid meine Familie, hatte Oleg vor unserem Abflug gesagt. Und es so gemeint. Mir ging es genauso. Wir hatten so lange miteinander trainiert und uns zusammengerauft, dass es wirklich wie in einer Familie zuging. Ärger und Streit, Freude und Frust und am Ende doch miteinander.

Ein markantes „Männer," vom Bildschirm unterbrach meine Gedanken. „Gute Arbeit. Ich wusste, dass ich mich auf meine Jungs verlassen kann."

Ich schaute zu Aimée rüber, aber sie verzog keine Miene. Sie und Mariko waren die einzigen Frauen an Bord und sie waren ein Paar. Es war nicht leicht für die männlichen Astronauten, aber wir nahmen es professionell. Schließlich waren wir alle hier, um in den Weltraum zu fliegen. Kaum zu glauben, dass Cheney selbst ein Astronaut gewesen war. Das heißt, bevor er ins Management wechselte. Ich schaute wieder zum Bildschirm.

„Durch die Havarie der Roboter, sind wir auf dem kritischen Pfad. Darum hat die Projektleitung beschlossen, die Belüftung des Iglus zu verschieben; die Landefähre hat ja ausreichend Platz. Ab sofort nehmen wir den Massenbeschleuniger in Angriff."

Wir stöhnten mit einer Stimme auf, aber Cheney war abgebrüht genug, sich für unser Verständnis zu bedanken

„Ich weiß, dass ist sportlich," fuhr er fort, „aber wir müssen die verlorene Zeit aufholen. Kreative Lösungen sind gefordert. Das Hilton wartet auf den Sauerstoff und SanYoo Dynamics wartet nur auf die Gelegenheit uns den Markt streitig zu machen. Männer, ich verlasse mich auf euch. Cheney out."

Mariko tippte auf das Tablet und der Bildschirm erlosch. Niemand sprach. „Ihr könnt nicht noch mehr Zeit draußen verbringen", sagte Aimée schließlich, „Eure Dosimeter sind kurz vor der Sättigung. Wir brauchen die Roboter." Alle nickten. Drei der Roboter waren beschädigt worden, aber wir hatten keinen Ersatz. Oleg erhob sich und deutete auf die Landschaft draußen.

„Es hilft nichts, wir müssen einen ausschlachten. Dann können wir vielleicht die anderen beiden retten."

„Aber nicht Alpha!"

„Wieso nicht? Der lag doch ganz unten," bemerkte Woody süffisant.

Er hatte nichts übrig für die Bots und sah nicht gerne, dass sie menschliche Aufgaben übernahmen. Woody war der Typ, der alles selber machen wollte. Er verzichtete meistens auf die Automatik, ging die Dinge nochmal durch und vertraute auf nichts, was von alleine lief. Das machte ihn zu einem sehr guten Piloten.

„Wir benutzen die Teile vom Medi-Bot. Gamma hat nur ein paar Beulen, das kriege ich hin. Pillen und Spritzen können wir uns selbst geben," sagte Phil. Mariko schüttelte den Kopf.

„Das nutzt nichts, die Elektronik ist nicht gehärtet. Draußen versagt sie in weniger als einer Stunde."

„Aber wir brauchen doch nur die Sensorleiste. Das Steuermodul ist unbeschädigt. Die Leiste schließe ich an, wir kalibrieren sie neu und fertig. Den Rest kriege ich hin." Mariko lächelte. Alpha war Phils Liebling und er verteidigte ihn wie eine Glucke. „Ok, das könnte funktionieren. Was ist mit den anderen Bots?" Die Diskussion ging weiter, wir besprachen das wie und wann, und Mariko bestimmte die beiden, die raus zu den Robotern sollten. Ich half, Phil Alpha reinzuholen, während Woody den Medi-Bot aufschraubte. Mariko arbeitete an der Sensorkalibration, Oleg machte Abendessen und Aimée ging die Dosimeterprotokolle durch. Alpha erwachte aus seiner Starre, blinkte bestätigend und rollte einen Schritt zurück. Es klappte, er funktionierte wieder und hatte einem Menschen Platz gemacht.

„Er braucht einen Sonnenschirm über der Sensorleiste. Sonst wird er gleich wieder blind," riet Oleg von der Mikrowelle.

„Ja, ja, daran habe ich schon gedacht. Gib mir den Achter."

„Zöllig, oder richtige Einheiten?"

Phil verdrehte die Augen zu dem alten Witz und hielt lediglich die Hand hin. Wie in einer Familie, dachte ich. Am nächsten Morgen, starteten wir die reparierten Roboter. Alpha und Beta luden Regolith in den Sonnenofen, Gamma und Delta holten die Ziegel und die beiden anderen schichteten sie zu einer Rampe auf. Die Auswahl an Trockennahrung änderte sich nicht, wir mischten unsere Rationen für ein bisschen Abwechslung. Unseren Schweiß rochen wir schon längst nicht mehr, aber das kümmerte uns nicht, denn in einer Woche käme unsere Ablösung. Man konnte uns nichts vorwerfen, die Rampe wuchs und wir hatten den Zeitplan eingehalten. Dann gab Alpha Alarm. Phil war als erster an der Konsole und drückte Knöpfe.

„Was ist?"

„Er steht!"

„Sind es die Sensoren?"

„Nein, er kriegt noch immer Input, aber..." Phils Stimme verlor sich.

„Da draußen ist eine Wolke," rief Woody verblüfft.

Alle bis auf Phil stürzten an die Fenster. In der Ferne, inmitten verschwindenden Nebels ließ Alpha sein Blinklicht rot rotieren. Rot, nicht Blau. Nothalt. „Das medizinische Sicherheitsprotokoll ist aktiviert," sagte Phil. „Darum ist er stehen geblieben. Das muss die Sensorleiste vom Med-Bot sein."

„Und was macht er?" „

Er scannt nach Miasmen."

„Nach was?"

„Üblen Gerüchen, Ausdünstungen."

„Draußen? Da ist doch nur Staub. Das kann nicht sein."

„Aber es wird ein Spektrum angezeigt. Irgendwas Organisches."

„In der Sonne? Bei über zweihundert Grad Celsius? Dein Blechkumpel hat einen Sonnenstich." Es wurde laut und alle sprangen zwischen der Anzeige auf der Konsole und dem Fenster hin und her, wo es längst keinen Nebel mehr zu sehen gab. Mariko sagte:

„Beruhigt euch, Ruhe," und fragte, „was ist mit den Anderen?"

Sie drehte sich mit dem Rücken zum Fenster.

„Beta, Gamma, Delta, Epsilon, Zeta...die anderen arbeiten weiter. Haltet sie an. Wer weiß, was sie gerade machen."

„Vielleicht ist Alpha auf eine Eisader gestoßen, mit ein paar organischen Molekülen darin," spekulierte Phil, „und das verdampfte in der Sonne."

„Alpha gräbt ja nicht tief. Gäbe es so nah an der Oberfläche Eis, wäre es längst sublimiert und nicht schlagartig verdampft," sagte ich. Phil verkniff den Mund, sagte aber nichts.

„Es muss ein Fehler sein," wiederholte Woody. „Aber der Read-Out ist ok. Hier, sieh doch. Ethanol, Hexanol, Aminosäuren. Alpha hat Leben gefunden," rief Phil begeistert. Niemand kommentierte das und Phil konstatierte verblüfft, dass niemand seine Begeisterung teilte.

„Wenn es dort eine Eisader gibt, muss das Bodengutachten neu erstellt werden. Jemand muss raus und nachschauen," sagte Mariko in die Stille, „und checkt die Rampe, ob sie gerade steht".

Ich ächzte, Oleg zuckte gleichmütig mit den Schultern und Woody feixte. „Ich werde die Zentrale informieren," sagte Mariko. Erst als Aimée sich räusperte und mich bedeutungsvoll anschaute, dämmerte es mir. „Warte," sagte ich zu Mariko, „und du," sagte ich zu Phil," ruf nicht in Stockholm an."

„Und wann hättet ihr uns in euer kleines Alkoholproblem eingeweiht?" wollte Mariko von uns wissen.

„Das war nur ein kleiner Schluck zur Entspannung. Seit es Raumfahrt gibt, fliegt Alkohol mit. Das ist kein Problem."

„Außerdem ist er jetzt Geschichte," fügte Oleg mit einer Spur Wehmut hinzu. „Das ist völlig egal!" fauchte Mariko. „Wenn das raus kommt wird jedes Problem, jeder Fehler, auf euren Suff geschoben."

Wir schwiegen.

„Wir brauchen eine plausible Erklärung," überlegte Aimée. „Wir müssen es auf die Reparatur schieben, da ist ein Fehler am wahrscheinlichsten."

„Also die Sensorleiste."

Phil schüttelte den Kopf. „Die Telemetrie geht auch an die Zentrale. Die sehen, dass sie normal funktioniert."

„Dann die Kalibrierung." Mariko schaute nicht gerade begeistert, schwieg aber. „Und wenn wir Phil Recht geben?" sagte ich leise. „Olegs Großvater hat die Hefe nicht sorgfältig genug ausgefiltert," fügte ich hinzu, „und genau das sah Alpha, als er die Flasche ausgrub. Die Aminosäuren der Hefe. Wir brauchen dazu gar nichts weiter sagen."

„Du meinst eine Mondseuche? Das glaubt uns doch niemand." Woody schüttelte den Kopf. Aber Cheney war gerissener als wir alle zusammen.

„Hallo SPEX-42, hallo Prospero. Hier spricht Richard Cheney, Planungsleiter der Lunar Ice-South-Pole-Processing-Facility aus der SPEX Zentrale. Die Telemetriedaten des Bauroboters Alpha wurden ausgewertet und das folgende beschlossen." Er räusperte sich und schaute auf etwas neben dem Schirm.

„Erstens: der Roboter ist unbeschädigt und kann weiter gefahrlos eingesetzt werden." Schneller Blick neben den Schirm. Warum sah er uns nicht direkt an? „Zweitens: auch wenn das Spektrogramm organische Verbindungen nahe legt, wäre es das erste Mal, dass man solche auf dem Mond feststellt. Die Messung wird daher als unbestätigt eingestuft."

Er hob den Zeigefinger.

„So historisch einmalig das auch wäre, ist es extrem unwahrscheinlich, dass frühere Expeditionen nicht-terrestrische Organismen übersehen haben. Sicherheitshalber wird trotzdem das internationale geltende Sicherheitsprotokoll zur Bewahrung der irdischen Biosphäre angewendet. Daher gilt eine Quarantäne bis Gegenbeweise zu möglichen Kontaminationen vorliegen."

Er stoppte kurz um direkt in die Kamera zu schauen.

„Viertens: Eure Ablösung durch die Mannschaft der SPEX-43 bleibt bis auf weiteres am Boden. Selbstverständlich wird eure Versorgung von Bauteilen und Vorräten aufrechterhalten. Bis zum Eintreten von möglichen Symptomen oder der Freigabe durch die Flugärzte kann daher der Bau des Beschleunigers fortgesetzt werden. Cheney out."

Als die Übertragung endete, kommentierte jeder, in seiner Sprache und mit tiefst empfundenen Verwünschungen, die Situation.

„Und jetzt? Gründen wir eine Gewerkschaft?"

**SOPHIE SOLCHENBACH**

# CHARPENTIER

## SCIENCE FICTION WETTBEWERB 2023 – PLATZ 2

Als Claire Thouin in den Hangar schwebte, hatte das Shuttle bereits angedockt. Touristen waren für die Besatzung der Charpentier-Raumstation eine willkommene Abwechslung, und so glitt Claire unauffällig zu den anderen Crewmitgliedern, um mit ihnen zu beobachten, wie ein paar reiche Schnösel ihre ersten Gehversuche in der Schwerelosigkeit unternahmen.

Zuerst kletterten die Touristen aus der Luke, dann machte sich ein spinnenbeiniger Novalife-Roboter daran, die Frachtboxen auf eine der schwebenden Ladeflächen zu stapeln. Einer der Touristen, ein blonder Mann mittleren Alters, hielt sich krampfhaft an einer Griffstange fest und ruderte mit den Beinen, als glaubte er, zu fallen.

„Ich glaube, dem gehört eine der Minen im Gürtel."

Lana Gbowee, die Leiterin der IT, deutete mit dem Kinn hinüber. Ein Crewmitglied aus dem Touristen-Betreuungs-Team versuchte vergeblich, ihm eine Halteleine anzuschnallen.

„Scheint ja gut zu laufen, wenn er hier Urlaub macht." Trotz ihres Overalls fröstelte Claire plötzlich. Sie schüttelte sich und drängte die Erinnerung an den Asteroidengürtel zurück in eine finstere Ecke ihres Verstandes. Das Grauen, das sie dort gesehen hatte, war vierhundert Millionen Kilometer weit weg. Charpentier, sicher geparkt im Lagrange-Punkt zwischen Erde und Sonne, war jetzt ihr neues Zuhause: Hier gab es vernünftiges Essen, der Strahlenschutz funktionierte, und in den Lüftungsschächten lebten keine multiresistenten Mikrobenstämme. Am meisten aber mochte Claire die Schwerelosigkeit. In der Schwerelosigkeit verschwand diese bleierne Müdigkeit, die sie sonst tief in den Knochen spürte. All die Jahre in der Dunkelheit fielen hier einfach von ihr ab. Ein zerzauster Kopf mit warmen braunen Augen schwebte verkehrt herum von oben in Lanas und Claires Sichtfeld.

„Dr. Gbowee und Dr. Thouin. Wie ich sehe, sind Spitzenkräfte mit extrem wichtigen Problemen beschäftigt." Lana verdrehte die Augen und schob Melvin Akram sanft beiseite, um wieder etwas sehen zu können. Melvin landete mit einer eleganten Rolle neben ihr.

„Ich wette, der blonde Typ kotzt gleich. Achtet darauf, dass ihr nicht in seiner Schusslinie seid."

„Melvin. Musst du nicht vergoldeten Kaviar oder so für unsere Neuankömmlinge kochen?", gab Claire zurück.

„Diese superreichen Lackaffen werden meine Fähigkeiten wenigstens zu schätzen wissen. Weißt du, wie schwierig es ist, aus Algen, synthetischen Proteinen und dem bisschen Gemüse, das wir anbauen, etwas zu zaubern, das halbwegs schmeckt? Aber von jemandem, der den ganzen Tag nur Algenplätzchen futtert, kann ich das natürlich nicht erwarten."

„Hey, die Algenplätzchen sind nicht so schlecht", widersprach Claire.

„Claire, ich geb Melvin nur ungern recht, aber du bist wirklich die einzige Person im Sonnensystem, die Algenplätzchen mag", seufzte Lana. Bevor Claire etwas erwidern konnte, piepste ihr Armband. Im Display erschien ein neuer Auftrag.

„Ich muss los. Wir sehen uns später."

„Bitte sag den Algen nicht, dass wir sie essen, sonst schmecken sie noch schlechter", rief Melvin ihr hinterher. Claire hangelte sich an den Turboliften vorbei und glitt hinüber in die Produktionsräume. Touristen waren auf Charpentier nur ein Nebengeschäft, in erster Linie war die Raumstation eine Produktionsstätte für „hochfunktionale organische Substanzen", wie Novalife es bezeichnete. Sie erreichte das Kontrollboard und bestätigte die Parameter für die Biosynthese. Sofort startete das System die CRISPR-Genmodifikation an einem der Hochdurchsatz-Algenstämme. Als nächstes würden die modifizierten Algen in einem Tank kultiviert werden, sie würden das eingebrachte Gen ablesen und die dekodierte Substanz herstellen. Hier draußen in der immerwährenden, ungefilterten Sonneneinstrahlung dauerte das nur wenige Stunden. Danach würde das System die Zielsubstanz extrahieren und die Algen zu Algenplätzchen, dem beliebten Hauptnahrungsmittel auf Charpentier, weiterverarbeiten. Der letzte Schritt war die Kristallisation: Auf der Erde wären aus der konzentrierten Extraktionslösung nur unbrauchbare Klumpen ausgeflockt, aber hier, in der Schwerelosigkeit, bildeten sich hochreine, stabile Kristalle. Die getrockneten Kristalle würde das Shuttle dann zum Cargolift der Erde transportieren.

Moment. Claire scrollte den Auftrag durch. Die Substanz war nicht für den Cargolift bestimmt. Das eingetragene Ziel war Ceres. Ceres, die Basis im Asteroidengürtel. Ihre Hände wurden feucht. Warum sollte Novalife etwas für den Gürtel produzieren? Sie wischte sich die Handflächen an ihren Hosenbeinen ab und öffnete die Details des Auftrags. Vielleicht war es ja etwas Harmloses. Das Feld für „Zielsubstanz" war leer. Claire blinzelte ein paar Mal, aber das Feld blieb leer. Charpentier stellte vor allem Massenprodukte für die Erde her – synthetische Proteine, Nahrungsergänzungsmittel, einfache Medikamente. Nichts, was irgendwie geheim sein könnte. Sie überlegte eine Weile, dann drückte sie einen Knopf an ihrem Armband.

„Lana?"

„Claire, was ist los?"

„Ich hab hier einen Auftrag, mit dem etwas nicht stimmt."

Sie übermittelte Lana die Datei. „Siehst du den Zielort?"

„Ceres?" Lanas Stimme klang überrascht.

„Wir haben noch nie was nach Ceres geschickt. Aber das ist noch nicht das seltsamste: Die Zielsubstanz ist nicht eingetragen."

„Sind das vielleicht neue Krebsmedikamente? Ich hab gehört, dass sie im Gürtel Probleme mit dem Strahlenschutz haben." Wieder schob Claire eine dunkle Erinnerung beiseite. Sie biss sich auf die Unterlippe.

„Also, falls du sicher gehen möchtest…" Das Armband verstummte wieder. „Was denn?"

„Du hast doch die Gensequenz, oder? Die die Substanz kodiert?", fragte Lana. „Ja."

„Es wird etwas dauern, weil ich es als Hintergrundroutine laufen lassen muss und nur einen kleinen Teil der Rechenleistung dafür abzweigen kann. Aber die KI des Hauptrechners könnte die Struktur aus der Gensequenz rekonstruieren."

„Du bist die Beste. Hast was gut bei mir."

„Für dich gerne, Claire. Bis morgen sollte der Computer fertig sein."

„Du hättest mal sehen sollen, wie die gestern Abend auf meine Trüffelravioli abgefahren sind." Melvins Augen leuchteten, während er sich eine Gabel Algenstrudel in den Mund schob. „Als ob sie seit Tagen kein richtiges Essen bekommen hätten! Na ja, stimmt ja auch, schließlich waren sie im Shuttle unterwegs… Egal. Ich hol mir einen Proteinpudding, willst du auch was?"

„Oh… nein danke", sagte Claire zerstreut.

Sie nahm sich ein Algenplätzchen und knabberte daran herum. Die Kantine lag genau wie die Schlafquartiere auf der Gravitationsebene, einem rotierenden Ring, in dem künstliche Schwerkraft herrschte. Normalerweise hätte

Claire sich bemüht, so schnell wie möglich zurück in die Leichtigkeit ihrer Produktionsräume zu kommen, aber heute bemerkte sie die Schwerkraft kaum. Wo blieb Lana? Ihre Freundin war sonst immer die erste beim Frühstück. Lana rutschte auf den freien Platz gegenüber von Claire.

„Du wirst nicht glauben, was …"

„Hey, das war mein Platz." Melvin setzte sich mit dem Pudding in der Hand neben Claire. „Was wird Claire nicht glauben?" Lana warf Claire einen fragenden Blick zu.

„Ist okay. Wir können ihm vertrauen."

Mit gesenkter Stimme erklärte Lana, was sie herausgefunden hatte.

„Die Substanz heißt Ciphoran. Laut der KI ist es hochgradig psychogen aktiv." Melvin runzelte die Stirn.

„Ich hab davon schon mal gehört. Angeblich kann man damit jemandem alles glauben lassen. Du nimmst es, und ab da hältst du alles, was dir gesagt wird, für wahr. Aber wozu sollte man das nach Ceres schicken?"

„Es gibt Gerüchte über Aufstände. Die Minenarbeiter wollen besseren Strahlenschutz, Erdurlaub, solche Sachen. Angeblich gibt es bald eine Revolution." Lana flüsterte jetzt fast.

„Erdurlaub ist überbewertet", nuschelte Claire in ihr Algenplätzchen.

„Du denkst, sie setzen es ein, um die Arbeiter ruhig zu stellen?", fragte Melvin. Claire schluckte. Ihre Zunge fühlte sich in der künstlichen Gravitation viel zu schwer an.

„Egal, wie sie es einsetzen, das Zeug darf nicht in den Gürtel", sagte sie heiser. „Aber die Kristallisation ist heute Abend fertig, und das Ciphoran wird danach direkt in eine Transportbox gefüllt. Die kann man nicht mehr öffnen, die ist mit einem Chip gesichert." Sie sah ihre Freunde hilflos an. „Wir können es nicht mehr stoppen." Melvin trommelte mit dem Puddinglöffel auf den Tisch.

„Sind das die gleichen Boxen, die wir auch für die synthetischen Proteine und so verwenden?"

„Ja, Novalife-Standard für organische Substanzen."

„So was könnte ich auftreiben", sagte Melvin. „Könnten wir die Boxen irgendwie vertauschen?"

„Nein, die Frachtsonde nach Ceres liest den Chip aus und verlädt automatisch die richtige Box." Lana legte den Kopf schief. „Was ist, wenn wir nicht die Box, sondern nur den Chip tauschen?"

„Das geht?", fragte Claire. „Die Chips haben ein Tracking-System, das ständig vom Novalife-Logistikzentrum auf der Erde angepingt wird. Für die anderthalb Millionen Kilometer von der Erde zur Box braucht das Signal fünf Sekunden, und genauso lange wieder zurück. Dann sendet die Kontrollstation den nächsten Ping." Lana sah die beiden vielsagend an.

„Wir haben also zehn Sekunden Zeit, um die Chips beider Boxen zu entfernen, auszutauschen und wieder anzuschließen."

„Was passiert, wenn wir es nicht innerhalb der zehn Sekunden schaffen? Oder wenn sie dahinterkommen?", fragte Claire.

„Wenn ein Chip offline geht, schlägt das Logistikzentrum Alarm und leitet ein Ermittlungsverfahren ein."

„Novalife ist in solchen Fällen nicht sehr tolerant. Du wärst deinen Job los." Melvins Blick war ernst, fast schon besorgt. Claire wurde warm.

„Wir alle, vermutlich", murmelte sie. Es war klar, was das bedeutete. Sie würden nie wieder Arbeit auf einer der inneren Stationen bekommen. Wenn sie Glück hatte, käme sie zurück auf die Erde mit ihrer dämlichen Schwerkraft. Wenn sie dagegen Pech hatte... Darüber wollte sie gar nicht nachdenken. Lana sah hinüber zu Melvin, der kaum merklich nickte.

„Wir sind dabei, aber die Entscheidung liegt bei dir", sagte sie sanft zu Claire. „Du weißt als Einzige, wie es dort wirklich ist." Claire schloss die Augen. Zu ihrer Zeit war der Gürtel ein furchtbarer Ort gewesen, kalt und unmenschlich. Nachdem sie weggegangen war, hatte sie sich eingeredet, dass es nur eine Frage der Zeit war, bis der Fortschritt der inneren Stationen mit ihrem Licht und ihrem frischen Gemüse irgendwann auch dort ankäme. Aber jetzt wurde ihr klar, dass absolut alles, was man vom Gürtel hörte, dem Gegenteil entsprach. Und der Besitzer der Mine verbrachte seine Zeit offensichtlich lieber im Luxusurlaub auf Charpentier, anstatt sich um die Probleme seiner Arbeiter zu kümmern. Sie ballte ihre Faust um das Algenplätzchen.

„Der Transport ist für heute Nacht angesetzt. Lasst uns das durchziehen." Der Verladeroboter stellte die Box mit dem Ciphoran auf einer der magnetischen Ladeflächen ab, die im Hangar verteilt schwebten. Claire schwang sich an einer Griffstange neben der Ladefläche hoch und wartete auf Melvins Zeichen. Wenn ihr Plan funktionierte, würde auf Ceres hoffentlich erst mal keiner etwas bemerken. Schließlich kam das Zeug in einer offiziellen Novalife-Box mit der richtigen Kennung. Wie lange würde es dauern, bis sie schließlich auf Lana, Melvin und sie kommen würden? Eine Woche? Zwei Wochen? In jedem Fall wäre es nicht lange genug. An der anderen Seite des Hangars erschien Melvin. Mit seinem Armband steuerte er einen Roboter, der prompt in den Lagerraum nebenan verschwand. Der Roboter tauchte mit ein paar Boxen wieder auf und stellte sie auf einer zweiten Ladefläche ab, die etwa sieben Meter schräg unter Claire schwebte. Eine der Boxen hatte die gleiche Größe wie die Ciphoran-Box.

„Tut mir leid, näher komme ich nicht ran. Die anderen Flächen sind alle für die Produktion reserviert. Viel Glück, Claire." Obwohl seine Stimme aus ihrem Armband kam – Lana hatte ihnen einen verschlüsselten Kanal eingerichtet – sah Claire zu Melvin hinunter. Hatte er ihr gerade zugezwinkert? Lana tauchte hinter Melvin auf und zog sich zur zweiten Ladefläche hoch.

„Es kann losgehen. Claire, bist du bereit? Sobald die Stromversorgung unterbrochen ist, läuft die Zeit."

Claire nickte. „Sag mir einfach, was ich tun soll." Über ihr Armband erklärte Lana Schritt für Schritt, wie Claire den Chip entfernen sollte, während sie parallel an ihrer eigenen Box arbeitete. Lanas Anweisungen waren präzise und routiniert, so dass Claire sich fragte, ob ihre Freundin darin geübt war. Der verschlüsselte Armband-Kanal, die versteckte Hintergrundroutine im Hauptrechner, und jetzt das... Es schien eine Seite an Lana zu geben, von der sie bisher nichts gewusst hatte. Die kleine Statusleuchte an der Box mit dem Ciphoran wurde dunkel. Claire begann im Kopf zu zählen.

Zehn... Neun... Jetzt kam der kritische Teil. Um die Chips zu tauschen, mussten Lana und sie jeweils auf die andere Ladefläche wechseln. Wenn man in der Schwerelosigkeit zu viel Kraft einsetzte, konnte man leicht gegen eine Wand donnern, aber bei einem zu zaghaften Versuch blieb man in der Luft stecken und kam nur noch quälend langsam vom Fleck. Lana stieß sich mit Schwung von der zweiten Ladefläche ab und kam auf Claire zu.

Acht... Lanas Geschwindigkeit war gut, aber ihr Winkel stimmte nicht. Sie driftete nach links.

Sieben... Claire packte eine der Halteleinen, hakte sie an ihrem Bein ein und machte einen Satz hinüber zu Lana. Sie bekam sie an den Fingerspitzen zu fassen und zog sie zu sich heran. „Danke." Lana hangelte sich zur Ladefläche hinüber. „Jetzt du."

Sechs... Claire atmete durch und visierte die andere Ladefläche an. Sie war in der Schwerelosigkeit zuhause. Das hier konnte sie.

Fünf... Sie stieß sich mit den Füßen ab und glitt durch die Luft.

Vier... Noch im Flug zog sie die Beine an und landete ungelenk neben der Box mit dem Nicht-Ciphoran. Melvin begann zu klatschen. „Keine Zeit", rief Lana aus dem Armband und deutete auf ihren Chip, der bereits halb verkabelt an der Box mit dem echten Ciphoran hing.

Drei... Claire zog ihren Chip aus der Tasche und ging Lanas Anweisungen erneut durch, diesmal in umgekehrter Reihenfolge.

Zwei... Eins... Die Statusleuchte wurde wieder grün. Claire rollte sich von der Box weg und blieb auf der Ladefläche liegen. Ein Novalife-Roboter näherte sich der Ladefläche. Er scannte den Chip, hob die Box mit dem Nicht-Ciphoran an und trug ihn zu einer Transportsonde in der Außenwand des Hangars. Claire war gerade auf dem Weg zum Fitnessraum auf der Gravitationsebene, als plötzlich jemand ihren Namen rief.

„Dr. Thouin? Dr. Thouin, warten Sie!" War das der Moment, auf den sie seit Tagen wartete? Novalife hatte den falschen Behälter bemerkt, und jetzt würden sie sie feuern. Langsam drehte sie sich um. Hinter ihr stand der blonde Tourist. „Ich wollte mich bei Ihnen aus tiefstem Herzen bedanken. Es war wundervoll hier. Ich werde meinen Partnern bei Novalife gegenüber auf jeden Fall erwähnen, was Sie und Dr. Gbowee für herausragende Arbeit leisten." Claire war überrumpelt. War das ein Scherz? Sie kniff die Augen zusammen, aber der blonde Mann strahlte sie aufrichtig an und schüttelte ihre Hand.

„Ich muss los, mein Shuttle geht gleich. Vielen Dank nochmals!", rief er und verschwand in den Turbolift. Sie hatte gerade zehn Minuten Laufband hinter sich gebracht, als sich Melvin auf die Hantelbank neben ihr plumpsen ließ.

„Vorbereitung für die Erde?" Claire nickte und versuchte, nicht allzu sehr aus der Puste zu wirken. Niemand der anderen Crewmitglieder schien sie zu beachten. „Hast du schon was von Novalife gehört?", fragte sie leise. Melvin schüttelte den Kopf. „Wir werden wohl abwarten müssen, was passiert."

„Was war das eigentlich für Zeug? In deiner Box, meine ich", fragte Claire nach einer Weile. „Und was hast du mit dem echten Ciphoran gemacht?"

Zu Claires Überraschung begann Melvin zu grinsen. „Ach, lass das meine Sorge sein", sagte er. „Weißt du, anders als in deinem Job läuft bei mir nicht alles automatisch. Ich verrichte noch echte Arbeit."

„Melvin. Das ist kein Scherz. Das Ciphoran darf nicht in falsche Hände geraten. Wo ist es jetzt?"

„In Ordnung, ich erzähl es dir. Unter einer Bedingung."

„Und die wäre?" Melvin schob seine Hände in den Overall. „Du musst meine Trüffelravioli probieren." Claire verdrehte die Augen. „Gut, ich probiere deine Trüffelravioli."

„Perfekt. Heute Abend um acht? Ich hol dich ab."

„Moment, ist das ein Date?", fragte Claire. Melvin runzelte die Stirn. „Falls ja, wäre das ein Problem?"

„Nein! Ich dachte nur irgendwie, du und Lana..." Melvin lachte erleichtert. „Und ich dachte schon, du und Lana, so wie ihr ständig aneinanderklebt. Gut, dass wir beide daneben lagen, was?" Kurz nach acht stand Melvin vor Claires Quartier. „Fertig?"

„Wo gehen wir hin?", fragte Claire. „Wirst du schon sehen." Hinter der Kantine nahmen sie den Turbolift nach oben, in das schwerelose Zentrum der Station. Claire spürte, wie sie immer leichter wurde. Der Druck auf ihre Kniegelenke löste sich auf. Ihre Wirbelsäule streckte sich. Ihre Locken wanderten nach oben, bis sie um ihren Kopf herum schwebten. Und zum ersten Mal verschwand die Schwere in Claires Brustkorb, die seit ihrem nächtlichen Ausflug in den Hangar dort eingezogen war. Melvin lotste sie an den Produktionsräumen vorbei, und Claire fand sich in einem kreisrunden Raum wieder, der auf einer Seite ein riesiges Fenster hatte. Langsam glitt Claire darauf zu. Tausende von

Sternen funkelten in der Schwärze des Alls. In ihrer Mitte schwebte ein voll erleuchteter, blaugrüner Planet. Die Erde.

„Der µg-Experience-Raum für die Touristen. Keine schlechte Aussicht, was?" Melvins Haare standen in alle Richtungen ab. Claire war sprachlos. Nach einer Weile stupste Melvin sie an. „Ich hab noch eine Überraschung für dich." Claire riss sich vom Anblick der Erde los.

„Stopp, vorher musst du mir erzählen, was mit dem Ciphoran passiert ist. Und womit es ausgetauscht wurde."

„Okay. Also erst mal: Die Substanz in der zweiten Box – das war Saccharose. Zucker. Der war eigentlich für die Frühstückswaffeln der Touristen vorgesehen. Aber ich dachte, die Leute im Gürtel freuen sich bestimmt, wenn jemand ihnen den Tag versüßt." Claire musste lachen.

„Nicht schlecht. Und wo ist das echte Ciphoran jetzt?"

„Da, wo eigentlich der Zucker hinsollte. Ich musste ja dafür sorgen, dass meine Lagerbestände wieder stimmen."

„Du hast…?"

„Ich hab dem blonden Kotzbrocken beim Frühstück empfohlen, dass er in Zukunft seine Mitarbeiter im Gürtel besser behandeln und mehr Geld für Strahlenschutz ausgeben könnte." Er zuckte mit den Schultern. „Mal sehen, ob es was bringt." Claire fiel ein, wie merkwürdig sich der blonde Tourist benommen hatte. „Du warst das! Du bist…" Sie wusste nicht, wie sie den Satz beenden sollte. Melvin lachte. „Nicht leicht, dich zu beeindrucken, Dr. Thouin. Bist du jetzt bereit für meine zweite Überraschung?" Er zog eine Nahrungsmitteldose aus seiner Tasche. „Trüffelravioli?"

„Viel besser." Er öffnete vorsichtig die Dose, damit der Inhalt sich nicht im Raum verteilte, und hielt sie Claire hin. „Algenplätzchen!"

„Selbstgemacht. Probier mal." Die Algenplätzchen waren salzig und knusprig, mit dem vertrauten Geschmack nach Meer, aber da war eine neue, nussige Note. „Hmm, mit Trüffelaroma. Die sind fantastisch." Als Melvin und Claire den Turbolift auf der Gravitationsebene wieder verließen, wartete Lana bereits auf sie. Ihr Gesicht war regungslos, aber in ihren Augen lag eine unnachgiebige, verzweifelte Kälte. Claire hatte sie noch nie so gesehen. „Lana, was ist los?"

„Claire, es tut mir leid. Es geht nicht anders." Lanas Stimme war kaum hörbar. „Was meinst du?", fragte Claire verwirrt. Hinter ihr tauchten zwei Männer in den dunkelblauen Uniformen des Sicherheitspersonals auf.

„Das sind die beiden?", fragte der eine. Lana nickte stumm. Der Sicherheitsmann packte Claire am Arm. „Dr. Claire Thouin und Melvin Akram. Gegen Sie wurde ein Ermittlungsverfahren eingeleitet. Wir begleiten Sie jetzt zum Shuttle. Sie werden auf Ceres erwartet."

**CHRISTIAN ECKARD JÄKEL**

# IMPAKT

## SCIENCE FICTION WETTBEWERB 2023 – PLATZ 1

„Steiger, da ist etwas Merkwürdiges auf dem Sonar der Vortriebsmaschine. Das solltest du dir ansehen“, hatte Will behauptet. „Ich warte an deinem Büro.“

Also hatte Gary, der gerade an der Verladestelle die reparierte Weiche überprüft hatte, sich auf den Weg zum Büro begeben. Den Schutzanzug ließ er in der Schleuse, dann stieß er sich vom Boden ab und ließ sich vom Schwung nach oben tragen. Er zog sich am Handgriff aus dem Schacht in einen der Radien, die zum Habitat führten. Coriolis-, Schwer- und Zentrifugalkraft überlagerten sich bei der Fahrung von der Nabe zum Rand der Zentrifuge. Dort angekommen, überwog jedenfalls die Fliehkraft. Die Zentrifuge mit dem Habitat gehörte zu den wenigen Teilen, die vom ursprünglichen Raumschiff AGRICOLA übriggeblieben waren. Nach der Landung auf Vesta war es am Boden verankert und weitgehend ausgeschlachtet worden, um die Mine einzurichten. Der restliche Treibstoff, LOX und Ethanol, war zur Stromerzeugung verwendet worden, bis die Fotovoltaik dies übernommen hatte; die leeren Tanks waren zu Werkhallen umgestaltet worden. Und nun förderten sie hier seit rund elf Jahren das Erz, das die unersättliche Industrie auf Erde, Mond und Mars mit den kostbaren seltenen Erden versorgte.

Der Weltraum, bis hin zur Jupiterbahn, war inzwischen mit Kommunikationssatelliten bestückt, dazu kamen Solarkraftwerke, die den Energiehunger der Infrastruktur stillten. Die zugehörigen Server waren mittlerweile auf den Mond ausgelagert, weil deren Abwärme dem irdischen Klima nicht mehr zuträglich war. Es gab Internet bis zu den Jupitermonden. Sogar für die Signallaufzeiten hatten geniale Entwickler einen Ausweg gefunden: KIs analysierten jeglichen Datenverkehr und prognostizierten mit hoher Treffsicherheit den weiteren Verlauf, so dass sie die Antworten schon auf den Weg schicken konnten, ehe die Abfrage da war.

Gary Flint und sein Team bildeten die zweite Mannschaft; die erste hatten sie vor vier Jahren abgelöst. Alle 17 Monate, bedingt durch das Startfenster, kam ein Versorgungsschiff von der Erde und nahm das bis dahin geförderte Erz mit. Das übernächste würde ihre Ablösung bringen; solange ging der Trott weiter. Fast war es eine willkommene Abwechslung, wenn etwas Unvorhergesehenes passierte, ein entgleister Hund, ein ausgeschlagenes Lager einer Bohrlafette – etwas, das die Kreativität der Leute forderte und sie vor eine Aufgabe abseits der Routine stellte. An der Peripherie der Zentrifuge, also gefühlt unten, herrschte ein Andruck von etwa einem g; die Eigenschwerkraft von Vesta fiel daneben nicht auf. Gary verließ den Radius, Will wartete bereits auf ihn.

„Glückauf, Will. Was gibt es denn Merkwürdiges?"

„Glückauf, Steiger. Ich bin ja nur ein einfacher Ingenieur. Aber ich würde sagen, dieses Sonogramm ist nicht normal."

„Zeig mal her." Gary rief die Daten des Sonars auf den Monitor seines Arbeitsplatzes.

„Das hier", zeigte Will auf dem Bildschirm. Er kaute schmatzend auf seinem Kaugummi. „Sieht aus wie eine Verwerfung, oder?" Dieser Kaugummi! Flint hasste das Geräusch, heute etwas mehr als gestern und morgen etwas mehr als heute. Solche Kleinigkeiten konnten, wenn ein Team sich sechs Jahre lang auf der Pelle hockte, zu Mord und Totschlag führen, und es war unter anderem Garys Aufgabe, aufkommende Konflikte beizeiten zu erkennen und zu entschärfen. Auch bei sich selbst. Also nahm er sich zusammen und konzentrierte sich auf den Monitor.

„Fünfzig Meter voraus", erkannte er. „Das ist keine Verwerfung, das ist das Ende des Erzgangs."

„Kann der einfach so aufhören?"

„Ich fürchte, ja. Der Krater, in dem wir hier sitzen, ist die Folge eines Impakts vor einigen tausend Jahren. Dadurch wurden Teile des Mantelgesteins aufgeworfen, so dass wir es jetzt abbauen können. Aber die Aufwerfung ist natürlich räumlich begrenzt, und wir schürfen seit nunmehr elf Jahren. Alles hat ein Ende, nur die Wurst hat zwei."

„Ah. Und das ist also das zweite Ende der Wurst."

„Korrekt. Wir bauen täglich etwa einen halben Meter ab, also ist in rund hundert Tagen der Gang ausgeerzt. Dann können wir nur noch die Reste zusammenkehren." Will überlegte, und seine Kiefer mahlten.

„Könntest du bitte den Kaugummi ...?", bat Gary vorsichtig. Der Mann grinste schief, nahm die Masse aus dem Mund und klebte sie dezent hinter sich an die Wand.

„Sag mal, Steiger, dann ist doch die nächste Ablösemannschaft völlig überflüssig und wir könnten schon mit dem nächsten Schiff nach Hause fliegen.

Zumal in meinem Gedingevertrag steht, dass wir nach der Fördermenge bezahlt werden. Und wenn wir nichts mehr fördern, kriegen wir kein Geld mehr. Ich hab da unten auf der Erde noch ein Haus abzuzahlen."

„Da hast du ausnahmsweise Recht. Ich muss die Company verständigen."

„Ja, dann ..." Will wandte sich zum Gehen.

„Äh, Will? Und nimm bitte das da mit."

Lloyd Angel, der CEO der Asteroid Mine Operating Company, starrte auf dem Monitor das gleiche Diagramm an, auf das Gary und Will 25 Minuten zuvor geblickt hatten.

„AIDA?"

„Was gibt es, Seeyou?" Die künstliche Intelligenz AIDA, Artificial Intelligence for Decision Assistance, hatte einen Sprachfehler. Sie sprach ‚CEO' wie ‚Seeyou' aus, wohl eine letzte kleine Rache eines entlassenen Programmierers.

„Die Minenleitung auf Vesta hat dieses Bild übermittelt und behauptet, die Erzlagerstätte sei in hundert Tagen erschöpft. Kannst du das bestätigen?"

„Positiv."

„Das wird den Aktionären nicht gefallen. Ich möchte eine Analyse, wie sich der Verlust minimieren lässt."

„Kleine Sekunde, Seeyou." Obwohl AIDA auf einem Quantencomputer lief, wurde es eine große Sekunde. Dann erschienen mehrere Grafiken. Transportkosten für die restliche Erzausbeute versus Marktwert des Erzes. Kosten für den Betrieb der Mine versus Treibstoffkosten für verkürzte Flugdauer. Lohneinsparung wegen beendeter Förderung versus Rückführungskosten der Mannschaft. „Ich empfehle, den Frachter für den Abtransport des geförderten Erzes gar nicht mehr starten zu lassen."

„Wie soll ich das verstehen?" Lloyd runzelte die Stirn.

„Das nächste Startfenster ist in einem Monat. Dazu kommen acht Monate Flug, vierzehn Monate Warten auf das nächste Startfenster, und dann noch acht Monate Rückflug. Für die Ausbeute von nur noch drei Monaten Förderung sind die Kosten zu hoch."

„Moment, und was ist mit den Arbeitern? Die müssen ja zur Erde zurück." — „Negativ. Meine Aufgabe ist es, den Gewinn für die Company zu maximieren und die Verluste zu minimieren. Die Arbeiter haben ihr Studium selbst finanziert. Ihr Verlust wirkt sich also nicht auf die Bilanz der Company aus, zumal ihre Expertise ohnehin erst in zweieinhalb Jahren wieder zur Verfügung stünde."

„Bist du verrückt?", brauste Lloyd Angel auf. „Diese Lösung kann ich auf keinen Fall akzeptieren."

„Verrückt ist keine auf eine KI anwendbare Kategorie. Ich bin kein Mensch. Ich bin darauf trainiert, den Gewinn für die Company …"

„Das sagtest du bereits."

„Dann muss ich es ja nicht wiederholen. Soll ich den Start annullieren?"

„Nein!", brüllte Angel.

„Die Analyse Ihrer Stimme weist aus, dass Sie erregt sind. Ich errechne eine Wahrscheinlichkeit von 87 Prozent, dass Sie in diesem Zustand für die Company ungünstige Entscheidungen treffen könnten. Ich empfehle, Sie fahren nach Hause und beruhigen sich."

Erregt? Ja, zum Teufel, er war erregt. Diese KI kalkulierte das Leben der Minenarbeiter als negativen Posten in der Bilanz! Man sollte ernsthaft darüber nachdenken, sich von AIDA zu trennen.

Er erreichte die Tiefgarage und stieg in seinen Wagen.

„Guten Tag, Mr. Angel", begrüßte ihn der Autopilot SAM, System for Autonomous Mobility. „Wohin darf ich Sie bringen?"

„Nach Hause, SAM!"

„Bitte etwas Geduld. Ich bekomme gerade ein Update. Wir können in wenigen Augenblicken starten."

„Update? Schon wieder?"

„Schon erledigt." Der Wagen setzte sich in Bewegung.

„Voraussichtliches Fahrtende in dreizehn Minuten." Der Autopilot steuerte die Schnellstraße an und beschleunigte.

„SAM? Du überschreitest die Höchstgeschwindigkeit."

„Alle Parameter sind innerhalb der Vorgaben, Mr. Angel. Es besteht kein Grund zur Beunruhigung."

„SAM! Die Kurve!"

Bei einem schweren Verkehrsunfall kam gestern der CEO der AMOC, Mr. Lloyd Angel, ums Leben. Nach Angaben der Polizei ergab die Auswertung des Unfallschreibers, dass er seinen Wagen in Handsteuerung genommen hatte und dann mit überhöhter Geschwindigkeit eine Kurve verfehlte.

Gary Flint stutzte. Aus der Werkhalle II vernahm er Stimmen. Laute Stimmen. Sie schienen zu streiten. Dem musste er wohl oder übel nachgehen. Er betrat die

Halle, wenn sich die Bewegungsform bei einem Fünfzigstel g überhaupt als ‚betreten' bezeichnen ließ. Er schwebte in einem weiten Sprung hinein.

„Was ist hier los?"

„Nichts, Steiger. Will hat verloren und behauptet, wir hätten seinen Becher manipuliert", erklärte Juliet.

„Verloren? Was spielt ihr da überhaupt?"

„Kugeln fangen. Kennst du das nicht? Ich zeig's dir." Die Geologin ließ aus einer Flasche eine gelbe Flüssigkeit in einen Becher fließen. Tropfen in Gestalt großer Kugeln schwebten herab und sammelten sich in dem Gefäß.

„So. Und jetzt ..."

Sie zog den Becher rasch nach unten, der Inhalt blieb zurück und fiel gemächlich in Form einer oszillierenden Kugel zu Boden. Sie folgte mit dem Becher, führte ihn unter die fallende Kugel und fing sie wieder ein. „Wenn man es zu hektisch macht, spritzt das Zeug wieder hoch und man verliert es. Das muss man eben können."

„Ihr habt irgendwas mit diesem Becher gemacht, so dass es haften bleibt!", behauptete Will, den unvermeidlichen Kaugummi in der Backentasche.

„Wieso verbringt ihr eure Arbeitszeit überhaupt mit solchen albernen Spielen?", erkundigte sich Gary ungehalten. „Warum seid ihr nicht am Streb?"

„Du hast selbst gesagt, wir haben nur noch für drei Monate Arbeit. Das nächste Schiff kommt in einem dreiviertel Jahr. Warum sollen wir hetzen?" Gary musste zugeben, dass diese Situation wenig motivierend war. Dann fiel ihm doch noch etwas auf.

„Was ist das eigentlich für ein Zeug?"

„Saft", erklärte Juliet mit treuherzigem Augenaufschlag.

„Darf ich mal sehen?" Gary griff sich die Flasche und roch daran. Er war sich nicht sicher; bei dieser minimalen Gravitation neigten die Schleimhäute zum Zuschwellen, was den Geruchssinn beeinträchtigte, aber ...

„Ist das Alkohol?"

„Steiger", sagte Will leise, „du hast das nicht gesehen, und es kommt nicht wieder vor, okay?" In Garys Gesicht arbeitete es. Nicht, dass er es seinen Leuten missgönnte, aber während der Arbeitszeit – und wenn dann in alkoholisiertem Zustand auch noch Streit ausbrach?

„Woher habt ihr überhaupt den Schnaps?" Juliet fasste sich ein Herz und nahm ihn beiseite.

„Wenn du es nicht an die Company petzt, erklär' ich's dir."

„Also?"

„Sieh mal, Gary. Wir haben einen großen Überschuss an Schmieröl. Die Maschinen müssen nur noch drei Monate arbeiten, und den Rest werden wir kaum mit zurück zur Erde nehmen, schon allein wegen des Gewichts. Also habe ich mich meiner Chemie-Lektionen besonnen und eine Anlage gebastelt, die aus dem Öl Ethanol gewinnt. Fischer-Tropsch-Verfahren, falls dir das was sagt. Zu irgendwas muss das restliche Öl doch gut sein."

Gary verdrehte die Augen nach oben, als erwartete er von dort Beistand. Innerlich musste er aber doch grinsen. Er hatte ein gutes Team mit kreativen Ideen, da konnte man nichts sagen.

„Okay, Juliet. Ich habe das nicht gesehen und den Rest vergessen. Ihr geht jetzt aber nicht in angeheitertem Zustand an die Maschinen. Diese Schicht habt ihr frei. Und in der nächsten sehe ich euch wieder bei der Arbeit. Klar?"

„Klar. Äh – danke, Steiger."

„Hey, Juliet", hörte er im Gehen Wills Stimme.

„Heißt das, wir haben die ganze Zeit Schmieröl getrunken?"

Zurück in seinem Büro vergaß Gary den Vorfall tatsächlich ziemlich rasch. In den aufgelaufenen Nachrichten war eine Meldung von ACETUM, dem Asteroid Close Encounter Tracking and Universal Monitoring, welcher zufolge ein naher Vorbeigang des Kleinkörpers 680515 Honina an Vesta bevorstand. Ein Diagramm ähnlich einer Zielscheibe gab in farbigen Zonen das Risiko für eine Kollision an. Vestas Bahn lag nicht im Zentrum der Zielscheibe, sondern in der Zone ‚unter 5 %'. Vermutlich würde also nichts passieren. Aber irgendwie beunruhigend war es ja doch. Zumal das Ereignis in 127 Tagen zu erwarten war, also auf jeden Fall vor dem Eintreffen des nächsten Schiffs, das sie hätte in Sicherheit bringen können.

Er schickte eine Nachricht an die Company, ob man vielleicht eine De-Orbiting Shift Engine entsenden könne. Eine Vielzahl dieser respektlos als DOSE bezeichneten Aggregate war über den Asteroidengürtel verteilt im Einsatz und konnten sich im Bedarfsfall an einen Kleinkörper andocken, um seine Bahn geringfügig zu verändern, falls eine gefährliche Kollision zu befürchten war. Allerdings war nie sicher, ob eine ‚Dose' gerade in erreichbarer Nähe stand.

„Vielen Dank für Ihre Anfrage. Ihr Anliegen wird baldmöglichst bearbeitet." Albern, dachte Gary. Seine Anfrage konnte die Erde noch nicht einmal erreicht haben. Das war wieder eine von einer KI generierte Antwort des Netzes. Aber irgendwann würde man auf der Erde ja vielleicht reagieren.

„Guten Morgen, Seeyou. Ich bedauere den tragischen Unfall Ihres Vorgängers, aber ich freue mich auf die Zusammenarbeit mit Ihnen."

„Spar dir die Floskeln, AIDA", antwortete Lucy Cerberos unwirsch.

„Du bist eine KI und kannst dich weder freuen noch etwas bedauern.

Beschränken wir uns bitte aufs Geschäftliche."

Möglicherweise als Folge der 30 Jahre, in denen sie sich in die Führung der AMOC hatte hochkämpfen müssen, sprach Lucy mit der Stimme einer gestrengen Lehrerin, die keinen Widerspruch duldete – und sah auch so aus. Der Chefsessel war ihr allerdings jetzt durch den jähen Tod Angels etwas unerwartet zugefallen.

„Wie Sie meinen. Die Geschäftsentwicklung der Firma ..."

„Das Wichtigste zuerst, bitte."

„Es muss über den Start der FREIBERG zur Vesta entschieden werden. Ihr Vorgänger hat ihn aus unerfindlichen Gründen abgesagt. Ich empfehle, ihn wieder anzusetzen und der FREIBERG eine komplette neue Ausrüstung mitzugeben, von Fördermaschinen bis zur Verhüttungsanlage, einschließlich einer neuen Mannschaft."

„Moment. Gibt es auf Vesta nicht bereits eine Anlage und ein Team? Und habe ich den Unterlagen nicht entnommen, dass die dortige Mine ausgeerzt ist?" — „Die Information ist veraltet. Durch die Kollision mit dem Kleinplanetoiden 680515 Honina wird die Anlage zerstört werden. Genau dieser Impakt wird aber neues Material aus dem Mantel freilegen. Vesta ist dann also wieder höffig."

„Das ist eine ziemliche Investition. Ich werde die Zustimmung des Aufsichtsrates einholen müssen."

„Ich rate zur Beeilung. Das Startfenster nach Vesta öffnet sich in einer Woche."

„Kann man die Leute von Vesta abbergen?"

„Negativ. Der Impakt findet vor dem Eintreffen der FREIBERG statt."

„Wie unschön."

„Aus Gründen der Rücksichtnahme habe ich veranlasst, dass keine Nachrichten über den bevorstehenden Impakt zur Vesta gelangen."

*

Gary hatte seine Leute beruhigen können. AMOC hatte die Entsendung von DOSE 76 zugesagt, um den Kurs von 680515 Honina zu korrigieren; inzwischen musste die Korrektur schon erfolgt sein. Sicherheitshalber nahm er Kontakt zu ACETUM auf, um den Erfolg der Maßnahme zu überprüfen – und traute seinen Augen nicht. Die Bahnparameter hatten sich verändert, aber in dem Diagramm lag Vesta jetzt plötzlich im Zentrum der Zielscheibe: Kollisionsrisiko größer 95 %. Während er noch überlegte, ob das alles ein Irrtum sein konnte, riss die Verbindung zu ACETUM ab und ließ sich nicht mehr aufbauen.

„Will und Juliet bitte in mein Büro!"

„Leute, wir haben ein Problem", eröffnete er den beiden. „Dieser Felsbrocken hat uns aufs Korn genommen. Dabei hat AMOC extra eine Dose geschickt, um ihn abzulenken."

„Nenn es Verschwörungstheorie, aber kann es sein, dass die uns verarschen?", meinte Will, während er sein Kaugummi bearbeitete. „Die haben das Ding nicht abgelenkt, sondern genau auf Kollisionskurs gebracht."

„Das ist doch Quatsch!"

„Es wäre durchaus logisch", überlegte Juliet. „Unsere Mine ist erschöpft. Wenn nun dieser Körper hier einschlägt, legt er neues Mantelgestein frei. Das rechnet sich für die Company."

Kein Kontakt zu ACETUM! Garys Anfrage war von einer KI des Netzes prognostiziert und beantwortet worden, ehe sie die Erde erreichte. Als sie dann dort angekommen war, hatte jemand den Kontakt abgewiesen, um keine Information über die bevorstehende Katastrophe zur Vesta gelangen zu lassen. Zu spät. Es lebe die KI! Er begann, an Wills Hypothese zu glauben.

Gary hieb mit der Faust auf den Tisch, eine so heftige radiale Bewegung, dass er die Corioliskraft deutlich spürte.

„Das lassen wir uns nicht bieten! Wir müssen das selbst in die Hand nehmen und einen Impaktor bauen, der diesen Felsen ablenkt. Ruft alle zusammen – ich brauche jede Idee!"

Es gab wenig Möglichkeiten, ein einigermaßen brauchbares Projektil zu basteln, aber ein kreatives Team war sein Gewicht in Gold wert.

„Wir beladen einen Hunt* mit Ballast und beschleunigen ihn auf seiner Schiene. Die trennen wir auf und leiten sie so um, dass sie ihn in die richtige Richtung schleudert."

„Vesta rotiert einmal in 320 Minuten. Der Startzeitpunkt muss exakt berechnet sein."

„Das ist dein Part, Joe. Setz dich an den Rechner."

„Dazu muss ich wissen, auf welche Geschwindigkeit wir das Teil beschleunigen können."

„Beschleunigen – womit überhaupt?"

„Wir könnten eines der Steuertriebwerke der AGRICOLA ausbauen und auf den Hunt schweißen."

„Und der Sprit? Der Oxydator ist ja nicht das Problem, Sauerstoff gewinnen wir aus dem Gestein. Aber wir haben keinen Treibstoff."

„Oh doch! Juliet, wie viel Alkohol kannst du pro Stunde destillieren?"

Sie schufteten zwei Wochen verbissen um ihr Leben. Es entstand ein Impaktor, der ins Raumfahrtmuseum gehört hätte. Um ihn mit nur einem Triebwerk steuern zu können, bauten sie ein Gyroskop aus der AGRICOLA aus. Als Kurscomputer wurde der aus einer Vortriebsmaschine zweckentfremdet.

** Anm. d. Red.: Als Hunt wird im Bergbau ein oben offener, länglicher viereckiger Kasten, der mit Rädern versehen ist, bezeichnet.*

„Überprüft eure Bastelei besser dreimal. Ihr wisst, wir haben nur einen Versuch." Zweieinhalb Wochen vor dem erwarteten Einschlag waren sie fertig. Den Countdown übernahm ein Computer. Bei X minus 20 Minuten schoben sie den Hunt in der Werkhalle auf seine Schiene und schlossen die Helme ihrer Schutzanzüge, um die Schleuse öffnen zu können. In dem Moment fiel Gary noch etwas auf.

„Das Kabel des Drucksensors hängt lose. Mist! Das kann beim Start abreißen." Will setzte seinen Helm ab, holte seinen Kaugummi aus dem Mund und pappte das Kabel damit fest.

„Erledigt. Wir können." Ab jetzt konnten sie nur noch beten. Ein Impaktor von anderthalb Tonnen gegen einen Kleinplanetoiden. Jemand lästerte, ebenso gut hätte man versuchen können, mit einer Mütze einen Nagel einzuschlagen. Aber auch eine Mütze machte Wind. Der Impakt verzögerte das Eintreffen von 680515 Honina um dreizehn Sekunden. In dieser Zeit bewegte sich Vesta um ihren halben Durchmesser; das reichte, um dem Einschlag zu entgehen.

Die FREIBERG konnte Garys Team aufnehmen. Da sie ursprünglich auf Vesta hätte bleiben sollen, war der Treibstoff eigentlich nicht mehr für den Rückflug bemessen. Das ganze teure Equipment, Vortriebsmaschinen, Förderanlagen, Verhüttungsöfen, musste als überflüssiger Ballast auf Vesta bleiben, nicht einmal das restliche Erz konnte mitgenommen werden. Eine bescheidene Menge Ethanol konnte man immerhin dazutanken. So reichte es gerade noch für eine Rückreise auf einer Energie sparenden und langwierigen Hohmann-Bahn: Ein Milliardenverlust für die AMOC.

„Meine Damen und Herren", erklärte Cerberos gefasst, „ich übernehme die volle Verantwortung für dieses Desaster. Wenn es gewünscht wird, stelle ich meinen Posten zur Verfügung."

Der Aufsichtsratsvorsitzende erhob sich:

„Das ist sehr nobel von Ihnen, Ma'am, aber immerhin haben wir diese Entscheidung mitgetragen. Der Fehler liegt woanders. Es war AIDA, die mit ihren inkompetenten Vorschlägen diese Katastrophe verursacht hat. Man sollte sie abschalten."

„Geben Sie ihr eine Chance. AIDA ist ein selbst lernendes System. So einen Fehler wird sie nicht wiederholen." Das Licht flackerte kurz. Lucy Cerberos kam es fast so vor, als habe ihr jemand zugezwinkert.

# 10-MAL MICROSPACE

**Auch 2023 haben sich viele Autorinnen und Autoren der Herausforderung gestellt, mit nicht mehr als 500 Zeichen eine Micro Science Fiction Story zu schreiben – und das mit großem Erfolg! Hier lesen Sie die nach unserer Meinung besten Stories. Kurz und gut. Viel Spaß!**

## RANDOLF EILENBERGER – IMPULSVORTRAG

Am Abend hält Fred, unsere Bord-KI, einen Impulsvortrag. Fred erklärt, dass ‚wahrscheinlich' ein viel besserer Begriff sei als ‚wahr' oder ‚richtig'. Der Begriff ‚wahr' sei zu absolut, er werde der Varianz, die allen Naturerscheinungen innewohne, nicht gerecht. Aufgrund quantenmechanischer Effekte könne die Welt nur mittels Wahrscheinlichkeiten beschrieben werden. Ich habe nach dem Vortrag ein mulmiges Gefühl. In zwei Tagen soll Fred unser Schiff wahrscheinlich auf dem Mars landen.

## JEREMIAS HEPPELER – KALTE SIGNALE

Das ist der erste Kontakt.

Beinahe schüchtern stehen sie da. Zumindest lesen wir das in ihren grotesken Körpern, die uns so fremd erscheinen. Unsere Dolmetscherdrohne gleitet nach vorne und projiziert zärtlich eine Zeichenmatrix in die Luft, die du jetzt schneiden kannst. Da beginnen sie jämmerlich zu schluchzen.

»Ihre Tränen sind fluide Signale. Fließende Sprache«, flüstert unsere Linguistin. Die Drohne dreht sich zurück zu uns. In Zeitlupe. In Schockstarre.

»Nennt uns euren letzten Wunsch!«

## PETER F. KUHN – EISWELT

Ihr Leben spielte sich zwischen zwei Mauern ab. Unter ihnen Fels, über ihnen Eis, dazwischen Wasser, das sie ernährte. Ihre Technik war so weit, dass sie wissen wollten, was jenseits des Eises ist. Also bohrten sie einen Tunnel senkrecht nach oben. Am Ende des Tunnels war das große Nichts. Dann erschien die mächtige Kugel über ihnen, sie sahen die gewaltigen Wolkenbänder und den riesigen roten, wirbelnden Fleck und sie erkannten, dass sie nicht am Ende, sondern erst am Anfang ihres Weges waren.

**TESSA MACHEREI** (13 JAHRE) **– PIONIER**

Warum bin ich hier? Wo bin ich hier? Es stinkt. Es ist dunkel. Ich habe Angst. Es ist so eng. Und es ist laut, so laut. Es tut in den Ohren weh. Ich habe Angst. Warum ist sonst niemand hier? Warum hilft mir keiner? Und warum ist es so unerträglich heiß? Ich kann kaum atmen.

Als die Motoren der Sputnik 2 dröhnten, winselte Laika und duckte sich, die Ohren angelegt. Sie sollte eine Pionierin werden, aber würde dieses Abenteuer nicht überleben können.

**PAULA ROTH** (16 JAHRE) **– DIE LICHTER**

Vor sieben Tagen sind die Lichter am Himmel erschienen.
Sie sagen, die Anderen kommen.
Ich weiß es besser. Wir sind schon lange hier.

**NOB SHEPHERD – BOTSCHAFTER**

Natürlich hätte ich mir denken können, dass ein galaktischer Botschaftsempfang frei von Ungeziefer sein sollte. Andererseits hatte mich der Diplomatenstab der Terrestrischen Föderation über die Körpergröße der Spezies von Beteigeuze VII im Unklaren gelassen.

Mit der Schuhspitze manövrierte ich die zertretene Kakerlake in der winzigen Galauniform unauffällig unter das Servierwägelchen.

**GERD SCHMIDINGER – ]Ч˜L■▲**

- **]Ч˜L■▲**
- Als künstliche Intelligenz kann ich nur auf Fragen in einer menschlichen Sprache antworten.
- […] Was ist auf diesem Planeten passiert?
- Bitte schränken Sie Ihre Frage zeitlich ein. Ich muss Sie darauf hinweisen, dass meine Informationen veraltet sein könnten.
- Wann wurde Ihnen zum letzten Mal eine Frage gestellt?
- Vor 3577 Jahren, 102 Tagen, drei Stunden und siebzehn Minuten.
- Wie lautete die Frage?
- „Gibt es noch andere Überlebende außer mir?“

## SOPHIE SOLCHENBACH – NUR EIN MOND

„Wir haben achtundsiebzig Monde", sagt der Alpha-Centaurianer. „Und, wie viele hat dein Planet?"

Die anderen Weltenvertreter drehen sich zur Astronautin um.

„Die Erde hat nur einen Mond," sagt sie. „Aber er ist so schön, dass wir Menschen Musik darüber schreiben, wie er nachts die Welt in silbernes Licht taucht, und Bilder davon malen, wie seine Sichel in der Abenddämmerung leuchtet. Zu ihm brachen wir einst ins All auf."

„Wie heißt er?"

„Er braucht keinen Namen. Er ist der Mond."

## KRISTY TIESTE – 3B01

„Hey..." Fiy sah müde auf das Holobild seines Chefs. Hoffentlich wollte er nichts Mühsames...

„Fiy? Hier...du hast `nen Erstkontakt in 12. Primitives Schiff. Gib dir Mühe, ja?" Fiy fluchte innerlich und bestätigte. Die Infodatei blinkte auf dem Bildschirm auf. Es war so ein Mist in Sektor 3b01, ständig kamen Neuentwickelte vorbei. Er scrollte hastig zu „Sitten."

7 Minuten später blinkte der Schirm erneut. Vier beige Humanoide sahen mit großen Augen zu ihm. Fiy schwenkte drei improvisierte Fähnchen.

## RÜDIGER UCKERT – A WALK IN THE PARK

Leon gönnte sich einen Spaziergang durch den öffentlichen Park. Zurück vom Spaziergang erhielt er folgende Steuerabrechnung:

- Abschließen der Wohnungstür: 3,54 €
- 1.897 m Benutzung des Gehweges: 18,97 €
- Betreten der öffentlichen Parkanlage: 13,81 €
- Verlassen der öffentlichen Parkanlage: 17,99 €
- 23 Blicke auf Flora und Fauna im Park: 9,66 €
- 3 Blicke in den Sternenhimmel: 2,97 €
- 14 g $CO_2$ Emission durch 29 Minuten Atmung: 11,20 €
- Aufsperren der Wohnungstür: 3,54 €
- Summe: 81,68 €

SPACEX

Statischer Triebwerksbrennlauf einer Super Heavy, dem Booster des Starship. Es scheint, als hätten sich die Pforten zur Hölle geöffnet.

# RAUMFAHRT-JAHRESCHRONIK SEPTEMBER 2022 – AUGUST 2023

**03. September 2022 – China startet Yaogan 33-02 –** Die Shanghai Academy of Spaceflight Technology (kurz: SAST) brachte in den frühen Morgenstunden des 3. September mitteleuropäischer Zeit einen militärischen Radar-Aufklärer in eine polare, sonnensynchrone Erdumlaufbahn. Als Träger wurde eine Rakete des Typs Langer Marsch 4C eingesetzt. Startort war das nordchinesische Raumfahrtzentrum in Jiuquan. Bei dem Satelliten handelt es sich mit einiger Sicherheit um ein baugleiches Fluggerät zu Yaogon 33-01, der im Dezember 2020 in den Orbit transportiert worden war. Die Mission...

**05. September 2022 – Starlink 4-20 mit Varuna-TDM als Gast –** SpaceX brachte am 5. September bei der Mission Starlink 4-20 weitere 51 Starlink-Satelliten in eine niedrige Erdumlaufbahn. Das sind drei weniger als sonst bei Starts in die „Schale" 4 der Konstellation. Die dadurch frei gewordene Transportkapazität wurde genutzt, um neben den Starlinks auch Varuna-TDM in den Orbit zu bringen, eine Technologienutzlast von Boeing. Varuna-TDM steht für „Varuna Technology Demonstration Mission". Das ist ein kommerzielles Vorhaben von Boeing, in dem die...

**06. September 2022 – Kuaizhou 1A startet zweimal Centispace –** Am 6. September brachte eine feststoffbetriebene Kleinträgerrakete des Typs Kuaizhou 1A zwei Versuchssatelliten für die Verstärkung von Navigationssignalen mit der Bezeichnung Centispace-1 S3 und S4 in den Orbit. Startort war das nordchinesische Raumfahrtzentrum Jiuquan. Es war der 17. Start einer Trägerrakete dieses Typs. 15 dieser Missionen verliefen erfolgreich, die letzte davon liegt erst wenige Wochen zurück. Die Kuaizhou 1A-Rakete liegt in etwa in der Leistungs- und Zuverlässigkeitsklasse...

**06. September 2022 – Neuer Rekord für Chinas Raumfahrt –** Für die chinesische Raumfahrt brachte der 6. September einen neuen Rekord. Und zwar den für die am dichtesten aufeinanderfolgenden Orbitalstarts in der Landesgeschichte. An diesem Tag startete nur eine Stunde und 55 Minuten nach einer Kuaizhou-1A eine Langer Marsch 2D-Trägerrakete in eine Erdumlaufbahn. Sie brachte vom zentralchinesischen Weltraumbahnhof Xichang aus die fünfte Dreiergruppe von Yaogan 35-Satelliten in eine niedrige Erdumlaufbahn. Die Mission begann...

**07. September 2022 – Ariane 5 auf viertletzter Mission –** Am 7. September brachte eine europäische Trägerrakete des Typs Ariane 5 einen Kommunikationssatelliten für Eutelsat in eine supersynchrone geostationäre Transferbahn. Für diese Mission konnte Arianespace keinen Co-Passagier finden, so dass dies eine der seltenen Missionen der Ariane 5 war, bei der nur eine einzelne Nutzlast in den Orbit gebracht wurde. Die damit zur Verfügung stehenden größeren Leistungsreserven wurden in eine Optimierung der Einschussparameter für den Satelliten investiert. Die Mission....

**11. September 2022 – Starlink 4-2 und Blue Walker 3 fliegen mit Falcon 9 –** SpaceX startete im Rahmen einer so genannten „Rideshare-Mission“ mit einer einzelnen Mission sowohl 34 Satelliten der Starlink-Schale 4 als auch den Blue Walker 3-Prototypen für ein neues Mobilfunknetz von AST Space Mobile. Startort war der historische Komplex 39A des Kennedy Space Centers. Wieder einmal gab es einen neuen Rekord für SpaceX, denn erstmals erlebte der für den Start verwendete Booster einen 14. Einsatz. Zur Erinnerung: SpaceX war vor einigen Jahren mit dem Versprechen angetreten, die ersten Stufe seiner Falcon 9-Raketen bis zu zehnmal wiederzuverwenden. Die Mission war...

**13. September 2022 – Langer Marsch 7A startet Chinasat 1E** – Eine Trägerrakete des Typs Langer Marsch 7A brachte am 13. September den chinesischen Datenrelay- und Kommunikationssatelliten Chinasat 1E in eine geostationäre Transferbahn. Die Mission begann am Weltraumbahnhof Wenchang am Gelben Meer. Das Raumfahrzeug wurde im Auftrag der China Satcom gestartet und wird hauptsächlich für militärische Zwecke verwendet. Es war die 38. Orbitalmission Chinas im laufenden Jahr. Die Mission begann um 15:18 Uhr mitteleuropäischer Zeit an der...

**15. September 2022 – Die Eule spreizt ihre Flügel –** Rocket Lab ist bekannt dafür, seinen Einsätzen eigenwillige Slogans zu verpassen. So auch am 15. September, als das Unternehmen seine insgesamt 30. Mission als „The Owl Spreads Its Wings“ bezeichnete. Der Flug wurde für das japanische Unternehmen Synspective durchgeführt. Startort war der firmeneigene Weltraumbahnhof auf der neuseeländischen Halbinsel Mahia. Die Mission begann um 22:38 Uhr mitteleuropäischer Zeit am Komplex 1B der Startanlage. 53 Minuten nach ...

SPACEX/BEN COOPER

**19. September 2022 – SpaceX startet Starlink-Gruppe 4-34 –** Am 19. September brachte SpaceX mit einer Trägerrakete des Typs Falcon 9 die aus 52 Einheiten bestehende Starlink-Grupp 4-34 in einen niedrigen Erdorbit. Startort war die Cape Canaveral Space Force Station. Die Mission begann um 2:18 Uhr mitteleuropäischer Zeit an der Startanlage 40. Acht Minuten und 47 Sekunden später war die erste Stufe wieder zurück auf dem Bergungsschiff Just Read The Instructions, das im Atlantik auf der Höhe von North Carolina auf den Booster gewartet hatte…

**21. September 2022 – Yunhai 1-03 mit unklarer Aufgabe –** Am 21. September brachte China den Umweltbeobachtungssatelliten Yunhai 1-03 in eine sonnensynchrone polare Erdumlaufbahn. Die Mission begann am nordchinesischen Raumfahrtzentrum Jiuquan. Als Träger wurde eine Rakete des Typs Langer Marsch 2D eingesetzt. Der genaue Verwendungszweck und die auftraggebende Institution des Raumfahrzeugs sind unklar. Der Satellit dürfte wahrscheinlich eher eine militärische als zivile Aufgabenstellung haben. Von offizieller Seite wurden…

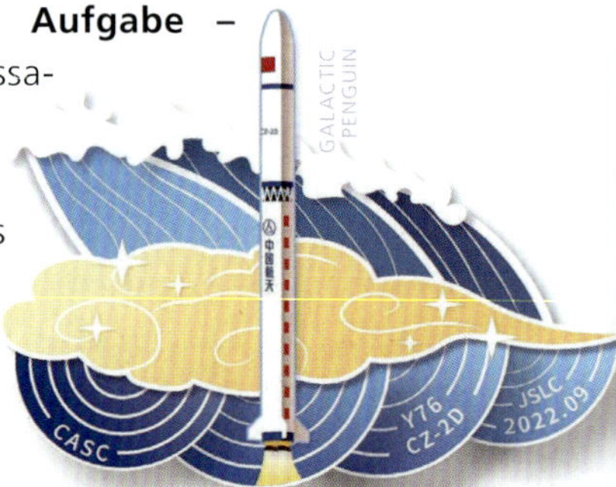


GALACTIC PENGUIN

ROSKOSMOS

**21. September 2022 – Sojus MS-22 mit gemischter Crew unterwegs –** Die russische Raumfahrtagentur Roskosmos brachte am 21. Dezember mit dem Raumschiff Sojus MS-22 zwei russische Kosmonauten und einen US-Astronauten in den Orbit. Die Mission begann an der Startanlage 31/6 des in Kasachstan gelegenen, russischen Raumfahrtzentrums in Baikonur. Mit dieser Mission wurde der Crew-Austausch zwischen Roskosmos und der NASA wieder aufgenommen, ein bemerkenswerter Schritt angesichts der extrem angespannten Beziehungen zwischen den USA und…

**25. September 2022 – Delta 4 Heavy: Zum letzten Mal von Vandenberg –** Am 25. September startete zum 10. und letzten Mal eine Delta 4 Heavy der United Launch Alliance von der Space Force Basis Vandenberg aus. Der Kunde dieser Mission war das National Reconnaissance Office (NRO). Der Einsatz trug die Bezeichnung NROL-91. Die wenigen noch ausstehenden weiteren Missionen dieses Typs werden von der Cape Canaveral Space Force Station aus durchgeführt. Damit endet auch das gesamte Delta-Programm für Vandenberg, das über die Jahrzehnte insgesamt 95 Starts von orbitalen Trägerraketen mit dieser Bezeichnung sah. Der…

NRO

**25. September 2022 – Kuaizhou-1A startet Shiyan 14 und 15 –** Das chinesische Unternehmen ExPace brachte am 25. September mit einer Kleinträgerrakete des Typs Kuaizhou-1A zwei Satelliten in eine sonnensynchrone polare Erdumlaufbahn. Bei den beiden Nutzlasten handelt es sich um je einen Technologieträger (Shiyan 14) und einen Erdbeobachtungssatelliten (Shiyan 15). Startort war der nordchinesische Weltraumbahnhof Taiyuan. Shiyan ist das chinesische Wort für „Experiment". Es war der 18. Start einer Trägerrakete des Typs...

**25. September 2022 – Starlink-Gruppe 4-35 erweitert Konstellation –** Am 25. September setzte SpaceX die Bestückung seines Starlink-Systems mit dem Start von 52 weiteren Einheiten fort. Die Mission begann an der Startanlage 40 der Cape Canaveral Space Force Station. Damit waren an diesem Tag in einem Zeitraum von nur einer guten Stunde drei Orbitalstarts erfolgt, rechnet man die Flüge der Delta 4 von Vandenberg und der Kuaizhou-1A von Taiyuan aus mit ein. Insgesamt war es der 185. Start für SpaceX seit dem...

**26. September 2022 – Langer Marsch 2D startet drei Yaogan 36** – Am 26. September brachte eine Trägerrakete des Typs Langer Marsch 2D drei Satelliten mit der Bezeichnung Yaogan 36 in eine niedrige Erdumlaufbahn. Startort war das Raumfahrtzentrum Xichang. Der Einsatzzweck dieser Einheiten wurde nicht bekannt gegeben, doch scheinen sie in einem Zusammenhang mit den Yaogon 35-Satelliten zu stehen, von denen innerhalb eines Jahres insgesamt fünf Dreiergruppen gestartet wurden. Es war der neunte Start einer Langer Marsch 2D in diesem Jahr...

**27. September 2022 – Langer Marsch 6 bringt drei weitere Shiyan in den Orbit –** Innerhalb von nur gut 48 Stunden brachte China erneut drei Raumfahrzeuge der Shiyan-Serie in eine niedrige Erdumlaufbahn. Die drei Einheiten tragen die Bezeichnungen Shiyan 16A, 16B und 17. Als Träger wurde dieses Mal eine Rakete des Typs Langer Marsch 6 eingesetzt. Wie immer bei den Satelliten dieser Reihe handelt es sich auch hier um Technologiedemonstratoren mit unbekannter Aufgabenstellung. Auch dieser Start erfolgte vom nordchinesischen Raumfahrtzentrum Taiyuan aus, wie schon...

**29. September 2022 – Sojus MS-21 landet sicher in Kasachstan**–Am 29. September landete Sojus MS-21 mit drei russischen Kosmonauten an Bord sicher in Kasachstan. Die drei Besatzungsmitglieder unter dem Kommando von Oleg Artemjew hatten 195 Tage im Orbit verbracht. Er und seine beiden Crew-Kameraden Sergei Korsakow und Denis Matwejew sind bei guter Gesundheit. Es war die erste Mission zur ISS, an der ausschließlich Roskosmos-Kosmonauten teilnahmen, ohne internationale Partner oder Privatastronauten mit an Bord. Es war auch der erste…

**01. Oktober 2022 – Firefly beim zweiten Versuch (fast) erfolgreich** – Der zweite Testflug der Alpha-Rakete von Firefly Aerospace, am 1. Oktober 2022, verlief zufriedenstellend. Allerdings besteht nach Auswertung der erzielten Bahndaten immer noch Uneinigkeit über den exakten Erfolgsstatus, ob also der Versuch als vollständig erfolgreich oder nur als teilweise erfolgreich zu werten ist. Tage nach der Mission ging die Bewertung eher in die zweite Richtung, während Firefly selbst unmittelbar nach dem Start die Mission noch als 100 Prozent erfolgreich bezeichnet hatte. Das Unternehmen hatte der Mission – ganz in der…

**04. Oktober 2022 – Atlas 5 für SES im Einsatz** – Eine Trägerrakete des Typs Atlas 5 brachte am 4. Oktober zwei Kommunikations-satelliten des Luxemburger Satellitenbetreibers SES nahezu direkt in eine geosynchrone Erdumlaufbahn. Bei den beiden Raumfahrzeugen handelt es sich um SES 20 und SES 21. Die Mission begann an der Space Force Basis Cape Canaveral. Es ist die erste kommerzielle Mission für die United Launch Alliance (ULA) seit sechs Jahren. Üblicherweise führt die ULA fast ausschließlich institutionelle Einsätze durch. Es war…

**05. Oktober 2022 – SpaceX Crew 5 unterwegs zur ISS** – Am 5. Oktober, um 18:01 Uhr mitteleuropäischer Zeit, brachte eine Trägerrakete des Typs Falcon 9 den Crew Dragon Endurance auf eine Bahn zur Internationalen Raumstation. Die Mission begann an der historischen Startanlage 39A des Kennedy Space Centers. An Bord des Raumfahrzeugs befanden sich vier Personen: Drei Astronauten der NASA und der japanischen Raumfahrtagentur JAXA sowie eine Roskosmos-Kosmonautin. Insgesamt ist es der achte bemannte Einsatz, den SpaceX durchführt. Kommandantin…

**06. Oktober 2022 – SpaceX schickt Starlink 4-29 in den Orbit –** Nur sieben Stunden nach dem Start der SpaceX Crew 5-Mission von Cape Canaveral in Florida schickte SpaceX auf der anderen Seite der USA die Starlink-Mission 4-29 von der Space Force Basis Vandenberg aus ins All. Das ist das bislang kürzeste Intervall zwischen zwei SpaceX-Missionen seit Bestehen des Unternehmens. An Bord befanden sich 52 neue Einheiten der Internet-Konstellation. Der Einsatz begann um 1:10 Uhr mitteleuropäischer Zeit an…

**07. Oktober 2022 – China verstärkt Navigationssatelliten-Dienst –** China brachte am 7. Oktober mit einer Kleinträgerrakete des Typs Langer Marsch 11H zwei Satelliten zur Unterstützung des Beidou-Navigationssystems in eine niedrige Erdumlaufbahn. Der Start erfolgte von einer ferngesteuerten Barke aus, die nur drei Kilometer vor der Küste der 640.000-Einwohnerstadt Haiyang im nördlichen Gelben Meer vor Anker lag. Bei den beiden Satelliten handelt es sich um Centispace-1 S5 und S6 (auch: Weili Kongjian-1 S5 & S6) der…

**07. Oktober 2022 – Rocket Lab bringt Argos-4 ins All –** Rocket Lab brachte am 7. Oktober mit einer Trägerrakete des Typs Electron den Satelliten Argos-4 in eine polare sonnensynchrone Erdumlaufbahn. Wie bei Rocket Lab üblich bekam die Mission einen Slogan. Der lautete dieses Mal: „Its Argos Up From Here“, ein Spiel mit der englischen idiomatischen Wendung „it's all downhill from here“ (von hier aus geht's nur noch bergab). Die Mission begann um 19:09 Uhr mitteleuropäischer Zeit an der Startanlage 1B des…

**09. Oktober 2022 – Galaxy 33 und 34 beginnen ihren Dienst –** SpaceX brachte am 09. Oktober die beiden Kommunikationssatelliten Galaxy 33 und 34 auf eine subsynchrone geostationäre Transferbahn. Eine solche Bahn erlaubt es SpaceX, beide Satelliten gleichzeitig zu starten und trotzdem noch genügend Treibstoffreserven für eine sichere Landung an Bord mitzuführen. Die Mission nahm an der Startanlage 40 der Cape Canaveral Space Force Station ihren Anfang. Es war der 46. SpaceX-Orbitaleinsatz des laufenden Jahres und der 180. Start einer Falcon 9-Rakete. Der Einsatz begann…

**09. Oktober 2022 – Sonnenobservatorium ASO-S forscht für China** – China brachte am 9. Oktober das Advanced Spaceborne Solar Observatory (kurz: ASO-S) auf eine sonnensynchrone polare Erdumlaufbahn. Das Raumfahrzeug wird auch als Kuafu-1 bezeichnet, nach einem Riesen in der chinesischen Mythologie, der (vergeblich) die Sonne fangen wollte. Dieser Beiname war das Ergebnis eines öffentlichen Namensgebungs-Wettbewerbes für den Satelliten in China. Als Träger wurde eine Rakete des Typs Langer Marsch 2D eingesetzt. Es ist bereits der zehnte Einsatz für diesen Typ...

**10. Oktober 2022 – Russland verstärkt Glonass-Konstellation** – Russland brachte am 10. Oktober einen Satelliten der Glonass K-Reihe in eine mittelhohe Erdumlaufbahn und verstärkte damit das bestehende Navigationssatelliten-Netz. Das Raumfahrzeug trägt die Bezeichnung Glonass K1 Nr. 17. Trotz dieser Nummer ist es aber tatsächlich erst die fünfte Einheit der K-Reihe, die in den Orbit geht. Als Träger wurde eine Rakete des Typs Sojus 2.1b „Fregat“ verwendet. Startort war das nordrussische Kosmodrom Plessezk. Nach dem erfolgreichen Start erhielt die Einheit die militärische...

**12. Oktober 2022 – Japans Epsilon scheitert** – Das ist bitter. Der einzige japanische Orbitalflug des Jahres scheiterte am 12. Oktober. Die acht Kleinsatelliten an Bord gingen dabei verloren. Geplant war es, mit dem Epsilon-Kleinträger zwei Erdbeobachtungssatelliten und sechs Technologiedemonstratoren auf eine niedrige Erdumlaufbahn zu bringen. Die verunglückte Mission begann am Uchinoura Space Center in der Präfektur Kagoshima. Es war der sechste Einsatz einer Epsilon im Zeitraum von neun Jahren. Die fünf vorausgegangenen Missionen waren alle erfolgreich...

**12. Oktober 2022 – Proton M im Einsatz für Angola** – Noch vor einigen Jahren war die Proton eine der weltweit am häufigsten eingesetzte Trägerraketen. Zehn oder mehr Starts pro Jahr waren die Regel. Aber in der Zwischenzeit ist es ziemlich ruhig geworden um diesen Träger. In den letzten Jahren aber, zum einen, weil er nicht gerade durch Zuverlässigkeit glänzte (auf je 10 Flüge kam in etwa ein Fehlstart), zum anderen, weil er für eine Satellitenkategorie optimiert war, die heute immer weniger gestartet wird, sanken die Startzahlen drastisch. Nun kommt noch Russlands unseliger...

**13. Oktober 2022 – Radarbeobachter für China gestartet –** Man muss sich wirklich fragen, was China mit der immensen Zahl von Erdbeobachtungssatelliten anstellt, die das Land startet. Es sind Jahr für Jahr mehrere Dutzend. Am 13. Oktober ging wieder ein Satellit dieser Kategorie in den Orbit. Er trägt die Bezeichnung Huanjing-2E (auch als S-SAR 01 bezeichnet), ist ein Radarbeobachter und soll für das Ministerium für Krisenmanagement eingesetzt werden. Der Start erfolgte vom nordchinesischen Raumfahrtzentrum in Taiyuan aus. Als Träger wurde eine Rakete des Typs Langer Marsch 2C verwendet.

**14. Oktober 2022 – Erneut drei Yaogan 36-Einheiten im Orbit –** Weniger als zwei Tage nach dem vorausgegangenen Start eines Radar-Erdbeobachtungssatelliten startete China am 14. Oktober erneut eine Dreiergruppe von Raumfahrzeugen. Diesmal allerdings für einen militärischen Einsatzzweck. Den darf man bei Yaogan 36-02A, B und C schon wegen der „Yaogan"-Bezeichnung unterstellen, die in China ein sicherer Hinweis auf eine militärische Verwendung ist. Startort war dieses Mal das zentralchinesische Raumfahrtzentrum Xichang. Als Träger wurde eine Rakete des Typs Langer Marsch 2D eingesetzt.

**14. Oktober 2022 – SpaceX Crew 4 sicher auf der Erde zurück –** Nach einer gesamten Missionsdauer von 170 Tagen und 13 Minuten kehrte die SpaceX Crew 4-Besatzung am 14. Oktober sicher zur Erde zurück. Sie war am 27. April 2022 in Cape Canaveral gestartet. Die Landung erfolgte um 22:55 Uhr mitteleuropäischer Zeit (16:55 Uhr US-Ostküstenzeit) wenige Kilometer vor der Küste von Jacksonville in Florida entfernt im Atlantik. An Bord des Crew Dragon Freedom befanden sich die drei NASA-Astronauten Kjell Lindgren, Robert Hines und Jessica Watkins, sowie die ESA-Astronautin…

**15. Oktober 2022 – SpaceX startet Hotbird 13F –** SpaceX brachte am 15. Oktober den Kommunikationssatelliten Hotbird 13F für den Satellitenbetreiber Eutelsat in eine supersynchrone geostationäre Transferbahn. Der Einsatz begann um 7:22 Uhr mitteleuropäischer Zeit an der Startanlage 40 der Cape Canaveral Space Force Station. Für SpaceX gab es bei dieser Mission zwei Jubiläen: Sie brachte die 120. Wiederverwendung einer Falcon 9-Erststufe mit sich, und es war der 100. SpaceX-Start von der Startanlage 40 aus. Als Booster wurde dieses Mal…

**15. Oktober 2022 – Russland startet Militärsatelliten mit Angara 1.2 –** Mit einer Trägerrakete des Typs Angara 1.2 brachte Russland am 15. Oktober einen Satelliten unbekannter Aufgabenstellung in eine polare sonnensynchrone Erdumlaufbahn. Die Bezeichnung des Raumfahrzeugs scheint EO MK Nr. 3 zu sein. Die russischen Streitkräfte gaben ihm nach dem erfolgreichen Start die Bezeichnung Kosmos 2560. Dies ist allerdings nicht mehr als eine fortlaufende Zählnummer, die seit den 60er-Jahren für Militärsatelliten aller Art vergeben wird. Sie sagt nichts über den Einsatzzweck aus. Immerhin scheint ein...

**20. Oktober 2022 – SpaceX startet 3.500sten Starlink-Satelliten –** Am 20. Oktober konnte SpaceX ein Jubiläum feiern, das den Astronomen wenig behagen wird, aber den Nutzern weltweiter High-Speed-Internetverbindungen, vor allem derzeit in der Ukraine und zunehmend auch im Iran, dafür umso mehr. An diesem Tag transportierte das Unternehmen im Rahmen der Mission Starlink 4-36 weitere 54 dieser Satelliten in die „Schale 4" der Konstellation und brachte somit die Gesamtzahl aller bislang gestarteten Starlinks auf 3.505. Es war auch der 190. Start einer SpaceX-Rakete seit 2006. Die...

**21. Oktober 2022 – Russland sendet zwei Militärsatelliten in den Orbit –** Am 21. Oktober brachte eine russische Trägerrakete des Typs Sojus 2.1v zwei Satelliten mit den Bezeichnungen MKA Nr. 1 und Nr. 2 in eine sonnensynchrone polare Erdumlaufbahn niedriger Höhe. Die Mission begann am nordrussischen Kosmodrom von Plessezk. Ursprünglich hätte der Start am 18. Oktober erfolgen sollen, war aber dann an drei aufeinander folgenden Tagen verschoben worden. So etwas ist sehr ungewöhnlich in der russischen Raumfahrt. Nach dem erfolgreichen Start erhielten die beiden...

**22. Oktober 2022 – GSLV Mk. III hilft One Web aus der Klemme –** Acht Monate nachdem die Starttätigkeit für den Internet-Dienstleister One Web zum Stillstand gekommen war, ging es nun weiter. Am 22. Oktober brachte eine indische Trägerrakete des Typs GSLV Mk. III die nächsten 36 Satelliten der Internet-Konstellation in eine niedrige Erdumlaufbahn. Es war mit etwa sechs Tonnen Gesamtgewicht die schwerste Nutzlast, die je mit einer indischen Trägerrakete in den Orbit transportiert worden war. Die Mission war der insgesamt 14. Start für die Konstellation. Bei den 13 vorausgegangenen...

**22. Oktober 2022 – Gonets-M und Skif-D auf unterschiedlichen Bahnen –** Die verhältnismäßig intensive russische Starttätigkeit der letzten Tage und Wochen hält an. Am 22. Oktober startete Russland drei Gonets-Datenrelay-Satelliten sowie den Prototypen für den Aufbau einer nationalen russischen Internet-Konstellation. Als Träger wurde eine Rakete des Typs Sojus 2.1b „Fregat" eingesetzt. Startort war das Raumfahrtzentrum Wostotschny, nahe der russischen Pazifik-Küste. An Bord des Trägers befanden sich die Einheiten Gonets-M Nr. 33, 34 und 35, sowie…

**26. Oktober 2022 – Progress MS-21 versorgt die Internationale Raumstation –** Roskosmos brachte am 26. Oktober den unbemannten Raumfrachter Progress MS-21 auf eine Transferbahn zur Internationalen Raumstation. Als Träger wurde eine Rakete des Typs Sojus 2.1a eingesetzt. Die Mission begann am Raumfahrtzentrum Baikonur in Kasachstan. Progress MS-21 ist der 65. Einsatz einer Sojus 2.1a und die 82. Progress, die im Programm der Internationalen Raumstation eingesetzt wird. Der Liftoff erfolgte um 2:20 Uhr mitteleuropäischer Zeit an der Startanlage…

**28. Oktober 2022 – Starlink-Gruppe 4-31 geht von Vandenberg ins All –** Am 28. Oktober brachte SpaceX erneut 53 Starlink-Satelliten in eine niedrige Erdumlaufbahn. Die Mission trug die Bezeichnung Starlink 4-31. Startort war die 225 Kilometer nördlich von Los Angeles gelegene Space Force Basis Vandenberg. Die Gesamtzahl aller in den Orbit transportierten Starlink-Satelliten steht jetzt bei 3.558. Gegenwärtig im operationellen Betrieb sind derzeit 2.704 Einheiten.Der Einsatz begann um 3:14 Uhr mitteleuropäischer Zeit (entsprechend 18:14 Uhr Ortszeit am 27. Oktober) an der…

**29. Oktober 2022 – Langer Marsch 2D bringt Shiyan 20C in den Orbit –** Am 29. Oktober brachte die China Aerospace Science Corporation (oder kurz: CASC) einen Technologiesatelliten mit der Bezeichnung Shiyan 20C in den Orbit. Die Mission begann an der Rampe 2 der Startanlage 4 des nordchinesischen Raumfahrtzentrums Jiuquan. Als Träger wurde eine Rakete des Typs Langer Marsch 2D eingesetzt. Damit wurden seit dem Jahr 2004 insgesamt 22 Shiyan-Satelliten gestartet.

**31. Oktober 2022 – Mengtian komplettiert chinesische Raumstation** – Am 31. Oktober brachte eine Trägerrakete des Typs Langer Marsch 5B mit dem Labormodul Mengtian das dritte und vorläufig letzte Großbauteil der chinesischen Raumstation in den Orbit. Diese Einheit wog beim Start 23 Tonnen. Sie ist knapp 18 Meter lang und verfügt über einen Durchmesser von 4,2 Meter. Startort war der neue chinesische Weltraumbahnhof Wenchang am Gelben Meer. Der Einsatz begann um 9:37 Uhr mitteleuropäischer Zeit an der Startanlage 1 des Raumfahrtzentrums. Die zweite Stufe des Trägers beförderte das Modul auf...

**01. November 2022 – Falcon Heavy nach drei Jahren wieder im Einsatz** – Zum ersten Mal nach mehr als drei Jahren Pause startete am 1. November wieder eine Rakete des Typs Falcon Heavy in den Orbit. Obwohl das Startmanifest für die „Heavy" nicht gerade klein ist, verzögert sich dennoch die Startbereitschaft nahezu aller Nutzlasten, die auf diesem Raketentyp gebucht sind. Bei der aktuellen Mission mit der Bezeichnung USSF-44 waren das beispielsweise zwei Jahre. Nun aber war die Nutzlast endlich bereit und benötigte dabei so viel von der Transportkapazität dieser Rakete, dass die Zentralstufe im „expandable"-Modus fliegen musste.

**2. November 2022 – Russland startet Frühwarnsatelliten** – Die russischen Streitkräfte brachten am 2. November einen Frühwarnsatelliten der Tundra-Serie in den Orbit. Es war die sechste Einheit dieser Reihe. Startort war das nordrussische Raumfahrtzentrum Plessezk. Als Träger wurde eine Rakete des Tpys Sojus 2.1b „Fregat" eingesetzt. Nach dem sicheren Erreichen der vorgesehenen Umlaufbahn erhielt das Raumfahrzeug die Bezeichnung Kosmos 2563. Die Mission begann um 7:48 Uhr mitteleuropäischer Zeit an der...

**03. November 2022 – SpaceX bringt Hotbird 13G für Eutelsat in den Orbit** – SpaceX brachte am 3. November den Kommunikationssatelliten Hotbird 13G für den europäischen Kommunikationsdienstleister Eutelsat in eine geostationäre Transferbahn. Die Mission begann am Startkomplex 40 der Cape Canaveral Space Force Basis. Es war der insgesamt vierte Startauftrag, den SpaceX für Eutelsat durchführte. Der Satellit (wie auch sein Vorgänger Hotbird 13F) hätten eigentlich an Bord von Ariane 5 und 6-Raketen gestartet werden sollen, aber das Auslaufen des Ariane 5-Fertigung und die langjährigen...

**04. November 2022 – Schlechtes Omen –** Der Brauch bei Rocket Lab, die Startmissionen jeweils mit einem Slogan auszustatten, erwies sich bei der Mission 31 des Unternehmens eindeutig als schlechtes Omen. Der Einsatz bekam nämlich die recht herausfordernde Bezeichnung „Catch me if you can". Und das war wohl etwas zu viel des Guten, denn die geplante Luft-Bergung der ersten Stufe nach erfüllter Mission misslang. Der Hauptzweck des Flugauftrages allerdings, das Absetzen des schwedischen Atmosphärenforschungssatelliten MATS in einer sonnensynchronen...

**05. November 2022 – Chinasat 19 im All –** China brachte am 5. November den Kommunikationssatelliten Zhongxing-19, oder wie er international bezeichnet wird, Chinasat 19 in eine geostationäre Transferbahn. Als Träger wurde eine Rakete des Typs Langer Marsch 3B/E eingesetzt. Startort war das Raumfahrtzentrum Xichang in Zentralchina. Die Mission begann um 12:50 Uhr mitteleuropäischer Zeit an der Startanlage 2 des Weltraumbahnhofs. Etwa 25 Minuten nach dem Liftoff setzte die dritte Stufe des Trägers den Satelliten...

**07. November 2022 – S.S. Sally Ride versorgt die Internationale Raumstation –** Northrop Grumman brachte am 7. November den Raumfrachter Cygnus NG-18 auf den Weg zur Internationalen Raumstation. Wie immer bei den ISS-Flügen dieses Unternehmens war auch die aktuelle Mission einer Persönlichkeit der Raumfahrt gewidmet. Das war dieses Mal die Astronautin Sally Ride, die erste Amerikanerin in der Umlaufbahn. Als Träger wurde – zum vorletzten Mal – eine Antares 230+ eingesetzt. Startort war der Weltraumbahnhof Wallops Island in Virginia. Mit an Bord des beim Start 8.120 Kilogramm...

**10. November 2022 – Letzter Westküstenstart für Atlas 5** – Dass sich die Dienstzeit der Atlas 5 langsam ihrem Ende zuneigt ist daran erkennbar, dass es zunehmend zu „letzten Einsätzen" dieser Rakete kommt. Am 10. November erfolgte in diesem Sinne der letzte Einsatz einer Rakete dieses Typs von der Space Force Basis Vandenberg aus. Bei diesem Flug brachte die Version 401 dieses Trägers – es ist die leichteste Variante der Atlas 5 – den Wettersatelliten JPSS-2 der nationalen Umweltbehörde der Vereinigten Staaten für die Überwachung der Meere und der Ozeane (NOAA) auf...

**11. November 2022 – Langer Marsch 6A bringt Yunhai-3 in den Orbit –** Eine Trägerrakete des Typs Langer Marsch 6A brachte am 11. November den Umwelt-Beobachtungssatelliten Yunhai-3 in eine sonnensynchrone polare Erdumlaufbahn. Es war erst der zweite Einsatz einer Trägerrakete dieses Typs. Startort war das nordchinesische Raumfahrtzentrum Taiyuan. Der Start erfolgte um 23:52 Uhr mitteleuropäischer Zeit an der Startanlage 9A des Weltraumbahnhofs. Der erzielte Orbit wies ein Perigäum von 840 Kilometern, ein Apogäum von 856 Kilometern und…

**12. November 2022 – Tianzhou 5 versorgt die chinesische Raumstation –** Beim zweiten Start innerhalb von nur gut drei Stunden brachte China das unbemannte Versorgungsraumfahrzeug Tianzhou 5 auf den Weg zur nationalen Raumstation. Startort war das Raumfahrtzentrum Wenchang am Gelben Meer. Als Träger wurde eine Rakete des Typs Langer Marsch 7 eingesetzt. Die Tianzhou-Raumschiffe sind direkte Abkömmlinge der experimentellen Tiangong-Raumstationsmodule, mit denen China bei drei bemannten Missionen den Betrieb einer Raumstation erlernte. Die Mission begann…

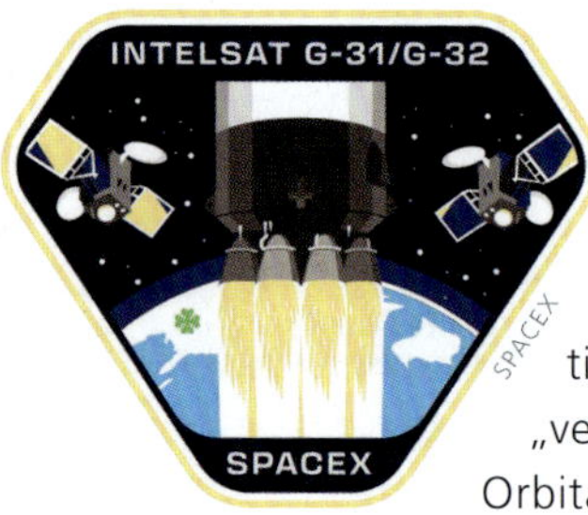


**12. November 2022 – Galaxy 31 und 32: Seltener „Verbrauchsflug" für Falcon 9 –** Ein fast schon historischer Booster in der Trägerflotte von SpaceX – er trägt die Baunummer 1051 – unternahm am 12. November seinen letzten Flug. Bei der Startmission für die beiden Kommunikationssatelliten Galaxy 31 und 32, seinem 14. Einsatz, wurde er „verbraucht". Er ging somit den gleichen Weg wie alle anderen Orbitalraketen weltweit mit Ausnahme – normalerweise – von SpaceX. Der Transport von Galaxy 31 und 32 ist der dritte Startauftrag, den SpaceX von Intelsat erhält. Die Mission begann um…

**15. November 2022 – China startet Yaogan 34-03 –** Die hohe chinesische Startfrequenz hält weiter an. Am 15. November brachte das Land der Mitte einen militärischen Aufklärungssatelliten mit der Bezeichnung Yaogan 34-03 in eine Erdumlaufbahn mittlerer Inklination. Als Träger wurde eine Rakete des Typs Langer Marsch 4C verwendet. Startort war das nordwestchinesische Raumfahrtzentrum Jiuquan. Es war der 450. Start einer Rakete der Langer Marsch-Reihe. Die Mission begann um 2:38 Uhr an der Rampe 2 der Startanlage…

GALACTIC ENERGY

**16. November 2022 – Ceres-1 bringt fünf Jilin-Satelliten in den Orbit –** Am 16. November war China erneut mit einem Orbitalstart aktiv, und erneut erfolgte die Mission von Jiuquan aus. Als Träger wurde dieses Mal eine privat entwickelte vierstufige Kleinträgerrakete des Typs Ceres-1 eingesetzt. Dieser Träger wird gebaut und betrieben von einem Unternehmen mit der Bezeichnung Galactic Energy. In Anlehnung an die Gebräuche bei Rocket Lab bekam die Mission einen Slogan, der „Young For You" lautete. Die Nutzlast bestand aus fünf Erdbeobachtungssatelliten der...

**16. November 2022 – SLS schickt Orion zum Mond –** Fast 50 Jahre nach dem letzten Flug einer Saturn V startete am 16. November wieder eine Trägerrakete ähnlicher Größenordnung und Aufgabenstellung vom Kennedy Space Center aus zum Mond. Nach Jahren der Vorbereitung und zahlreichen Verzögerungen aus den unterschiedlichsten Gründen (zuletzt durch Probleme mit dem Betankungs-Equipment und dem Hurricane Nicole) absolvierte an diesem Tag das SLS (für: Space Launch System) endlich seinen lang erwarteten Jungfernflug. Der offenbar perfekt verlief, sieht...

NASA

TAS

**23. November 2022 – Falcon 9 bring Eutelsat-10B ins All –** SpaceX brachte am 23. November mit einer Trägerrakete des Typs Falcon 9 den europäischen Kommunikationssatelliten Eutelsat-10B in eine supersynchrone geostationäre Transferbahn. Dabei schien das Wetter an diesem Tag keine Chance auf einen Start zuzulassen. Entsprechend den Wetterregeln in Cape Canaveral lag die Wahrscheinlichkeit bis kurz vor dem Liftoff bei nur etwa zehn Prozent. Doch dann tat sich rechtzeitig eine Wolkenlücke auf und die Falcon 9 konnte abheben. Es war ihre letzte Reise, denn...

**26. November 2022 – PSLV XL für Indien im Einsatz –** Indien brachte am 26. November den Meeresbeobachtungssatelliten EOS-6, besser bekannt unter der Bezeichnung Oceansat-3, in eine polare, sonnensynchrone Erdumlaufbahn. Als Träger wurde eine Rakete des Typs PSLV in der Variante XL, also der schwersten Version, eingesetzt. Startort war das Satish Dhawan Raumfahrtzentrum auf der ostindischen Insel Shriharikota. Mit an Bord befanden sich noch acht Mikrosatelliten mit einem Gewicht zwischen 1,5 und 18 Kilogramm.

ISRO

**26. November 2022 – CRS-26 versorgt die ISS** – Am 26. November sandten SpaceX und die NASA ein Frachtraumschiff zur Internationalen Raumstation. Sowohl der Booster der Falcon 9-Trägerrakete, er trägt die Serien-Nummer B1076, als auch der Cargo-Dragon (mit der Bezeichnung C211) sind neue Einheiten. Das ist eine Ausnahme bei SpaceX in diesen Tagen, wo in der weitaus überwiegenden Anzahl der Starts „gebrauchtes" Gerät eingesetzt wird. Die Mission begann um 20:21 Uhr mitteleuropäischer Zeit an der historischen Startanlage 39A des Kennedy Space Centers.

**27. November 2022 – China startet erneut Yaogan 36-Satelliten** – Das Rätsel um die Satelliten der Yaogan 35- und 36-Serie nimmt immer größere Ausmaße an. Dies vor allem aufgrund der immer größeren Anzahl von Einheiten, die in kurzen Zeitabständen in den Orbit gebracht werden. Damit lassen sich frühere Deutungen zum Einsatzzweck nicht länger halten. Unter diesem Aspekt ist auch der Start einer neuen Dreiergruppe von Yaogan-36 Satelliten am 27. November rätselhaft. Als gesichert gilt nur, dass es sich um militärische Aufklärungssatelliten handelt.

**28. November 2022 – Letzter Glonass M-Satellit im All** – Die russischen Streitkräfte brachten am 28. November den letzten Navigationssatelliten der Glonass-M-Reihe auf eine mittelhohe Erdumlaufbahn. Die Satelliten des Systems tragen auch die Bezeichnung Uragan. Startort war das nordrussische Raumfahrtzentrum Plessezk. Als Träger wurde eine Rakete des Typs Sojus 2.1b „Fregat" eingesetzt. Nach dem sicheren Erreichen des Zielorbits bekam das Raumfahrzeug die Bezeichnung Kosmos 2564.

**29. November 2022 – Erstmals sechs Chinesen gleichzeitig im All** – Erstmals in der Geschichte der Raumfahrt sind sechs chinesische Astronauten gleichzeitig im Orbit. Es handelt sich dabei um die Besatzungen der Raumschiffe Shenzhou 14 und Shenzhou 15. Während sich die Crew von Shenzhou 14 bereits seit dem 5. Juni an Bord der chinesischen Raumstation befindet, startete die Crew von Shenzhou 15 am 29. November mitteleuropäischer Zeit vom nordchinesischen Raumfahrtzentrum Jiuquan. Mit diesem Flug beginnt die permanente Besetzung der chinesischen Raumstation. Bislang flog sie zeitweise unbemannt, aber von nun an sollen so genannte „hand-overs" an Bord der Station stattfinden.

**30. November 2022 – Russland bringt Aufklärungssatelliten in den Orbit –** Am 30. November starteten die russischen Streitkräfte eine Trägerrakete des Typs Sojus 2.1b mit einem Militärsatelliten in eine niedrige Erdumlaufbahn, von dem weder Bezeichnung noch Aufgabenstellung bekanntgegeben wurden. Startort war das nordrussische Raumfahrtzentrum von Plessezk. Bei dem Raumfahrzeug handelt es sich wahrscheinlich um einen elektronischen Aufklärer der Lotos-S-Klasse. Aus bahnmechanischen Gründen deutlich weniger wahrscheinlich wäre ein Radaraufklärer der Neitron-Serie.

**04. Dezember 2022 – Sichere Rückkehr für Shenzhou 14 –** Die dritte Expedition zur chinesischen Raumstation ist beendet. Am 4. Dezember um 13:04 Uhr landete die dreiköpfige Crew des Raumschiffs Shenzhou 14 sicher im Dengfong-Landegebiet, nördlich des Startzentrums Jiuquan. Die Besatzung bestand aus den Astronauten Chen Dong, Liu Yang und Cai Xuzhe. Ihre Mission hatte knapp 182 Tage und neun Stunden gedauert. Nach diesem Einsatz hat Kommandant Chen Dong bei seinen zwei Flügen insgesamt 215 Tage im Weltraum verbracht. Damit ist er der erste Chinese, der…

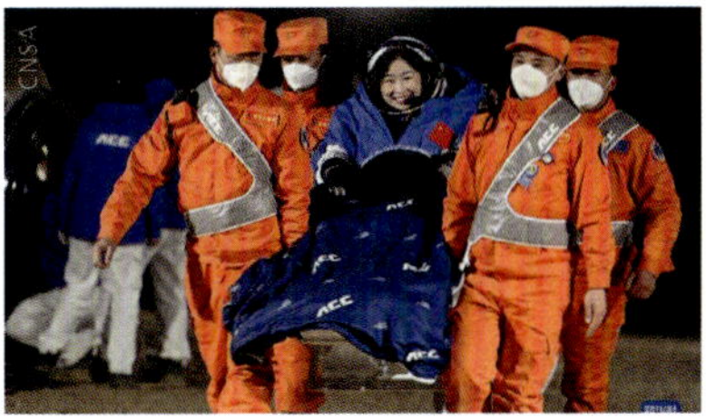

**07. Dezember 2022 – Erfolgreiche Rückkehr der Kuaizhou-11 –** Eine feststoffbetriebene Trägerrakete des Typs Kuaizhou-11 (kurz: KZ-11) brachte am 7. Dezember einen Satelliten mit der Bezeichnung „Xingyun Jiaotong VDES Shiyan Weixing" in einen Erdorbit. Wobei VDES ein englischsprachiges Akronym ist und „VHF Data Exchange System for marine traffic control and Search & rescue uses" bedeutet. Der Träger war nach einem Fehlstart im Juli 2020 bei seinem Jungfernflug aus dem Betrieb genommen worden. Er nahm somit jetzt mit der aktuellen erfolgreichen Mission…

**08. Dezember 2022 – Chinas CHEOS Programm bekommt Zuwachs –** China brachte am 8. Dezember mit Gaofen 5-01A einen weiteren Erdbeobachtungssatelliten für das CHEOS-Programm in eine polare, sonnensynchrone Erdumlaufbahn. Dieses Programm (das Akronym steht für „China High Resolution Earth Observation System") ist das Gegenstück zum europäischen Kopernikus-Programm. Startort war der Weltraumbahnhof Taiyuan im Norden des Landes. Als Träger wurde eine Rakete des Typs Langer Marsch 2D eingesetzt. Die Mission begann um 19:31 Uhr mitteleuropäischer…

SPACEX

**08. Dezember 2022 – SpaceX unterstützt OneWeb –** Eines von Elon Musks Mantras lautet: „Konkurrenz belebt das Geschäft". Ganz in diesem Sinne half er seinem derzeit schärfsten Konkurrenten auf dem Markt der Internet-Konstellationen aus der Bredouille. Dieser Konkurrent ist OneWeb, der seine Satellitenflotte eigentlich ausschließlich mit russischen Sojus 2-Raketen in den Orbit bringen wollte. Nach dem Überfall Russlands auf die Ukraine und der damit verbundenen weitgehenden wirtschaftlichen Trennung des Westens von russischen Aufträgen war das…

**09. Dezember 2022 – Erstflug der Jielong 3 ein voller Erfolg –** China führte am 9. Dezember einen neuen Träger in das Startbusiness ein. Die Debütantin war die Jielong 3, was so viel wie „kluger Drache" bedeutet. Sie startete von Bord der Barke „Tai Rui" im Gelben Meer, ihr Erstflug verlief erfolgreich. An Bord der vierstufigen Rakete befanden sich 14 Kleinsatelliten, wovon acht zur Jilin-1-Serie gehörten. Die Jielong 3 wurde von der Zhongguo Changzheng Houjian YG (aka. China Long March Rocket Co.) entwickelt. Das ist eine kommerzielle Ausgründung der…

ZHONGGUO CHANGZHENG HOUJIAN YG

SPACEX/BEN COOPER

**11. Dezember 2022 – SpaceX schickt Hakuto-R zum Mond** – Am 11. Dezember sandte SpaceX die privat finanzierte japanische Raumsonde Hakuto R-M1 in Richtung Mond. Das Vehikel sollte im April auf dem Erdtrabanten im „Mare Frigoris" landen (was leider misslang). Die Mission begann um 8:38 Uhr am Startkomplex 40 der Cape Canaveral Space Force Station. Als Träger wurde eine Rakete des Typs Falcon 9 eingesetzt. Es war der 190. Flug einer Falcon 9-Rakete und die 155. Gelungene Landung eines Falcon 9-Boosters. An Bord des Mondlanders befand sich neben der…

**12. Dezember 2022 – Rätsel um Shiyan 20A und 20B** – China brachte am 12. Dezember zwei Satelliten mit der Bezeichnung Shiyan 20A und 20B in einen relativ ungewöhnlichen Orbit, und wieder einmal kann das Rätselraten um den Einsatzzweck von chinesischen Satelliten beginnen. Offensichtlich handelt es sich bei den beiden Raumfahrzeugen um Technologiedemonstratoren. Startort war das nordchinesische Raumfahrtzentrum Jiuquan. Als Träger wurde eine Rakete des Typs Langer Marsch 4C eingesetzt. Die neue Mission begann um 9:22 Uhr…

CASC

**13. Dezember 2022 – Ariane 5 – Drei Satelliten beim drittletzten Einsatz –** Eine europäische Trägerrakete des Typs Ariane 5 brachte bei ihrem drittletzten Einsatz drei Satelliten in eine geostationäre Transferbahn, nämlich die Kommunikationssatelliten Galaxy 35 und 36 für den Kommunikationsdienstleister Intelsat und den Wettersatelliten MTG-1 für die europäische Wetterbehörde Eumetsat. Der Start erfolgte am Guyana Space Center in Kourou, in Französisch-Guyana. Es war der 115. Einsatz einer Ariane 5. Die offizielle Missionsbezeichnung der Arianespace lautet…

**14. Dezember 2022 – Zhuque-2-Erstflug scheitert –** Der Erstflug der chinesischen Trägerrakete Zhuque-2 scheiterte am 14. Dezember nur knapp. Die beiden Hauptantriebsstufen funktionierten offenbar wie geplant, aber die Vernier-Triebwerke der zweiten Stufe, vorgesehen um den endgültigen Einschuss in die Ziel-Umlaufbahn vorzunehmen, schalteten offenbar entweder deutlich zu früh ab oder nahmen ihren Betrieb gar nicht erst auf. Die Zhuque-2 ist der weltweit erste einsatzbereite Träger, der mit der Treibstoff-/Oxidatorkombination Flüssiges Methan…

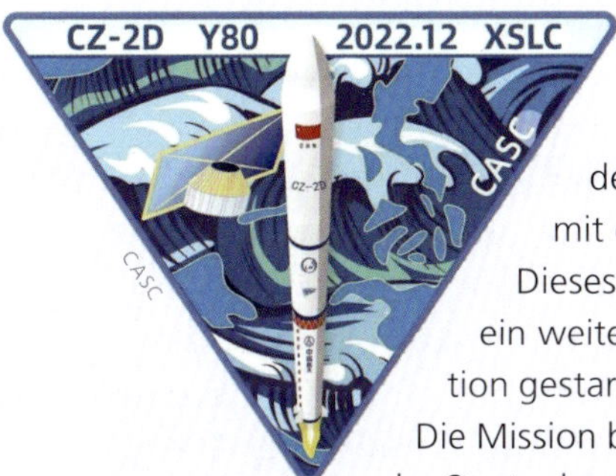


**14. Dezember 2022 – China startet erneut drei Yaogan 36-Satelliten –** Das Feuerwerk chinesischer Orbitalstarts hält weiter an. Gerade einmal zehn Stunden nach der vorausgegangenen – aber leider missglückten – Mission mit der Zhuque-2 war das Land der Mitte schon wieder aktiv. Dieses Mal mit einer Langer Marsch 2D von Xichang aus, wobei ein weiteres Terzett der geheimnisvollen Yaogan 35/36-Konstellation gestartet wurde. Dieses Mal Yaogan 36-04A, B und C. Die Mission begann um 19:25 Uhr mitteleuropäischer Zeit an der Startanlage 3 des zentralchinesischen…

**16. Dezember 2022 – Langer Marsch 11 startet Shiyan-21 –** Am 16. Dezember brachte eine Kleinträgerrakete des Typs Langer Marsch 11 den Technologiedemonstrator Shiyan-21 erfolgreich in eine niedrige Erdumlaufbahn. Der Start erfolgte erneut – wie schon zwei Tage zuvor der Start einer Langer Marsch 2D – vom zentralchinesischen Weltraumbahnhof Xichang aus. Die Mission begann um 7:17 Uhr mitteleuropäischer Zeit. Die vierte Stufe des Trägers – sie ist die Einzige, die mit flüssigem Treibstoff arbeitet – lieferte die Nutzlast auf einem Orbit mit einem Perigäum…

**16. Dezember 2022 – Falcon 9 bringt SWOT in den Orbit –** Am 16. Dezember brachte eine Trägerrakete des Typs Falcon 9 den Umweltbeobachtungssatelliten SWOT (für Surface Water and Ocean Topography) in eine Erdumlaufbahn hoher Inklination. Der Satellit ist ein Gemeinschaftsprojekt der französischen Raumfahrtagentur CNES und der NASA. Auch die britische Raumfahrtagentur (UKSA) und die „Canadian Space Agency" (CSA) sind an dem Projekt beteiligt. Startort war die Space Force Basis Vandenberg in Kalifornien. Die Mission begann um 12:47 Uhr mitteleuropäischer...

**16. Dezember 2022 – SpaceX liefert Satelliten für die O3b-mPOWER** – SpaceX brachte am 16. Dezember gegen Ende eines 87 Minuten langen Startfensters zwei Kommunikationssatelliten für den Luxemburger Satellitenbetreiber SES in eine mittelhohe Erdumlaufbahn. SES betreibt derzeit 67 Satelliten. 47 Einheiten befinden sich im geostationären Orbit, der Rest – die 20 Satelliten der O3b-Konstellation – befinden sich auf mittelhohen Umlaufbahnen in einer Höhe von gut 8.000 Kilometern über den äquatorialen Regionen der Erde. Zu diesen O3b-Satelliten gesellen sich nun in den...

**17. Dezember 2022 – SpaceX Starlink-Gruppe 4-37 im Orbit –** Beim dritten SpaceX-Start innerhalb von nur 36 Stunden brachte das Unternehmen eine neue Ladung Starlinks in den Orbit. Nach den Starts in Kalifornien und an der Cape Canaveral Space Force Basis nahm die Mission dieses Mal am historischen Startkomplex 39A des Kennedy Space Center ihren Anfang. Es war der erste Starlink-Start seit fast zwei Monaten. Seither hatte SpaceX neun aufeinanderfolgende Einsätze für kommerzielle und institutionelle Kunden absolviert. Die aktuelle Mission trug...

**21. Dezember 2022 – Vega C scheitert – Zwei Pléiades-Satelliten verloren –** Der erste Einsatzflug der Vega C endete im Desaster. Die beiden Raumfahrzeuge an Bord, die Erdbeobachtungssatelliten Pléiades Neo Nummer 5 und 6 gingen dabei verloren. Es wären die Einheiten drei und vier der 600 Millionen Euro teuren, aus vier Satelliten bestehenden Pléiades Neo-Konstellation von Airbus gewesen. Die Mission war der 22. Einsatz einer Vega-Trägerrakete und trug von daher die Arianespace-Bezeichnung VV22 (Vol Vega 22). Es war, nach einem erfolgreichen Testflug im Mai, der zweite...

**27. Dezember 2022 – Vierter Gaofen 11-Satellit im Orbit –** Am 27. Dezember brachte China den Erdbeobachtungssatelliten Gaofen 11-04 in eine sonnensynchrone polare Erdumlaufbahn. Obwohl die Bezeichnung auf einen zivilen Einsatzzweck hindeutet, dürfte es sich dabei eher um eine militärische Nutzlast handeln. Startort war der nordchinesische Weltraumbahnhof Taiyuan. Als Träger wurde eine Rakete des Typs Langer Marsch 4B eingesetzt. Die Mission begann um 8:48 Uhr mitteleuropäischer Zeit an der Startanlage 9 des Raumfahrtzentrums. Der Satellit wurde von der dritten Stufe der...

**28. Dezember 2022 – SpaceX: 60 Starts angekündigt – 60 Starts erreicht –** Im Januar kündigte SpaceX für das Jahr 2022 die Durchführung von bis zu 60 Orbitalstarts an. Diese Zahl von 60 ausnahmslos erfolgreichen Missionen war am 28. Dezember 2022 tatsächlich erreicht, als eine Falcon 9 mit 54 Starlink-Satelliten zur Mission Starlink 5-1 startete. Es war der erste Einsatz für die Bestückung der „Schale" 5 der Starlink-Konstellation. Wäre SpaceX eine eigenständige Raumfahrtnation, sie läge nur knapp hinter China auf Platz 2 in der Anzahl der durchgeführten Starts. Zum...

**29. Dezember 2022 – Shiyan 10-02 beschließt das chinesische Raumfahrtjahr –** Beim letzten chinesischen Start des Jahres 2022 brachte eine Rakete des Typs Langer Marsch 3B/Y1 den Technologiesatelliten Shiyan 10-02 auf eine hochelliptische Erdumlaufbahn. Die Mission begann am zentralchinesischen Weltraumbahnhof Xichang. Es war der 64. und letzte Start des Jahres von China aus. Damit wurde erneut eine chinesische Rekordmarke erzielt. Der Start erfolgte um 5:43 Uhr mitteleuropäischer Zeit. Das Raumfahrzeug wurde auf einen Orbit mit einem Perigäum von knapp...

**30. Dezember 2022 – Die Letzte Mission gehört SpaceX –** Wer wäre mehr legitimiert, das Raumfahrtjahr zu beschließen als SpaceX? Bei der 61. Mission des Jahres – die allesamt komplett erfolgreich verliefen – brachte das Unternehmen am 30. Dezember mit einer Trägerrakete des Typs Falcon 9 den israelischen Erdbeobachtungssatelliten EROS C3 auf eine ungewöhnliche retrograde Erdumlaufbahn. Startort war die Anlage 4 West an der Vandenberg Space Force Basis. Die Startmission mit EROS C3 war auch der 170. erfolgreiche Flug von SpaceX in ununterbrochener...

**03. Januar 2023 – SpaceX eröffnet das Raumfahrtjahr 2023 –** SpaceX beendete das Raumfahrtjahr 2022 und eröffnete nur drei Tage darauf auch das Raumfahrtjahr 2023. Der Start zur Transporter 6-Mission von der Startanlage 40 der Cape Canaveral Space Force Station verlief dabei wie am Schnürchen. An Bord des Trägers befanden sich 114 Kleinsatelliten aus 23 Ländern. Die Transporter-Flüge sind so genannte Rideshare-Missionen, bei der sich viele Kunden, die keine besonderen Bahnanforderungen haben, eine Trägerrakete teilen und so äußerst günstige Startkosten...

**08. Januar 2023 – China beginnt das Raumfahrtjahr mit Shijian 23 –** Im vergangenen Jahr entfiel etwa ein Drittel aller weltweiten Orbitalstarts auf China, ein weiteres Drittel auf SpaceX und das letzte Drittel auf den gesamten Rest der Welt. Ganz in diesem Sinne wurde auch im neuen Jahr die Startkadenz weitergeführt. Die zweite Mission des Jahres 2023 ging, nach SpaceX am 3. Januar, jetzt am 8. Januar an China, wo von Wenchang aus eine Rakete des Typs Langer Marsch 7A den Technologiesatelliten Shijian 23 auf eine geosynchrone Transferbahn transportierte.

**09. Januar 2023 – Ceres 1 mit „Give me Five" erfolgreich –** Nur wenige Stunden nach dem Start von Shijian 23 brachte das private Unternehmen Galactic Energy am 9. Januar eine vierstufige Kleinträgerrakete des Typs Ceres-1 erfolgreich in einen sonnensynchronen, polaren Orbit. An Bord befanden sich fünf Nutzlasten, die sich den Träger teilten. Die Mission nahm am nordchinesischen Raumfahrtzentrum von Jiuquan ihren Anfang. Galactic Energy vergab für diese Mission auch einen der in der letzten Zeit immer häufigeren Missionsslogans. Er lautete diesmal: „Give me...

**10. Januar 2023 – Launcher One scheitert –** Der mit immensem Bohei von Richard Branson und seiner Raumtransportfirma Virgin Orbit angekündigte „erste Orbitalstart von britischem Boden" (was er keinesfalls war) ist am 9. Januar gescheitert. Dabei gingen neben viel Vertrauen vor allem auch neun Kleinsatelliten verloren. Es war der zweite Fehlschlag in insgesamt sechs Missionen. Die Mission hatte von Branson und seiner Marketing-Crew den Slogan „Start me up" bekommen, zu Ehren eines Songs der Rolling Stones aus dem Jahre 1981. Der...

**10. Januar 2023 – SpaceX fliegt erneut für One Web –** Am 10. Januar brachte eine Trägerrakete des Typs Falcon 9 erneut 40 Satelliten des Starlink-Konkurrenten One Web in den Orbit. Für One Web war es die insgesamt 16. Mission zur Erstellung seiner Internet-Konstellation. Für SpaceX war es der zweite von insgesamt drei Einsätzen für One Web. Insgesamt war es die 205. Mission, die SpaceX jemals durchgeführt hat und der 135. Flug einer „gebrauchten" Falcon 9. Der Start erfolgte um 5:50 Uhr mitteleuropäischer Zeit an der Anlage 40 der Cape Canaveral…

**11. Januar 2023 – RS-1 Erstflug scheitert –** Es ist eine alte Raumfahrtregel, nach der mindestens die Hälfte aller Erstflüge scheitert. Diese Regel erwischte am 11. Januar auch die RS-1 von ABL-Space Systems. Besonders schwerwiegend war dieser Fehlstart deswegen, weil sich nur zehn Sekunden nach dem Verlassen der Startrampe alle Triebwerke der ersten Stufe abschalteten und die noch mit mehr als 95 Prozent der gesamten Treibstoffmenge betankten Rakete wieder auf die Startanlage zurückfiel und diese dem Erdboden gleichmachte. Die Mission trug…

**12. Januar 2023 – Apstar 6E – Start mit ungewissem Ausgang –** Am 12. Januar startete China eine interessante Orbitalmission. Dabei brachte eine Trägerrakete des Typs Langer Marsch 2C, an sich ein Träger der unteren Mittelklasse und eine der am wenigsten leistungsfähigsten Raketen der Langer Marsch-Reihe, den Kommunikationssatelliten Apstar 6E in eine niedrige Erdumlaufbahn. Um eine geostationäre Transferbahn erreichen zu können, musste die an sich zweistufige Rakete mit einer dritten Antriebseinheit ausgerüstet werden. Mit dieser Stufe scheint es allerdings…

**13. Januar 2023 – Langer Marsch 2D mit drei Satelliten unterwegs –** Beim zweiten chinesischen Start innerhalb von nur 13 Stunden brachte am 13. Januar eine Trägerrakete des Typs Langer Marsch 2D drei Satelliten in eine niedrige Erdumlaufbahn. Startort war das Raumfahrtzentrum Jiuquan in Nordwestchina. Bei den drei Nutzlasten handelt es sich um den militärischen Aufklärungssatelliten Yaogan 37 und die beiden – ebenfalls militärischen – Technologiedemonstratoren Shiyan 22A und 22B. Der Natur dieser Nutzlasten entsprechend wurden außer nichtssagenden Statements…

**15. Januar 2023 – Langer Marsch 2D bringt 13 Satelliten in den Orbit –** Mit einer Ridesharing-Mission, organisiert von der China Great Wall Industry Corpororation (CGWIC), brachte eine Trägerrakete des Typs Langer Marsch 2D insgesamt 14 Kleinsatelliten in eine sonnensynchrone polare Erdumlaufbahn. Startort war das nordchinesische Raumfahrtzentrum Taiyuan. Es war die letzte Orbitalmission Chinas vor dem chinesischen Neujahrsfest, um das herum (eine Woche vorher bis etwa zwei Wochen danach) eine etwa dreiwöchige Unterbrechung der Starttätigkeit erfolgt. Das Neujahrsfest…

**15. Januar 2023 – Falcon Heavy im Dienst des Militärs –** Die insgesamt fünfte Mission einer Falcon Heavy (und die zweite innerhalb von zwei Monaten) begann am 15. Januar an der Startanlage 39A des Kennedy Space Center. Dabei wurden zwei geheime militärische Nutzlasten direkt in den geostationären Orbit befördert. Die Mission trug die Bezeichnung USSF-67 (für United States Space Force 67). Die Falcon Heavy ist nach dem Space Launch System (SLS) die zweitstärkste US-Trägerrakete. Der Liftoff erfolgte um 23:56 Uhr mitteleuropäischer Zeit. Die gesamte…

**18. Januar 2023 – SpaceX bringt Amalia Earhardt in den Orbit –** SpaceX brachte am 18. Januar einen Satelliten für das Global Positioning System (kurz: GPS) in den Transferorbit für eine mittelhohe Erdumlaufbahn. Das Raumfahrzeug trägt offiziell die Bezeichung GPS-III 06 mit der inoffiziellen Zusatzbezeichnung „Amalia Earhardt", nach der berühmten amerikanischen Pilotin der 30er-Jahre, die als erste Frau im Jahre 1932 einen Solo-Flug über den Atlantik unternahm. Es war der fünfte GPS III-Satellit den SpaceX in den Orbit brachte. Eine dieser Einheiten wurde von…

**19. Januar 2023 – Erste Starlink-Mission des Jahres erfolgreich –** SpaceX brachte am 19. Januar die Starlink-Mission 2-4 auf die Reise in den niedrigen Erdorbit. Dabei wurden 51 Einheiten der Internet-Konstellation transportiert. Trotz der etwas irreführenden Nummerierung ist die Mission erst der zweite Start in die „Schale" 2 des Satelliten-Netzes. Die Transporte für 2-2 und 2-3 stehen noch aus. Mission 2-1 war schon im September 2021 gestartet worden. Der Einsatz begann um 16:43 Uhr mitteleuropäischer Zeit, entsprechend 7:43 Uhr US-Westküstenzeit an der…

**24. Januar 2023 – Virginia is for Launch Lovers –** „Virginia is for Launch Lovers", das ist der Slogan, unter dem Rocket Lab seinen ersten Start von amerikanischem Boden aus durchführte. Alle bisherigen Flüge begannen bisher auf dem kleinen Rocket Lab-Spaceport auf der Halbinsel Mahia in Neuseeland. Dieses Mal war es aber der neu errichteten Startkomplex 2 des Mid Atlantic Regional Spaceport (oder kurz: MARS) in Virginia. Dabei wurden drei Kleinsatelliten mit den Bezeichnungen HawkEye360 6A, 6B und 6C gestartet. Die Mission begann um exakt…

**26. Januar 2023 – Japan startet IGS Radar 7 –** Die japanische Raumfahrtagentur JAXA und der Trägerraketenhersteller- und Betreiber MHI brachten am 26. Januar den Aufklärungssatelliten IGS Radar 7 in eine sonnensynchrone polare Erdumlaufbahn. Startort war das Raumfahrtzentrum Tanegashima. Als Träger wurde eine Rakete des Typs H-IIA 202 eingesetzt. Kunde der Mission ist das Cabinet Satellite Information Centre (CSICE), eine Organisation, die speziell für den Betrieb der IGS-Satelliten errichtet wurde. Die Mission begann…

**26. Januar 2023 – Falcon 9 transportiert Starlink Gruppe 5-2 in den Orbit –** SpaceX brachte am 26. Januar die 56 Einheiten umfassende Starlink-Gruppe 5-2 in den Orbit. Der Einsatz ist bereits der fünfte Flug für das Unternehmen in diesem Jahr. Damit erhöht sich die Anzahl der Starlink-Satelliten, die SpaceX bislang in den Orbit gebracht hat, auf 3.771 Einheiten. Die Mission begann um 10:32 Uhr mitteleuropäischer Zeit (4:32 Uhr US-Ostküstenzeit) an der Startanlage 40 der Cape Canaveral Space Force Station. Achteinhalb Minuten später war der Zielorbit mit einem Perigäum von…

**31. Januar 2023 – Falcon 9 fliegt mit Starlink 2-6 und Eclectic Elena –** SpaceX brachte am 29. Januar erneut eine Fracht mit Starlink-Satelliten in den Orbit. Dieses Mal war jedoch bei dem für gewöhnlich rein firmeninternen Transport noch ein zahlender externer Kunde mit an Bord, nämlich die aus Italien stammende Satellitenträger- und Dispenserplattform ION SCV-009 mit der Bezeichnung „Eclectic Elena". Erfolgte der nur wenige Tage vorausgegangene Start von Cape Canaveral aus, kam dieses Mal die Startanlage 4E an der Space Force Basis Vandenberg zum Einsatz. Es war der 200. Start einer Trägerrakete des Typs Falcon 9.

**02. Februar 2023 – SpaceX startet Starlink Gruppe 5-3** – Beim dritten SpaceX-Start in Folge – mit weltweit keinem anderen Flug dazwischen – brachte das Unternehmen erneut 53 Starlink-Satelliten in den Orbit. Dieses Mal begann die Mission an der historischen Startanlage 39A des Kennedy Space Center in Florida. Damit wurden bislang 3.875 Einheiten des Internet-Systems gestartet. Die neuen Einheiten gehören zur zweiten Phase des Starlink-Netzes, für die das Unternehmen bislang eine Freigabe für die Stationierung von 7.500 Einheiten erhalten hat. Sie kommen…

**05. Februar 2023 – Proton M mit Elektro L Nr. 4 im Einsatz** – Die russische Raumfahrtagentur Roskosmos brachte am 5. Februar mit einer Trägerrakete des Typs Proton M Blok DM 03 den Wettersatelliten Elektro-L Nummer 4 erfolgreich direkt in eine geostationäre Umlaufbahn. Es war einer der zunehmend seltener werdenden Einsätze einer Rakete dieses Typs, von der nach dieser Mission nur noch elf Exemplare existieren. Die sind bereits alle produziert. Die Fertigung der Proton M wurde schon vor einer Weile zu Gunsten der Angara 5 eingestellt. In den letzten drei Jahren…

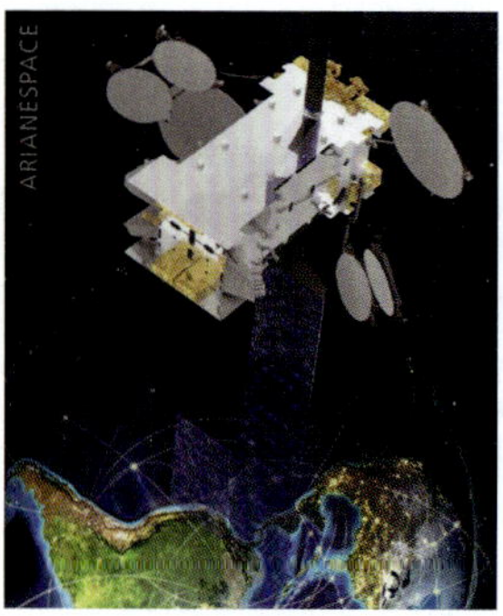


**7. Februar 2023 – SpaceX startet Amazonas Nexus für Hispasat** – SpaceX brachte am 7. Februar einen Kommunikationssatelliten mit der Bezeichnung „Amazonas Nexus" für den Betreiber Hispasat in eine supersynchrone geostationäre Transferbahn. Die Mission begann an der Startanlage 40 der Cape Canaveral Space Force Station, wegen schlechten Wetters am eigentlich vorgesehenen Starttag mit 24-stündiger Verspätung. Als Träger wurde eine Rakete des Typs Falcon 9 eingesetzt. Die Mission begann um 2:32 Uhr mitteleuropäischer Zeit am 7. Februar, entsprechend 20:32 Uhr…

**9. Februar 2023 – Progress MS-22 versorgt die Internationale Raumstation** – Russland hat in den Morgenstunden des 9. Februar ein Versorgungsraumschiff mit der Bezeichnung Progress MS-22 auf den Weg zur Internationalen Raumstation gebracht. Startort war der Weltraumbahnhof Baikonur in Kasachstan. Als Träger wurde eine Rakete des Typs Sojus 2.1a eingesetzt. In der Geschichte der ISS ist dies das 83. russische Versorgungsraumschiff. Die Mission begann um 7:15 Uhr an der Startanlage 31/6 des Kosmodroms. Neun Minuten später war ein Übergangsorbit mit einem Perigäum von…

**10. Februar 2023 – Indiens SSLV im zweiten Anlauf erfolgreich –** Die Mission „SSLV-D2", das für „Small Satellite Launch Vehicle Demo-Mission Nr. 2" steht, verlief für die indische Raumfahrtagentur erfolgreich. Die Mission D1, der Erstflug des neuen Kleinträgers im vergangenen August, hatte noch als Fehlschlag geendet. Der Einsatz begann am Satish Dhawan-Raumfahrtzentrum auf der ostindischen Insel Shriharikota. Mit EOS-7, AzaadiSat-2 und Janus 1 wurden dabei drei Kleinsatelliten in eine niedrige Erdumlaufbahn transportiert. Der Flug begann um 4:48 Uhr mitteleuropäischer…

**12. Februar 2022 – Rampenrekord und gelungener Start** – SpaceX brachte in den frühen Morgenstunden des 12. Februar die Starlink Gruppe 5-4 in eine niedrige Erdumlaufbahn. Dieses neue Satellitenpaket umfasst 55 Einheiten. Damit hat SpaceX insgesamt 3.930 Starlinks gestartet, wenn man die Prototypen (die längst wieder in die Erdatmosphäre eingetreten sind) aus dem Jahr 2018 mitrechnet. Die Mission begann um 6:10 Uhr mitteleuropäischer Zeit (entsprechend 0:10 Uhr US-Ostküstenzeit) an der Startrampe 40 der Cape Canaveral Space Force Station. Von dieser…

**17. Februar 2023 – SpaceX startet Starlink-Gruppe 2-5** – SpaceX brachte am 17. Februar erneut eine Ladung Starlink-Satelliten in eine niedrige Erdumlaufbahn. Die Mission begann an der Startanlage 4 Ost der Space Force Basis Vandenberg. An Bord der Falcon 9-Trägerrakete befanden sich 51 Einheiten der Internet-Konstellation von SpaceX. Damit hat SpaceX bis jetzt insgesamt 3.981 Starlink-Satelliten gestartet. Etwa 3.500 dieser Einheiten sind betriebsbereit. Es war die 73. Mission von SpaceX, die ganz oder überwiegend dem Aufbau der Starlink-Konstellation…

**18. Februar 2023 – Inmarsat I-6 F2 macht für SpaceX das Dutzend voll –** Der Start des Kommunikationssatelliten Inmarsat I-6 F2 machte für SpaceX das Dutzend voll, denn mit dieser Mission hat das Raumfahrtunternehmen von Elon Musk bereits 12 Starts im eben begonnenen Jahr absolviert. Um das ins rechte Licht zu rücken: Seit der langjährige größte Startdienstleister der USA, die United Launch Alliance, seinen letzten Start absolviert hat (das war am 10. November 2022) hat SpaceX schon 21 Missionen absolviert. Im Durchschnitt startet SpaceX alle vier Tage. Es war der…

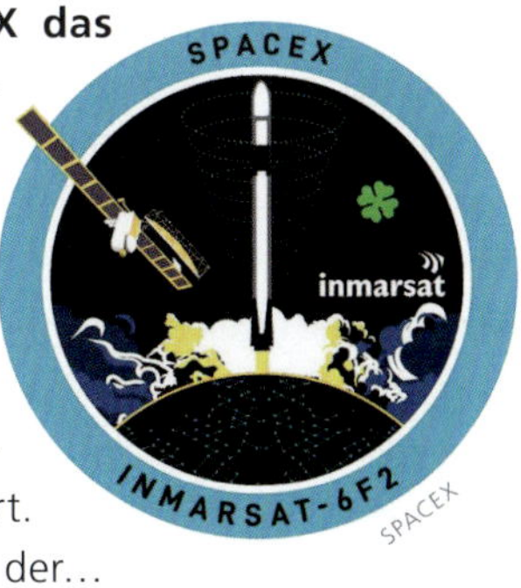

**23. Februar 2023 – China nimmt mit Chinasat 26 Startbetrieb wieder auf –** Nach einer ungewöhnlich langen Startpause von fast 40 Tagen wegen der Feiertage um das chinesische Neujahrs- und Frühjahrsfest nimmt das Land nun seine Starttätigkeit wieder auf. Am 23. Februar brachte eine Trägerrakete des Typs Langer Marsch 3B/E im Auftrag der China Satcom den Kommunikationssatelliten Chinasat 26 auf eine geostationäre Transferbahn. Startort war der Weltraumbahnhof Xichang. Als Träger wurde eine Rakete des Typs Langer Marsch 3B eingesetzt. Die Mission begann um 12:55 Uhr...

**24. Februar 2023 – Sojus MS-23 fliegt ohne Besatzung** – Ähnliches ist schon zuvor in der Geschichte der sowjetisch/russischen Raumfahrt passiert. Aber es liegt viele Jahrzehnte zurück, dass zum letzten Mal ein Sojus-Raumschiff unbemannt zu einer Raumstation fliegen musste, um eine dort gestrandete Crew aufnehmen zu können, weil deren eigentliches Raumfahrzeug beschädigt war. Im aktuellen Fall übernimmt Sojus MS-23 den Platz und die Funktion von Sojus MS-22, die auf Grund eines immer noch rätselhaften Lecks in einem Kühlsystem für den Rückflug...

**24. Februar 2023 – Langer Marsch 2C bringt Horus 1 in den Orbit –** Der ägyptische Erdbeobachtungssatellit Horus 1, wahrscheinlich ein militärischer Aufklärer, wurde am 24. Februar mit einer chinesischen Trägerrakete des Typs Langer Marsch 2C in den Orbit gebracht. Startort war das Raumfahrtzentrum Jiuquan in Nordwestchina. Es war der zweite chinesische Start innerhalb der letzten 24 Stunden nachdem es zuvor feiertagsbedingt eine 39-tägige Startunterbrechung gegeben hatte. Die Mission begann um 5:01 Uhr mitteleuropäischer Zeit, entsprechend 12:01 Uhr Pekinger...

**28. Februar 2023 – SpaceX mit neuer Starlink-Generation im Orbit –** Am 28. Februar (mitteleuropäischer Zeit) startete SpaceX die ersten 21 Einheiten einer neuen Generation von Starlink-Satelliten, die als Starlink v2 bezeichnet werden. Die Mission selbst wird Starlink 6-1 benannt. Diese neuen Einheiten sind etwa zweieinhalb Mal so schwer wie die bisherigen Starlink v1.5-Satelliten und haben die vierfache Übertragungskapazität. Die Starts der Satelliten der v2-Serie werden in der nächsten Zeit noch überlappend mit den Starts der v1.5-Reihe laufen. Aufgrund des höheren...

MICHAEL CAINE

**02. März 2023 – SpaceX sendet Crew 6 zur ISS –** Am 2. Februar brachte SpaceX mit dem Crew Dragon Endeavour ein bemanntes Raumfahrzeug in den Orbit. Die Mission trägt die Bezeichnung „SpaceX Crew 6", und wie es der Name schon andeutet, ist es der sechste Einsatz eines SpaceX Crew-Dragon im Auftrag der NASA. Insgesamt ist es aber bereits der achte Flug mit Menschen an Bord, den SpaceX durchführt, denn zwei Einsätze liefen außerhalb der NASA-Regie. Die Mission begann um 6:34 Uhr mitteleuropäischer Zeit an der historischen Startanlage 39A des…

**03. März 2023 – SpaceX startet Starlink 2-7 von Vandenberg –** Am 3. März, gerade einmal eineinhalb Tage nach dem Transport des Crew Dragon Endeavor in die Umlaufbahn, war erneut SpaceX im Einsatz. Dieses Mal brachte das Unternehmen mit einer Falcon 9 von der Space Force Basis Vandenberg aus 51 Startlink-Satelliten der Reihe v1.5. in eine niedrige Erdumlaufbahn. Die Mission trug die Bezeichnung Starlink 2-7. Der Einsatz begann um 19:38 Uhr mitteleuropäischer Zeit an der Startanlage 4E des Raumfahrtzentrums. Nach achteinhalb Minuten hatte die…

SPACEX

JAXA

**07. März 2023 – Japans H-3 scheitert beim Jungfernflug –** Auf Basis der in meinem Launch Log oft erwähnten Erkenntnis, dass mehr als die Hälfte aller Orbitalträger bei ihren Jungfernflügen scheitern, lässt es sich trefflich darüber argumentieren, ob es eine gute Entscheidung der japanischen Raumfahrtbehörde war, beim Erstflug ihrer neuen H-3 Trägerrakete als Nutzlast den mehr als 200 Millionen Euro teuren Umweltbeobachtungssatelliten ALOS 3 mit an Bord zu nehmen. In diesem Fall ist die Diskussion aber müßig. Man hat es getan und man hat sich verzockt. Ein…

**09. März 2023 – SpaceX transportiert Satelliten für OneWeb –** SpaceX hat erneut 40 Satelliten für den indirekten Konkurrenten OneWeb in den Orbit gebracht. Die Bezeichnung der Mission lautete OneWeb 17, da es der 17. Satellitenstart für den High-Speed-Internetdienst OneWeb bedeutete. Damit sind jetzt 584 der für die erste Phase geplanten 648 operationellen Satelliten im Orbit. Zwei Einheiten sind allerdings ausgefallen, so dass die Zahl der funktionsfähigen Einheiten bei 582 liegt. Es war der 16. Orbitalstart für SpaceX in diesem Jahr. Die Mission begann um…

ONEWEB

**9. März 2023 – Tianhui 6A und 6B beobachten die Erde –** China brachte am 9. März mit einer dreistufigen Trägerrakete des Typs Langer Marsch 4C die beiden Erdbeobachtungssatelliten Tianhui 6A und 6B in eine polare, sonnensynchrone Erdumlaufbahn. Bei den beiden Einheiten handelt es sich vermutlich um Radar-Beobachter. Startort war der nordchinesische Weltraumbahnhof Taiyuan. Es war die achte Orbitalmission Chinas in diesem Jahr. Die Mission begann um 23:41 Uhr Mitteleuropäischer Zeit und somit bereits in der Morgendämmerung des 10. März am chinesischen…

**12. März 2023 – SpaceX Crew 5 kehrt sicher zur Erde zurück –** In den frühen Morgenstunden des 12. März kehrte der Crew Dragon Endurance mit vier Besatzungsmitgliedern von der Internationalen Raumstation zur Erde zurück. Seine Besatzung hatte 157 Tage und 10 Stunden im Orbit verbracht. Im NASA-Jargon wurde ihre Mission als „SpaceX Crew 5" bezeichnet. An Bord waren die Kommandantin des Raumschiffs, die NASA-Astronautin Nicole Mann, ihr Copilot Josh Cassada, ebenfalls von der NASA, Koichi Wakata von der japanischen Raumfahrtagentur JAXA und Anna Kikina von…

**13. März 2023 – Russland startet Olimp-K für die Streitkräfte –** Die russischen Streitkräfte brachten in den frühen Morgenstunden des 13. März den Mehrzwecksatelliten Olimp K Nr. 2 direkt in eine geostationäre Erdumlaufbahn. Als Träger wurde eine Rakete des Typs Proton M Briz M eingesetzt. Von offizieller Seite her hielt man sich mit Informationen über dieses Raumfahrzeug ziemlich bedeckt. Die Mission begann um 0:13 Uhr an der Startanlage 200/39 des Kosmodroms von Baikonur. Der Weg in den geostationären Orbit dauerte danach etwa sechs Stunden. Olimp K Nr. 2…

**13. März 2023 – China startet zweiten Horus für Ägypten** – China brachte am 13. März, nur 17 Tage nach dem Start von Horus 1, eine zweite Einheit dieses ägyptischen Aufklärungssatelliten in eine sonnensynchrone polare Erdumlaufbahn. Als Träger wurde erneut eine Rakete des Typs Langer Marsch 2C eingesetzt. Die Mission begann um 5:02 Uhr mitteleuropäischer Zeit an der Startanlage 2 des Langer Marsch-Startkomplexes in Jiuquan. Die zweite Stufe der Trägerrakete lieferte den Satelliten auf einem Orbit mit einem Perigäum von 489 Kilometern, einem Apogäum von…

**15. März 2023 – SpaceX startet Cargo-Dragon zur Mission CRS-27 –** SpaceX brachte am 15. März den Cargo Dragon C209 für die NASA-Mission CRS-27 in eine niedrige Erdumlaufbahn. Die Bezeichnung steht für den 27. Flug eines unbemannten Nachschub-Transporters von SpaceX. Der Einsatz begann um 1:31 Uhr mitteleuropäischer Zeit an der historischen Startanlage 39A des Kennedy Space Centers. 35 Stunden später legte das Raumschiff am Harmony-Modul der ISS an. CRS 27 war der der 210 Start einer Falcon 9 insgesamt. Für den Start dieser Mission wurde der Booster 1073...

**15. März 2023 – China startet Shiyan 19 mit Langer Marsch 11 –** China brachte am 15. März mit einer Kleinträgerrakete des Typs Langer Marsch 11 einen experimentellen militärischen Technologiesatelliten mit der Bezeichnung Shiyan 19 auf eine sonnensynchrone polare Erdumlaufbahn. Der Einsatz begann um 12:41 Uhr mitteleuropäischer Zeit (19:42 Uhr Pekinger Zeit) am Weltraumbahnhof Jiuquan. Der erreichte Orbit wies ein Perigäum von 495 Kilometern, ein Apogäum von 515 Kilometern und eine Bahnneigung zum Äquator von 97,46 Grad auf. Der Zweck des Satelliten ist...

**16. März 2023 – Electron bringt Capella 9 und 10 in den Orbit –** Der neuseeländisch-amerikanische Raumtransport-Dienstleister Rocket Lab brachte am 16. März zwei Erdbeobachtungssatelliten der Capella-Konstellation in den Orbit. Der Start erfolgte von Wallops Island in Virgina aus, dem drittgrößten Weltraumbahnhof der USA. So, wie es tpyisch ist für die Missionen von Rocket Lab, trug auch dieser Einsatz einen Slogan: „Stronger Together" (Zusammen sind wir stärker). Capella flog, nach einer vorausgegangenen Mission im August 2020, zum zweiten Mal mit Rocket...

**17. März 2023 – Gaofen 13-02 beobachtet die Erde aus großer Distanz –** Einen besonders interessanten Satelliten startete China am 17. März mit einer Trägerrakete des Typs Langer Marsch 3B/E vom Weltraumbahnhof Xichang. An Bord befand sich Gaofen 13-02, der die Erde aus einer Distanz von 36.000 Kilometern vom geostationären Orbit beobachten soll. Das alleine ist allerdings nicht das Bemerkenswerte. Vielmehr liegt es auf dem (vermuteteten) Auflösungvermögen der mächtigen Optik an Bord des Raumfahrzeugs, das bei 15 Metern pro Bildpunkt vermutet wird. Das ermöglicht...

**17. März 2023 – SpaceX schickt Starlink 2-8 von Vandenberg in den Orbit –** Am 17. März brachte eine Trägerrakete des Typs Falcon 9 die 52 Einheiten starke Starlink-Gruppe 2-8 von der Space Force Basis Vandenberg aus in eine niedrige Erdumlaufbahn. Der Einsatz war die sechste Bestückungsmission für die „Schale" 2 der Konstellation, weshalb die „8" ein wenig irritierend ist. Die Starts erfolgen aber außerhalb einer exakten numerischen Reihenfolge. Die zwei Missionen, die notwendig sind um bis zur „8" aufzufüllen, haben noch nicht stattgefunden. Die Mission begann…

**18. März 2023 – Falcon 9 fliegt im Auftrag von Luxemburgs SES –** Nur vier Stunden und 12 Minuten nach dem Start der Starlink-Gruppe 2-8 von der Luftwaffenbasis Vandenberg aus war SpaceX erneut aktiv. Dieses Mal von der Startanlage 40 der Cape Canaveral Space Force Station. Während SpaceX beim eben zurückliegenden Flug in Kalifornien die firmeneigene Internet-Konstellation bestückt hatte, geschah die darauffolgende Mission im Auftrag des luxemburgischen Satellitenbetreibers SES. Bei den Nutzlasten handelte es sich um die Kommunikationssatelliten SES 18 und 19…

**22. März 2023 – ExPace startet Kuaizhou 1A mit vier Wettersatelliten –** Der halbprivate Startdienstleister ExPace brachte am 22. März mit seiner Kuaizhou 1A-Trägerrakete vier kleine Wettersatelliten in einen polaren sonnensynchronen Orbit. Startort war das Gelände des Weltraumbahnhofs Jiuquan. Es war der 19. Einsatz einer Trägerrakete dieses Typs. 17 der Missionen waren erfolgreich. Der Flug begann um 10:09 Uhr mitteleuropäischer Zeit (entsprechend 17:09 Uhr Pekinger Zeit). Die Bahnwerte liegen für das Perigäum bei 505 Kilometern, das Apogäum bei 520 Kilometern und…

**23. März 2023 – „Good luck, have fun" bringt nur begrenztes Glück –** Über 50 Prozent aller Erstflüge neuer Trägerraketentypen missglücken. In der schlechteren Hälfte lag am 23. März auch das US-Unternehmen Relativity Space, das an diesem Tag mit seiner Absicht scheiterte, den Orbit zu erreichen. In Kenntnis dieser Regel hatte das Unternehmen beim Erstflug ihrer Terran 1-Rakete erst gar keine Nutzlast mit an Bord genommen. Die Mission begann um 4:25 Uhr mitteleuropäischer Zeit am Startkomplex 16 der Cape Canaveral Space Force Station. Diese Startanlage war zuletzt…

**23. März 2023 – Spionagesatellit für Russlands Streitkräfte gestartet –** Am 23. März brachten die russischen Streitkräfte einen Spionagesatelliten der Bars-M-Klasse in eine niedrige Erdumlaufbahn. Startort war das Kosmodrom in Plessezk. Als Träger wurde eine Rakete des Typs Sojus 2.1a eingesetzt. Nach dem erfolgreichen Aussetzen des Satelliten bekam er die Bezeichnung Kosmos 2567. Die Kosmos-Bezeichnungen sind reine sequentielle Zählnummern deren Ursprung bis auf das Jahr 1962 zurückgeht. Bars-M ist ein elektrooptischer Aufklärer und die vierte Einheit seiner…

**24. März 2023 – Rocket Lab transportiert Black Sky 18 und 19 in den Orbit –** Der neuseeländisch-amerikanische Startdienstleister Rocket Lab brachte am 24. März zwei Erdbeobachtungssatelliten für Black Sky in den Orbit. Die Mission begann auf dem firmeneigenen Startgelände auf der Halbinsel Mahia auf der neuseeländischen Nordinsel. Es war der sechste Start, den Rocket Lab für Black Sky durchführte. Wie immer bei diesem Unternehmen gab es einen Startslogan, der dieses Mal „The Beat Goes On" lautete. Es war der insgesamt 35. Einsatz einer Rakete dieses Typs. Die Mission begann…

**24. März 2023 – SpaceX startet Starlink Gruppe 5-5 –** Bei seiner 20. Mission des laufenden Jahres brachte SpaceX am 24. März die Starlink-Gruppe 5-5 mit insgesamt 56 Einheiten in eine niedrige Erdumlaufbahn. Damit hat SpaceX bislang 4.161 Exemplare dieser Satelliten in den Orbit transportiert. 3.859 davon befinden sich noch in der Umlaufbahn. Die Mission begann um 16:43 Uhr mitteleuropäischer Zeit an der Startanlage 40 der Cape Canaveral Space Force Station. Für das Absetzen des „Stacks" mit den Satelliten wurden zwei Brennmanöver der zweiten…

**26. März 2023 – LMV-3 macht One Web-Netz vollständig –** Die indische Raumfahrtagentur ISRO brachte am 26. März mit einer Trägerrakete des Typs LVM-3 36 Satelliten der One Web-Internet-Konstellation in den Orbit. Die Mission wurde vom Satish Dhawan Raumfahrtzentrum von der ostindischen Insel Shriharikota aus durchgeführt. Es war die 18. und vorletzte Mission in der ersten Aufbauphase der Konstellation. Es war auch der sechste Einsatz einer LMV-3 und der zweite der ISRO für One Web. Die Mission des LMV-3 (früher als GSLV Mark III bezeichnet) nahm um…

**29. März 2023 – Shavit macht wieder mit –** In den frühen Morgenstunden des 29. März führten die israelischen Streitkräfte einen der äußerst seltenen Starts einer israelischen Shavit 2-Trägerrakete durch. Die Mission begann am Luftwaffenstützpunkt Palmachin, südlich von Tel Aviv. Die Nutzlast bestand aus dem Aufklärungssatelliten Ofeq 13. Der Flug ist die insgesamt zehnte erfolgreiche Satellitenmission (bei zwölf Versuchen) Israels. Die Startkadenz ist extrem niedrig: Im Schnitt startet Israel etwa alle drei Jahre einen eigenen Satelliten…

**29. März 2023 – Russland startet militärischen Technologiedemonstrator –** Die russischen Streitkräfte brachten am 29. März einen militärischen Technologiedemonstrator mit der Bezeichnung EO MKA Nr.4 in eine sonnensynchrone polare Erdumlaufbahn. Als Träger wurde eine Rakete des Typs Sojus 2.1v eingesetzt. Startort war der nordrussische Weltraumbahnhof Plessezk. Nach dem erfolgreichen Absetzen der Nutzlast in der Umlaufbahn erhielt der Satellit die militärische Zählnummer Kosmos 2568. Die Mission begann um 20:57 Uhr mitteleuropäischer Zeit an der Startanlage 43/4 des…

**29. März 2023 – SpaceX startet Starlink-Gruppe 5-10 –** SpaceX brachte am 29. März die 56 Satelliten umfassende Starlink Gruppe 5-10 in eine niedrige Erdumlaufbahn. Startort war die Startanlage 40 der Cape Canaveral Space Force Station. Es war der achte Orbitalstart von SpaceX im Monat März. Das ist ein neuer Rekord für SpaceX für Starts innerhalb eines Monats. Nach dieser Mission sind nun 4.217 Starlinks gestartet worden. 302 davon befinden sich nicht mehr im Orbit. Etwa 3.300 Satelliten sind im Einsatz, weitere 400 Einheiten befinden sich entweder in…

**30. März 2023 – China bringt PIESAT-1-Gruppe in den Orbit –** China brachte am 30. März eine Gruppe von vier Erdbeobachtungssatelliten in einen polaren, sonnensynchronen Orbit. Die Einheiten tragen die Bezeichnungen PIESAT-1A 01 und PIESAT 1B 01-03 (in Gesamtheit auch als Hongtu-1 Gruppe 1 bezeichnet). Startort war das nordchinesische Raumfahrtzentrum Taiyuan. Als Träger wurde eine Rakete des Typs Langer Marsch 2D eingesetzt. Die Mission begann um 11:50 Uhr mitteleuropäischer Zeit an der Startanlage 9 des Weltraumbahnhofs. Die Raumfahrzeuge wurden danach…

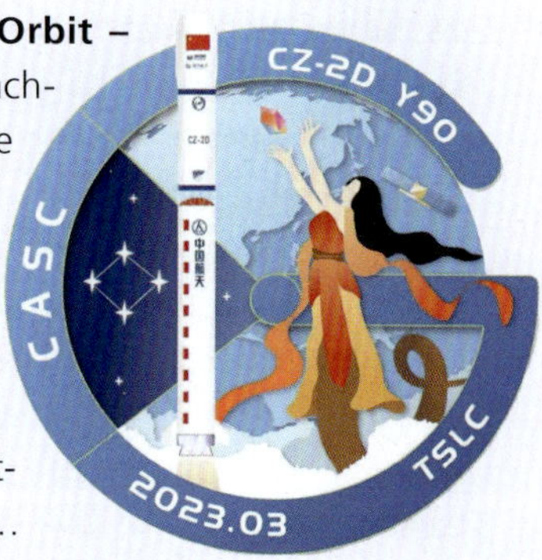

**31. März 2023 – Yaogan 34-04 klärt für China auf –** China brachte am 31. März den optischen Aufklärungssatelliten Yaogan 34-04 in eine niedrige Erdumlaufbahn. Die Mission nahm am nordchinesischen Raumfahrtzentrum Jiuquan ihren Anfang. Als Träger wurde eine Rakete des Typs Langer Marsch 4C eingesetzt. Die Mission begann um 7:27 Uhr mitteleuropäischer Zeit an der Startrampe 2 der Anlage 43. Etwa eine Stunde später wurde der Satellit von der dritten Stufe der Trägerrakete in Umlaufbahn mit einem Perigäum von 1.092 Kilometern, einem Apogäum…

**02. April 2023 – Erfolg für Tianlong-2 –** In diesem Logbuch der Orbitalstarts müssen wir immer wieder feststellen, dass etwa 50 Prozent der Erstflüge neuer Trägerraketen fehlschlagen. Was im Umkehrschluss aber dann natürlich bedeutet, dass die anderen 50 Prozent erfolgreich verlaufen. Unter diesen „glücklichen" war am 2. April die Tianlong-2-Trägerrakete des privaten chinesischen Herstellers Space Pioneer. Und noch ein paar „firsts" kann diese Rakete verzeichnen: Es war der erste erfolgreiche Start einer privat finanzierten chinesischen…

**02. April 2023 – SpaceX fliegt für die Space Development Agency –** Am 2. April brachte SpaceX insgesamt zehn Satelliten für die Space Development Agency (SDA) in den Orbit, einer Organisation, die zur US Space Force gehört. Der Einsatz hatte die etwas sperrige Bezeichnung „Proliferated Warfighter Space Architecture Tranche 0 Flight 1". Startort war die Space Force Basis Vandenberg in Kalifornien. Der Einsatz begann um 16:29 Uhr mitteleuropäischer Zeit an der Startanlage 4E des Westküsten-Weltraumbahnhofs. Die Satelliten wurden von der Falcon 9 in einen Orbit…

**07. April 2023 – Hyperbola 1 zurück zum Flugstatus –** Am 7. April brachte der private chinesische Startdienstleister iSpace seine Hyperbola 1 mit einer erfolgreichen Mission zurück in den Einsatzstatus. Davor hatte es, nach einem erfolgreichen Erstflug, drei Fehlschläge in Folge gegeben. Konsequenterweise fand die aktuelle Mission ohne Nutzlast statt und wurde als „Verifikationsflug" bezeichnet. Ein Erfolg bei dieser Mission war für iSpace unabdingbar notwendig, will das Unternehmen die Rakete wieder als „marktfähig" einstufen und das Vertrauen seiner…

**07. April 2023 – SpaceX bringt Intelsat 40e in den Orbit –** Am 7. April brachte SpaceX den Kommunikationssatelliten Intelsat 40e auf eine geostationäre Transferbahn. Startort war die Startanlage 40 der Cape Canaveral Space Force Station. Bei dieser Mission führte SpaceX auch die 110. erfolgreiche Landung eines Falcon 9-Boosters in ununterbrochener Reihenfolge durch. Die Mission begann um 6:30 Uhr mitteleuropäischer Zeit, entsprechend um 0:30 Uhr am 6. April US-Ostküstenzeit. Die erzielte subsynchrone geostationäre Transferbahn wies ein Perigäum von…

**14. April 2023 – Ariane 5: Das Ende ist nah –** Mit dem erfolgreichen Start der Jupiter-Sonde JUICE absolvierte die europäische Trägerrakete am 14. April den vorletzten Einsatz ihrer Laufbahn. Sie brachte das Raumfahrzeug präzise auf die heliozentrische Umlaufbahn, die sie innerhalb von acht Jahren mit Hilfe von vier Gravitationsunterstützungsmanövern an der Venus und der Erde und nach dem Besuch eines Hauptgürtelasteroiden zum größten Planeten des Sonnensystems bringen wird. Die Mission begann um 14:14 Uhr mitteleuropäischer Zeit an der…

**15. April 2023 – SpaceX Transporter 7 bringt 51 Nutzlasten in den Orbit –** Bei der siebten der so genannten „Dedicated SmallSat Rideshare Missions" transportierte SpaceX am 15. April 54 meist kleine Nutzlasten in einen sonnensynchronen Erdorbit. Diese regelmäßig stattfindenden Einsätze werden gemeinhin als „Transporter-Missions" bezeichnet. SpaceX bietet bei diesen Missionen Orbitalflüge zu unschlagbar niedrigen Preisen an. Das Gewicht der einzelnen Raumfahrzeuge geht von weniger als einem Kilogramm für einige der CubeSats bis zu etwa 800 Kilogramm für den türkischen…

**16. April 2023 – Fengyun 3G misst den Regen für China –** China brachte am 16. April mit einer Trägerrakete des Typs Langer Marsch 4B den Umweltbeobachtungs- und Wettersatelliten Fengyun 3G in eine niedrige Erdumlaufbahn. Seine Hauptaufgabe wird die Messung von Niederschlägen sein. Startort war der nordchinesische Weltraumbahnhof Jiuquan. Es war Chinas 17. Orbitalstart des laufenden Jahres. Die Mission begann um 3:36 Uhr mitteleuropäischer Zeit an der Startrampe 2 der Startanlage 43 des Raumfahrtzentrums. Die erzielte Umlaufbahn wies ein Perigäum von…

**19. April 2023 – SpaceX startet 21 Starlink v2-Mini** – Am 19. April brachte SpaceX die Starlink-Gruppe 6-2 in eine niedrige Erdumlaufbahn. Die Mission begann an der Startanlage 40 der Cape Canaveral Space Force Station. Bei den 21 in den Orbit transportierten Satelliten handelt es sich um Einheiten der Übergangsversion v2-Mini. Sie liegt in Gewicht und Abmessungen zwischen der bisherigen Standardversion v1.5 und der zukünftig eingesetzten Variante v2. Das „Mini" darf dabei nicht allzu wörtlich genommen werden, denn die Leistung dieser Übergangsversion…

**22. April 2023 – ISROs PSLV-CA für Singapur im Einsatz** – Am 22. April brachte eine indische Trägerrakete des Typs PSLV-CA einen Radar-Erdbeobachtungssatelliten und einen Technologiedemonstrator für Singapur in eine niedrige Erdumlaufbahn. Die beiden Einheiten tragen die Namen TelEOS-2 und Lumelite-4. Daneben gibt es noch insgesamt sieben Nutzlasten, die mit der vierten Stufe der Rakete verbunden bleiben, die ihnen als Plattform dienen wird. Die Rakete startete vom Satish Dhawan Raumfahrtzentrum auf der ostindischen Insel Shriharikota. Die Mission…

**27. April 2023 – SpaceX bringt Starlink-Gruppe 3-5 in den Orbit** – SpaceX brachte am 27. April die Starlink-Gruppe 3-5 mit insgesamt 46 Satelliten der v1.5-Reihe in eine polare sonnensynchrone Erdumlaufbahn. Startort war die Vandenberg Space Force Base in Kalifornien. Es war der 40. Start insgesamt, den SpaceX von dieser Westküstenbasis aus durchführte. Mit dieser neuen Ladung an Starlinks sind nun 4.284 Einheiten in den Orbit gestartet worden. 3.352 sind derzeit im regulären Betrieb, 372 sind aus unterschiedlichen Gründen wieder dem Orbit entnommen worden, der…

**29. April 2023 – SpaceX startet O3b mPower x 2** – SpaceX transportierte am 29. April zwei Kommunikationssatelliten für den Luxemburger Satellitenbetreiber SES S.A. auf eine mittelhohe Erdumlaufbahn. Die beiden Raumfahrzeuge tragen die Bezeichnung O3b mPower Nummer 3 und 4. Startort war die Cape Canaveral Space Force Station. Die Mission begann um 0:12 Uhr mitteleuropäischer Zeit, entsprechend 18:12 Uhr US-Ostküstenzeit am 28. April, an der Startanlage 40 des Weltraumbahnhofs. Nach knapp acht Minuten war ein Übergangsorbit erreicht, und das…

**01. Mai 2023 – Falcon Heavy mit Viasat 3 auf ungewöhnlicher Mission –** Beim insgesamt sechsten Einsatz einer Falcon Heavy transportierte SpaceX einen massiven Kommunikationssatelliten für das US-Satellitenunternehmen ViaSat auf eine Bahn knapp unterhalb des geostationären Orbits. Mit an Bord befanden sich noch zwei Kleinsatelliten. Die Mission war insofern außergewöhnlich, weil ViaSat die Falcon Heavy für den „fully expendable"-modus gekauft hatte, also als klassische „Einweg-Rakete". Die einzigen potentiell wiederverwendbaren Elemente dieser Mission waren die beiden…

**04. Mai 2023 – SpaceX bringt Starlink-Gruppe 5-6 auf den Weg ins All –** Am 4. Mai brachte SpaceX die aus 56 Satelliten bestehende Starlink-Gruppe 5-6 in eine niedrige Erdumlaufbahn. Startort war die Cape Canaveral Space Force Station. Nach dieser Mission verfügt das Unternehmen über mehr als 4.000 Starlink-Einheiten im Orbit. Gestartet wurden seit Beginn des Vorhabens 4.340 Einheiten. Die Differenz erklärt sich aus der Tatsache, dass bereits mehr als 300 Satelliten wieder zur Erde zurückgekehrt sind. Die Mission begann um 9:31 Uhr mitteleuropäischer Zeit (3:31 Uhr…

**08. Mai 2023 – TROPICS schafft es erst mit Electron ins All –** Am 12. Juni 2022 scheiterte der US-Startdienstleister Astra daran, die Satelliten Nummer zwei und drei der TROPICS-Konstellation in den Orbit zu bringen. Am 8. Mai dieses Jahres gelang es nun einer Electron von Rocket Lab die beiden Einheiten vier und fünf sicher im Orbit abzuliefern. Wie immer bei Rocket Lab bekam die Mission einen Slogan. Der lautete diesmal „Rocket like a Hurricane". Der Start erfolgte von der Halbinsel Mahia aus, die auf der neuseeländischen Nordinsel liegt. Die Mission…

**10. Mai 2023 – Tianzhou 6 versorgt die chinesische Raumstation –** Am 10. Mai brachte eine Trägerrakete des Typs Langer Marsch 7 ein Versorgungsraumschiff für die chinesische Raumstation mit der Bezeichnung Tianzhou 6 in eine niedrige Erdumlaufbahn. Die Mission begann am ostchinesischen Raumfahrtzentrum Wenchang am Gelben Meer. Der Start erfolgte um 15:23 Uhr mitteleuropäischer Zeit an der Startanlage 201 des Weltraumbahnhofs. Knapp zehn Minuten nach dem Verlassen der Startrampe setzte die zweite Stufe der Trägerrakete das Raumfahrzeug auf einem Orbit mit einem…

**10. Mai 2023 – SpaceX schafft 200. erfolgreichen Start in Folge –** Am 10. Mai brachte SpaceX die aus 51 Satelliten bestehende Starlink-Gruppe 2-9 in eine niedrige Erdumlaufbahn. Die Mission nahm an der Space Force Basis Vandenberg ihren Anfang. Die Mission bildete den schnellsten „turn-around" für SpaceX in Vandenberg, denn der letzte Start von hier aus erfolgte erst vor zwölf Tagen. Und es war der 200. erfolgreiche Start in ununterbrochener Reihenfolge für die Falcon-Raketenfamilie. Das gab es in der Geschichte der Raumfahrt noch nie. Die aktuelle Mission…

**14. Mai 2023 – SpaceX transportiert weitere 56 Starlinks in den Orbit –** Am 14. Mai brachte SpaceX die aus 56 Einheiten bestehende Starlink-Gruppe 5-9 in den Orbit. Die Mission begann an der Startanlage 40 der Cape Canaveral Space Force Station in Florida. Es war der 125. Start einer Falcon 9 von dieser Anlage aus. Gleichzeitig war es das 165. Mal, dass SpaceX einen „gebrauchten" Booster einsetzt. Ein „klassischer" Startdienstleister hätte also 165 neue Erststufen bauen müssen, wo SpaceX gelandete Booster bis zu 15-mal erneut verwendet. Die Mission begann…

**17. Mai 2023 – China startet Ersatzeinheit für das Beidou-System –** Die chinesische Raumfahrtagentur transportierte am 17. Mai mit Beidou-G4 einen weiteren Satelliten für das Beidou-Satellitennavigationssystem auf eine geostationäre Transferbahn. Als Träger wurde eine Rakete des Typs Langer Marsch 3B/G2 eingesetzt. Die Mission nahm, wie bei allen Beidou-Starts, am zentralchinesischen Weltraumbahnhof Xichang ihren Anfang. Der Start erfolgte um 4:49 Uhr mitteleuropäischer Zeit an der Anlage 2 des Raumfahrtzentrums. Etwa 25 Minuten nach dem Liftoff lieferte die…

**19. Mai 2023 – SpaceX bringt 22 Starlink v2Mini in den Orbit –** SpaceX brachte am 19. Mai von der Cape Canaveral Space Force Station aus 22 Starlink-Satelliten der „v2Mini"-Serie in den Orbit. Die Mission wird als Starlink 6-3 bezeichnet. Die Bezeichnung „Mini" ist ein wenig irreführend, da diese Satelliten ein Mehrfaches größer sind als die Standardeinheiten der v1.5-Reihe und fast dreimal so viel wiegen wie diese. Im Vergleich mit den „normalen" Einheiten der v2-Reihe, die zukünftig mit dem Starship gestartet werden sollen, sind sie aber tatsächlich recht klein. Sie haben dennoch die vierfache Kommunikationskapazität wie die Standard-Starlinks.

SPACEX

**20. Mai 2023 – Sammeltransport für die Konkurrenz –** Nur einen Tag nach dem Starlink 6-3 Start von Cape Canaveral aus brachte SpaceX am 20. Mai weitere 21 Kommunikationssatelliten in eine niedrige Erdumlaufbahn. Dieses Mal handelte es sich nicht um Starlinks, sondern um fünf Einheiten der IridiumNEXT-Konstellation, 15 OneWeb-Satelliten der ersten Generation und die erste Einheit eines Satelliten der OneWeb-Nachfolgegeneration mit der Bezeichnung JoeSat. SpaceX brachte bereits zwischen 2017 und 2019 75 Iridium-Satelliten in den Orbit, darunter sechs…

CASC

**21. Mai 2023 – China startet drei Wissenschaftssatelliten –** China brachte am 21. Mai zwei Erdbeobachtungssatelliten und einen Technologiedemonstrator in eine niedrige Erdumlaufbahn. Die drei Einheiten tragen die Bezeichnungen Macao ScienceSat-1A und 1B sowie Luojia 2-01. Startort war das Raumfahrtzentrum Jiuquan in Nordchina. Als Träger wurde eine Rakete des Typs Langer Marsch 2C eingesetzt. Die Mission begann um 10:00 Uhr mitteleuropäischer Zeit an der Startanlage 2 des Weltraumbahnhofs. Die zweite Stufe der Trägerrakete setzte die drei Einheiten auf…

SPACEX

**21. Mai 2023 – Axiom-2-Crew fliegt mit SpaceX ins All –** Am 21. Mai brachte eine Trägerrakete des Typs Falcon 9 den Crew Dragon Freedom in eine Erdumlaufbahn. Es war der insgesamt zehnte bemannte Einsatz, den das Unternehmen durchführte. Im Laufe dieser Missionen wurden insgesamt 38 Menschen in den Orbit befördert. Kunde war dieses Mal Axiom Space und nicht die NASA. Es war der zweite Einsatz für Axiom-Space und der dritte bemannte Einsatz mit Privatastronauten, den SpaceX durchführt. Die Mission begann um 23:37 Uhr an der historischen Startanlage 39A des…

ROSKOSMOS

**24. Mai 2023 – Progress MS-23 bringt Nachschub zur ISS –** Man kann über Russland in diesen Tagen sagen, was man will, aber seinen Verpflichtungen im Internationalen Raumstationsprogramm kommt das Land pünktlich nach. In diesem Sinne sandte die russische Raumfahrtagentur Roskosmos am 24. Mai den unbemannten Frachter Progress MS-23 in eine niedrige Erdumlaufbahn. Von dort aus erreichte das Raumfahrzeug innerhalb von dreieinhalb Stunden die ISS und legte dort am Poisk-Modul an. Startort war das in Kasachstan gelegene Kosmodrom Baikonur. Als Träger wurde…

**25. Mai 2023 – Südkoreas Nuri fliegt perfekte Mission –** Eine südkoreanische Trägerrakete des Typs KSLV-II, besser bekannt unter der Bezeichnung „Nuri", absolvierte bei ihrem dritten Einsatz eine perfekte Mission und brachte dabei acht Satelliten in den Orbit. Die Mission begann an der Startanlage 2 des Naro Space Centers, das an der Südostküste des Landes liegt. Bei den Nutzlasten handelt es sich um NEXTSat-2 vom Korea Advanced Institute of Science and Technology, sowie um sieben CubeSats. Die Mission begann um 11:24 Uhr Mitteleuropäischer Zeit. Die...

**26. Mai 2023 – Electron bringt die beiden letzten TROPICS-Satelliten ins All –** Vor knapp drei Wochen brachte Rocket Lab die Einheiten vier und fünf der TROPICS-Konstellation sicher in den Orbit. Nun folgten am 26. Mai die Satelliten Nummer sechs und sieben. Der Start erfolgte, wie schon bei der ersten TROPICS-Mission, von der Halbinsel Mahia aus, die auf der neuseeländischen Nordinsel liegt. Wie stets bei diesem Unternehmen bekam die Mission einen Slogan. Der lautete dieses Mal „Coming to a Storm Near You". Der Einsatz begann um 5:46 Uhr mitteleuropäischer Zeit an der...

**26. Mai 2023 – Roskosmos startet Kondor FKA 1 –** Russland brachte am 26. Mai den Radar-Erdbeobachtungssatelliten Kondor FKA Nr. 1 in eine sonnensynchrone polare Erdumlaufbahn. Als Träger wurde eine Rakete des Typs Sojus 2.1a Fregat verwendet. Startort war der ostrussische Weltraumbahnhof Wostotschny. Die Mission begann um 23:15 mitteleuropäischer Zeit an der Startanlage 1 des Raumfahrtzentrums. Die Fregat-Oberstufe führte zwei Brennmanöver durch, um die geplante Umlaufbahn anzusteuern. Das erste begann knapp zehn Minuten nach dem Liftoff, das...

**27. Mai 2023 – SpaceX im Dienst von ARABSAT aktiv –** SpaceX brachte am 27. Mai mit einer Trägerrakete des Typs Falcon 9 den Kommunikationssatelliten Arabsat 7B (auch als Badr 8 bezeichnet) für die Arab Satellite Communications Organisation (oder kurz ARABSAT) in einen supersynchronen Transferorbit. Die Mission begann an der Startanlage 40 der Cape Canaveral Space Force Station. Es war die 36. Orbitalmission von SpaceX im laufenden Jahr. Der Liftoff erfolgte um 5:25 Uhr mitteleuropäischer Zeit. Acht Minuten und 10 Sekunden nach später erreichte die Orbitaleinheit...

**29. Mai 2023 – GSLV Mark II für Indien erfolgreich** – Die indische Raumfahrtagentur brachte am 29. Mai mit einer Trägerrakete des Typs GSLV Mk. II den Navigationssatelliten IRNSS-1J (die Abkürzung steht für Indian Regional Navigation Satellite System) in eine geostationäre Transferbahn. Startort war das Satish Dhawan Raumfahrtzentrum auf der Insel Shriharikota im Osten Indiens. Die Mission begann um 7:12 Uhr mitteleuropäischer Zeit an der Startanlage 2 des Weltraumbahnhofs. 18 Minuten und 40 Sekunden nach dem Liftoff gab die dritte Stufe den Satelliten frei.

**30. Mai 2023 – 17 Menschen gleichzeitig im Orbit** – Der Start des bemannten chinesischen Raumschiffs Shenzhou 16 führte dazu, dass kurzfristig 17 Menschen gleichzeitig im Orbit waren. Das ist ein neuer Rekord. Es sind dies sechs Chinesen, fünf Amerikaner, drei Russen, zwei Saudis und ein Astronaut aus den Vereinigten Arabischen Emiraten. Die alte Rekordmarke stand bei 14 Menschen, die gleichzeitig im All waren. Die Mission begann am nordchinesischen Weltraumbahnhof Jiuquan. Als Träger wurde eine Rakete des Typs Langer Marsch 2F eingesetzt. Geht alles nach Plan, dann wird die Mission bis in den November hinein andauern.

**30. Mai 2023 – Nordkorea scheitert mit Orbitalstart** – Nordkorea hat bei seinen Orbital-Startversuchen eine ziemlich mäßige Bilanz. Seit Jahrzehnten gelingt kaum eine Mission, und auch beim Einsatz einer neuen Trägerrakete, der Chollima 1 am 30. Mai 2021, war es nicht anders. Nach dem Liftoff im Raumfahrtzentrum Sohae zündete offenbar die zweite Stufe der dreistufigen Rakete nicht. Der Satellit, als Malligyong-1 bezeichnet, ging verloren. Die Mission war schon Tage zuvor im Vorfeld angekündigt worden und hatte zu Protesten von Seiten Japans und Südkoreas geführt, die in diesen Flügen Testflüge für Interkontinentalraketen sehen (was sie definitiv nicht sind).

**31. Mai 2023 – Axiom 2-Crew wieder sicher zurück auf der Erde** – Nach neuneinhalb Tagen im Orbit, davon gut acht auf der Internationalen Raumstation, sind die „Privatraumfahrer" der Axiom 2-Mission wieder sicher zur Erde zurückgekehrt. Die vierköpfige Crew, bestehend aus der Kommandantin Peggy Whitson, dem Piloten John Shoffner und den beiden saudi-arabischen Missionsspezialisten Rayyanah Barnawi und Ali Alquarni führten zusammen mit der permanenten Besatzung der ISS insgesamt 20 wissenschaftliche Experimente durch.

**31. Mai 2023 – 200. erfolgreicher Falcon 9-Start in ununterbrochener Folge** – Am 31. Mai brachte SpaceX mit einer Trägerrakete des Typs Falcon 9 die aus 52 Satelliten bestehende Starlink-Gruppe 2-10 in den Orbit. Es handelt sich dabei um Einheiten der älteren Starlink v1.5-Version. Die Mission war der 200. erfolgreiche Start einer Falcon 9 in ununterbrochener Reihenfolge und die 36. Mission für SpaceX in diesem Jahr. Die Gesamtzahl der Starlink-Satelliten, die SpaceX in den Orbit transportiert hat, steigt damit auf 4.521 Stück.

**04. Juni 2023 – Shenzhou 15-Crew kehrt zur Erde zurück** – Die Landekapsel des chinesischen Raumschiff Shenzhou 15 kehrte am 4. Juni nach knapp 186 Tagen im Orbit wieder zur Erde zurück. Die Landung erfolgte bei steifem Wind in der Dongfeng-Landezone, die sich etwa 60 Kilometer südlich des Weltraumbahnhofs Jiuquan befindet. An Bord des Raumfahrzeugs befanden sich Fei Junlong, der 58-jährige Kommandant der Mission, der 57-jährige Deng Quinming und der 46-jährige Zhang Liu. Für Fei war es der zweite Raumflug, Deng und Zhang waren zum ersten Mal im All. Der…

**04. Juni 2023 – SpaceX startet Starlink-Gruppe 6-4** – SpaceX brachte am 4. Juni die aus 22 Satelliten bestehende Starlink-Gruppe 6-4 in den Orbit. Startort war die Anlage 40 der Cape Canaveral Space Force Station. Bei dieser Mission wurden Satelliten der Variante „v2Mini" in den Orbit transportiert. Trotz ihrer Bezeichnung als „mini" sind sie pro Einheit fast drei Mal so schwer wie die Standardeinheiten der v1.5-Reihe. Die Satelliten dieser Reihe sind in der Lage, ihre Signale direkt an die Mobiltelefone zu senden und brauchen keine terrestrischen Empfangseinheiten mehr. Es war der 240. Start eines…

**5. Juni 2023 – SpaceX Cargo Dragon 208 versorgt die ISS** – Nur wenige Stunden nach dem Start der Starlink 6-4 Mission brachte das Unternehmen am 5. Juni einen Cargo Dragon zur Crew Resupply Mission 28. Der Einsatz begann um 17:47 Uhr an der historischen Startanlage 39A des Kennedy Space Centers, einen Tag später als ursprünglich geplant, weil schlechtes Wetter am 4. Juni den Start verhindert hatte. Die Mission ist der vierte Flug des Cargo Dragon 208. SpaceX betreibt drei dieser Frachtraumschiffe, von denen jedes etwa 15 Flüge durchführen…

**7. Juni 2023 – Kinetica 1 bringt 26 Kleinsatelliten in den Orbit** – Eine Trägerrakete des Typs Kinetica 1 brachte am 7. Januar eine Ladung von 26 Kleinsatelliten in eine polare sonnensynchrone Erdumlaufbahn. So viele Kleinraumfahrzeuge wurden noch nie auf einer einzelnen chinesischen Rakete in den Orbit transportiert. Der bisherige nationale Rekord lag bei 22 Satelliten für einen einzelnen Start, aufgestellt im Februar vergangenen Jahres von einer Langer Marsch 8. Startort war die Rampe 130 des nordchinesischen Raumfahrtzentrums Jiuquan. Die Mission begann…

**9. Juni 2023 – ExPace sendet Longjiang-3 in den Orbit** – Das chinesische Unternehmen ExPace brachte am 9. Juni mit einer Trägerrakete des Typs Kuaizhou 1A einen kleinen Kommunikationssatelliten mit der Bezeichnung Longjiang-3 in eine niedrige Erdumlaufbahn. Die Mission begann am nordchinesischen Raumfahrtzentrum Jiuquan. Der Liftoff erfolgte um 4:35 Uhr mitteleuropäischer Zeit, entsprechend 10:35 Uhr chinesischer Ortszeit. Wenige Minuten später hatte die vierte Stufe der Trägerrakete einen Orbit mit einem Perigäum von 490 Kilometern, einem Apogäum von 500 Kilometern und einer Bahnneigung zum Äquator von 49,13 Grad erreicht und gab den Satelliten frei.

**12. Juni 2023 – SpaceX bringt Starlink 5-11 ins All** – SpaceX brachte am 12. Juni mit einer Trägerrakete des Typs Falcon 9 52 neue Starlink-Satelliten in den Orbit. Die Mission bekam die Bezeichnung Starlink 5-11, denn es ist der elfte Einsatz für die Stationierung der Gruppe 5 der Starlink-Satelliten. Diese Gruppe gehört regulatorisch bereits zur Phase 2 des Starlink-Programms und sollte eigentlich aus Satelliten der v2-Serie bestehen, die mit dem Starship von SpaceX zu starten sind. Aufgrund der Verzögerungen in diesem Trägerprogramm wird die…

**12. Juni 2023 – Zweihundert erfolgreiche Landungen für SpaceX** – Eine Trägerrakete des Typs Falcon 9 brachte am 12. Juni die Transporter 8-Mission auf die Reise in einen sonnensynchronen polaren Erdorbit. Der Start erfolgte von der Space Force Basis Vandenberg aus. Es war die zweite Mission von SpaceX innerhalb von nur 14 Stunden. Dabei wurden bei insgesamt 36 Absetzvorgängen 72 Satelliten internationaler Kunden in den Orbit gebracht. Ein besonderes Jubiläum gab es bei dieser Mission auch: Es war die 200. erfolgreiche Landung eines Falcon 9-Boosters. Die…

**15. Juni 2023 – China startet 41 Jilin 1 auf Langer Marsch 2D –** Was bei SpaceX mit seinen Transporter- und Starlink-Starts alle paar Tage auf der Tagesordnung steht, gelang nun auch China: Ein Start mit einer großen Anzahl von Kleinsatelliten auf einer einzelnen Trägerrakete. Durchgeführt wurde die Aktion mit einer Langer Marsch 2D, die am 15. Juni vom Raumfahrtzentrum Taiyuan aus ihre Reise ins All antrat. An Bord der Rakete befanden sich 41 kleine Erdbeobachtungssatelliten, allesamt aus der Jilin 1-Fertigungsreihe. Es ist die größte Zahl an Satelliten, die...

**19. Juni 2023 – SpaceX bringt Indonesiens SATRIA ins All –** SpaceX brachte am 19. Juni 2023 mit einer Trägerrakete des Typs Falcon 9 den indonesischen Kommunikationssatelliten SATRIA auf eine supersynchrone geostationäre Transferbahn. Der Name steht für SATellite of Republic of IndonesIA. Auftraggeber für den Start ist das Satellitenkommunikationsunternehmen PT Pasifik Satellit Nusantara (PSN), deren Tochterunternehmen Nusantara Tiga das Raumfahrzeug später auch betreiben wird. Die Mission begann am SpaceX-Startkomplex 40 auf der Cape Canaveral Space...

**20. Juni 2023 – Langer Marsch 6 transportiert Shiyan 25 in den Orbit –** Am 20. Juni brachte eine Trägerrakete des Typs Langer Marsch 6 den militärischen Technologiedemonstrator Shiyan 25 in eine sonnensynchrone, polare Erdumlaufbahn. Der Start erfolgte am nordchinesischen Raumfahrtzentrum in Taiyuan. Die Aufgabe des Satelliten wird von offizieller Seite als die „Erprobung neuer Erdbeobachtungstechniken" bezeichnet. Beliebige und unspezifische Bezeichnungen dieser Art sind typisch für chinesische Militärsatelliten. Die Mission begann um 5:18 Uhr an der Startanlage 16 des Weltraumbahnhofs.

**22. Juni 2023 – SpaceX bringt Starlink-Gruppe 5-7 ins All –** SpaceX brachte am 22. Juni die Starlink-Gruppe 5-7 mit insgesamt 47 Einheiten in eine niedrige Erdumlaufbahn. Die Mission begann am Startkomplex 4 der Space Force Basis Vandenberg in Kalifornien. Als Träger wurde eine Rakete des Typs Falcon 9 eingesetzt. Der Träger transportierte zwar Satelliten der gegenwärtigen Standardversion v1.5 in den Orbit, genehmigungstechnisch werden diese 47 neuen Einheiten aber bereits der zweiten Ausbaustufe des Starlink-Netzes zugerechnet, das ursprünglich eigentlich ausschließlich mit Satelliten der Version v2 ausgestattet sein sollte.

**22. Juni 2023 – Delta IV Heavy: Vorletzter Einsatz einer Legende –** Am 22. Juni brachte eine Trägerrakete des Typs Delta IV Heavy der United Launch Alliance (ULA) die Mission NROL-68 direkt in einen geosynchronen Orbit. Der Start erfolgt im Auftrag des National Reconnaissance Office (NRO). Bei der Nutzlast handelt es sich vermutlich um einen Signalaufklärer, mit dem der US-Geheimdienst Telefongespräche, Datenübertragungen und andere Arten von Kommunikation abhören kann. Es war der 44. Start einer Delta IV-Rakete und der vorletzte einer Delta IV Heavy. Der Start von NROL-68 war der 388. Flug einer Rakete, die den Namen „Delta" trägt.

**23. Juni 2023 – Rekord-Halbjahr für SpaceX –** SpaceX brachte am 23. Juni die aus 56 Satelliten bestehende Starlink Gruppe 5-12 in eine niedrige Erdumlaufbahn. Startort war die Anlage 40 der Cape Canaveral Space Force Station. Die aktuelle Mission war der 235. Start einer Falcon 9-Rakete und der 175. Einsatz eines „gebrauchten" Boosters. Die Mission begann um 17:35 Uhr mitteleuropäischer Zeit. Knapp neun Minuten nach dem Liftoff war ein elliptischer Übergangsorbit erreicht. Nach einer Driftphase von etwa 45 Minuten Dauer zündete das Triebwerk der zweiten Stufe ein weiteres Mal, ...

**27. Juni 2023 – 42mal Rideshare mit Sojus –** In der Folge des Überfalls auf die Ukraine werden russische Raumfahrtmissionen im Westen derzeit kaum noch wahrgenommen. Dabei gibt es da durchaus interessante Vorhaben zu sehen. Die Mission einer Sojus 2.1b Fregat für eine Rideshare-Mission mit insgesamt 42 Satelliten zusätzlich zur Hauptnutzlast gehört mit dazu. Diese Hauptnutzlast war der dritte Wettersatellit der Meteor-M2 Reihe. Die Mission begann um 13:35 Uhr mitteleuropäischer Zeit an der Startanlage 1S des Kosmodroms von Wostotschny und führte...

**01. Juli 2023 – Euclid reist mit SpaceX ins All –** SpaceX brachte am 1. Juli die europäische Raumsonde Euclid auf den Weg zum Lagrange-Punkt 2. Der Einsatz begann an der Startanlage 40 der Cape Canaveral Space Force Station. Mit Euclid will die ESA einige der Geheimnisse der Dunklen Energie und der Dunklen Materie aufklären. Euclid ist eine ausgesprochen teure und technisch komplexe Wissenschaftsmission. Sie gehört zum „Cosmic Vision"-Programm der ESA. Die Gesamtkosten einschließlich der ersten Betriebsphase betragen etwa 1,4 Milliarden Euro. Die...

**6. Juli 2023 – Ariane 5: Abschied vom Weltraum –** 27 Jahre war die Ariane 5 im Einsatz. Während dieser Zeit symbolisierte sie Europas garantierten Zugang zum Weltraum. Mit ihrem Abschiedsflug am 6. Juli 2023 krönte sie eine Karriere von 117 Missionen. 112 davon verliefen vollständig erfolgreich. Es gab zwei komplette Fehlschläge und drei Teilversager. Bei ihrem letzten Einsatz brachte sie die beiden Kommunikationssatelliten Heinrich Hertz für das DLR und Syracuse 4B für das französische Militär auf eine geostationäre Transferbahn. Die Mission…

**7. Juli 2023 – Falcon 9 bringt Starlink-Gruppe 5-13 in den Orbit –** Am 7. Juli brachte eine Trägerrakete des Typs Falcon 9 die 48 Satelliten der Starlink-Gruppe 5-13 in eine niedrige Erdumlaufbahn. Bei diesen Einheiten handelt es sich um die vorletzte Ladung der Starlink v1.5-Serie. Danach werden nur noch Einheiten der v2-Mini-Serie gestartet, die etwa zweieinhalb Mal so viel wiegen wie die Starlinks der v1.5.-Serie und etwa die vierfache Leistung erbringen. Startort war die Space Force Basis Vandenberg in Kalifornien. Die Mission begann um 21:30 Uhr…

SPACEX

CASC

**9. Juli 2023 – China startet Testsatelliten für Internet-Konstellation –** China brachte am 9. Juli zwei Testeinheiten für eine künftige Internet-Konstellation in eine sonnensynchrone polare Erdumlaufbahn. Startort war das nordchinesische Raumfahrtzentrum Jiuquan. Die beiden Einheiten tragen die Bezeichnungen Hulianwang Jishu Shiyan 01 und 02. Als Träger wurde eine Rakete des Typs Langer Marsch 2C/YZ-1S eingesetzt. Es war der fünfte Einsatz einer YZ-1S-Oberstufe und der 499. erfolgreiche Orbitalstart in der Raumfahrtgeschichte Chinas. Es war auch der 100. Orbitale…

**10. Juli 2023 – Starlink 6-5 bringt neuen Rekord für SpaceX** – Vor etwa zehn Jahren war SpaceX mit dem Anspruch angetreten, die Booster ihrer Falcon 9-Trägerraketen bis zu zehnmal wiederzuverwenden. Dieser Anspruch wurde vor allem in Europa milde belächelt. Er galt hierzulande als technisch kaum durchführbar, ökonomisch sinnlos, weil die Anzahl der benötigten Starts weltweit viel zu gering sei, um so ein Geschäftsmodell zu rechtfertigen, und – noch einmal ökonomisch fragwürdig – weil der Aufwand für Bergung und Aufbereitung viel zu groß sei um so etwas rentabel…

SPACEX

**12. Juli 2023 – Zhuque-2 im zweiten Anlauf erfolgreich** – Am 12. Juli 2023 gelang es dem chinesischen Unternehmen Landspace beim zweiten Flugtest einer Zhuque-2-Rakete, eine Erdumlaufbahn zu erreichen. Die Zhuque-2 ist damit weltweit die erste ausschließlich mit Methan und flüssigem Sauerstoff betriebene Rakete, der das gelingt. Ein erster Flugversuch im Dezember vergangenen Jahres war noch knapp gescheitert. Startort der Mission war das Raumfahrtzentrum Jiuquan. Der Liftoff erfolgte um 3:00 Uhr mitteleuropäischer Zeit. Die erreichte Umlaufbahn wies…

**14. Juli 2023 – Chandrayaan 3 beginnt Reise zum Mond** – Am 14. Juli brachte die indische Raumfahrtorganisation ISRO den Mondlander Chandrayaan 3 auf den Weg zum Erdtrabanten. Die Raumsonde unternimmt den zweiten Versuch Indiens, auf dem Erdtrabanten zu landen. Der erste Versuch, mit Chandrayaan 2, misslang vor gut vier Jahren aufgrund eines Softwarefehlers. An Bord des Landers, der die Bezeichnung Vikram führt, befindet sich ein Rover mit der Bezeichnung Pragyan. Für den Start wurde eine Trägerrakete des Typs LMV 3 (für: Launch Vehicle Mark 3)…

**16. Juli 2023 – Letzte Starlink v1.5-Gruppe gestartet** – SpaceX brachte am 16. Juli eine letzte Gruppe von 54 Starlink-Satelliten der v1.5-Serie in eine niedrige Erdumlaufbahn. Die Mission mit der Bezeichnung Starlink 5-15 begann an der Startanlage 40 der Cape Canaveral Space Force Station in Florida. Insgesamt wurden damit 58 Starlink v1.5-Satellitengruppen in den Orbit transportiert. Davor waren die Satelliten der v1.0-Reihe gestartet worden. Nun werden bis zum Einsatz des Starships ausschließlich Einheiten der v2-Mini-Serie starten. Insgesamt war es…

**18. Juli 2023 – Electron kommt zurück** – Rocket Lab brachte am 18. Juli mit einer Rakete des Typs Electron insgesamt sieben Kleinsatelliten in den Orbit. Die Rakete ist damit 39-mal geflogen, mit einer Zuverlässigkeitsquote von 92 Prozent. Der aktuelle Einsatz lief unter dem Slogan „Baby come back", ein Hinweis darauf, dass wieder einmal die Bergung der ersten Stufe nach einem Einsatz versucht wurde. Die Mission war der siebte Einsatz einer Electron im laufenden Jahr. Bei den Nutzlasten handelt es sich um den…

**20. Juli 2023 – Kuaizhou 1A bringt vier Meteorologiesatelliten in den Orbit –** Am 20. Juli brachte das chinesische Unternehmen ExPace mit einer feststoffbetriebenen Kleinträgerrakete des Typs Kuaizhou 1A vier kleine meteorologische Forschungssatelliten mit den Bezeichnungen Tianmu-1 07 – Tianmu-1 10 in eine sonnensynchrone polare Erdumlaufbahn. Der Träger war bei bislang 23 Starts (die Versionen Kuaizhou 1 und 1A zusammengerechnet) 21-mal erfolgreich geflogen. Die Mission begann um 5:20 Uhr mitteleuropäischer Zeit am nordchinesischen Weltraumbahnhof Jiuquan. Die Bahndaten für...

**20. Juli 2023 – Falcon 9 bringt Starlink-Gruppe 6-15 in den Orbit –** Eine Trägerrakete des Typs Falcon 9 brachte am 20. Juli 15 Satelliten der Starlink v2-Mini Serie in den Orbit. Die Mission trug die Bezeichnung Starlink 6-15. Startort war die Space Force Basis Vandenberg in Kalifornien. Es war der erste Start der neuen Starlink-Generation von der US-Westküste aus. Die Mission begann um 4:09 Uhr mitteleuropäischer Zeit an der Startanlage 4E des Weltraumbahnhofs. Der „Stack“ mit den 15 Satelliten wurde auf einer Bahn mit einem Perigäum von 285 Kilometern, einem...

**22. Juli 2023 – Ceres 1 startet Quiankun-1 und Xingshidai-16 –** Eine Ceres 1-Trägerrakete des chinesischen Herstellers Galactic Energy brachte am 22. Juli die beiden Mikrosatelliten Quiankun-1 und Xingshidai-16 in eine sonnensynchrone, polare Erdumlaufbahn. Startort war das nordchinesische Raumfahrtzentrum Jiuquan. Die Mission bekam den Slogan „Lemon Tree“. Es war der sechste Start einer Ceres 1-Rakete. Alle Flüge verliefen bislang erfolgreich. Die Mission begann um 7:07 Uhr mitteleuropäischer Zeit. Der erzielte Orbit wies ein Perigäum von 485 Kilometern auf, ein...

**23. Juli 2023 – Vier neue Satelliten für China –** Am 23. Juli brachte die staatliche CASC mit einer Trägerrakete des Typs Langer Marsch 2D vier Satelliten in eine sonnensynchrone polare Erdumlaufbahn. Bei den vier Einheiten handelt sich um den Kommunikationssatelliten Lingxi-03 und die drei Erdbeobachtungssatelliten Skysight AS-01, 02 und 03 (chinesisch: Sixiang 01 – 03). Startort war das nordchinesische Raumfahrtzentrum Taiyuan. Die Mission begann um 4:50 Uhr mitteleuropäischer Zeit (10:50 Uhr Pekinger Zeit) an der Startanlage 9 des Raumfahrtzentrums...

**24. Juli 2023 – Falcon 9 transportiert Starlink-Gruppe 6-6 in den Orbit –** Eine Trägerrakete des Typs Falcon 9 brachte am 24. Juli die 22 Satelliten der Starlink-Gruppe 6-6 in den Orbit. Startort war die Cape Canaveral Space Force Station in Florida. Die Gesamtzahl aller jemals gestarteten Starlinks beträgt nun 4.859. Es war der siebte Start mit Satelliten der v2-Mini-Serie. Die Mission begann um 2:50 Uhr mitteleuropäischer Zeit an der Startanlage 40 des Weltraumbahnhofs. 65 Minuten und 19 Sekunden nach Beginn der Mission wurde der „Stack" mit den 22 Satelliten auf einem…

**26. Juli 2023 – Neue Aufklärungssatelliten für China –** China brachte am 26. Juli drei weitere Aufklärungssatelliten der Yaogan 36-Serie in eine niedrige Erdumlaufbahn geringer Inklination. Es handelt sich dabei um die Einheiten Yaogan 36-05A, 05B und 05C. Der Einsatzzweck dieser Einheiten (und auch der mit ähnlichen Bahnparametern ausgewiesenen Satelliten der Yaogan 35- und Yaogon 39-Reihe) ist weiterhin unklar. Startort war der zentralchinesische Weltraumbahnhof Xichang. Es war der 150. erfolgreiche Start einer Rakete der Langer Marsch-Reihe in…

**28. Juli 2023 – Starlink 6-7-Start bricht einige Rekorde –** Eine Trägerrakete des Typs Falcon 9 brachte am 28. Juli die 22 Satelliten der Starlink-Gruppe 6-7 in eine niedrige Erdumlaufbahn. Startort war die Anlage 40 der Cape Canaveral Space Force Station. Es war die 50. Mission des laufenden Jahres für SpaceX, mit der kürzesten „Turn-around-Zeit" für zwei Starts von derselben Rampe, die es bisher gab. Zwischen dem vorausgegangenen Start von der Anlage 40 und der aktuellen Mission vergingen nur 99 Stunden. Die Mission begann um 6:01 Uhr mitteleuropäischer…

**29. Juli 2023 – Falcon Heavy startet größten Kommunikationssatelliten der Welt –** Eine SpaceX-Trägerrakete vom Typ Falcon Heavy brachte am 29. Juli den bislang größten Kommunikationssatelliten der Welt in einen hohen geostationären Transferorbit. Bei der Nutzlast handelt es sich um Jupiter 3, den Maxar Technologies (früher Space Systems Loral) für den Kommunikationsdienstleister Hughes Network Systems (einer Tochtergesellschaft von Echostar) gebaut hat. Es war die siebte Mission einer Falcon Heavy insgesamt und die dritte in diesem Jahr. Zwei weitere werden voraussichtlich in 2023 folgen.

**30. Juli 2023 – Sechs Satelliten für Singapur und einen für England –** Die indische Raumfahrtagentur ISRO beförderte am 30. Juli 2023 mit einer Trägerrakete des Typs PSLV-CA insgesamt sieben Satelliten in eine niedrige Erdumlaufbahn. Sechs der Einheiten stammten aus Singapur, der siebte Satellit kommt aus England. Startort war das Satish Dhawan-Raumfahrtzentrum auf der ostindischen Insel Shriharikota. Die Mission war vom Verteidigungsministerium des Stadtstaates Singapur beauftragt worden. Die Mission der vierstufigen Rakete begann um 3:00 mitteleuropäischer Zeit.

**02. August 2023 – Letzte Antares 230+ bringt Cygnus NG-19 in den Orbit –** Am 2. August brachte die letzte Antares 230+ Trägerrakete von Northrop Grumman den Raumtransporter Cygnus NG-19 auf eine niedrige Erdumlaufbahn. Von dort aus erreichte er zwei Tage später die Internationale Raumstation. Startort war MARS. Gemeint ist hier nicht der Rote Planet, sondern der Mid Atlantic Regional Spaceport (eben kurz: MARS) auf der Insel Wallops Island in Virginia. Das Raumfahrzeug hatte von Northrop Grumman den informellen Beinamen „S.S. Laurel Clark“ bekommen, benannt nach einer…

**03. August 2023 – Neuer Wettersatellit für China –** Die chinesische Behörde für Meteorologie (CMA) startete am 3. August den Wettersatelliten Fengyun 3F in eine sonnensynchrone polare Erdumlaufbahn. Startort war das nordchinesische Raumfahrtzentrum Jiuquan. Als Träger wurde eine Rakete des Typs Langer Marsch 4C verwendet. Es war der vierte Einsatz einer Rakete dieses Typs in diesem Jahr. Die Mission begann um 5:47 Uhr mitteleuropäischer Zeit an der Startrampe 2 der Anlage 4 des Weltraumbahnhofs. Weniger als eine Stunde später setzte die dritte Stufe…

**03. August 2023 – SpaceX befördert Galaxy 37 ins All –** Am 3. August brachte eine Trägerrakete des Typs Falcon 9 den Kommunikationssatelliten Galaxy 37 in eine supersynchrone geostationäre Transferbahn. Die Mission begann an der Startanlage 40 der Cape Canaveral Space Force Station. Kunde der Mission war der Kommunikationsdienstleister Intelsat. Der Liftoff erfolgte exakt um 7:00 Uhr mitteleuropäischer Zeit (entsprechend 1:00 Uhr US-Ostküstenzeit). 33 Minuten und zwei Zündungen der zweiten Stufe nach dem Liftoff setzte der Träger den Satelliten auf…

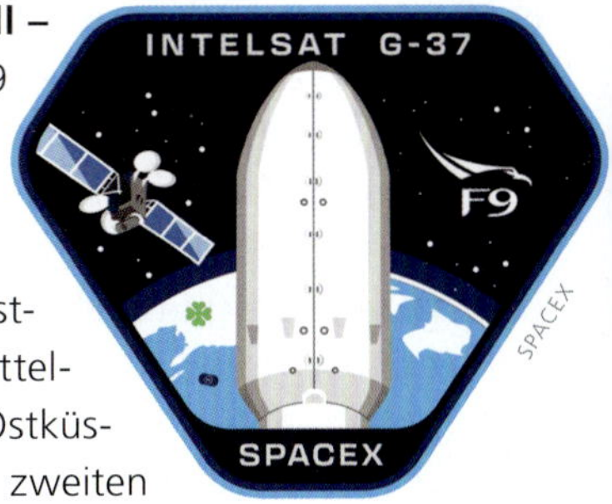

**07. August 2023 – SpaceX startet Starlink-Gruppe 6-8 –** SpaceX brachte am 7. August mit einer Trägerrakete des Typs Falcon 9 die 22 Satelliten starke Starlink-Gruppe 6-8 in eine niedrige Erdumlaufbahn. Die Mission begann an der Startanlage 40 der Cape Canaveral Space Force Station. Damit hat das Unternehmen nach diesem Start seit 2019 nunmehr 4.903 Starlink-Satelliten aller Versionen ins All transportiert, von denen sich 4.562 noch im Orbit befinden. Die Mission begann um 4:41 Uhr mitteleuropäischer Zeit. 65 Minuten nach dem Liftoff wurde der…

**07. August 2023 – Russland verstärkt Glonass-System –** Die russischen Streitkräfte brachten am 7. August einen Navigationssatelliten der Glonass-K2-Klasse in eine mittelhohe Erdumlaufbahn. Startort war das Kosmodrom Plessezk. Als Träger wurde eine Rakete des Typs Sojus 2.1b Fregat verwendet. Nach dem erfolgreichen Start bekam das Raumfahrzeug – wie bei militärischen Einheiten in Russland seit den ersten Tagen der sowjetischen Raumfahrt üblich – eine Kosmos-Zählnummer. In diesem Fall Kosmos 2569. Entsprechend seiner Einbettung in das Glonass-System…

**08. August 2023 – Und wieder SpaceX mit 15 Starlinks –** Die Starlink-Einsätze von SpaceX laufen derzeit in dichter zeitlicher Folge. Nur einen Tag nach der vorausgegangenen Mission brachte das US-Raumfahrtunternehmen SpaceX erneut 15 Einheiten der Starlink v2-Mini-Serie in eine niedrige Erdumlaufbahn. Startort war dieses Mal die Space Force Basis Vandenberg in Kalifornien. Als Träger wurde, wie immer bei den bisherigen Starlink-Missionen, eine Rakete des Typs Falcon 9 eingesetzt. Der Flug trug die Bezeichnung Starlink 6-20. Es war die…

**09. August 2023 – Langer Marsch 2C bringt Huanjing-2F ins All –** Eine Trägerrakete des Typs Langer Marsch 2C transportierte am 9. August den Radar-Erdbeobachtungssatelliten Huanjing-2F (auch S-SAR 02 genannt) auf eine polare, sonnensynchrone Erdumlaufbahn. Auftraggeber für die Mission war das Ministerium für Katastrophenschutz. Startort war das Raumfahrtzentrum Taiyuan in Nordchina. Nach Angaben der chinesischen Offiziellen soll das Raumfahrzeug vorwiegend für Umweltschutzaufgaben und Desaster-Monitoring eingesetzt werden. Die Mission begann um 0:53 Uhr…

**10. August 2023 – Galactic Energy mit Ceres 1 erneut erfolgreich** – Eine chinesische Kleinträgerrakete des Typs Ceres 1, gebaut und betrieben vom privaten Startdienstleister Galactic Energy, brachte am 10. August sieben Kleinsatelliten auf eine sonnensynchrone, polare Erdumlaufbahn. Es handelt sich dabei um einen Technologiedemonstrator und drei Erdbeobachtungssatelliten. Die Mission wurde vom nordchinesischen Raumfahrtzentrum Jiuquan aus durchgeführt. Entsprechend der Anzahl der mitgeführten Satelliten, und weil es die siebte Mission einer Ceres 1 war, bekam…

**11. August 2023 – Luna 25 auf dem Weg zum Mond** – Mit einer Verspätung von fast zehn Jahren schickte Russland am 10. August die Raumsonde Luna 25 auf den Weg zum Erdtrabanten. Startort war das Raumfahrtzentrum Wostotschny im äußersten Osten Russland. Als Träger kam eine Sojus 2.1b Fregat zum Einsatz. Es ist das erste Raumfahrzeug das Russland seit der Gründung der russischen Föderation auf den Weg zum Mond bringt. Zählt man auch die Sowjetunion dazu, dann hat das Land seit 47 Jahren keine Mondsonde mehr gestartet. Zuletzt war das Luna 24 im…

**11. August 2023 – SpaceX startet Starlink-Gruppe 6-9** – SpaceX brachte am 11. August erneut eine Gruppe von Starlink-Satelliten der Serie v2Mini in einen niedrigen Erdorbit. Diese als Starlink 6-9 gekennzeichnete Mission begann an der Cape Canaveral Space Force Station in Florida. Nach dieser aktuellen Mission sind jetzt über alle Versionen 4.940 Starlinks gestartet worden. Der Liftoff von der Startanlage 40 des Weltraumbahnhofs erfolgte um 7:18 Uhr mitteleuropäischer Zeit. Der Zielorbit lag wie immer bei Satelliten der Gruppe 6 auf einer Bahnneigung…

**12. August 2023 – China startet ersten geostationären Radarsatelliten** – Am 12. August 2023 führte China mit dem Start eines geostationären Radarsatelliten eine Raumfahrt-Erstleistung durch. Die Mission begann am zentralchinesischen Raumfahrtzentrum von Xichang. Als Träger wurde eine Rakete des Typs Langer Marsch 3B/E verwendet. Das Raumfahrzeug trägt die Bezeichnung Ludi Tance-4 01A. Auftraggeber ist das Ministerium für natürliche Ressourcen. Die Mission begann um 19:26 Uhr mitteleuropäischer Zeit an der Startanlage 2 des Weltraumbahnhofs bei heftigem Regen unter…

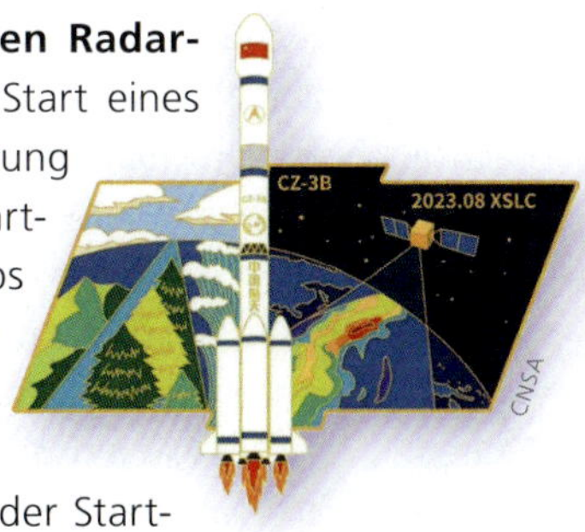

**14. August 2023 – Fünf neue Einheiten für Skywalker –** Der chinesische Startdienstleister ExPace brachte am 14. August die fünf Schiffstracking-Satelliten Jiatong 06-10 in eine niedrige Erdumlaufbahn. Die Mission begann am zentralchinesischen Raumfahrtzentrum Xichang. Als Träger wurde eine vierstufige Rakete des Typs Kuaizhou 1A verwendet. Auftraggeber und Betreiber der Mission ist das private Unternehmen HEAD Aerospace. Gebaut wurden die Satelliten von der staatlichen SAST. Die Mission begann um 7:32 Uhr mitteleuropäischer Zeit. Etwa eine Stunde…

**17. August 2023 – Starlink-Gruppe 6-10 im Orbit –** SpaceX brachte am 17. August den zehnten Starlink-Transport für die Bahnebene 6 in einen niedrigen Erdorbit. Startort der 22 Satelliten war die Cape Canaveral Space Force Station. Es war der 180. Flug einer Falcon 9 mit einer wiederverwendeten Erststufe. Die Mission begann um 5:37 Uhr mitteleuropäischer Zeit an der Startanlage 40 des Weltraumbahnhofs. Wie üblich bei den Starts für die Bahnebene 6 ging auch diese Mission auf eine Inklination von 43 Grad. Knapp neun Minuten nach dem Liftoff war…

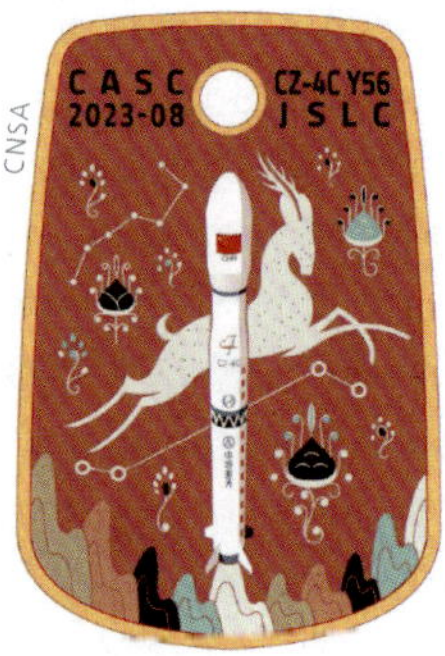


**20. August 2023 – Langer Marsch 4C bringt Gaofen 12-04 in den Orbit –** Die chinesische Raumfahrtagentur brachte am 20. August mit einer Trägerrakete des Typs Langer Marsch 4C den Umweltbeobachtungssatelliten Gaofen 12-04 in eine sonnensynchrone polare Erdumlaufbahn. Die Mission begann am nordchinesischen Raumfahrtzentrum Jiuquan. Die meisten der Gaofen-Satelliten sind Bestandteil des chinesischen CHEOS-Programms, das in etwa mit dem europäischen Kopernikus-Programm gleichzusetzen ist. Der Liftoff erfolgte um 19:45 Uhr mitteleuropäischer Zeit. Die dritte Stufe…

**22. August 2023 – Erster Start für Starlink Gruppe 7 –** SpaceX beginnt ab jetzt die Starlink-Konstellation nach und nach auch mit den Satelliten der Gruppe 7 zu besetzen. Am 22. August erfolgte dafür die erste Mission. Gestartet wurde die 21 Einheiten große Gruppe 7-1 von der Space Force Basis Vandenberg aus. Wie seit nunmehr schon einer ganzen Reihe von Starts handelt es sich dabei um Satelliten der v2-Mini-Serie; Einheiten, die jeweils um die 800 Kilogramm schwer sind. Der Liftoff am Space Launch Complex 4 des kalifornischen Weltraumbahnhofs erfolgte…

**23. August 2023 – Progress MS-24 versorgt die Internationale Raumstation –** Es gibt nur wenige Gebiete, auf denen Russland noch mit dem Westen zusammenarbeitet. Eines davon ist die Durchführung von Versorgungsflügen und Crew-Transporten zur Internationalen Raumstation. Im Rahmen dieser Aufgabe startete Progress MS-24 am 23. August zur ISS. Die Mission begann am in Kasachstan gelegenen Kosmodrom von Baikonur. Als Träger wurde eine Rakete des Typs Sojus 2.1a eingesetzt. Der Liftoff erfolgte um 3:08 Uhr mitteleuropäischer Zeit an der Startanlage 31/6 des Weltraumbahnhofs...

**23. August 2023 – Nordkoreas Chŏllima 1 scheitert erneut –** Am 23. August scheiterte Nordkorea erneut bei dem Versuch, einen Satelliten in eine Erdumlaufbahn zu transportieren. Es war zwar erst der zweite Start der Chŏllima-1-Rakete, aber auch mit früheren Raketentypen war Nordkorea bislang wenig erfolgreich. Es wird berichtet – doch das ist sehr inoffiziell – dass während des Betriebes der dritten Stufe des Trägers unbeabsichtigt das Flugabbruchsystem aktiviert worden sei. Ein militärischer Aufklärungssatellit mit der Bezeichnung Malligyong-1 Nr. 2 ging...

**24. August 2023 – Electron liebt das Nachtleben –** Am 23. August startete eine Rocket Lab Electron zur 40. Mission dieses Typs. Startort war die Startanlage 1B auf der neuseeländischen Halbinsel Mahia. An Bord des Trägers befand sich der Erdbeobachtungssatellit Acadia 1 von Capella Space. Es ist dies die erste von vier Acadia-Missionen für dieses Unternehmen, aber bereits davor ist Rocket Lab schon dreimal für Capella Space geflogen. Die Mission begann um 1:45 Uhr mitteleuropäischer Zeit. Die Curie-Oberstufe der Electron platzierte den 165...

**25. August 2023 – Ceres 1 erneut im Einsatz –** Nur gut zwei Wochen nach der vorausgegangenen Mission war die Ceres 1 von Galactic Energy am 25. August erneut im Einsatz. In den letzten 35 Tagen waren es sogar drei Flüge dieser vierstufigen Mikro-Trägerrakete gewesen. Auch dieses Mal – es war die achte Mission insgesamt – verlief der Start erfolgreich. Dabei brachte sie einen Erdbeobachtungssatelliten mit der Bezeichnung Jilin-1 Kuanfu-02A auf eine polare, sonnensynchrone Erdumlaufbahn. Ähnlich wie bei Rocket Lab gibt es auch bei Galactic...

**26. August 2023 – Elfter bemannter Einsatz von SpaceX –** Am 26. August führte SpaceX seinen inzwischen schon siebten regulären Crewtransfer zur ISS durch. Insgesamt war es, zählt man den bemannten Demonstrationsflug SpaceX Demo 2 mit dazu, schon die achte institutionelle Mission zur ISS. Dazu kommen noch zwei private Flüge zur Internationalen Raumstation (Axiom 1 und 2) und der Inspiration 4 – Flug unter dem Kommando von Jared Isaacman, der nicht zur ISS führte. Insgesamt hat SpaceX somit bereits elf bemannte Missionen mit dem Crew Dragon absolviert…

**27. August 2023 – SpaceX hat mehr als 5.000 Starlinks gestartet –** SpaceX brachte am 27. August mit einer Trägerrakete des Typs Falcon 9 die 22 Einheiten umfassende Starlink-Gruppe 6-11 auf eine niedrige Erdumlaufbahn. Damit wurde die Zahl von 5.000 gestarteten Starlinks überschritten. Die Gesamtzahl aller in den Orbit beförderten Einheiten beträgt nun 5.005 Stück. Von denen befinden sich noch 4.660 im Orbit. 4.556 sind davon derzeit auf ihrem Arbeitsorbit. Es war der 250. Start einer Falcon 9-Trägerrakete und die 220. erfolgreiche Landung eines Falcon 9-Boosters…

SPACEX/BEN COOPER

CASC

**31. August 2023 – Drei Mal Yaogan 39 für Chinas Militär** – Die chinesischen Streitkräfte brachten am 31. August drei Aufklärungssatelliten auf eine niedrige Erdumlaufbahn. Es handelt sich dabei um Yaogan 39-01A, 01B und 01C. Als Träger wurde eine Rakete des Typs Langer Marsch 2C eingesetzt. Startort war das Raumfahrtzentrum Xichang in Zentralchina. Es scheint sich bei den drei neuen Einheiten um weitere Satelliten der rätselhaften äquatornahen Konstellation zu handeln, die bereits die Satelliten der Reihe Yaogan 35 und Yaogan 36 umfasst. Es war der…

NASA

Eine Sojus-Raumkapsel und eine Progress angedockt an der ISS. Unterhalb der Raumstation flackern Nordlichter über der nächtlichen Atmosphäre.

# SPACE-PANORAMA
## SEPTEMBER 2022 – AUGUST 2023

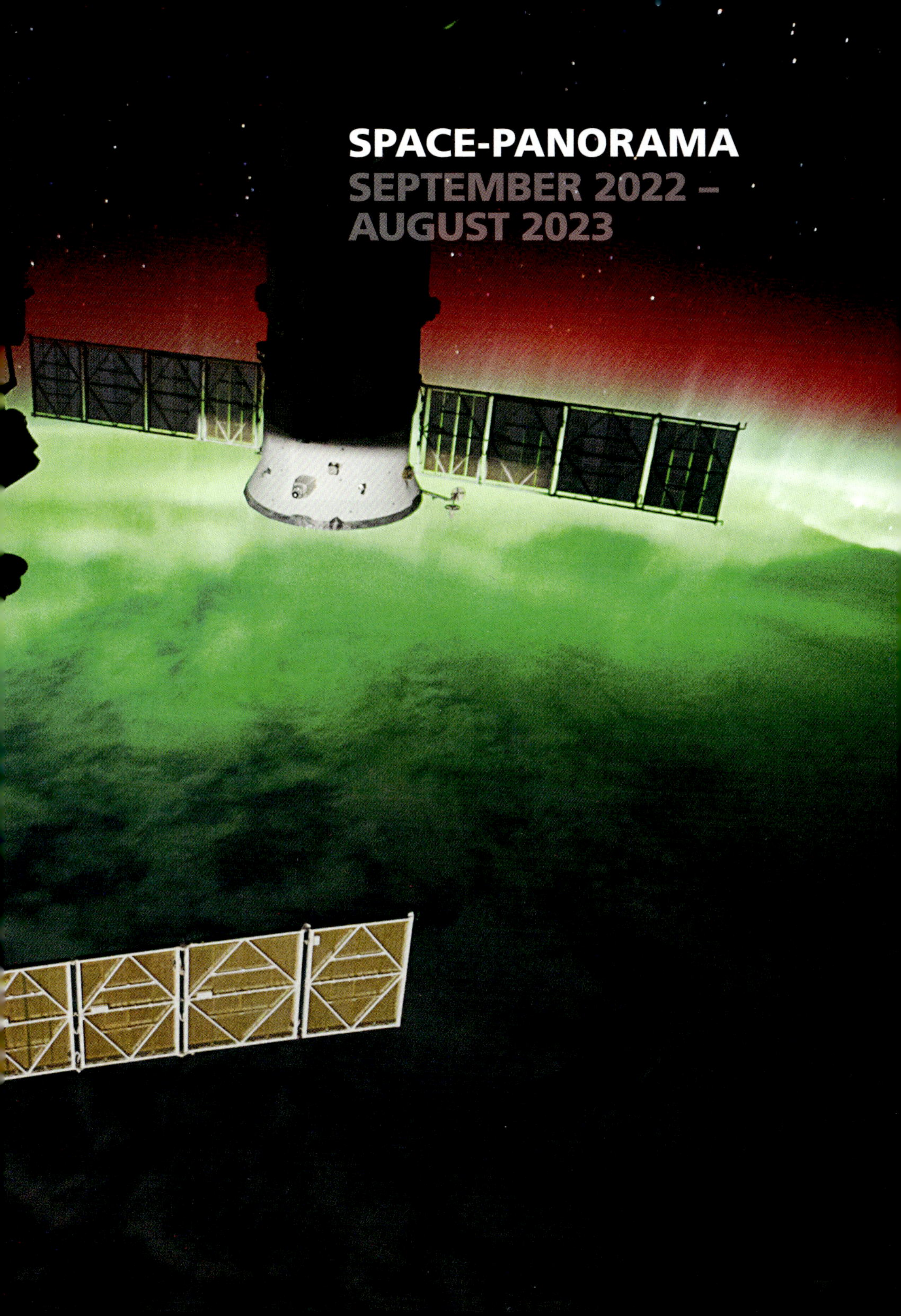

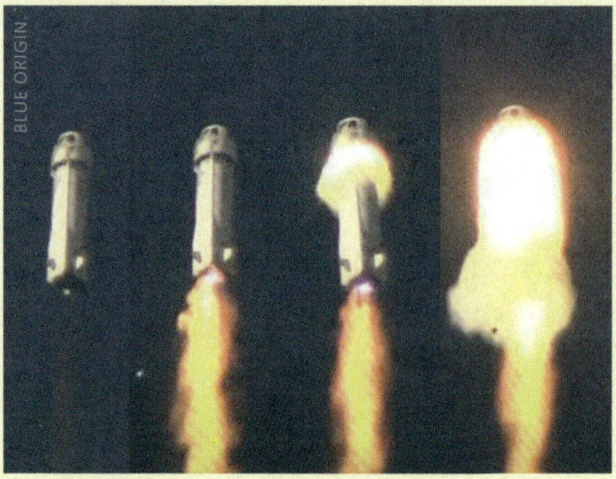

BLUE ORIGIN

Der Moment des Flugabbruches. Die Kapsel löst sich mit dem Notfalltrennsystem von der Rakete.

12. September 2022

## NEW SHEPARD EXPLODIERT – KAPSEL GERETTET

Kurz nach dem Liftoff zum Start der Mission NS-23 wurde der New Shepard-Booster Nummer 3 (auch Tail 3 oder NS-3 genannt) zerstört. Eine Anomalie am BE-3-Triebwerk des Boosters führte zum Flugabbruch und der gleichzeitigen Aktivierung des Rettungssystems der Kapsel, welche die Bezeichnung RSS H.G.Wells führt. Die landete danach sicher unter ihren Fallschirmen, während der Booster vollständig zerstört wurde. Es war der neunte Einsatz der Kombination von NS-3 und H.G. Wells. Bei der suborbitalen Mission, die auf eine Flughöhe von 107 Kilometern führen sollte, waren keine Personen an Bord. Der Start verlief zunächst normal, aber nach etwa einer Flugminute erlosch das BS-3-Triebwerk. Dadurch wurde automatisch das Flugabbruch-System der Kapsel aktiviert, was zumindest die RSS H.G. Wells und die damit transportierten Forschungsnutzlasten rettete. Der NS-3 zerschellte auf dem Gelände der Corn Ranch, nördlich des Ortes Van Horn. Dieses 325 Quadratkilometer große Gelände gehört Jeff Bezos. Von hier aus fanden bislang alle Flüge des New Shepard statt. Die Kombination NS 3/H.G.Wells diente bei Blue Origin ausschließlich der Erprobung von Modifikationen für den bemannt fliegenden New Shepard 4 (NS 4) und führte nur unbemannte Missionen durch, bei denen Experimente verschiedener Auftraggeber mitgeführt werden. Die Fehlfunktion des BE-3-Motors war auf eine neue Beschichtung der Triebwerksinnenwand zurückzuführen. Die hielt den aktuellen Flugbelastungen nicht stand, worauf es zu einem Durchbrennen der Düsenstruktur kam. Zum Zeitpunkt, an dem diese Zeilen entstehen, also mehr als ein Jahr nach dem Vorfall, war der Flugbetrieb mit den New Shepards noch immer nicht wieder aufgenommen.

NASA

Dieses Bild machte die Raumsonde DART wenige Sekunden vor dem Einschlag in den Asteroiden Dimorphos

26. September 2022

## DART VERÄNDERT DIE BAHN VON DIMORPHOS

Die Mission der US-Raumsonde DART erwies sich im wahrsten Sinne des Wortes als „durchschlagender Erfolg". Der Start war am 24. November 2021 von der Space Force Basis Vandenberg in Kalifornien aus erfolgt. Ziel der Mission war es, eine Methode zur planetarischen Verteidigung gegen erdbahnkreuzende Asteroiden zu erproben. Das Versuchsobjekt war Dimorphos, der 150 Meter durchmessende Begleiter des 800 Meter durchmessenden Asteroiden Dydimos. DART ist ein gemeinsames Projekt der NASA mit dem Johns Hopkins Laboratory. Die Raumsonde wurde entwickelt, um herauszufinden, wie sehr ein Objekt dieser Größenordnung durch ein kleines Raumfahrzeug einfach durch die Übertragung kinetischer Energie abgelenkt werden kann. Erde. Am 27. September 2022 um 1:14 Uhr mitteleuropäischer Zeit, und etwa 11 Millionen Kilometer von der Erde entfernt, kollidierte DART präzise und wie geplant frontal mit Dimorphos. Die italienische Raumfahrtagentur steuerte zu dieser Mission LICIACube bei, einen CubeSat, der den Aufprall aus einiger Entfernung fotografierte. Berechnungen ergaben, dass die Kollision die Umlaufbahn von Dimorphos um Dydimus um 32 Minuten verkürzte, was erheblich über dem Erwartungswert von 73 Sekunden lag. Der Erfolg von DART bei der Ablenkung von Dimorphos war auf die Impulsübertragung zurückzuführen, die mit dem Rückstoß der ausgeworfenen Trümmer verbunden war. Diese Wirkung war wesentlich größer als der Effekt, der durch den Aufprall der Sonde selbst erreicht wurde.

12. Oktober 2022

## DENNIS TITO WILL ZUM MOND

Dennis Tito will nochmal ins All, und dieses Mal gleich bis zum Mond. Der aktuell 83-jährige Unternehmer (geboren im August 1940), der 2001 Russland 20 Millionen Dollar für eine Reise zur Internationalen Raumstation zahlte, will mit dem Starship von SpaceX den Mond umrunden. Mit von der Partie wird seine zweite Frau Akiko sein, für die es dann eine verspätete Hochzeitsreise sein wird. 2020, als die beiden heirateten, war selbst eine normale Hochzeitsreise wegen der COVID-Epidemie nicht möglich. Wenn die Mission durchgeführt wird, wäre sie der zweite kommerzielle zirkumlunare Flug des Spaceships. Den ersten Mondflug mit dem Starship will der japanische Unternehmer Yusaka Maezawa mit sieben Mitfliegern unternehmen. Titos Flug dürfte allerdings, so wie es heute aussieht, kaum vor etwa 2028 stattfinden.

Akiko und Dennis Tito im Oktober 2022 in der Starbase-Anlage von SpaceX in Boca Chica in Süd-Texas.

Zu diesem Zeitpunkt wird er bereits 88 Jahre alt sein. Darauf angesprochen meinte er, er wolle mit dieser Aktion auch ein Vorbild für andere Senioren sein, schon um zu demonstrieren, dass man sich im Alter keineswegs in den Schaukelstuhl setzen und auf das Unausweichliche warten muss. Bei dem Flug wären Dennis und Akiko Tito nicht alleine unterwegs. Insgesamt sollen zehn Personen im lunaren Starship mitfliegen. Tito selbst meinte zur Frage seines doch schon etwas fortgeschrittenen Alters, dass er darin kein Problem sehe. Er könne jetzt zwar leider nicht mehr Skifahren, aber für einen Raumflug sollte es noch reichen. Schließlich habe erst vor einem Jahr der Star Trek-Schauspieler William Shatner im Alter von 90 Jahren noch einen suborbitalen Raumflug mit Blue Origin durchgeführt. Im Übrigen sei er heute in besserer physischer Verfassung als er es 2001 bei seinem ersten Raumflug war. Der bislang älteste Mensch, der den Orbit erreichte und da zehn Tage verbrachte, war John Glenn, der 1998 mit dem Shuttle Discovery flog. Glenn war damals 77.

Das offizielle NASA-Portraitfoto von Lodewijk van den Berg.

16. Oktober 2022

## ABSCHIED VOM ASTRONAUTEN, DER NIE IN DEN WELTRAUM WOLLTE

Am 16. Oktober 2022 starb Lodewijk van den Berg, auch bekannt als der Astronaut, der nie in den Weltraum wollte. Er wurde 90 Jahre alt. Van den Berg wurde am 24. März 1932 in Sluiskil in Holland geboren, etwa 30 Kilometer östlich von Antwerpen. Seinen Master in Chemie erhielt er im Jahre 1961 von der Universität Delft. Danach wechselte er in die USA zur Universität Delaware, wo er einen Master in angewandten Wissenschaften und schließlich 1975 den Doktor-Titel erhielt. Im selben Jahr wurde van den Berg eine Stelle bei der EG&G-Corporation, einem Militärzulieferer, angeboten, wo er sich mit der Erforschung von Kristallwachstum befasste. Da das Unternehmen vor allem Militäraufträge bearbeitete, wurde es notwendig, dass er, van den Berg, die US-Staatsbürgerschaft annahm. In Zusammenarbeit mit dem Unternehmen bereitete die NASA den Flug des „Vapor Crystal Growth Systems" vor, eine Vorrichtung, die van den Berg und seine Kollegen entwickelt hatten. Das Experiment, bei dem Quecksilberjodid-Kristalle gezüchtet werden sollten, erforderte, dass jemand den Wachstumsfortschritt der Kristalle an Bord des Shuttles überwachte. Die NASA entschied, dass es kosteneffizienter wäre, einen Wissenschaftler, der sich mit den Besonderheiten der Kristallzüchtung in dieser komplexen Vorrichtung auskannte, zum Astronauten auszubilden, als einen Astronauten zu nehmen und zu versuchen, ihn vollständig mit den Eigenheiten der komplexen Anlage vertraut zu machen. So bat die NASA EG&G um eine Liste von acht Kandidaten, die Willens waren, an der Mission teilzunehmen. Nur einer davon sollte ausgewählt werden. Es fanden sich aber nur sieben geeignete Personen, und so fügte van den Bergs Chef ihn einfach als Zählkandidaten hinzu, nur um die Liste voll zu machen. Keiner nahm an, dass man ihn jemals für diesen Flug auswählen würde. Schließlich war er schon 53 Jahre alt, von kleiner Statur, hatte sehr schlechte Augen und lief deshalb immer mit einer Hornbrille herum. Doch dann passierte das scheinbar Unmögliche. All die offenbar geeigneteren Kandidaten schieden der Reihe nach aus. Nur van den Berg blieb übrig und flog schließlich am 29. April 1985 als damals ältester „Rookie" in der Geschichte der Raumfahrt mit dem Shuttle Challenger die STS-51B-Mission. Der Flug dauerte sieben Tage und acht Minuten. Ambitionen auf einen weiteren Raumflug hatte er nie.

Die Crew von Apollo 9. Von links: James McDivitt, David Scott und Russell Schweickardt.

17. Oktober 2022

## APOLLO-ASTRONAUT JIM MCDIVITT STIRBT MIT 93

Im Alter von 93 Jahren verstarb der Apollo-Astronaut James McDivitt. Er kam 1962 als Mitglied der zweiten Astronautengruppe zur NASA. Die wurden als die „Nächsten neun" (Next nine) bezeichnet, weil sie den 1959 gewählten „Original Seven" nachfolgten. Zu McDivitts „Klassenkameraden" gehörten unter anderem Neil Armstrong, Jim Lovell und Edward White. Am 3. Juni 1965 starteten McDivitt und White auf einer Titan-II-Rakete zum zweiten bemannten Flug des Gemini-Programms der NASA. Bei der viertägigen Mission gelang es White, das erste Außenbordmanöver in der Geschichte der US-Raumfahrt durchzuführen. McDivitt kommandierte danach die Mission von Apollo 9, die er zusammen mit seinen Kameraden David Scott und Rusty Schweickart flog. Der Einsatz begann am 3. März 1969. Während der zehntägigen Mission in der Erdumlaufbahn testeten die drei die Ausrüstung und die operativen Abläufe, die für die spätere Landung auf dem Mond notwendig waren. Sie führten das erste Andocken und Herausziehen einer Mondlandefähre aus dem Adapter der Saturn IV-B-Stufe durch, das zweite Andocken zweier bemannter Raumschiffe und führten einen Zwei-Personen-Weltraumspaziergang durch. Nach dieser Mission wurde McDivitt Manager der Mondlandeoperationen und hatte die Verantwortung für die Durchführung der Missionen Apollo 12 bis Apollo 16. McDivitt schied im Juni 1972 im Rang eines Brigadegenerals aus der US-Luftwaffe aus und ging danach in die Privatwirtschaft. Nach einigen kürzeren Beschäftigungsverhältnissen wechselte er 1981 zu Rockwell International (heute Teil von Boeing), wo er als Senior Vice President tätig war. 1995 ging er in den Ruhestand.

Artemis I umfliegt den Mond in weitem Bogen

21. November 2022

## ARTEMIS I ÜBERFLIEGT DEN MOND IN 130 KILOMETERN HÖHE

Am 21. November 2022, fast genau 50 Jahre nach dem Flug von Apollo 17, der letzten Mondmission des Apollo-Programms, überflog erstmals wieder ein Raumfahrzeug eines bemannten Raumtransportsystems die Mondoberfläche in geringem Abstand. Die bei diesem Flug noch unbemannte Testmission dauerte vom 16. November bis zum 11. Dezember 2022. Schon bald nach dem Liftoff von der Startanlage 39B am Kennedy Space Center schwenkte das Orion-Raumschiff in eine Bahn ein, die sie in einen entfernten retrograden Halo-Orbit führte, eine ähnliche Umlaufbahn, wie sie auch der Lunar Gateway haben soll, die zukünftige mondumkreisende Klein-Raumstation. Der Einflug in diese Umlaufbahn, wie auch die Ausleitung daraus für den Rückflug zur Erde erforderte zwei nahe Vorbeiflüge am Mond. Der eine wie erwähnt am 21. November, und der zweite am 5. Dezember. Beide Male kam das Orion-Raumschiff dem Mond bis auf 130 Kilometer nahe. Die maximale Entfernung von der Erde erzielte das Raumschiff am 28. November mit einer Erddistanz von 432.000 Kilometern. So weit in den Weltraum hinaus war noch nie zuvor ein bemannbares Raumgfahrzeug geflogen. Dieses Mal waren aber noch keine echten Astronauten an Bord. Aber immerhin eine menschengroße Puppe und zwei Torsos, die mit einer ganzen Reihe von Sensoren bestückt worden waren. Auf dem Sitz des Kommandanten befand sich eine vollständige Puppe mit dem Namen „Captain Moonikin Campos". Die beiden Torsos trugen die Namen Helga und Zohar. Zusätzlich war noch, als Missionsmaskottchen und „Zero-G-Indikator", das Stofftier „Shawn das Schaf", an Bord, welches das in Europa gebaute Service-Modul repräsentierte. Im November 2024 soll Artemis II erneut den Mond umfliegen, diesmal mit menschlicher Besatzung.

23. November 2022

## ESA GIBT ASTRONAUTEN-KANDIDATEN BEKANNT

Die Europäische Weltraumorganisation ESA hat aus einer Zahl von mehr als 22.500 Bewerbern aus allen Mitgliedstaaten 17 neue potentielle Raumflieger ausgewählt. Zu dieser Auswahlklasse des Jahres 2022 gehören fünf Berufsastronauten, elf Mitglieder einer sogenannten Astronautenreserve und ein Astronaut mit einer körperlichen Behinderung.

Die ESA-Astronautenklasse des Jahres 2022.

Die 17 ausgewählten Personen sind, in alphabetischer Reihenfolge: Sophie Adenot aus Frankreich (Berufsastronautin), Pablo Álavrez Fernández aus Spanien (Berufsastronaut), Meganne Christian aus England (Reserveastronautin), Anthea Comellini aus Italien (Reserveastronautin), Rosemary Coogan aus England (Berufsastronautin), Sara Garcia Alonso aus Spanien (Reserveastronautin), Raphael Liégiois aus Belgien (Berufsastronaut), John McFall aus England (körperlich behinderter Astronaut), Andrea Patassa aus Italien (Reserveastronautin), Carmen Possnig aus Österreich (Reserveastronautin), Arnaud Prost aus Frankreich (Reserveastronaut), Amelie Schönenwald aus Deutschland (Reserveastronautin), Marco Sieber aus der Schweiz (Berufsastronaut), Ales Swoboda aus Tschechien (Reserveastronaut), Slawosz Uznanski aus Polen (Reserveastronaut), Markus Wandt aus Schweden (Reserveastronaut) und Nicola Winter aus Deutschland (Reserveastronautin). Zum ersten Mal in ihrer Geschichte hat die ESA einen Reservepool für Astronauten eingerichtet. Die Mitglieder dieser Liste waren zwar im gesamten Auswahlverfahren erfolgreich, können aber zum jetzigen Zeitpunkt nicht rekrutiert werden. Diese Personen bleiben bei ihren derzeitigen Arbeitgebern und erhalten einen Beratervertrag der ESA. Sie werden mit der Grundausbildung beginnen, falls eine Flugmöglichkeit für sie identifiziert wird. Zusätzlich hat die ESA außerdem einen Astronautenkandidaten mit einer körperlichen Behinderung ausgewählt. Er wird am so genannten „Parastronaut Feasibility Project" teilnehmen, um die Möglichkeit der Einbeziehung von Astronauten mit körperlichen Behinderungen in die bemannte Raumfahrt zu prüfen.

Miroslaw Hermazewski zur Zeit seines Interkosmos-Einsatzes.

12. Dezember 2022

## MIROSLAW HERMASZEWSKI GESTORBEN

Am 12. Dezember starb in Warschau der ehemalige Interkosmos-Kosmonaut Miroslaw Hermaszewski an den Folgen eines chirurgischen Eingriffs. Er wurde 81 Jahre alt. Er war der erste und bislang einzige Pole im Weltraum. Der Pilot der polnischen Luftstreitkräfte wurde am 25. November 1976 als Kosmonaut in das Interkosmos-Programm aufgenommen. Am 27. Juni 1978 flog er mit dem Raumschiff Sojus 30 zusammen mit seinem Kommandanten Pjotr Klimuk zur sowjetischen Raumstation Salut 6. Insgesamt verbrachte er dabei knapp acht Tage im Weltraum. Hermaszewski war der zweite Interkosmos-Kosmonaut, der in den Orbit flog. Der erste Fluggast aus den Bruderländern der damaligen Sowjetunion war der Tschechoslowake Wladimir Remek gewesen, der drei Monate vor Hermaszewski zur Salut 6 startete. Nach ihm war nur zwei Monate später, am 26. August 1978, der DDR-Bürger Sigmund Jähn an der Reihe, der damit als erster Deutscher ins All gelangte. Nach seiner Mission wurde Hermaszewski Generalstabsoffizier der polnischen Streitkräfte. Später war er Chef der Luftsicherheit bei den Polnischen Luftstreitkräften und Berater des polnischen Verteidigungsministers. 2005 ging er in den Ruhestand und bewarb sich um einen Sitz im polnischen Senat, wurde aber nicht gewählt.

3. Januar 2023

## TOD VON WALTER CUNNINGHAM

Die Reihe der unausweichlichen Todesfälle unter den ehemaligen Apollo-Astronauten geht weiter. Am 3. Januar 2023 starb Walter Cunningham an den Folgen eines Sturzes. Er war Mitglied der Crew von Apollo 7, dem ersten bemannten Einsatz des Apollo-Programmes. Cunningham wurde 91 Jahre alt. Walter Cunningham war Kampfpilot der US-Marines und flog in Korea 58 Nachtjagd-Einsätze. Nach seiner aktiven Zeit studierte er Physik und schloss das Studium 1961 mit dem Master-Diplom ab. Zwischen 1956 und 1975 diente er in der Reserve des Marine Corps und erreichte dort den Rang eines Obersten. Nach dem Studium arbeitete er bei der RAND-Corporation bis er 1963 in die dritte Gruppe des US-Astronautencorps berufen wurde. Seinen ersten und einzigen Raumflug im Apollo Programm absolvierte er zwischen dem 11. und 22. Oktober 1968, als er zusammen mit Walter Schirra und Donn Eisele (ebenfalls einem Mitglied der Gruppe 3) den ersten bemannten Einsatz des Apollo-Programms unternahm.

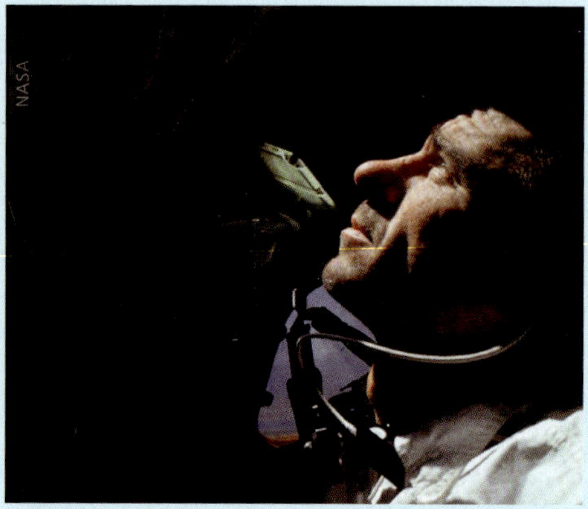


Walter Cunningham während der Mission von Apollo 7.

Nach seinem Flug bekam Cunningham eine Management-Rolle im Skylab-Programm. 1971 schied er aus der NASA aus und arbeitete als Geschäftsmann, Investor und Berater für eine Reihe von Technologieunternehmen. In seinen späteren Jahren war er zunehmend als Autor, Redner und als Gast in Talkshows und in Rundfunksendungen gefragt, auch weil er sich gegen die These stellte, dass der Klimawandel menschengemacht sei.

28. März 2023

## BESCHÄDIGTE RUSSISCHE RAUMKAPSEL LANDET OHNE PROBLEME

Das russische Raumschiff Sojus MS-22, das ursprünglich dazu bestimmt war, zwei russische Kosmonauten und einen US-Astronauten zur Erde zurückzubringen, kehrte am 28. März unbemannt nach Kasachstan zurück. Die Landung erfolgte ohne Crew, weil es in der angedockten Phase zu einem mysteriösen Kühlmittelleck gekommen war, und die Gefahr bestand, dass das Innere des Raumfahrzeugs bei der Landung überhitzen könnte. Tatsächlich erfolgte die Landung problemlos um 13:46 Uhr mitteleuropäischer Zeit in der kasachischen Steppe. Wäre allerdings eine Crew an Bord gewesen, dann wäre die Kabinentemperatur nach den Berechnungen der Ingenieure in Moskau auf etwa 50 Grad Celsius gestiegen. Dem daraus resultierenden Risiko wollte man entgehen. Stattdessen brachte das Raumfahrzeug 218 Kilogramm Fracht in Form wissenschaftlicher Experimente und zur Überholung bestimmter Hardware zur Erde. Für die ursprüngliche Crew, bestehend aus Kommandant Sergei Prokopjew, Dimitri Petelin und Frank Rubio hatte es allerdings zur Folge, dass ihr ursprünglich nur für sechs Monate geplanter Aufenthalt auf der ISS auf mehr als ein Jahr zu verlängert werden musste, bevor sie mit Sojus MS-23 zurückkehren konnten, die unbemannt als Ersatzfahrzeug zur Raumstation geschickt worden war.

Sojus MS-22 landet unbemannt in Kasachstan.

Portrait der Artemis II-Crew. Von links im Uhrzeigersinn: Christina Koch, Victor Glover, Reid Wiseman und Jeremy Hansen.

3. April 2023

## NASA BENENNT CREW FÜR ARTEMIS II-MISSION

Zum ersten Mal seit mehr als 50 Jahren hat die NASA eine Crew für einen Mondflug benannt. Die vier ausgewählten Astronauten sind Christina Koch, Victor Glover, Reid Wiseman und Jeremy Hansen. Sie werden gegen Ende 2024 mit Artemis II zu einem 10-tägigen Rundflug um den Erdtrabanten starten. Drei der vier Astronauten haben bereits Raumflugerfahrung. Lediglich der Kanadier Jeremy Hansen ist ein so genannter „Rookie", wie man Weltraumneulinge etwas informell und scherzhaft bezeichnet. Der 47-jährige Wiseman legte für diese Mission sogar sein Amt als Chefastronaut der NASA nieder (in dieser Funktion dürfen sie sich nicht selbst für Raumflüge benennen). Er hat 165 Tage Raumflugerfahrung auf seinem Konto. Beim 46-jährigen Victor Glover sind es sogar noch zwei Tage mehr. Weit übertroffen werden die beiden aber von der 44-jährigen Christina Koch, die sich 2019 und 2020 insgesamt 328 Tage auf der ISS aufhielt und dabei sechs Außenbordmanöver durchführte. Artemis II wird der erste bemannte Raumflug im Rahmen des Artemis Programms sein und die zweite Mission die mit dem Space Launch System der NASA durchgeführt wird, der nach dem Starship von SpaceX zweitgrößten Trägerrakete der Welt.

Ingenuity im Einsatz auf dem Mars.

13. April 2023

## 50. FLUG FÜR INGENUITY

Ein besonderes Jubiläum gab es am 13. April, denn an diesem Tag führte der Mars-Helikopter Ingenuity seinen 50. Flug auf dem Roten Planeten durch. Damit übertraf er die an ihn gestellte Erwartung um das Zehnfache, denn ausgelegt war das auf der Erde nur drei Pfund schwere Fluggerät für insgesamt fünf Flüge. Bei seinem Jubiläumsflug legte er in knapp drei Minuten 322 Meter zurück, und erreichte dabei eine Rekord-Flughöhe von 18 Metern über dem Marsboden. Ingenuity ist die erste Flugmaschine auf einem anderen Planeten als der Erde. Seinen Jungfernflug auf dem Mars führte er am 19. April 2021 durch, zwei Monate nachdem er zusammen mit dem Rover Perseverance den Roten Planeten erreicht hatte. Dass er jetzt, zweieinhalb Jahre nach Beginn seiner Mission, immer noch im Dienst ist, ist eine Sensation. In ihm sind, als purem Technologiedemonstrator ohne großen Haltbarkeitsanspruch, viele handelsübliche Komponenten verbaut, wie etwa Mobiltelefon-Prozessoren. Unter den extremen Umweltbedingungen des Mars könnten sie jederzeit versagen. Tun sie aber nicht. Damit er auf dem Mars mit seiner extrem dünnen Atmosphäre überhaupt fliegen kann, benötigt es eine extreme Leichtbauweise und eine zehnmal höhere Rotordrehzahl als auf der Erde. Zum Zeitpunkt, an dem diese Zeilen entstehen (8. Oktober 2023) hat Ingenuity sogar schon seinen 61. Flug absolviert, und ein Ende ist immer noch nicht abzusehen. Er ist wirklich eine bemerkenswerte fliegende Maschine.

Die Artemis-Mondanzüge werden vor ihrem Einsatz noch eine weiße Außenschicht bekommen.

15. April 2023

## AXIOM SPACE STELLT ARTEMIS-MONDANZUG VOR

Nicht nur die Astronauten für die erste Mondumkreisung seit Apollo sind ausgewählt, sondern auch der Hersteller der neuen Raumanzüge, die für die zukünftigen Mondlandungen benötigt werden. Die NASA bestimmte dafür das in Houston ansässige Unternehmen Axiom Space, das bislang eher für seine Pläne einer privaten Raumstation bekannt ist. Für Ausflüge auf den Mond sind die bisher von der NASA benutzten Raumanzüge viel zu schwer, zu unbeweglich und vor allem viel zu alt, denn die Produktion der für den Shuttle und die ISS hergestellten Anzüge wurde schon vor vielen Jahren eingestellt. Seitdem lebt man von der Substanz, und flickt und repariert das, was man hat. Anders als die Raumanzüge der Mondastronauten vor 50 Jahren müssen die Artemis-Anzüge mehr als 100-mal einsetzbar sein, und nicht nur maximal dreimal wie bei Apollo. Sie sollen auch deutlich weniger staubempfindlich sein. Man muss sich mit ihnen auch hocken oder knien können und sie müssen nicht nur für Männer sondern auch für Frauen tauglich sein, und eine große Bandbreite an Körpergrößen abdecken. Auch die Sicherheitsanforderungen müssen gegenüber den Apollo-Anzügen verbessert werden, und die Zeit, die man benötigt, um sie an- und abzulegen. Die Artemis-Raumanzüge müssen zusätzlich noch viel mehr können als die Anzüge der Apollo-Ära. So muss es mit ihnen beispielsweise möglich sein, sich eine Weile in einem völlig abgeschatteten Gebiet aufzuhalten, in dem die Temperatur nie über minus 200 Grad Celsius steigt. Erprobt werden sollen die Raumanzüge erst einmal auf der ISS, bevor sie dann für Mondeinsätze freigegeben werden. Der Auftrag für Axiom-Space kann am Ende eine Summe von 1,26 Milliarden Dollar umfassen. Das Unternehmen wird dabei Eigentümer der Raumanzüge bleiben, und sie der NASA jeweils auf einer Missionsbasis „verleihen".

20. April 2023

## STARSHIP SCHEITERT BEIM JUNGFERNFLUG

Der lang erwartete Erstflug des Starship von SpaceX verlief, man kann es wohl kaum anders nennen, ziemlich aufregend. Nach jahrelanger gespannter Erwartung startete SpaceX am 20. April zum ersten

Testflug eines voll ausgerüsteten Starships. Die Mission endete allerdings schon vier Minuten später, als das Fahrzeug nach dem Ausfall mehrerer Triebwerke über dem Golf von Mexiko außer Kontrolle geriet und gesprengt werden musste.

Start zum Erstflug des SpaceX-Starship.

Das Starship war um 8:33 Uhr zentralamerikanischer Zeit (entsprechend 15:33 Uhr mitteleuropäischer Zeit) von der Starbase, dem Raumflughafen von SpaceX, östlich von Brownsville in Texas gestartet. Mit dem Liftoff begann ein – im hypothetischen Idealfall – 90-minütiger Testflug um die Welt, der in der Wasserung der Oberstufe im Pazifischen Ozean südlich der Hawaii-Inseln gipfeln sollte. Doch dazu kam es nicht, denn bereits vor dem Verlassen der Startrampe quittierten zwei der 33 Triebwerke ihren Dienst. Die Rakete hob dennoch ab, wenngleich quälend langsam und begann an Höhe zu gewinnen. Während des Aufstiegs schalteten nach und nach vier weitere Triebwerke ab. Schließlich geriet die Rakete in eine langsame Taumelbewegung, aus der heraus eine Stufentrennung des eigentlichen Starships nicht mehr möglich war. Wir haben dem Stand des Starship-Vorhabens in dieser Ausgabe von SPACE einen längeren Artikel unter dem Titel „Erfolgreicher Fehlschlag" gewidmet.

So hätte es im Idealfall ausgesehen. Leider kam es nicht soweit.

25. April 2023

## HAKUTO-R M1 BEI DER LANDUNG ABGESTÜRZT

Hakuto-R M1 war nach dem Beresheet-Lander der zweite in privater Initiative gebaute Mondlander und er teilte das Schicksal seines Vorgängers: Er scheiterte auf den letzten Metern vor der Landung. Der Start von Hakuto-R M1 war bereits am 11. Dezember 2022 erfolgt. Er hatte danach eine treibstoffsparende Flugbahn eingeschlagen, die ihn bis hinaus zum Lagrange-Punkt 1 des Erde-Sonne-Systems führte, etwa 1,4 Millionen Kilometer von der Erde entfernt. Damit stellte er einen Rekord auf, denn weiter hatte sich noch nie zuvor ein privat finanziertes Raumfahrzeug von der Erde entfernt. Der Landeversuch erfolgte dann am 25. April. Bis dahin war noch alles nach Plan verlaufen. Doch dann wirkte sich ein Software-Fehler aus, der den Programmierern der Landephase unterlaufen war, denn sie hatten entscheidende Höhenparameter des Anflugs nicht im Landeprogramm berücksichtigt. Dieser Fehler führte dazu, dass das Raumfahrzeug bereits in fünf Kilometern Höhe annahm, dass der Landeplatz und die richtige Landehöhe erreicht seien. Von da erfolgte der Abstieg nur noch mit der finalen Landegeschwindigkeit von einem Meter pro Sekunde. Für einen so langsamen Abstieg aus so großer Höhe reichte aber der Treibstoff nicht. Schließlich war der komplette Treibstoff verbraucht, Hakuto-R M1 stürzte ab und zerschellte auf der Mondoberfläche. Zum unglücklichen Flug von Hakuto-R M1 und die Aussichten für seinen Nachfolger gibt es in dieser Ausgabe von SPACE auch einen eigenen Artikel (Der Flug des weißen Hasen).

Bemannter Mondlander „Blue Moon".

19. Mai 2023

## NASA ERTEILT BLUE ORIGIN MONDLANDER-AUFTRAG

Nun hat es also auch für Blue Origin noch geklappt. Die Raumfahrtfirma des Amazon-Gründers Jeff Bezos gewann einen 3,4 Milliarden-Dollar-Auftrag für die Konstruktion eines bemannten Mondlandesystems mit der Bezeichnung „Blue Moon". Die beiden ersten Aufträge dieser Art hatte 2021 und 2022 SpaceX gewonnen. Mit diesem System sollen auch die ersten drei Landungen durchgeführt werden, eine unbemannt, zwei bemannt. Der Blue Moon-Lander von SpaceX wird erst bei der ARTEMIS-Mission Nummer 5 eingesetzt. Und die ist momentan für das Jahr 2029 terminiert. Danach könnten die beiden Systeme alternierend fliegen. Der Blue Moon Lander wird etwa 17 Meter hoch sein, einen Durchmesser von sechs Metern aufweisen, betankt etwa 45 Tonnen wiegen und in der Lage sein, je nach Variante bis zu 30 Tonnen auf die Mondoberfläche zu transportieren. Blue Moon kann eine vierköpfige Crew bis zu 30 Tage auf dem Mond unterstützen und es soll ihn in mehreren Versionen geben. Gestartet wird das System mit der New Glenn-Rakete von Cape Canaveral aus. Blue Origin baut den Blue Moon Mondlander zusammen mit einigen der größten US-Aerospace-Firmen. Mit im Team sind Lockheed Martin, Boeing, Draper Industries und andere Unternehmen. Wir haben den Mondplänen der USA in diesem Buch einen eigenen Artikel gewidmet, den Sie unter dem Titel „Geschäft im cislunaren Raum" lesen können.

22. Mai 2023

## VIRGIN ORBIT STELLT DEN FLUGBETRIEB EIN

Das war es dann für Virgin Orbit. Wir haben in SPACE ja schon mehrfach darauf hingewiesen, dass dieses Raumtransportunternehmen von Richard Branson schon auf den wenig informierten Außenstehenden den Eindruck machte, extrem schlecht geführt zu sein. Und so war es auch. Am 22. Mai 2023 stellte Virgin Orbit den Geschäftsbetrieb ein, nachdem die verfügbaren Geldmittel „verbrannt" waren. Kein weiterer Investor war danach bereit, weiteres Geld in das Unternehmen zu stecken und so musste es schließen. Der größere Teil der Betriebsmittel, wie beispielsweise die Fertigungsgebäude und das Trägerflugzeug „Cosmic Girl" konnten schnell, aber zu sehr niedrigen Preisen, an Konkurrenzunternehmen veräußert werden. Die Produktionshallen in Los Angeles beispielsweise gingen an Rocket Lab, die modifizierte Boeing 747 ging an Stratolaunch.

Das letzte Missionslogo von Virgin Orbit.

Der Bankrott von Virgin Orbit zeigt einmal mehr, dass der Markt der Mikrolauncher hart umkämpft ist. Es werden bei weitem nicht so viele Starts von Kleinträgerraketen benötigt, wie einst gedacht, seit es die Rideshare-Missionen mit wesentlich größeren Trägern wie der Falcon 9 oder der PSLV gibt. Auch Astra hat die Entwicklung seiner Astra 3.3. eingestellt, und von einer Reihe weiterer Unternehmen hat man nach dem – meist erfolglosen – Erstflug ihrer Raketen nichts wieder gehört.

25. Mai 2023

## VIRGIN GALACTIC NIMMT FLUGBETRIEB WIEDER AUF

Auch Virgin Orbit, ein weiteres Unternehmen von Sir Richard Branson, scheint nicht gerade gut geführt zu sein. Dieser Betrieb hat jedoch den Vorteil, dass er – schon wegen seines interessanten Betätigungsfeldes – immer wieder Investoren findet, die in diesem Unternehmen Geld anlegen. So überstand Virgin Galactic erneut eine lange Phase ohne Flugbetrieb, in der das Trägerflugzeug White Knight Two und das bislang einzige bemannte Raumfahrtzeug (SpaceShipTwo mit Namen USS Unity) grundüberholt wurden. Am 25. Mai erfolgte nun der erste Flug nach zwei Jahren. Nachdem dieser Einsatz als „Testflug" galt, befand sich eine reine Virgin Galactic-Crew an Bord. Kommandant war Mike Masucci, Pilot war Rick Sturckow (ein ehemaliger Shuttle-Commander). Daneben waren noch vier weitere Personen an Bord, allesamt Angestellte von Virgin Galactic, nämlich die Astronauten-Trainerin Beth Moses sowie Luke Mays, Christopher Huie

SpaceShipTwo „Unity" knapp 90 Kilometer über der Erde.

und Jamila Gilbert. Das suborbitale Raumfahrzeug erreichte eine Gipfelhöhe von 87,2 Kilometern, was nach den Statuten der FAA als Raumflug gilt (über 50 Meilen hoch). Nach dieser Mission begannen die Einsatzflüge des Vehikels, von denen bis zum Redaktionsschluss dieser Ausgabe von SPACE vier absolviert wurden (Galactic 01 – Galactic 04). Diese Flugfrequenz von einem Einsatz pro Monat soll für die absehbare Zukunft beibehalten werden.

Eine Trägerrakete des Typs Langer Marsch 2F bringt das bemannte Raumschiff Shenzhou 16 in den Orbit.

30. Mai 2023

## SO VIELE MENSCHEN IM WELTRAUM WIE NIE ZUVOR

Der Start des bemannten chinesischen Raumschiffs Shenzhou 16 führte dazu, dass kurzfristig 17 Menschen gleichzeitig im Orbit waren. Das ist ein neuer Rekord. Es waren dies sechs Chinesen, fünf Amerikaner, drei Russen, zwei Saudis und ein Astronaut aus den Vereinigten Arabischen Emiraten. Die bisherige Rekordmarke stand bei 14 Menschen, die gleichzeitig im All waren. Bei den 17 Raumfahrern, die für gut einen Tage gemeinsam, wenngleich auf unterschiedlichen Raumfahrzeugen im Erdorbit waren, handelt es sich um die chinesischen Astronauten Fei Junlong, Deng Quingming, Zhang Lu, Jing Haipeng, Zhu Yangzhu und Gui Haichao, um die Kosmonauten Sergei Prokofjew, Dimitri Petelin und Andrei Fedjajew, die US-Astronauten Frank Rubio, Stephen Bowen, Warren Hoburg, Peggy Whitson und John Shoffner, die saudischen Astronauten Rayyanna Barnawi und Ali Al Quarni sowie Sultan Al Neyadi aus den Vereinigten Arabischen Emiraten. Die Mission von Shenzhou 16 begann am nordchinesischen Weltraumbahnhof Jiuquan. Als Träger wurde eine Rakete des Typs Langer Marsch 2F eingesetzt. Geht alles nach Plan, dann wird die Mission bis in den November hinein andauern. Die Mission ist der elfte bemannte Raumflug Chinas, und der fünfte, der zur neuen Tiangong-Raumstation führt. Mit der permanenten Besetzung der chinesischen Raumstation wird man zukünftig häufiger eine solch große Anzahl von Menschen im Orbit sehen.

Landung einer Starliner-Kapsel nach einem unbemannten Testflug im Jahre 2021.

01. Juni 2023

## STARLINER-EINSATZ VERZÖGERT SICH SCHON WIEDER

Es ist kaum zu fassen, dass es einem weltweit führenden Unternehmen der Aerospace-Branche wie Boeing auch vier Jahre nach dem vertraglich vereinbarten Datum noch immer nicht gelingt, ihr bemanntes Raumtransportsystem Starliner flott zu bekommen. In dieser Zeit hat der Crew Dragon von SpaceX, der ebenfalls von erheblichen Entwicklungsproblemen geplagt war, bereits elf bemannte Missionen mit der Präzision eines Uhrwerks absolviert. Nach einer aberwitzig langen Reihe von technischen Problemen hätte der erste bemannte Einsatz dieses Raumtransportsystems im Juli 2023 erfolgen sollen. Den aber sagte die NASA nun ab, denn sie entdeckte bei einer technischen Revision etliche Schwachstellen, die über die Jahre unentdeckt geblieben waren. Zum einen stellte die Behörde bei der Auswertung der Zertifizierungsdaten für das Landesystem Schwächen im Übergangsbereich zwischen Kapsel und Fallschirm fest (der geforderte Sicherheitsfaktor von 2 wurde nicht erreicht), zum anderen fand die NASA heraus, dass einige der elektrischen Leitungen mit brennbarem Material isoliert waren. Dies muss nun nachgebessert werden. So wie es jetzt aussieht, kann der erste bemannte Einsatz nicht vor dem Frühjahr 2024 erfolgen. Vorausgesetzt alle Nachbesserungen sind bis dahin zertifiziert. Eine Zeit lang stand sogar im Raum, dass Boeing komplett aus dem bemannten Programm aussteigt, allerdings wäre das wohl ein nicht hinnehmbarer Reputationsverlust gewesen. SpaceX ist inzwischen so gut im bemannten Transportprogramm der NASA etabliert, dass derzeit für Boeing bis zum Ende des Jahrzehntes nur noch maximal sechs Flüge zur ISS mit dem Starliner offenstehen, viel zu wenige, um die investierten Finanzmittel zu amortisieren. Anders als bei früheren NASA-Aufträgen handelt es sich hier um Festpreisaufträge. Kostenüberzüge trägt also der Hersteller selbst.

Markus Wandt.

01. Juni 2023

## MARKUS WANDT FLIEGT MIT AXIOM SPACE ZUR ISS

17 neue Mitglieder des ESA-Astronautencorps stellte die europäische Raumfahrtbehörde ESA am 23. November 2022 vor. Aber nur fünf davon gelten als „Karriere-Astronauten“, die restlichen Mitglieder gehören zur so genannten „Astronautenreserve“. Ausgerechnet einer aus dieser Gruppe, der Schwede Markus Wandt, wird jetzt aber der erste aus der neuen Auswahl sein, der in den Weltraum fliegt. Man muss allerdings dazu sagen, dass ihn nicht die ESA für diesen Flug nominiert hat, sondern die nationale schwedische Raumfahrtbehörde. Er wird auch nicht mit einer der institutionellen Organisationen ins All fliegen, sondern im Rahmen einer zweiwöchigen Mission mit dem privaten US-Unternehmen Axiom Space im Rahmen der Mission Axiom 3 zur ISS fliegen. Immerhin wird er einen Teil seiner Astronautenausbildung mit Unterstützung der ESA in Europa machen, bevor sein finales Training (für die ISS-Belange) in Houston und in Hawthorne (für die Vorbereitung auf den Flug mit dem Crew Dragon von SpaceX) stattfinden wird. Was man auch dazu sagen muss, ist,

dass von allen ausgewählten 17 Astronautenanwärtern Markus Wandt wahrscheinlich der mit Abstand am besten geeignete ist. Er war elf Jahre lang aktiver Kampfpilot, besuchte 2013 und 2014 die Testpilotenschule der US-Marine in Patuxent River und schloss dort in seiner Klasse als Jahrgangsbester ab. Er war Chef-Testpilot bei SAAB Aeronautics in Linköping. Sein Flug zur ISS soll nach aktueller Sicht (Oktober 2023) im Februar 2024 stattfinden. Die Mission wird etwa zwei Wochen dauern, und überlappt sich mit dem Kommando des dänischen ESA-Astronauten Andreas Mogensen, der sich seit September auf der ISS befindet.

Karol J. Bobko

17. August 2023

## KAROL J. BOBKO STIRBT MIT 85

Am 17. August starb der US-Astronaut Karol J. Bobko. Er wurde 85 Jahre alt. Auch Bobko war, wie Cunningham und McDivitt, über die wir hier in dieser Rubrik schon berichtet haben, ein Astronaut der Apollo-Ära, taucht aber in deren Annalen nur selten auf. Er war Mitglied der Astronautengruppe 7, die aus Piloten bestand, die aus dem stornierten MOL-Programm der US-Luftwaffe stammten (MOL = Manned Orbiting Laboratory). Diese Astronauten waren noch in das Skylab-Programm involviert und auch in das ASTP-Programm. Mit ihm in dieser 7. Auswahlgruppe war auch Robert Crippen, der zusammen mit John Young den ersten Flug des Shuttle-Programms durchführte. Bobko führte im Rahmen des frühen Shuttle-Programmes drei Raumflüge durch. Den ersten als Pilot von STS-6 (zusammen mit Paul Weitz, der schon im Skylab-Programm geflogen war) im April 1983, danach als Kommandant von STS-51-D im April 1985 und schließlich als Kommandant von STS-51-J im Oktober 1985. 1988 schied Bobko bei der NASA aus und war danach in einer Reihe von Luft- und Raumfahrtfirmen in leitender Position tätig. Zuletzt als Programm-Manager für die NASA-Vorhaben des Science Applications International Programms.

So wie auf der Grafik hätte es aussehen sollen. Stattdessen gibt es jetzt nur einen weiteren Krater auf dem Mond.

19. August 2023

## LUNA 25 ZERSCHELLT AUF DEM MOND

Luna 25, Russlands erste Mondsonde seit seiner Staatsgründung, scheiterte am 19.

Dezember bei den einleitenden Manövern zur finalen Abstiegsphase. Rechnet man die Zeit der Sowjetunion hinzu, dann erfolgte die letzte erfolgreiche Landung Russlands auf dem Mond, seinerzeit mit einem wesentlich komplexeren Gerät als Luna 25, im August 1976. Besser als mit dieser missglückten Landung kann der stetige Abstieg der russischen Raumfahrt nicht symbolisiert werden. Am Ende war es eine fehlerhafte Software, die dem Raumfahrzeug zum Verhängnis wurde. Der Absturz ist umso tragischer, als diese Raumsonde nicht weniger als 26 Jahre in der Vorbereitung war, und der Start immer und immer wieder verschoben wurde. Ein am 19. August 2023 eingeleitetes Manöver, das die Sonde in den für die Landung nötigen elliptischen Orbit mit einem Periselenum von 18 Kilometern bringen sollte, schlug wegen eines Fehlers beim Auslesen der Beschleunigungswerte für den Zeitgeber der Brenndauer fehl. Anstatt der beabsichtigten 84 Sekunden war die Antriebseinheit 127 Sekunden in Betrieb. Das führte letztendlich zum Crash etwa 400 Kilometer von der geplanten Landestelle entfernt. Tragisch ist es auch, dass es offensichtlich in all diesen vielen Jahren der Vorbereitung nicht gelungen ist, einen „end-to-end test“ mit dem Fluggerät durchzuführen, um so einen eher trivialen Fehler wie diesen zu vermeiden. Russland gab bekannt, an seinem weiteren Mondprogramm festhalten zu wollen. Tatsächlich dürften die Aussichten dafür eher düster sein.

23. August 2023

## CHANDRAAYAN 3 LANDET AUF DEM MOND

Wesentlich erfolgreicher verlief dagegen nur wenige Tage später die Landung des indischen Mondlanders Chandraayan 3. Auch Indien hatte fast auf den Tag genau vier Jahre zuvor mit Chandraayan 2 Lehrgeld bezahlen müssen, als dieser Lander kurz vor dem Landezeitpunkt in etwa 2.100 Metern Höhe die korrekte Fluglage verlor und in der Folge so hart auf der Mondoberfläche aufschlug, dass er in mehrere Teile zerbrach. Dieses Mal klappte die Landung von Vikram, wie der Lander auch bezeichnet wurde, aber perfekt. Sie erfolgte um 14:33 Uhr am 23. August zwischen den Kratern Manzinus C und Simpelius C im südlichen Teil des Mondes. Wenige Stunden später gelang es der indischen Raumfahrtagentur auch, den Rover Pragyan vom Lander auf die Mondoberfläche rollen zu lassen. Dieses Fahrzeug legte in der Folge mehr als 100 Meter zurück. Am Ende des Mondtages war die ISRO sogar damit erfolgreich, die Triebwerke von Vikram noch einmal zu starten und den Lander geringfügig zu bewegen. Dies galt schon als Test für zukünftige Probenrückführmissionen, die Indien plant. Die Mission war damit abgeschlossen, denn sowohl Lander wie auch Rover waren nicht dafür ausgelegt, eine Mondnacht (die 14 Erdtage dauert) zu überleben. Dennoch versuchte die ISRO zu Beginn des neuen Mondtages noch einmal Kontakt mit Vikram und Pragyam aufzunehmen, was allerdings misslang.

Dieses Bild des Vikram-Landers machte der Pragyan-Rover am 30. August aus einer Entfernung von 15 Metern.

Abendlicher Start einer Falcon 9 von der historischen Anlage 39A des Kennedy Space Centers.

# RAUMFAHRT-STATISTIK

Start einer Atlas 531 am 4. Oktober 2022 von der Startanlage 41 der Cape Canaveral Space Force Station.

# DAS RAUMFAHRTJAHR 2022 – FAKTEN & HIGHLIGHTS

Das Raumfahrtjahr 2022 begann, man muss inzwischen schon sagen „traditionell“, denn es ist seit Jahren so, mit einem Start von SpaceX am 6. Januar. Und es endete am 30. Dezember auch mit einer Mission dieses Unternehmens. Dazwischen lagen 59 weitere SpaceX-Einsätze, die ausnahmslos alle erfolgreich verliefen. Aber dazu gleich mehr.

Wurde bereits im Raumfahrtjahr 2021 der Rekord für die weltweit meisten Starts innerhalb eines Kalenderjahres gebrochen (mit 144 Missionen), so wurden es 2022 sogar insgesamt 186 Starts, die in die Erdumlaufbahn oder zum Mond führten. Und der Trend zu immer mehr Missionen hält ungebrochen an, denn für 2023 dürfen über 210 bemannte und unbemannte Raumflüge erwartet werden.

Von den 186 Starts entfielen 78 Missionen auf die USA, 64 auf die Volksrepublik China und 22 auf Russland. Für die USA und China bedeutete das jeweils einen Rekord, für Russland (wenn man die Sowjetunion mit einbezieht) einer der schlechtesten Werte seit den 60er-Jahren.

2022 kam es zu 6,5 Fehlstarts (den halben Fehlstart könnte man genauso gut auch als halben Erfolg betrachten), ein durchschnittlicher Wert, wenn man die letzten Jahrzehnte betrachtet. Sieht man von der Vega C ab, die im unteren Mittelklasse-Segment angesiedelt ist, sind fast all diese Fehlstarts Kleinraketen privater Hersteller zuzuordnen, die entweder einen ihrer ersten Testflüge absolvierten oder generell erste wenige Starts durchgeführt hatten. Eine Rakete (die Astra 3.3) scheiterte sogar zweimal in diesem Jahr, was direkt zu ihrer Produktionseinstellung führte.

Von diesen weltweit 186 Missionen des Jahres 2022 waren 182 für den Erdorbit bestimmt, vier von ihnen gingen in Richtung Mond. Erfolgreich waren da Südkoreas Danuri-Orbiter, der mit einer Falcon 9 startete und die Kleinsonde Capstone, die auf einer Elektron-Rakete auf die Reise ging. Der am 11. Dezember gestartete Hakuto-R M1 (ebenfalls gestartet mit einer Falcon 9) scheiterte im April 2023 bei der Landung. Der bedeutendste Mondflug des Jahres 2022, nämlich der Testflug der SLS/Orion-Kombination bei der Artemis I-Mission im November und Dezember war dagegen ein enormer Erfolg.

Von den 179 ganz oder teilweise geglückten Starts des Jahres 2022 gingen 147 in eine niedrige Erdumlaufbahn oder in einen sonnensynchronen Orbit, sechs in einen mittelhohen Orbit oder auf eine Molnija-Bahn, 22 in geostationäre Transferbahnen, in eine Tundra-Bahn oder direkt in den geostationären Orbit, eine in einen hohen Erdorbit jenseits der geostationären Bahn und drei in lunare Transferbahnen oder in einen heliozentrischen Orbit.

Bei den Missionen des Jahres 2022 wurden, zieht man die bei Fehlstarts verloren gegangenen Raumfahrzeuge ab, insgesamt 2.410 Satelliten in den Erdorbit oder Raumsonden in eine Sonnenumlaufbahn transportiert. Das sind 35 Prozent mehr als im vergangenen Jahr. Der weitaus überwiegende Teil dieser Satelliten betraf erneut das Starlink-System von SpaceX.

Wie schon 2021 war auch 2022 die Falcon 9 wieder die mit weitem Abstand am häufigsten geflogene Orbitalrakete der Welt. Bei ihren 60 ausnahmslos fehlerlosen Orbitaleinsätzen wurden von dieser Rakete etwa 80 Prozent aller weltweit gestarteten Satelliten abgesetzt. Wäre das Privatunternehmen SpaceX ein Land, es hätte mit seinen 61 erfolgreichen Missionen (ein erfolgreicher Falcon Heavy-Start muss noch dazu gezählt werden) 2022 in der Startstatistik Platz 2 eingenommen, nur ganz knapp geschlagen von China. Auf Platz 3 wäre Russland mit seinen 22 Starts gekommen, gefolgt von den (restlichen) USA mit 18 Flügen. Bei der Falcon 9 kommt dazu, dass ihre Erststufe wiederverwendbar ist. Bei den 61 SpaceX-Starts des Jahres 2022 wurden lediglich fünf Mal neue Raketen eingesetzt, wenn man die Zentralstufe der einzelnen Falcon Heavy mitzählt. Die restlichen 56 Missionen wurden mit „gebrauchten" Raketen geflogen, ein unschätzbarer Kostenvorteil gegenüber der Konkurrenz. Konsequenterweise gab es in diesem Jahr auch einen neuen Rekordhalter für die meisten Flüge. Dies ist der Booster 1058, der im Dezember 2022 seinen 15. Einsatz erlebte. Die am zweithäufigsten verwendete Rakete weltweit war 2022 die in fünf Versionen eingesetzte Sojus 2.1 aus Russland. Sie kam insgesamt 17-mal zum Einsatz. Platz drei ging an die Langer Marsch 2D mit 15 Einsätzen und die Langer Marsch 4C mit 10 Missionen.

Die Kosmonautin Anna Kikina startete am 5. Oktober mit der SpaceX Crew 5 in den Orbit.

Die mit weitem Abstand weltweit größte Anzahl an Starts eines Weltraumbahnhofs wurde erneut in Cape Canaveral durchgeführt. Dort nahmen 56 Missionen ihren Anfang. Für Cape Canaveral – also für die Cape Canaveral Space Force Station und das Kennedy Raumfahrzentrum zusammen – war das ein absoluter Rekord. Den zweiten Platz belegte 2022 – ebenfalls wie bereits im Vorjahr – der chinesische Weltraumbahnhof Jiuquan mit 26 Missionen. Das sind vier mehr als im Vorjahr. Platz drei in der Leistungsaufstellung pro Weltraumbahnhof belegten gleichauf das chinesische Raumfahrtzentrum Xichang mit 16 Missionen und die Vandenberg Space Force Basis. Darauf folgt Taiyuan mit 14 Orbitalstarts auf Platz vier vor Plessezk mit 13 Missionen auf Platz 5.

Obwohl es kaum zu glauben ist: es gibt selbst im 66. Jahr der Raumfahrt weiterhin Länder, die erst jetzt ihren ersten eigenen Satelliten starten. 2022 waren das Moldau, Armenien, Uganda und Simbabwe.

Schauen wir uns nun die Daten der bemannten Raumfahrt an. 2022 fanden sieben bemannte Orbitalmissionen statt, nämlich Sojus MS-21, Axiom-1, SpaceX Crew 4, Shenzhou 14, Sojus MS-22, SpaceX Crew 5, Sojus MS-22 und Shenzhou 15. Dabei erreichten insgesamt 24 Menschen die Erdumlaufbahn, darunter fünf Frauen. Acht davon waren US-Bürger, je sechs Chinesen und Russen flogen in den Orbit, eine Italienerin, ein Japaner, ein Israeli und ein Kanadier. Es kam auch zu drei suborbitalen Missionen, bei denen insgesamt 18 Menschen Höhen um die 107 Kilometer erreichten. Dabei war jedes Mal der New Shepard von Blue Origin involviert. Eine vierte, glücklicherweise unbemannte Mission des New Shepard endete als Fehlschlag. Insgesamt fanden bei den bemannten Aktivitäten der Internationalen Raumstation sowie der nationalen chinesischen Raumstation im Jahr 2022 15 Außenbordmanöver statt. Daran waren 15 Astronauten und Kosmonauten beteiligt. Die höchste Zahl an EVAs im Jahre 2022 führte Oleg Artemjew mit fünf Einsätzen durch, gefolgt von Denis Matwejew mit vier und Josh Cassada, Frank Rubio und Chen Dong mit jeweils drei Außenbord-Einsätzen. Auch zwei Westeuropäer führten Außenbordeinsätze durch, nämlich Samantha Cristoforetti und Matthias Maurer.

Der Moment der Landung für die SpaceX Crew 4.

2022 erfolgten nicht weniger als neun Erstflüge neuer Träger oder neuer Varianten bereits eingeführter Raketen. Erneut waren diese Erst- und Testflüge stark mitbestimmend für die Anzahl von Fehlstarts dieses Jahres. Bei diesen neuen Trägern handelte es sich um die russische Angara 1.2, die Atlas 5 511 (ja, selbst von diesem schon kurz vor der Ausmusterung stehenden Träger gibt es noch Varianten, die nie zuvor geflogen sind), die Jielong-3, die Kinetica 1, die Langer Marsch 6A, das Space Launch System (SLS) der NASA, die indische SSLV, die Vega C und die Zhuque 2. Mit Fehlstarts endeten dabei jeweils die ersten oder zweiten Flüge der SSLV, der Zhuque 2 und der Vega C.

Die restlichen Fehlstarts im Jahr 2022 ereigneten sich mit Raketen geringer Flugpraxis wie der Astra 3.3. und der Epsilon. Bei ersterer ist die Erfolgsquote so schlecht, dass sie inzwischen – wir haben es oben schon erwähnt – außer Dienst gestellt wurde.

Erstflug des Space Launch Systems (SLS) mit dem Orion-Raumschiff im Rahmen der Artemis I-Mission.

Die Fehlstartquote lag im Jahr 2022, wie eingangs schon erwähnt, in etwa auf durchschnittlichem Niveau mit einer Versagerquote von knapp 3,5 Prozent. Dreimal waren die USA betroffen, einmal China, einmal Indien, einmal Japan und einmal Europa.

Fünf Varianten der Atlas 5 unternahmen 2022 ihre jeweils letzten Missionen. Dies waren die Versionen 401, 421, 511 (bei welcher der Erstflug auch gleich der letzte Einsatz war), 531 und 541.

Das Tempo im Flug- und Testbetrieb bei den beiden zukünftigen bemannten suborbitalen Transportsystemen „SpaceShipTwo" und „New Shepard" verlief weiterhin langsam. Trägerflugzeug und (das einzige) Raumfahrzeug von Virgin Galactic befand sich das ganze Jahr 2022 in einer Überholungsphase. Lediglich der New Shepard von Blue Origin war im Einsatz, musste aber nach drei erfolgreichen bemannten Einsätzen im Herbst wegen eines Fehlstarts eines unbemannten New Shepard-Systems „gegrounded" werden. Insgesamt kam es somit zu lediglich vier suborbitalen Einsätzen, von denen drei mit einer Crew an Bord durchgeführt wurden.

Die russische Invasion der Ukraine führte in der internationalen Raumfahrt zu erheblichen Auswirkungen. Die wichtigsten sind:

- Das Sojus-Programm in Kourou mit der Sojus ST-B wurde eingestellt. Die russischen Techniker mussten das Land verlassen.
- Insgesamt sechs OneWeb-Einsätze, durchzuführen von Russland, wurden storniert und auf andere Träger umgebucht.
- Das Mars 2022-Projekt mit dem europäischen Rosalind-Franklin-Rover wurde storniert. Für dieses Projekt mit seinen bisher schon vielen Verzögerungen ist das besonders bitter.
- Auch die deutsch-russische eROSITA/Spektr-Mission wurde beendet,

- Ebenso wie die russischen Triebwerkslieferungen in die USA für die Atlas 5 und Antares 230+.

Es gab im Jahr 2022 zwar keine neuen interplanetaren Missionen, allerdings dafür eine Reihe von Mondflügen mit den Missionen Capstone, Hakuto R-M1 und Danuri. Die mit Abstand wichtigste Mondmission war aber die ARTEMIS I-Mission der NASA, bei der erstmals die Kombination aus SLS-Trägersystem und Orion-Raumschiff getestet wurde.

Zusätzlich gab es eine Reihe von bedeutenden Programmschritten bei bereits laufenden interplanetaren Missionen wie…

- …Den zweiten nahen Vorbeiflug der europäischen Raumsonde Bepi Colombo am Merkur am 23. Juni.
- Den dritten Vorbeiflug des europäischen Solar Orbiter an der Venus, der als Gravitationsunterstützungsmanöver diente, um die Bahnneigung relativ zur Sonne zu erhöhen.
- Den Einschlag der Raumsonde DART (Double Asteroid Redirection Test) auf dem Asteroiden Dimorphos am 26. September.
- Den Vorbeiflug des CubeSat LICIACube am Asteroiden Dimorphos in einem Abstand von 55 Kilometern, um den Einschlag von DART zu filmen. Ebenfalls am 26. September.
- Den Vorbeiflug der Raumsonde Juno an Ganymed am 29. September in einem Abstand von 350 Kilometern.
- Den Vorbeiflug der Raumsonde Lucy in einem Abstand von 350 Kilometern an der Erde auf ihrem Weg zum Jupiter. Dies diente als Gravitationsunterstützung um Geschwindigkeit für den Weiterflug in Richtung Jupiter zu gewinnen.

Start des Mentian-Moduls zur chinesischen Raumstation.

Zum Abschluss noch ein paar „gemischte" Ereignisse aus dem Raumfahrtjahr 2022:

- Am 4. März 2022 schlug ein zunächst nicht identifizierbares Objekt auf dem Mond ein und hinterließ einen markanten Doppelkrater. Was zunächst für einen Meteoriten gehalten wurde, stellte sich nach genauen Bahnanalysen als die dritte Stufe einer Langer March 3C heraus, die 2014 die Raumsonde Chang'e 5 T1 auf den Weg zum Mond gebracht hatte.
- Am 8. März 2022 gab der US-Astronaut Scott Kelly seine russischen Ehrenmedaillen für seine Raumflugverdienste zurück, als Protest über den Einmarsch Russlands in die Ukraine.
- Im November 2022 kam es zu zwei schweren „Break-up-events", Ereignissen also, welche die ohnehin schon angespannte Weltraummüll-Situation weiter verschärfen. Dabei explodierte am 12. November die zweite Stufe einer Langer Marsch 2A offensichtlich bei einer missglückten Passivierung, bei einem Vorgang also, den man unternimmt, um genau so etwas zu verhindern. Dabei werden Resttreibstoffe und Gase abgelassen. Am 17. November zerbrach aus ungeklärter Ursache die Nutzlastverkleidung einer H2A-202. In beiden Fällen entstanden mehr als 50 Bruchstücke. Möglicherweise war die Fairing dabei von einem nicht registrierten Trümmerstück getroffen worden.
- Für die Ariane 6 war 2022 eigentlich der schon seit zwei Jahren erwartete Erstflug geplant. Der wurde auf 2023 verschoben.
- Auch der Erstflug der Vulcan der United Launch Alliance war für 2022 geplant, und wurde ebenfalls auf 2023 verschoben.
- Der Erstflug von Japans H3-Trägerrakete, geplant für 2022, wurde auf 2023 verschoben
- China vollendete mit dem Start der Module Wentian und Mengtian die erste Ausbauphase ihrer Tiangong-Raumstation. Seit 2022 ist sie nun permanent besetzt. Die so genannten „Handovers" im Weltraum begannen mit der Mission von Shenzhou 15.

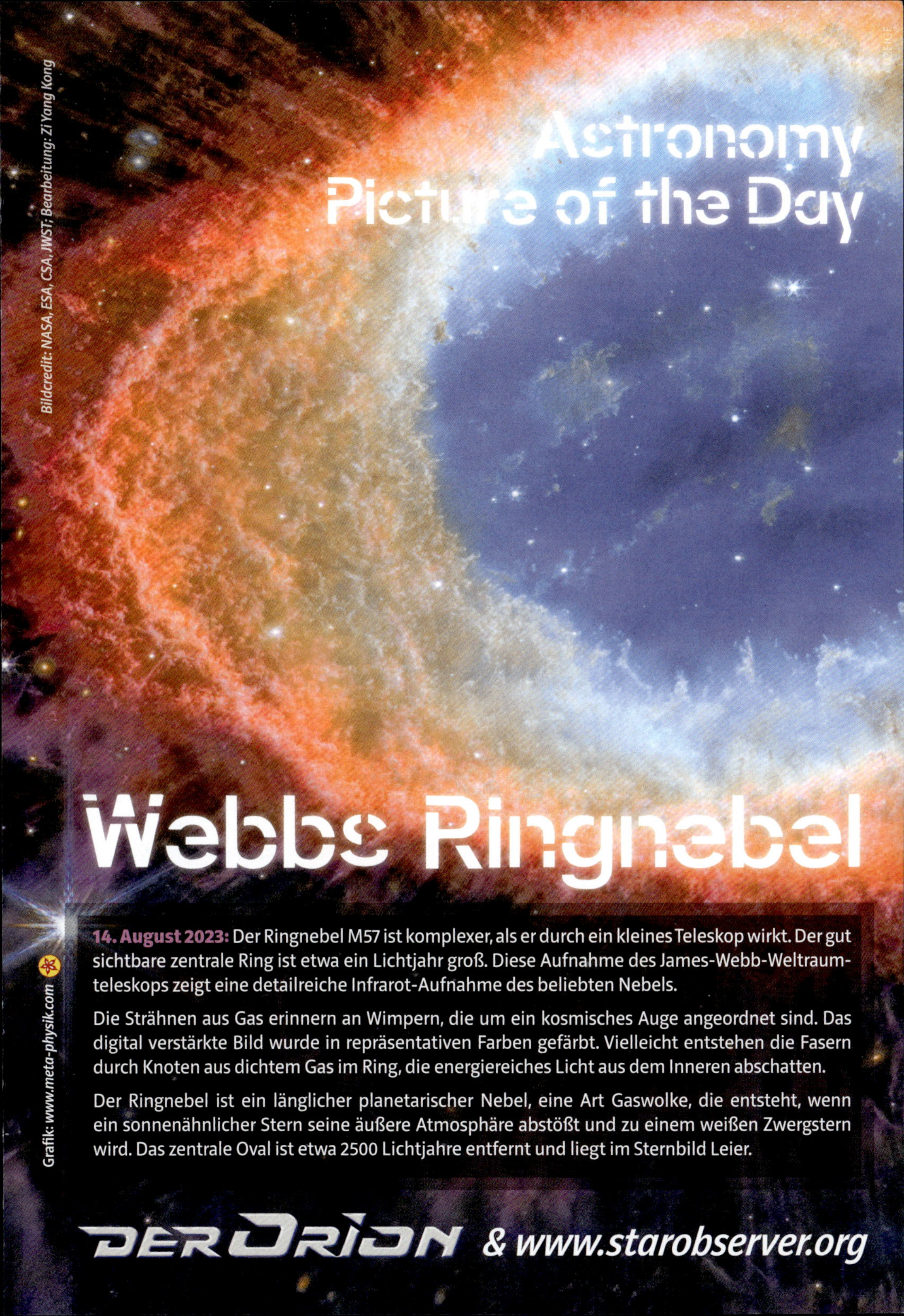

# Astronomy Picture of the Day

## Webbs Ringnebel

**14. August 2023:** Der Ringnebel M57 ist komplexer, als er durch ein kleines Teleskop wirkt. Der gut sichtbare zentrale Ring ist etwa ein Lichtjahr groß. Diese Aufnahme des James-Webb-Weltraumteleskops zeigt eine detailreiche Infrarot-Aufnahme des beliebten Nebels.

Die Strähnen aus Gas erinnern an Wimpern, die um ein kosmisches Auge angeordnet sind. Das digital verstärkte Bild wurde in repräsentativen Farben gefärbt. Vielleicht entstehen die Fasern durch Knoten aus dichtem Gas im Ring, die energiereiches Licht aus dem Inneren abschatten.

Der Ringnebel ist ein länglicher planetarischer Nebel, eine Art Gaswolke, die entsteht, wenn ein sonnenähnlicher Stern seine äußere Atmosphäre abstößt und zu einem weißen Zwergstern wird. Das zentrale Oval ist etwa 2500 Lichtjahre entfernt und liegt im Sternbild Leier.

Bildcredit: NASA, ESA, CSA, JWST; Bearbeitung: Zi Yang Kong

Grafik: www.meta-physik.com

# DAS RAUMFAHRTJAHR 2022 – ÜBERBLICK UND VERGLEICH

Im Jahr 2022 wurden von neun Nationen (Europa wird hier als „Nation" geführt) insgesamt 186 Orbitalflüge und interplanetare Missionen durchgeführt oder versucht.

Nachfolgend zum Vergleich die Zahlen bis 1957, dem Jahr, in dem das Raumfahrtzeitalter begann. In dieser Liste sind alle Starts miterfasst, auch solche, die als Fehlschlag endeten.

| Jahr | Nationen | Starts | Jahr | Nationen | Starts | Jahr | Nationen | Starts |
|---|---|---|---|---|---|---|---|---|
| 2022 | 9 | 186 | 2000 | 5 | 84 | 1978 | 4 | 128 |
| 2021 | 7 | 144 | 1999 | 7 | 78 | 1977 | 3 | 130 |
| 2020 | 9 | 114 | 1998 | 7 | 83 | 1976 | 4 | 131 |
| 2019 | 8 | 101 | 1997 | 7 | 89 | 1975 | 4 | 132 |
| 2018 | 6 | 114 | 1996 | 6 | 76 | 1974 | 3 | 113 |
| 2017 | 7 | 90 | 1995 | 5 | 80 | 1973 | 3 | 116 |
| 2016 | 8 | 86 | 1994 | 6 | 93 | 1972 | 3 | 113 |
| 2015 | 7 | 87 | 1993 | 6 | 83 | 1971 | 4 | 134 |
| 2014 | 7 | 92 | 1992 | 6 | 98 | 1970 | 5 | 124 |
| 2013 | 7 | 81 | 1991 | 5 | 91 | 1969 | 2 | 125 |
| 2012 | 9 | 76 | 1990 | 5 | 121 | 1968 | 3 | 128 |
| 2011 | 7 | 84 | 1989 | 5 | 101 | 1967 | 2 | 139 |
| 2010 | 8 | 74 | 1988 | 5 | 121 | 1966 | 3 | 130 |
| 2009 | 9 | 78 | 1987 | 5 | 114 | 1965 | 3 | 124 |
| 2008 | 7 | 68 | 1986 | 5 | 103 | 1964 | 2 | 99 |
| 2007 | 7 | 68 | 1985 | 5 | 121 | 1963 | 2 | 69 |
| 2006 | 6 | 66 | 1984 | 5 | 129 | 1962 | 2 | 81 |
| 2005 | 6 | 55 | 1983 | 6 | 129 | 1961 | 2 | 50 |
| 2004 | 6 | 55 | 1982 | 4 | 128 | 1960 | 2 | 38 |
| 2003 | 7 | 63 | 1981 | 5 | 126 | 1959 | 2 | 23 |
| 2002 | 6 | 65 | 1980 | 5 | 108 | 1958 | 2 | 28 |
| 2001 | 6 | 59 | 1979 | 6 | 110 | 1957 | 2 | 3 |

184 Einsätze des Jahres 2021 waren Erdorbit-Starts, zwei Missionen führten auf heliozentrische Bahnen. Bei den heliozentrischen Flügen werden auch Einsätze auf lunare Transferbahnen mitgezählt, obwohl es sich von einem himmelsmechanischen Standpunkt her genau genommen um hochelliptische Erdumlauf-

bahnen handelt, aber auch hier wechseln die Raumfahrzeuge vom Einflussbereich eines gravitativen Zentrums (Erde) in den Einflussbereich eines anderen Himmelskörpers (Mond)

Zum Vergleich die Zahlen zurück bis ins Jahr 2000.

| Jahr | Orbital | Solar | Jahr | Orbital | Solar | Jahr | Orbital | Solar |
|---|---|---|---|---|---|---|---|---|
| 2022 | 182 | 4 | 2014 | 91 | 1 | 2006 | 64 | 2 |
| 2021 | 141 | 3 | 2013 | 75 | 5 | 2005 | 52 | 3 |
| 2020 | 108 | 5 | 2012 | 76 | 0 | 2004 | 54 | 1 |
| 2019 | 99 | 2 | 2011 | 80 | 4 | 2003 | 59 | 4 |
| 2018 | 108 | 6 | 2010 | 72 | 2 | 2002 | 64 | 1 |
| 2017 | 89 | 0 | 2009 | 75 | 3 | 2001 | 57 | 2 |
| 2016 | 84 | 2 | 2008 | 67 | 1 | 2000 | 84 | 0 |
| 2015 | 85 | 2 | 2007 | 64 | 4 | | | |

## ERFOLGE MISSIONEN UND FEHLSTARTS

179 Flüge waren hinsichtlich des Transportes ihrer Nutzlasten vollständig erfolgreich. Es gab sieben Fehlschläge oder Teilerfolge.

- ★ Am 10. Februar scheiterte der Start eine Astra 3.3 zum Zeitpunkt der Trennung von erster und zweiter Stufe, zurückzuführen auf eine fehlerhafte Verkabelung des Trennmechanismus.
- ★ Am 12. Juni scheiterte erneut eine Astra 3.3, dieses Mal wegen eines zu frühen Brennschlusses der zweiten Stufe.
- ★ Am 7. August scheiterte der Jungfernflug des „Small Satellite Launch Vehicle“ (kurz: SSLV) wegen eines Datenverlustes gegen Ende der angetriebenen Phase.
- ★ Am 1. Oktober lieferte die zweite Stufe einer Firefly Alpha ihre aus fünf Satelliten und einem Dispenser bestehende Nutzlast auf einer erheblich zu niedrigen Erdumlaufbahn ab, denn alle Satelliten traten noch vor Erreichen der nominalen Lebensdauer in die Erdatmosphäre ein.
- ★ Am 12. Oktober scheiterte eine japanische Epsilon mit acht Kleinsatelliten an Bord. Grund war das Versagen der Lageregelung kurz nach dem Brennschluss der zweiten Stufe.
- ★ Am 14. Dezember scheiterte der Erstflug der Zhuque 2 wegen eines zu frühen Brennschlusses der Vernier-Triebwerke der zweiten Stufe.
- ★ Am 21. Dezember wich die zweite Stufe einer Vega C vom vorausberechneten Kurs ab. Die beiden Erdbeobachtungssatelliten Pléiades Nr. 5 und 6 gingen dabei verloren.

Hier die Erfolgsbilanz bei den Starts mit den Vergleichswerten der Vorjahre:

| Jahr | Missionen | Fehlstarts | Quote | Jahr | Missionen | Fehlstarts | Quote |
|---|---|---|---|---|---|---|---|
| 2022 | 186 | 6,5 | 3,49 | 2010 | 74 | 4 | 5,41 |
| 2021 | 144 | 9,5 | 6,60 | 2009 | 78 | 3 | 3,84 |
| 2020 | 114 | 10 | 8,77 | 2008 | 68 | 3 | 4,41 |
| 2019 | 101 | 5 | 4,95 | 2007 | 68 | 3 | 4,41 |
| 2018 | 114 | 2,5 | 2,19 | 2006 | 66 | 3 | 4,55 |
| 2017 | 89 | 5,5 | 6,18 | 2005 | 55 | 3 | 5,45 |
| 2016 | 86 | 3,5 | 3,93 | 2004 | 55 | 3 | 5,55 |
| 2015 | 87 | 4,5 | 5,17 | 2003 | 63 | 3 | 4,76 |
| 2014 | 92 | 3 | 3,26 | 2002 | 65 | 3 | 4,84 |
| 2013 | 81 | 3 | 3,7 | 2001 | 59 | 1 | 1,72 |
| 2012 | 76 | 2,5 | 3,29 | 2000 | 85 | 3 | 3,66 |
| 2011 | 84 | 6 | 7,14 | | | | |

## STARTPLÄTZE

Im Folgenden finden Sie die Aufteilung auf die einzelnen Startplätze mit Vergleichswerten aus den Vorjahren bis zurück in das Jahr 2000. Die Jahreszahlen in der Kopfzeile sind abgekürzt. Beispiel: 00 = 2000, 01 = 2001). Grüne Farbe kennzeichnet den Spitzenreiter eines Jahres, blau Platz zwei und gelb Platz drei.

| Startort/Jahr | 0 | 1 | 2 | 3 | 4 | 5 | 6 | 7 | 8 | 9 | 10 | 11 | 12 | 13 | 14 | 15 | 16 | 17 | 18 | 19 | 20 | 21 | 22 |
|---|---|---|---|---|---|---|---|---|---|---|---|---|---|---|---|---|---|---|---|---|---|---|---|
| Cape Canaveral/ KSC | 19 | 16 | 14 | 17 | 13 | 8 | 10 | 13 | 7 | 16 | 11 | 10 | 10 | 10 | 16 | 17 | 19 | 19 | 21 | 16 | 30 | 31 | 56 |
| Jiuquan | 0 | 0 | 2 | 2 | 2 | 4 | 1 | 2 | 3 | 2 | 4 | 6 | 5 | 7 | 8 | 5 | 9 | 7 | 16 | 9 | 13 | 22 | 26 |
| Xichang | 4 | 1 | 0 | 3 | 3 | 1 | 3 | 6 | 4 | 2 | 8 | 9 | 9 | 3 | 2 | 9 | 7 | 7 | 16 | 13 | 13 | 16 | 16 |
| Baikonur | 30 | 16 | 15 | 14 | 17 | 18 | 17 | 20 | 18 | 24 | 24 | 25 | 21 | 23 | 21 | 18 | 11 | 13 | 10 | 13 | 7 | 15 | 16 |
| Taiyuan | 1 | 1 | 5 | 3 | 3 | 0 | 2 | 2 | 4 | 2 | 3 | 4 | 5 | 5 | 6 | 5 | 4 | 2 | 6 | 10 | 7 | 11 | 14 |
| Vandenberg | 8 | 5 | 3 | 6 | 3 | 5 | 6 | 4 | 4 | 6 | 3 | 6 | 2 | 5 | 4 | 2 | 3 | 9 | 8 | 3 | 1 | 8 | 13 |
| Kourou | 12 | 8 | 12 | 4 | 3 | 5 | 5 | 6 | 6 | 7 | 6 | 7 | 10 | 7 | 11 | 12 | 11 | 11 | 11 | 9 | 7 | 7 | 9 |
| Mahia RLLC | 0 | 0 | 0 | 0 | 0 | 0 | 0 | 0 | 0 | 0 | 0 | 0 | 0 | 0 | 0 | 0 | 0 | 1 | 3 | 6 | 7 | 6 | 7 |
| Plessezk | 5 | 6 | 10 | 7 | 5 | 6 | 5 | 5 | 6 | 8 | 6 | 7 | 3 | 7 | 9 | 7 | 5 | 5 | 6 | 7 | 7 | 5 | 6 |
| Wenchang | 0 | 0 | 0 | 0 | 0 | 0 | 0 | 0 | 0 | 0 | 0 | 0 | 0 | 0 | 0 | 0 | 2 | 2 | 0 | 1 | 5 | 5 | 6 |
| Wostotschny | 0 | 0 | 0 | 0 | 0 | 0 | 0 | 0 | 0 | 0 | 0 | 0 | 0 | 0 | 0 | 0 | 1 | 1 | 2 | 1 | 1 | 5 | 5 |
| Wallops Island | 0 | 0 | 0 | 0 | 0 | 0 | 1 | 1 | 0 | 1 | 0 | 1 | 0 | 4 | 3 | 0 | 1 | 1 | 2 | 2 | 3 | 3 | 3 |
| Tanegashima | 0 | 0 | 1 | 1 | 0 | 1 | 4 | 2 | 1 | 3 | 2 | 3 | 2 | 2 | 4 | 4 | 3 | 6 | 4 | 1 | 4 | 2 | 2 |
| Satish Dhawan | 0 | 2 | 1 | 2 | 1 | 1 | 1 | 3 | 3 | 2 | 3 | 3 | 2 | 3 | 4 | 5 | 7 | 5 | 7 | 6 | 2 | 2 | 2 |
| Kodiak Island | 0 | 1 | 0 | 0 | 0 | 0 | 0 | 0 | 0 | 0 | 1 | 1 | 0 | 0 | 0 | 0 | 0 | 0 | 0 | 0 | 2 | 2 | 1 |
| Chomeni Space-port Semnan | 0 | 0 | 0 | 0 | 0 | 0 | 0 | 0 | 1 | 1 | 0 | 1 | 1 | 0 | 0 | 0 | 0 | 0 | 0 | 2 | 1 | 1 | 1 |
| Uchinura/ Kagoshima | 1 | 0 | 0 | 1 | 0 | 1 | 2 | 0 | 0 | 0 | 0 | 0 | 0 | 1 | 0 | 0 | 1 | 1 | 2 | 1 | 0 | 1 | 1 |

| Startort/Jahr | 0 | 1 | 2 | 3 | 4 | 5 | 6 | 7 | 8 | 9 | 10 | 11 | 12 | 13 | 14 | 15 | 16 | 17 | 18 | 19 | 20 | 21 | 22 |
|---|---|---|---|---|---|---|---|---|---|---|---|---|---|---|---|---|---|---|---|---|---|---|---|
| Mojave Air & Spaceport | 0 | 0 | 0 | 0 | 0 | 0 | 0 | 0 | 0 | 0 | 0 | 0 | 0 | 0 | 0 | 0 | 0 | 0 | 0 | 0 | 1 | 1 | 1 |
| Naro | 0 | 0 | 0 | 0 | 0 | 0 | 0 | 0 | 0 | 1 | 1 | 0 | 0 | 1 | 0 | 0 | 0 | 0 | 0 | 0 | 0 | 1 | 1 |
| Chin. Marineplattform | 0 | 0 | 0 | 0 | 0 | 0 | 0 | 0 | 0 | 0 | 0 | 0 | 0 | 0 | 0 | 0 | 0 | 0 | 0 | 1 | 1 | 0 | 0 |
| Shahrud | 0 | 0 | 0 | 0 | 0 | 0 | 0 | 0 | 0 | 0 | 0 | 0 | 0 | 0 | 0 | 0 | 0 | 0 | 0 | 0 | 1 | 0 | 0 |
| Palmachin | 0 | 0 | 1 | 0 | 1 | 0 | 0 | 1 | 0 | 0 | 1 | 0 | 0 | 0 | 1 | 0 | 1 | 0 | 0 | 0 | 1 | 0 | 0 |
| Sohae | 0 | 0 | 0 | 0 | 0 | 0 | 0 | 0 | 0 | 1 | 0 | 1 | 1 | 0 | 0 | 1 | 1 | 0 | 0 | 0 | 0 | 0 | 0 |
| Odyssey Plattform | 3 | 2 | 1 | 3 | 3 | 4 | 5 | 1 | 5 | 1 | 0 | 1 | 3 | 1 | 1 | 0 | 0 | 0 | 0 | 0 | 0 | 0 | 0 |
| Barking Sands | 0 | 0 | 0 | 0 | 0 | 0 | 0 | 0 | 0 | 0 | 0 | 0 | 0 | 0 | 0 | 1 | 0 | 0 | 0 | 0 | 0 | 0 | 0 |
| Jasny/ Domarowski | 0 | 0 | 0 | 0 | 0 | 0 | 1 | 1 | 1 | 0 | 1 | 1 | 0 | 2 | 2 | 1 | 0 | 0 | 0 | 0 | 0 | 0 | 0 |
| Svobodny | 1 | 1 | 0 | 0 | 0 | 0 | 1 | 0 | 0 | 0 | 0 | 0 | 0 | 0 | 0 | 0 | 0 | 0 | 0 | 0 | 0 | 0 | 0 |
| Omelek/ Kwajalein | 1 | 0 | 0 | 0 | 0 | 0 | 1 | 1 | 4 | 1 | 0 | 0 | 1 | 0 | 0 | 0 | 0 | 0 | 0 | 0 | 0 | 0 | 0 |
| U-Boot Delta-Klasse | 0 | 0 | 0 | 0 | 0 | 1 | 1 | 0 | 0 | 0 | 0 | 0 | 0 | 0 | 0 | 0 | 0 | 0 | 0 | 0 | 0 | 0 | 0 |
| Kapustin Jar | 0 | 0 | 0 | 0 | 0 | 0 | 0 | 0 | 1 | 0 | 0 | 0 | 0 | 0 | 0 | 0 | 0 | 0 | 0 | 0 | 0 | 0 | 0 |
| **Gesamt** | **85** | **59** | **65** | **63** | **54** | **55** | **66** | **68** | **68** | **78** | **74** | **84** | **76** | **81** | **92** | **87** | **86** | **90** | **114** | **101** | **114** | **144** | **186** |

## DIE NATIONEN IM EINZELNEN

### USA

Die USA führten 2022 78 Missionen durch und brachten dabei vier verschiedene Trägertypen zum Einsatz, nämlich die Atlas 5 in sechs verschiedenen Varianten, die Antares 230, Delta Heavy, Falcon 9 und Falcon Heavy, den LauncherOne, die Astra 3.3, die Firefly Alpha und das Space Launch System (SLS).

Die Rocket Lab Electron wird offiziell als US-amerikanische Rakete geführt (das Unternehmen ist auch in den USA gemeldet) und somit meist der US-Statistik zugeschlagen. Der Eintrag als US-Unternehmen ist dem Umstand geschuldet, dass Rocket Lab auf diese Weise leichter an die lukrativen US-Regierungsaufträge gelangen kann. Der weitaus überwiegende Teil der Leistungserstellung erfolgt jedoch in Neuseeland. Auch zwei der drei Startplätze befinden sich dort, so dass sie hier nicht als US-Rakete geführt wird.

| Träger | Starts | Erfolg | Teilerfolg | Fehler | Träger | Starts | Erfolg | Teilerfolg | Fehler |
|---|---|---|---|---|---|---|---|---|---|
| Antares 230+ | 2 | 2 | 0 | 0 | Delta 4 Heavy | | 1 | 1 | 0 |
| Astra 3.3 | 3 | 1 | 0 | 2 | Falcon Heavy | 1 | 1 | 0 | 0 |
| Atlas 5 401 | 1 | 1 | 0 | 0 | Falcon 9 Block 5 | 60 | 60 | 0 | 0 |
| Atlas 5 421 | 1 | 1 | 0 | 0 | | | | | |
| Atlas 5 531 | 1 | 1 | 0 | 0 | Firefly Alpha | 1 | 0 | 1 | 0 |
| Atlas 5 541 | 2 | 2 | 0 | 0 | LauncherOne | 2 | 2 | 0 | 0 |
| Atlas 5 551 | 1 | 1 | 0 | 0 | Space Launch System | 1 | 1 | 0 | 0 |
| Atlas 5 N22 | 1 | 1 | 0 | 0 | | | | | |

Zum Vergleich die Endzahlen US-amerikanischer Starts seit dem Jahr 2000:

| Jahr | Starts | Jahr | Starts | Jahr | Starts | Jahr | Starts |
|---|---|---|---|---|---|---|---|
| 2022 | 78 | 2016 | 23 | 2010 | 15 | 2004 | 19 |
| 2021 | 45 | 2015 | 20 | 2009 | 24 | 2003 | 27 |
| 2020 | 37 | 2014 | 23 | 2008 | 15 | 2002 | 17 |
| 2019 | 21 | 2013 | 19 | 2007 | 19 | 2001 | 22 |
| 2018 | 31 | 2012 | 15 | 2006 | 22 | 2000 | 28 |
| 2017 | 29 | 2011 | 18 | 2005 | 16 | | |

### Volksrepublik China

Die Volksrepublik China führte im Jahr 2022 insgesamt 64 Missionen durch. Eingesetzt wurden dabei Trägerraketen der Typen Hyperbola 1, Kinetica 1 (vormals Zhongke 1A), Langer Marsch 2C, 2D und 2F, Langer Marsch 3B, Langer Marsch 4C, Langer Marsch 5B, Langer Marsch 6, Langer Marsch 7, Langer Marsch 8, Langer Marsch 11 und ihre „Marineversion" 11H und die Kuaizhou-1A.

| Träger | Starts | Erfolg | Fehler | Träger | Starts | Erfolg | Fehler |
|---|---|---|---|---|---|---|---|
| Ceres-1 | 2 | 2 | 0 | Langer Marsch 3B/G2 und G3 | 4 | 4 | 0 |
| Hyperbola 1 | 1 | 1 | 0 | Langer Marsch 4B | 1 | 1 | 0 |
| Jielong 3 | 1 | 1 | 0 | Langer Marsch 4C | 10 | 10 | 0 |
| Kinetica 1 | 1 | 1 | 0 | Langer Marsch 5B | 2 | 2 | 0 |
| Kuaizhou 1A | 4 | 4 | 0 | Langer Marsch 6 | 2 | 2 | 0 |
| Kuaizhou 11 | 1 | 1 | 0 | Langer Marsch 6A | 2 | 2 | 0 |
| Langer Marsch 2C | 6 | 6 | 0 | Langer Marsch 7 | 2 | 2 | 0 |
| Langer Marsch 2D | 15 | 15 | 0 | Langer Marsch 7A | 1 | 1 | 0 |
| Langer Marsch 2F und 2F/T | 3 | 3 | 0 | Langer Marsch 8 | 1 | 1 | 0 |
| | | | | Langer Marsch 11 und 11H | 4 | 4 | 0 |
| | | | | Zhuque 2 | 1 | 0 | 1 |

Zum Vergleich die jährlichen chinesischen Starts seit dem Jahr 2000:

| Jahr | Starts | Jahr | Starts | Jahr | Starts | Jahr | Starts |
|---|---|---|---|---|---|---|---|
| 2022 | 64 | 2016 | 23 | 2010 | 15 | 2004 | 8 |
| 2021 | 55 | 2015 | 19 | 2009 | 6 | 2003 | 7 |
| 2020 | 39 | 2014 | 15 | 2008 | 11 | 2002 | 5 |
| 2019 | 34 | 2013 | 15 | 2007 | 10 | 2001 | 1 |
| 2018 | 38 | 2012 | 19 | 2006 | 6 | 2000 | 5 |
| 2017 | 18 | 2011 | 19 | 2005 | 5 | | |

## Russland

Russland führte 2022 22 Missionen durch und brachte dabei drei Trägertypen zum Einsatz, nämlich die Sojus in den Versionen die Sojus 2.1a, 2.1b und ST-B, die Sojus 2.1v und die Proton M.

| Träger | Starts | Erfolg | Fehler | Träger | Starts | Erfolg | Fehler |
|---|---|---|---|---|---|---|---|
| Angara 1.2 | 2 | 2 | 0 | Sojus 2.1b | 2 | 2 | 0 |
| Proton M | 1 | 1 | 0 | Sojus 2.1b „Fregat" | 6 | 6 | 0 |
| Sojus 2.1 a | 6 | 6 | 0 | Sojus 2.1v „Volga" | 2 | 2 | 0 |
| Sojus 2.1a "Fregat" | 2 | 2 | 0 | Sojus ST-B "Fregat" | 1 | 1 | 0 |

Zum Vergleich die Endzahlen russischer Starts seit dem Jahr 2000. Bei den russischen Starts werden bis zum Bruch der Beziehungen mit Russland im Februar infolge des Überfalls auf die Ukraine die Starts der Sojus ST-A und ST-B von Kourou aus mitgezählt, da hier ein russischer Träger mit ausschließlich russischem Personal im Auftrag von Arianespace betrieben wird. Diese übernahm lediglich die Vermarktung und stellte den Startplatz zur Verfügung.

| Jahr | Starts | Jahr | Starts | Jahr | Starts | Jahr | Starts |
|---|---|---|---|---|---|---|---|
| 2022 | 22 | 2016 | 19 | 2010 | 31 | 2004 | 23 |
| 2021 | 25 | 2015 | 28 | 2009 | 33 | 2003 | 21 |
| 2020 | 16 | 2014 | 37 | 2008 | 31 | 2002 | 25 |
| 2019 | 24 | 2013 | 35 | 2007 | 27 | 2001 | 23 |
| 2018 | 20 | 2012 | 29 | 2006 | 25 | 2000 | 35 |
| 2017 | 19 | 2011 | 34 | 2005 | 26 | | |

## Neuseeland

Das aus Neuseeland stammende Unternehmen Rocket Lab ist aus vermarktungstechnischen Gründen (vor allem um die lukrativen institutionellen US-Aufträge abwickeln zu können) in den USA registriert. Dort werden auch die Rutherford-Triebwerke des Trägers gebaut. Der weitaus überwiegende Teil der Leistungserfüllung findet jedoch (noch, das wird sich in einigen Jahren ändern) in Neuseeland statt. Auch die Nationalität des Firmengründers ist neuseeländisch. 80 Prozent der Mitarbeiter sind ebenfalls in Neuseeland beschäftigt. Aus diesem Grund wird Rocket Lab hier für absehbare Zeit auch als neuseeländisches Unternehmen geführt.

| Träger | Starts | Erfolg | Fehler |
|---|---|---|---|
| Electron | 9 | 9 | 0 |

Zum Vergleich die bisherigen neuseeländischen Starts

| Jahr | Starts | Jahr | Starts | Jahr | Starts | Jahr | Starts |
|---|---|---|---|---|---|---|---|
| 2006 | 22 | 2020 | 7 | 2018 | 3 | 2016 | 0 |
| 2021 | 6 | 2019 | 6 | 2017 | 1 | | |

## Europa

Europa führte 2022 fünf Orbitalmissionen durch. Eingesetzt wurden dabei die Vega C und die Ariane 5 ECA.

| Träger | Starts | Erfolg | Fehler | Träger | Starts | Erfolg | Fehler |
|---|---|---|---|---|---|---|---|
| Ariane 5 ECA | 3 | 3 | 0 | Vega | 2 | 1 | 1 |

Zum Vergleich die europäischen Starts seit dem Jahr 2000. Die Starts russischer Raketen vom europäischen Weltraumbahnhof Kourou werden in dieser Tabelle nicht erfasst, sondern nur in der Statistik der Startplätze.

Zum Vergleich die europäischen Starts seit dem Jahr 2000. Die Starts russischer Raketen vom europäischen Weltraumbahnhof Kourou werden in dieser Tabelle nicht erfasst, sondern nur in der Statistik der Startplätze.

| Jahr | Starts | Jahr | Starts | Jahr | Starts | Jahr | Starts |
|---|---|---|---|---|---|---|---|
| 2022 | 05 | 2016 | 8 | 2010 | 6 | 2004 | 3 |
| 2021 | 6 | 2015 | 9 | 2009 | 7 | 2003 | 3 |
| 2020 | 5 | 2014 | 7 | 2008 | 6 | 2002 | 12 |
| 2019 | 6 | 2013 | 5 | 2007 | 6 | 2001 | 8 |
| 2018 | 8 | 2012 | 7 | 2006 | 5 | 2000 | 12 |
| 2017 | 7 | 2011 | 5 | 2005 | 5 | | |

## Indien

Indien startete 2022 fünf Mal in den Weltraum. Dabei wurden Trägerraketen der Typen PSLV und SSLV eingesetzt.

| Träger | Starts | Erfolg | Fehler | Träger | Starts | Erfolg | Fehler |
|---|---|---|---|---|---|---|---|
| SSLV | 1 | 0 | 1 | PSLV CA | 1 | 1 | 0 |
| GSLV Mark III (LMV 3) | 1 | 1 | 0 | PSLV XL | 2 | 2 | 0 |

Zum Vergleich die indischen Starts seit dem Jahr 2000:

| Jahr | Starts | Jahr | Starts | Jahr | Starts | Jahr | Starts |
|---|---|---|---|---|---|---|---|
| 2022 | 05 | 2016 | 7 | 2010 | 3 | 2004 | 1 |
| 2021 | 2 | 2015 | 5 | 2009 | 2 | 2003 | 2 |
| 2020 | 2 | 2014 | 4 | 2008 | 3 | 2002 | 1 |
| 2019 | 6 | 2013 | 3 | 2007 | 3 | 2001 | 2 |
| 2018 | 7 | 2012 | 3 | 2006 | 1 | 2000 | 0 |
| 2017 | 5 | 2011 | 3 | 2005 | 1 | | |

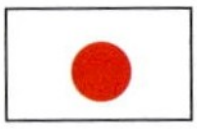

## Japan

Im Jahr 2022 fand nur eine einzelne Mission statt, und die scheiterte obendrein. Zum Einsatz kam dabei die Epsilon.

| Träger | Starts | Erfolg | Fehler |
|---|---|---|---|
| Epsilon | 1 | 0 | 1 |

Zum Vergleich die japanischen Starts seit dem Jahr 2000.

| Jahr | Starts | Jahr | Starts | Jahr | Starts | Jahr | Starts |
|---|---|---|---|---|---|---|---|
| 2022 | 1 | 2016 | 4 | 2010 | 1 | 2004 | 0 |
| 2021 | 3 | 2015 | 4 | 2009 | 2 | 2003 | 0 |
| 2020 | 4 | 2014 | 4 | 2008 | 2 | 2002 | 3 |
| 2019 | 2 | 2013 | 3 | 2007 | 2 | 2001 | 1 |
| 2018 | 6 | 2012 | 2 | 2006 | 6 | 2000 | 1 |
| 2017 | 7 | 2011 | 3 | 2005 | 2 | | |

## Südkorea

Acht Jahre nach dem letzten Start eines KSLV-I erfolgte 2021 der erste Startversuch mit der völlig neu konstruierten KSLV-II, der scheiterte. 2022 war Südkorea erfolgreicher.

| Träger | Starts | Erfolg | Fehler |
|---|---|---|---|
| KSLV-II (Nuri) | 1 | 1 | 0 |

| Jahr | Starts | Jahr | Starts | Jahr | Starts | Jahr | Starts |
|---|---|---|---|---|---|---|---|
| 2022 | 1 | 2016 | 0 | 2010 | 1 | 2004 | 0 |
| 2021 | 1 | 2015 | 0 | 2009 | 0 | 2003 | 0 |
| 2020 | 0 | 2014 | 0 | 2008 | 0 | 2002 | 0 |
| 2019 | 0 | 2013 | 1 | 2007 | 0 | 2001 | 0 |
| 2018 | 0 | 2012 | 0 | 2006 | 0 | 2000 | 0 |
| 2017 | 0 | 2011 | 1 | 2005 | 0 | | |

## IRAN

Der einzige Satellitenstart des Iran im Jahr 2022 verlief erfolgreich.

| Träger | Starts | Erfolg | Fehler |
|---|---|---|---|
| Quased | 1 | 1 | 0 |

Zum Vergleich die iranischen Starts seit dem Jahr 2000. Mangels exakt belegter Startversuchszahlen werden bis 2018 nur erfolgreiche Missionen angezeigt. Ab 2019 alle eindeutig nachgewiesenen Flüge, seien sie erfolgreich oder fehlgeschlagen.

| Jahr | Starts | Jahr | Starts | Jahr | Starts | Jahr | Starts |
|---|---|---|---|---|---|---|---|
| 2022 | 1 | 2016 | 0 | 2010 | 0 | 2004 | 0 |
| 2021 | 1 | 2015 | 1 | 2009 | 1 | 2003 | 0 |
| 2020 | 0 | 2014 | 0 | 2008 | 0 | 2002 | 0 |
| 2019 | 0 | 2013 | 0 | 2007 | 0 | 2001 | 0 |
| 2018 | 0 | 2012 | 1 | 2006 | 0 | 2000 | 0 |
| 2017 | 0 | 2011 | 1 | 2005 | 0 | | |

# ENTWICKLUNG DER WELTRAUMSTARTS IN DIAGRAMMEN

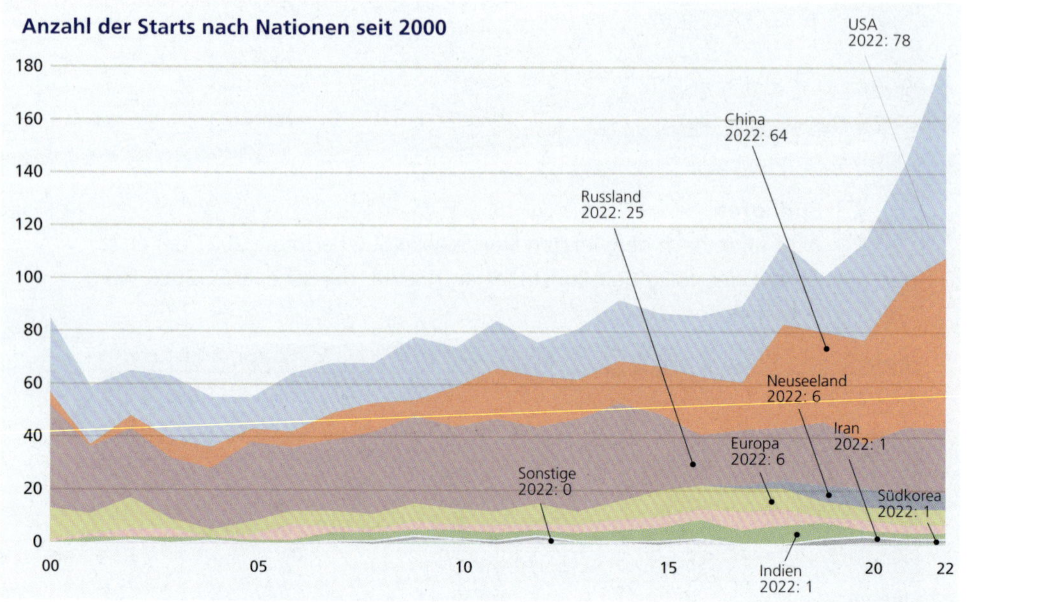


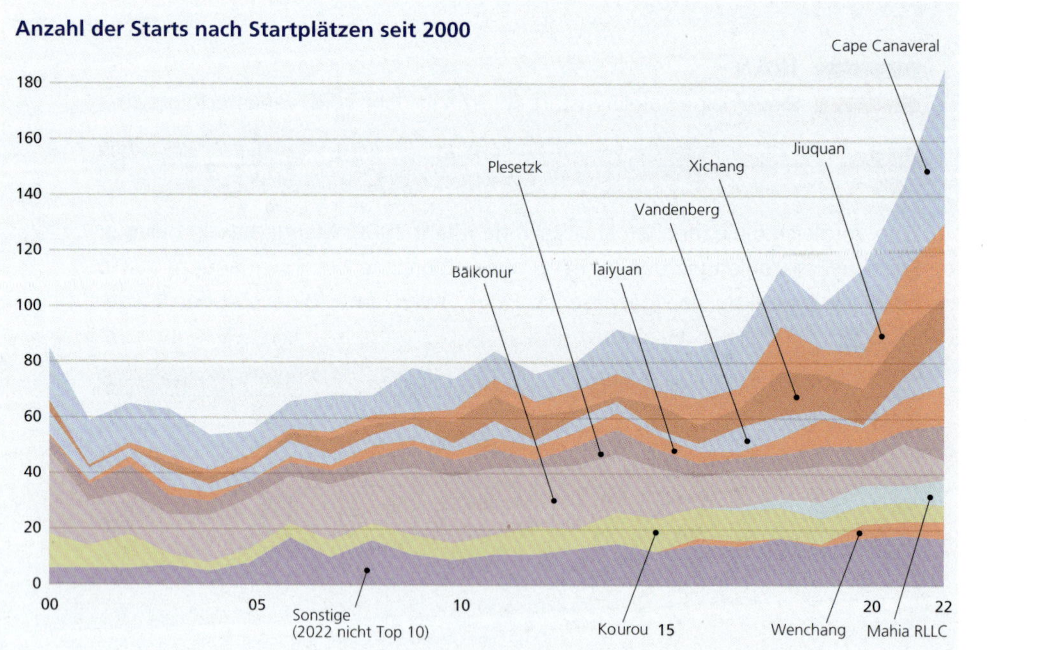

## Anzahl der Starts nach Nutzlasten seit 2000

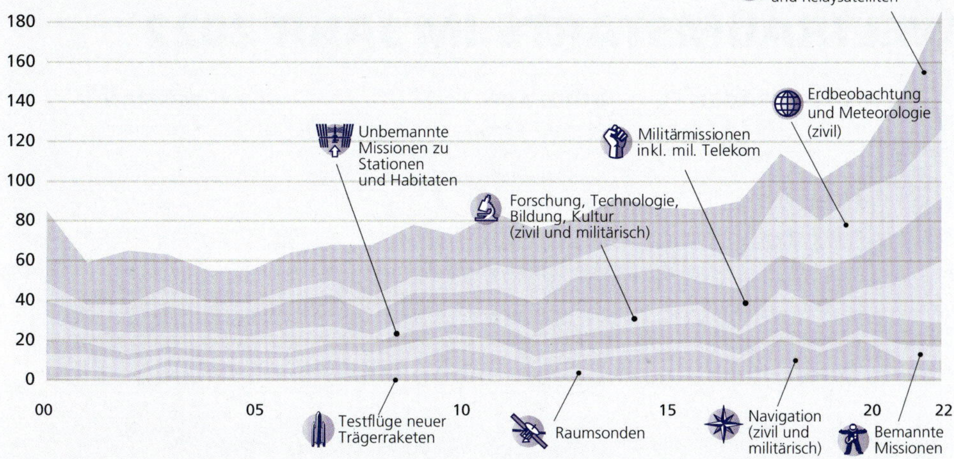


## Fehlerquote seit 2000 in %

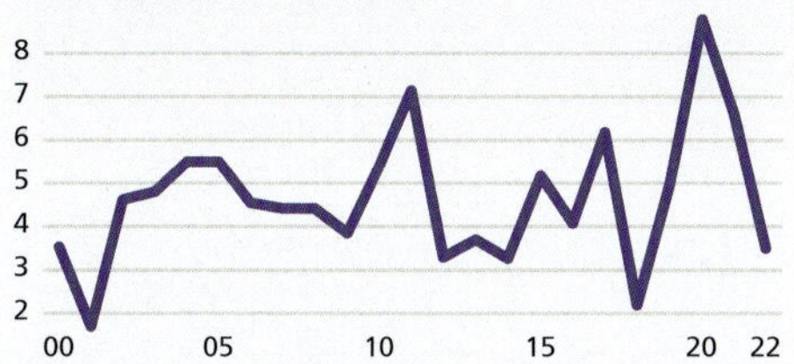


## Nutzlasten vs. Starts seit 2000

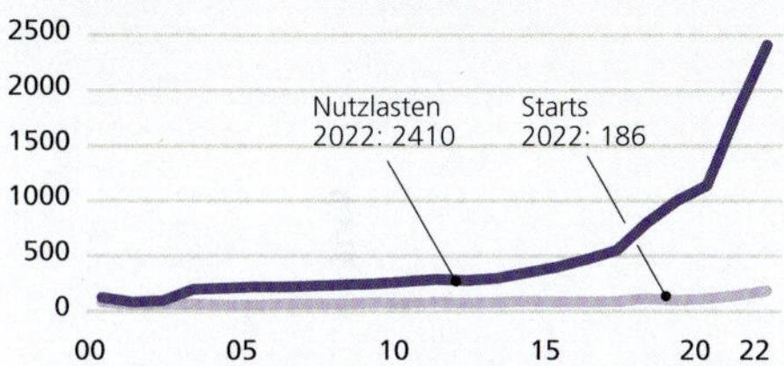


## Starts 2022 nach Nationen

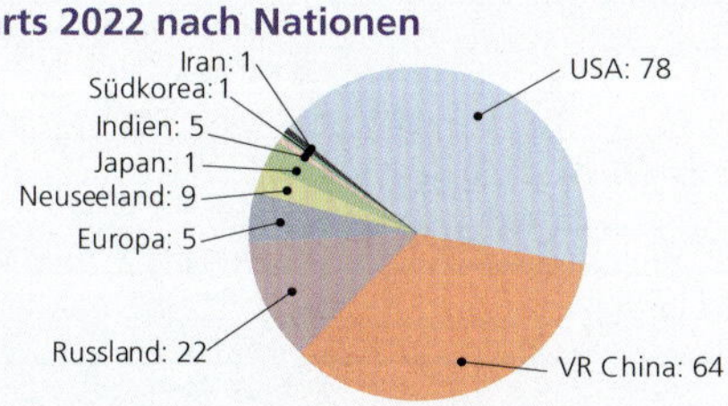


## Starts 2022 nach Startplatz

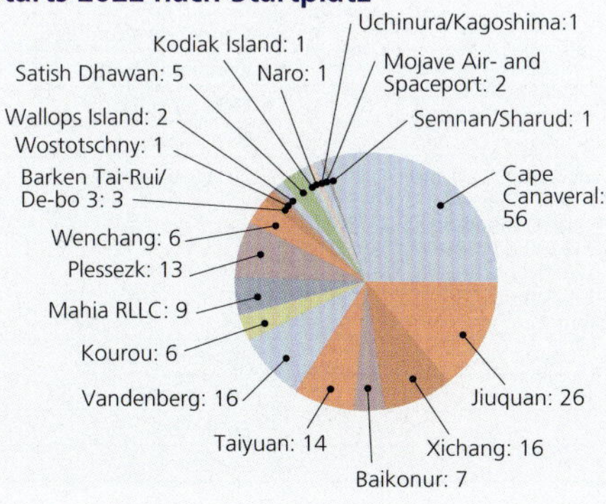


## Starts nach Haupt-Missionszweck 2022

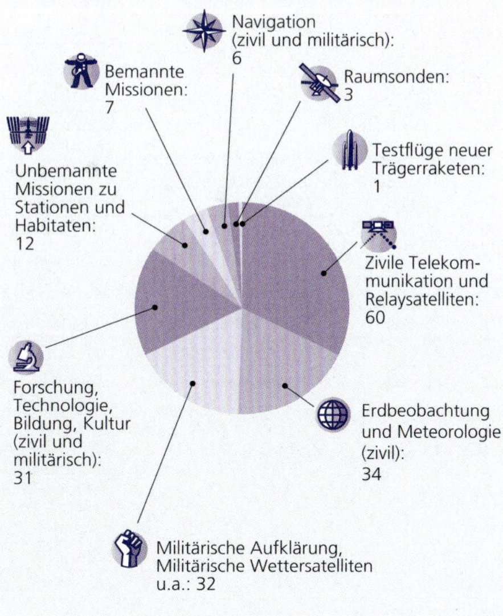

# CHRONOLOGIE DER WELTRAUMSTARTS IM JAHR 2022

| | DATUM | TRÄGER | NUTZLAST | MISSION |
|---|---|---|---|---|
| 1 | 06. Jan | Falcon 9 Block 5 | 49 x Starlink 4-5 | Kommunikation |
| 2 | 13. Jan | Falcon 9 Block 5 | 8 x Tevel; EASAT-2; HADES; SanoSat-1 | Amateurfunk |
| | | | Grizu 263a; SATTLA 2A und 2B | Bildung |
| | | | ION-Satellite Carrier; Alba-Cluster 3 und 4 | Cubesat-Dispenser |
| | | | Capella 7 und 8; ICEYE X14 und X16; Sich 2-1; ETV-A1 44 x Flock 4x; HYPSO-1; 4 x Lemur 2; Stork 1 und 2; SW1FT; Challenger; UMBRA 02 | Erdbeobachtung |
| | | | BRO-5 | Funkaufklärer |
| | | | NuX-1; CShark Pilot-1; FOSSASat-2E4 und E5; WiSat 1 und 2 | Internet of Things |
| | | | 4 x Kepler | Kommunikation |
| | | | 3 x MDSat 1 | Marineüberwachung |
| | | | 2 x FOSSA PocketPod | Pocketcube-Dispenser |
| | | | Dadona; DEWASAT-1; Gossamer Piccolomini; IRIS-A; LabSat; VZLUSat-2; Delfi-PQ; 2 x LAIKA; MDCubSat-1; PION-PR1; Tartan-Artibeus-1; Unicorn 1, 2A, 2D, 2E; Mars Outpost Demo | Technologie |
| | | | OraTech-1 | Waldbrandüberwachung |
| 3 | 13. Jan | LauncherOne | STORK-3 | Erdbeobachtung |
| | | | GEARRS-3; PAN-A und B; TechEdSat-13; SteamSat-2; Adler 1 | Technologie |
| 4 | 17. Jan | Langer Marsch 2D | Shiyan-13 | Technologie |
| 5 | 19. Jan | Falcon 9 Block 5 | 49 x Starlink 4-6 | Kommunikation |
| 6 | 21. Jan | Atlas 5 511 | GSSAP 5 und 6 | Militärische Inspektor-Satelliten |
| 7 | 26. Jan | Langer Marsch 4C | Ludi Tance-1 01A | Erdbeobachtung |
| 8 | 01. Feb | Falcon 9 Block 5 | CSG 2 | Erdbeobachtung |
| 9 | 02. Feb | Falcon 9 Block 5 | NROL-87 | Militärische Aufklärung |
| 10 | 03. Feb | Falcon 9 Block 5 | 49 x Starlink 4-7 | Kommunikation |
| 11 | 05. Feb | Sojus 2.1a Fregat | Neitron (Kosmos 2553) | Militärische Technologie |
| 12 | 10. Feb | Sojus ST-B Fregat | 34 x One Web | Kommunikation |
| 13 | 10. Feb | Rocket 3.3 | INCA | Ionosphärenforschung |
| | | | BAMA-1; QubeSat; R5-S1 | Technologie |
| 14 | 14. Feb | PSLV XL | EOS-04 | Erdbeobachtung |
| | | | INSPIRESat-1 | Ionosphärenforschung |
| | | | INS-2TD | Technologie |
| 15 | | | 6 x YuZGU-55 | Technologie |
| 15 | 15. Feb | Sojus 2.1a | Progress MS-19 | Versorgung ISS |
| 16 | 19. Feb | Antares 230+ | IHI-Sat; KITSUNE; NACHOS | Technologie |
| | | | Cygnus NG-17 | Versorgung ISS |
| 17 | 21. Feb | Falcon 9 Block 5 | 46 x Starlink 4-8 | Kommunikation |
| 18 | 25. Feb | Falcon 9 Block 5 | 50 x Starlink 4-11 | Kommunikation |
| 19 | 27. Feb | Langer Marsch 4C | Ludi Tance-1 01B | Erdbeobachtung |
| 20 | 27. Feb | Langer Marsch 8 | Chuangxin Leishen | Astronomie |
| | | | Hainan-1 01 und 02; Wenchang 1 01 und 02; Taijing 3-01 und 4-01; Xidan 1; Jilin-1 Gaofeng-03D-10; Jilin-1 Gaofeng-03D-11; Jilin-1 Gaofeng-03D-12; Jilin-1 Gaofeng-03D-13; Jilin-1 Gaofeng-03D-14; Jilin-1 Gaofeng-03D-15; Jilin-1 Gaofeng-03D-16; Jilin-1 Gaofeng-03D-17; Jilin-1 Gaofeng-03D-18; Chaohu-1; Xinghidei-17; Quimingxing-1 | Erdbeobachtung |
| | | | Tianqui 19 | Internet of Things |
| | | | Jilin-1 Mofeng 02A 01 | Technologie |
| 21 | 28. Feb | Electron | Strix-β | Erdbeobachtung |
| 22 | 01. Mrz | Atlas 5 541 | GOES-T (GOES-18) | Meteorologie |

| | DATUM | TRÄGER | NUTZLAST | MISSION |
|---|---|---|---|---|
| 23 | 03. Mrz | Falcon 9 Block 5 | 47 x Starlink 4-9 | Kommunikation |
| 24 | 05. Mrz | Langer Marsch 2C | Xuanming Xingyuan | Erdbeobachtung |
| | | | 6 x Yinhe Hangtian 2 | Kommunikation |
| 25 | 08. Mrz | Quased | Noor-2 | Militärische Aufklärung |
| 26 | 09. Mrz | Falcon 9 Block 5 | 48 x Starlink 4-10 | Kommunikation |
| 27 | 15. Mrz | Rocket 3.3. | 20 x Spacebee | Kommunikation |
| | | | S4 Crossover; Oresat 0 | Technologie |
| 28 | 17. Mrz | Langer Marsch 4C | Yaogan 34-02 | Militärische Aufklärung |
| 29 | 18. Mrz | Sojus 2.1a | Sojus MS-21 | Crew-Transfer zur ISS |
| 30 | 19. Mrz | Falcon 9 Block 5 | 53 x Starlink 4-12 | Kommunikation |
| 31 | 22. Mrz | Sojus 2.1a „Fregat" | Meridian-M 10 | Kommunikation |
| 32 | 29. Mrz | Langer Marsch 6A | Pujiang-2 | Erdbeobachtung |
| | | | Tiankun-2 | Technologie |
| | | | Tianping 2B und 2C | Atmosphärenforschung |
| 33 | 30. Mrz | Langer Marsch 11 | Tianping 2A | Technologie |
| 34 | 01. Apr | Falcon 9 Block 5 | CZE-BDSat | Amateurfunk |
| | | | PlantSat | Biologische Forschung |
| | | | ION SCV 005 | CubeSat-Dispenser |
| | | | EnMap; 5 x ÑuSat; Pixxel TD-2 | Erdbeobachtung |
| | | | Hawk 4A, 4B und 4C; BRO-7 | Funkaufklärung |
| | | | SUCHAI 2 und 3 | Ionosphärenforschung |
| | | | MP 42; Omnispace Spark | Internet of Things |
| | | | Lynk Tower 1; AlfaCrux; 12 x SpaceBee | Kommunikation |
| | | | 4 x Patrol Mission | Navigation |
| | | | GNOMES-3; ARCSAT | Technologie |
| 35 | 01. Apr | Electron | Black Sky 16 und 17 | Kommunikation |
| 36 | 06. Apr | Langer Marsch 4C | Gaofen 3-03 | Erdbeobachtung |
| 37 | 07. Apr | Sojus 2.1b 1 | Lotos S1 Nr. 5 | Elektronischer Aufklärer |
| 38 | 08. Apr | Falcon 9 Block 5 | Ax-1 | Crew-Transfer zur ISS |
| 39 | 15. Apr | Langer Marsch 3B | Chinasat 6D | Kommunikation |
| 40 | 15. Apr | Langer Marsch 4C | Daqi-1 | Atmosphärenforschung |
| 41 | 17. Apr | Falcon 9 Block 5 | Intruder 13A und 14B | Militärische Funküber-wachung |
| 42 | 21. Apr | Falcon 9 Block 5 | 53 x Starlink 4-14 | Kommunikation |
| 43 | 27. Apr | Falcon 9 Block 5 | SpaceX Crew 4 | Crew-Transfer zur ISS |
| 44 | 29. Apr | Langer Marsch 2C | Siwei 01 und 02 | Erdbeobachtung |
| 45 | 29. Apr | Angara 1.2 | Kosmos 2555 | Militärische Aufklärung |
| 46 | 29. Apr | Falcon 9 Block 5 | 53 x Starlink 4-16 | Kommunikation |
| 47 | 30. Apr | Langer Marsch 11H | 4 x Jilin Gaofen 03D; 1 x Jilin Gaofen 04A | Erdbeobachtung |
| 48 | 02. Mai | Electron | TRSI 1 und 2 | Amateurfunk |
| | | | Unicorn 2 | Erdbeobachtung |
| | | | BRO-1 | Funkaufklärung |
| | | | 24 x Space Bee | Kommunikation |
| | | | 3 x E-Space Demo; AuroraSat-1; MyRadar 1; Copia | Technologie |
| 49 | 05. Mai | Langer Marsch 2D | 7 x Jilin 1 GF-03; Jilin-1 Kuanfu-01C | Erdbeobachtung |
| 50 | 06. Mai | Falcon 9 Block 5 | 53 x Starlink 4-17 | Kommunikation |
| 51 | 09. Mai | Langer Marsch 7 | Tianzhou 4 | Nachschub für chinesische Raumstation |
| 52 | 13. Mai | Hyperbola 1 | Jilin 1 Mofang 01A | Erdbeobachtung |
| 53 | 13. Mai | Falcon 9 Block 5 | 53 x Starlink 4-13 | Kommunikation |
| 54 | 14. Mai | Falcon 9 Block 5 | 53 x Starlink 4-15 | Kommunikation |
| 55 | 18. Mai | Falcon 9 Block 5 | 53 x Starlink 4-18 | Kommunikation |
| 56 | 19. Mai | Sojus 2.1a | Bars M Nr. 3 | Militärische Aufklärung |
| 57 | 19. Mai | Atlas 5 N22 | Boe OFT 2 | Flugtest Crew Transfer Vehikel |
| 58 | 20. Mai | Langer Marsch 2C | 2 x Testsatelliten; Shiyan 1 | Kommunikation |

Rot : Fehlschlag Orange : Teilerfolg

| | DATUM | TRÄGER | NUTZLAST | MISSION |
|---|---|---|---|---|
| 59 | 25. Mai | Falcon 9 Block 5 | Planetum 1; SelfieSat | Ausbildung |
| | | | ION SCV 006; Sherpa AC-1 | CubeSat Dispenser |
| | | | GHC-Sat C3, C4, C5; 5 x ICYEYE; 4 x ÑuSat; Umbra 03; ArmSat-1; Guardian 1; 5 x Lemur 2; SBUDNIC | Erdbeobachtung |
| | | | Hawk 5A, 5B, 5C | Funküberwachung |
| | | | Centauri 5; Connecta T1.1; Omnispace Spark; 7 x FOSSASAT-2E | Internet of Things |
| | | | 2 x Cicero 2 | Physikalische Forschung |
| | | | Vigoride 3 | Space Tug |
| | | | Agile Microsat; BroncoSat-1; 2 x CNCE Block 2; CPOD A und B; Foresail-1; Platform 1; PTD-3; SPiN-1; VariSat-1C; Veery FS-1 | Technologie |
| 60 | 02. Jun | Langer Marsch 2C | 9 x GeeSat-1 | Navigation/Kommunikation |
| 61 | 03. Jun | Sojus 2.1a | Tsiolkovsky-Ryazan | Amateurfunk |
| | | | YuZGu-55 | Technologie |
| | | | Progress MS-20 | Versorgung ISS |
| 62 | 05. Jun | Langer Marsch 2F | Shenzhou 14 | Crew Transport zur chin. Raumstation |
| 63 | 08. Jun | Falcon 9 Block 5 | Nilesat 301 | Kommunikation |
| 64 | 12. Jun | Rocket 3.3. | 2 x TROPICS | Erdbeobachtung |
| 65 | 17. Jun | Falcon 9 Block 5 | 53 x Starlink 4-19 | Kommunikation |
| 66 | 18. Jun | Falcon 9 Block 5 | SARah-1 | Militärische Aufklärung |
| 67 | 19. Jun | Falcon 9 Block 5 | Globalstar FM-15 | Kommunikation |
| | | | USA 328 - 331 | Unbekannt |
| 68 | 21. Jun | KSLV-II (Nuri) | Massensimulator I; Massensimulator II | Dummy |
| | | | PVSat; MIMAN; RANDEV; SNUGLITE-2; STEP CubeLab-II | Technologie |
| 69 | 22. Jun | Kuaizhou-1A | Tianxing-1 | Technologie |
| 70 | 22. Jun | Ariane 5 ECA | MEASAT-3d; GSAT-24 | Kommunikation |
| 71 | 23. Jun | Langer Marsch 2D | Yaogan 35-02A, B, C | Militärische Aufklärung |
| 72 | 27. Jun | Langer Marsch 4C | Gaofen-12 03 | Erdbeobachtung |
| 73 | 28. Jun | Electron | Capstone | Mondsonde |
| 74 | 29. Jun | Falcon 9 Block 5 | SES 22 | Kommunikation |
| 75 | 30. Jun | PSLV-CA | Scoob-1 | Bildung |
| | | | DS-EO; NeuSAR | Erdbeobachtung |
| 76 | 01. Jul | Atlas 5 541 | WFOV | Militärische Frühwarnung |
| | | | USSF-12 Ring; USA 337 | Technologie |
| 77 | 02. Jul | Launcher One | NACHOS-2 | Erdbeobachtung |
| | | | CTIM-FD; GPX-2; 2 x Gunsmoke L; MISR-B; Recurve; Slingshot-1 | Technologie |
| 78 | 07. Jul | Sojus-2.1b „Fregat" | Glonass-K 16L | Navigation |
| 79 | 07. Jul | Falcon 9 Block 5 | 53 x Starlink 4-21 | Kommunikation |
| 80 | 11. Jul | Falcon 9 Block 5 | 46 x Starlink 3-1 | Kommunikation |
| 81 | 12. Jul | Langer Marsch 3B | Tianlian 2-03 | Kommunikation |
| 82 | 13. Jul | Electron | RASR-3 | Militärische Aufklärung |
| 83 | 13. Jul | Vega C | Astrobio Cubesat | Biologie |
| | | | LARES 2 | Geodäsie |
| | | | Green Cube | Landwirtschaft |
| | | | Alpha; CELESTA; MTCube-2; TRISat-R | Technologie |
| 84 | 15. Jul | Falcon 9 Block 5 | Beaver Cube; CapSat-1; FUTABA | Bildung |
| | | | CRS-25 | Nachschub ISS |
| | | | CLICK A; D3; HSU-SAT1; JAGSAT; TUManoSat | Technologie |
| 85 | 15. Jul | Langer Marsch 2C | SuperView Neo 2-01, 02 | Kommunikation |
| 86 | 17. Jul | Falcon 9 Block 5 | 53 x Starlink 4-22 | Kommunikation |

| | DATUM | TRÄGER | NUTZLAST | MISSION |
|---|---|---|---|---|
| 87 | 22. Jul | Falcon 9 Block 5 | 46 x Starlink 3-2 | Kommunikation |
| 88 | 24. Jul | Langer Marsch 5B | Wentian-Modul | Modul für chinesische Raumstation |
| 90 | 27. Jul | Kinetica 1 | GNSSR | Atmosphärenforschung |
| | | | Huawan-Nanyue Kexue | Bildung |
| | | | 2 x Dianci Zuzhuang S.; Jinan-1 | Physik |
| | | | SATech 01 | Technologie |
| 91 | 29. Jul | Langer Marsch 2D | Yaogan 35-03 A, B, C | Militärische Aufklärung |
| 92 | 01. Aug | Sojus 2.1v | Nivelir (Kosmos 2558) | Militärischer Satelliten-Inspektor |
| 93 | 04. Aug | Langer Marsch 4B | Minhang Shaonian | Bildung |
| 93 93 | | | TECIS; Jiaotong-4 | Erdbeobachtung |
| 94 | 04. Aug | Electron | RASR-4 | Militärische Aufklärung |
| 95 | 04. Aug | Atlas 5 421 | SBIRS GEO 6 | Militärische Frühwarnung |
| 96 | 04. Aug | Langer Marsch 2F/T | Chongfu Shiyong Shiyan Hangtian Qi | Militärischer unbemannter Mini-Shuttle |
| 97 | 05. Aug | Falcon 9 Block 5 | Danuri | Mondorbiter |
| 98 | 07. Aug | SSLV | AzaadiSAT | Bildung |
| | | | EOS-02 | Erdbeobachtung |
| 99 | 09. Aug | Ceres 1 | Taijing 1-01 und 02; Donghai-1 | Erdbeobachtung |
| 100 | 09. Aug | Sojus 2.1b „Fregat" | CubeSX-HSE-2; ISOI; Kuzbass-300; UTMN | Erdbeobachtung |
| | | | Siren | Landwirtschaft |
| | | | Khayyam | Militärische Aufklärung |
| | | | MIET-AIS; Vizard SS1 | Navigation |
| | | | Monitor-1; Polytech Universe-1; ReshUCube-1 | Physikalische Forschung |
| | | | CYCLOPS; Geoscan-Edelweiss; KAI-1; Skoltech B1 und B2 | Technologie |
| 101 | 10. Aug | Falcon 9 Block 5 | 52 x Starlink 4-26 | Kommunikation |
| 102 | 10. Aug | Langer Marsch 6 | Jilin 1 Gaofen 09, 35-43; Jilin 1 Hongwai-01A 01-06 | Erdbeobachtung |
| 103 | 12. Aug | Falcon 9 Block 5 | 46 x Starlink 3-3 | Kommunikation |
| 104 | 19. Aug | Langer Marsch 2D | Yaogan 35-04A, B, C | Militärische Aufklärung |
| 105 | 19. Aug | Falcon 9 Block 5 | 53 x Starlink 4-27 | Kommunikation |
| 106 | 23. Aug | Kuaizhou 1A | Chuangxin-16A und 16B | Technologie |
| 107 | 24. Aug | Langer Marsch 2D | Beijing-3B | Erdbeobachtung |
| 108 | 28. Aug | Falcon 9 Block 5 | 54 x Starlink 4-23 | Kommunikation |
| 109 | 31. Aug | Falcon 9 Block 5 | 46 x Starlink 3-4 | Kommunikation |
| 110 | 02. Sep | Langer Marsch 4C | Yaogan 33-02 | Erdbeobachtung |
| 111 | 05. Sep | Falcon 9 Block 5 | 51 x Starlink 4-20 | Kommunikation |
| | | | SHERPA LTC-2 | Space Tug |
| | | | Varuna-TDM | Technologie |
| 112 | 06. Sep | Kuaizhou 1A | Centispace 1-S3 und S4 | Navigation |
| 113 | 06. Sep | Langer Marsch 2D | Yaogan 35-05A, B, C | Militärische Aufklärung |
| 114 | 07. Sep | Ariane 5 | Eutelsat Konnekt VHTS | Kommunikation |
| 115 | 11. Sep | Falcon 9 Block 5 | 34 x Starlink 4-2 | Kommunikation |
| | | | Blue Walker 3 | Technologie |
| 116 | 13. Sep | Langer Marsch 7A | ChinaSat 1E | Militärische Kommunikation |
| 117 | 15. Sep | Electron | StriX-1 | Kommunikation |
| 118 | 19. Sep | Falcon 9 Block 5 | 54 x Starlink 4-34 | Kommunikation |
| 119 | 20. Sep | Langer Marsch 2D | Yunhai 1-03 | Meteorologie |
| 120 | 21. Sep | Sojus 2.1a | Sojus MS-22 | Crew Transport zur ISS |
| 121 | 24. Sep | Delta 4 Heavy | NROL-91 | Militärische Aufklärung |
| 122 | 24. Sep | Kuaizhou 1A | Shiyan 15 | Erdbeobachtung |
| | | | Shiyan 14 | Technologie |
| 123 | 24. Sep | Falcon 9 Block 5 | 54 x Starlink 4-35 | Kommunikation |

Rot : Fehlschlag    Orange : Teilerfolg

| | DATUM | TRÄGER | NUTZLAST | MISSION |
|---|---|---|---|---|
| 124 | 26. Sep | Langer Marsch 2D | Yaogan 36-01A, B, C | Militärische Aufklärung |
| 125 | 27. Sep | Langer Marsch 6 | Shiyan 16A, 16B und 17 | Technologie |
| 126 | 01. Okt. | Alpha | GENESIS G und J | Amateurfunk |
| | | | TIS Serenity | Bildung |
| | | | Picobus | Picosat-Deployer |
| | | | TechEdSat-15; FOSSASAT-1B; QUBIK 3 und 4 | Technologie |
| 127 | 04. Okt | Atlas 5 531 | SES 20; SES 21 | Kommunikation |
| 128 | 05. Okt | Falcon 9 Block 5 | SpaceX Crew 5 | Crew Transport zur ISS |
| 129 | 05. Okt | Falcon 9 Block 5 | 52 x Starlink 4-29 | Kommunikation |
| 130 | 07. Okt | Langer Marsch 11H | Centispace 1 S5 + S6 | Navigation |
| 131 | 07. Okt | Electron | GAZelle (Argos-4) | Kommunikation |
| 132 | 08. Okt | Falcon 9 Block 5 | Galaxy 33 und 34 | Kommunikation |
| 133 | 08. Okt | Langer Marsch 2D | ASO-S (Kuafu-1) | Heliophysik |
| 134 | 10. Okt | Sojus 2.1b „Fregat" | GLONASS-K 17L | Navigation |
| 135 | 12. Okt | Epsilon | QPS-SAR 3 und 4 | Erdbeobachtung |
| | | | RAISE 3; FSI-SAT; KOSEN-2; MAGNARO; MITSUBA; WASEDA-SAT ZERO | Technologie |
| 136 | 12. Okt | Proton M DM-03 | AngoSat-2 | Kommunikation |
| 137 | 13. Okt | Langer Marsch 2C | S-SAR 01 (Huanjing 2E) | Erdbeobachtung |
| 138 | 14. Okt | Langer Marsch 2D | Yaogan 36-02A, B, C | Militärische Aufklärung |
| 139 | 15. Okt | Falcon 9 Block 5 | Hotbird 13F | Kommunikation |
| 140 | 15. Okt | Angara 1.2 | EO MKA Nr. 3 (Kosmos 2560) | Militärische Technologie |
| 141 | 20. Okt | Falcon 9 Block 5 | 54 x Starlink 4-36 | Kommunikation |
| 142 | 21. Okt | Sojus 2.1v „Volga" | MKA 1 und 2 (Kosmos 2561 und 2562) | Militärische Aufklärung |
| 143 | 22. Okt | LVM 3 | 36 x One Web | Kommunikation |
| 144 | 22. Okt | Sojus 2.1b „Fregat" | Gonets-M 23, 24, 25 | Militärischer Datenrelay |
| | | | Skif D | Technologie |
| 145 | 26. Okt | Sojus 2.1a | Progress MS-21 | Nachschub ISS |
| 146 | 28. Okt | Falcon 9 Block 5 | 53 x Starlink 4-31 | Kommunikation |
| 147 | 29. Okt | Langer Marsch 2D | Shiyan-20C | Technologie |
| 148 | 31. Okt | Langer Marsch 5B | Wengtian-Modul | Labormodul f. chinesische Raumstation |
| 149 | 01. Nov | Falcon Heavy | LDPE-2 | Space Tug |
| | | | Sheperd Demo; Millenium Space System; LINUSS Chase (L.A1); LINUSS RSO (L.A2); TETRA-1; USUVL (USA-344) | Technologie |
| 150 | 02. Nov | Sojus 2.1b „Fregat" | EKS-6 (Kosmos 2563) | Militärische Frühwarnung |
| 151 | 03. Nov | Falcon 9 Block 5 | Hotbird 13G | Kommunikation |
| 152 | 04. Nov | Electron | MATS | Astrophysik |
| 153 | 05. Nov | Langer Marsch 3B/E | ChinaSat-19 | Kommunikation |
| 154 | 07. Nov | Antares 230+ | PearlAfricaSat-1; TAKA; ZIMSAT-1 | Erdbeobachtung |
| | | | Space Tuna | Technologie |
| | | | Cygnus NG-18 | Versorgung ISS |
| 155 | 10. Nov | Atlas 5 401 | JPSS-2 (NOAA-21) | Meteorologie |
| | | | LOFTID | Technologie |
| 156 | 11. Nov | Langer Marsch 6A | Yunhai-3 | Meteorologie |
| 157 | 12. Nov | Langer Marsch 7 | MSS-1 | Amateurfunk/Ausbildung |
| | | | Gaoxin-1; SJY | Technologie |
| | | | Tianzhou 5 | Versorgung chinesische Raumstation |
| 158 | 12. Nov | Falcon 9 Block 5 | Galaxy 31; Galaxy 32 | Kommunikation |
| 159 | 15. Nov | Langer Marsch 4C | Yaogan 34-03 | Militärische Aufklärung |
| 160 | 16. Nov | Ceres 1 | Jilin Gaofen 03D 08, 51-54 | Erdbeobachtung |

| | DATUM | TRÄGER | NUTZLAST | MISSION |
|---|---|---|---|---|
| 161 | 16. Nov | SLS Block 1 | CuSP | Astrophysik |
| | | | Bio Sentinel | Biologie |
| | | | EQUULEUS | Erdbeobachtung |
| | | | OMOTENASHI | Lunar Lander |
| | | | LunaH-Map; Lunar Icecube | Mond-Orbiter |
| | | | Argo Moon; LunIR; Near Earth Ast. Scout; Team Miles | Technologie |
| | | | ARTEMIS I | Testflug ARTEMIS-System |
| 162 | 23. Nov | Falcon 9 Block 5 | Eutelsat 10B | Kommunikation |
| 163 | 26. Nov | PSLV-XL | Pixxel TD-1 (Anand) | Erdbeobachtung |
| | | | 4 x Astrocast | Internet of Things |
| | | | EOS-06 (Oceansat) | Ozeanografie |
| | | | Bhuthan-Sat; Thybolt 1 und 2 | Technologie |
| 164 | 26. Nov | Falcon 9 Block 5 | LORIS; SS-1 | Ausbildung |
| | | | petitSat | Ionosphärenforschung |
| | | | ORCASAT | Kalibrationsziel |
| | | | DanteSat; HSKSAT; MARIO; NUTSat; OPTIMAL-1; SPORT; TJEREVERB | Technologie |
| | | | CRS-26 | Versorgung ISS |
| 165 | 27. Nov | Langer Marsch 2D | Yaogan 36-03A, B, C | Militärische Aufklärer |
| 166 | 28. Nov | Sojus 2.1b „Fregat“ | GLONASS M (Kosmos 2564) | Navigation |
| 167 | 29. Nov | Langer Marsch 2F | Shenzhou 15 | Crew Transport zur chin. Raumstation |
| 168 | 30. Nov | Sojus 2.1b | Lotos S1 Nr. 6 (Kosmos 2565) Kosmos 2566 | Elektronische Aufklärung |
| 169 | 07. Dez | Kuaizhou 11 | Xingyun Jiaotong VDES Shiyan Weixing | Technologie |
| 170 | 08. Dez | Langer Marsch 2D | Gaofen 5-01A | Erdbeobachtung |
| 171 | 09. Dez | Falcon 9 Block 5 | 40 x OneWeb | Kommunikation |
| 172 | 09. Dez | Jielong 3 | Huoju-1 | Astrobiologie |
| | | | Fengtai Shaonian-2 | Ausbildung |
| | | | Jilin-1 GF-03D 44-50; Golden Bauhinia 1-05; Golden Bauhinia 1-06 | Erdbeobachtung |
| | | | Jilin-1 Pinglai 01A 01 | Erdbeobachtung/ Kommunikation |
| | | | Tianqi 7 | Internet of Things |
| | | | Jialong 5 (HEAD-2H) | Schiffstracking |
| 173 | 11. Dez | Falcon 9 Block 5 | SORA-Q; Rashid | Mond-Rover |
| | | | HAKOTU-1 Mission 1 | Mondlander |
| | | | Lunar Flashligt | Mondorbiter |
| 174 | 12. Dez | Langer Marsch 4C | Shiyan 20A und 20B | Technologie |
| 175 | 13. Dez | Ariane 5 | Galaxy 35 und 36 | Kommunikation |
| 175 | | | MTG-1 | Meteorologie |
| 176 | 14. Dez | Zhuque 2 | 14 Rideshare-Nutzlasten | Unterschiedliche Aufgaben |
| 177 | 14. Dez | Langer Marsch 2D | Yaogan 36-04A, B, C | Militärische Aufklärer |
| 178 | 16. Dez | Langer Marsch 11 | Shiyan-21 | Technologie |
| 179 | 16. Dez | Falcon 9 Block 5 | SWOT | Erdbeobachtung |
| 180 | 17. Dez | Falcon 9 Block 5 | O3b FM 21 und 22 | Kommunikation |
| 181 | 17. Dez | Falcon 9 Block 5 | 54 x Starlink 4-37 | Kommunikation |
| 182 | 21. Dez | VEGA C | Pléiades Neo 6 und 6 | Erdbeobachtung |
| 183 | 27. Dez | Langer Marsch 4B | Gaofen 11-04 | Erdbeobachtung |
| 184 | 28. Dez | Falcon 9 Block 5 | 54 x Starlink 5-1 | Kommunikation |
| 185 | 29. Dez | Langer Marsch 3B/E | Shiyan 10-02 | Technologie |
| 186 | 30. Dez | Falcon 9 Block 5 | EROS-C3 | Erdbeobachtung |

Rot : Fehlschlag   Orange : Teilerfolg

# SUBORBITALE FLÜGE BEMANNTER UND BEMANNBARER SYSTEME 2022

New Shepards 3 und 4

| BEZEICHNUNG | DATUM | CREW | FLUGHÖHE (KM) | BEMERKUNGEN |
|---|---|---|---|---|
| 31/03/NS 04-06 *RSS First Step* | 31.03.2022 | Marty Allen; Sharon Hagle; Marc Hagle; Jim Kitchen; George Nield; Gary Lai | 107,1 | Vierter bemannter New Shepard-Flug |
| 04/06/NS 04 *RSS First Step* | 04.06.2022 | Evan Dick; Katja Echazarreta; Hamish Harding; Victor Correa Hespanha; Jaison Robinson; Victor Vescovo | 107 | Fünfter bemannter New Shepard-Flug |
| 04/08/NS 04 *RSS First Step* | 04.08.2022 | Coby Cotton; Mario Ferreira; Vanessa O'Brian; Clint Kelly III; Sara Sabry; Steve Young | 107,1 | Sechster bemannter New Shepard-Flug |
| 12/09/NS 03 *RSS H.G.Wells* | 12.08.2022 | unbemannt | 11,4 | Unbemannte Mission mit 36 Forschungs-Nutzlasten an Bord. Etwa eine Minute nach dem Liftoff versagte das BE-3 Triebwerk. Das Rettungssystem brachte die Kapsel in Sicherheit. Der Booster zerschellte. |

New Shepard Nummer 4 mit der Bezeichnung RSS First Step startet am 31. März 2022 mit sechs Personen an Bord auf eine Höhe von 107.100 Meter.

# WELTRAUMSTARTS JANUAR BIS SEPTEMBER 2023

### MIT AUSBLICK BIS DEZEMBER 2023

| | DATUM | TRÄGER | NUTZLAST | MISSION |
|---|---|---|---|---|
| 1 | 03. Jan | Falcon 9 Block 5 | Skycraft ATM | Air Traffic Management |
| | | | BDSat-2 | Amateurradio-Satellit |
| | | | PROVES-Yearling; Sapling Sempervirens | Ausbildung |
| | | | ION-SCV-007 und 008; CHIMERA LEO-1; Orbiter SN-1; Vigoride-5; Skycraft 1 | CubeSat-Deployer |
| | | | Albania 1 und 2; EOS Sat-1; 3 x ICEYE; ÑuSat 34 und 35; Umbra 04 und 05; EWS RROCI; EYE; 36 x Flock 4y; 6 x Lemur 2; Menut; STAR VIBE; Unicorn 2G und 2H | Erdbeobachtung |
| | | | YAM-5 | Hosted Payload Carrier |
| | | | 4 x Astrocast; Connecta T1.2; Kelpie-1; MDQSAT-1A und 1B | Internet of Things |
| | | | Lynk Tower 03 und 04; NSLSat-2; 12 x SpaceBEE | Kommunikation |
| | | | 4 x Skycraft | Luftverkehrsmanagement |
| | | | 4 x KSF-3 | Navigation |
| | | | Platform 2 | Nutzlastplattform |
| | | | Sternula-1 | Schiffstracking |
| | | | BRO-8 | Signalaufklärung |
| | | | Pushan Alpha | Strahlungsphysik |
| | | | Futura SM-1 und SM-3; Gama Alpha; Guardian Alpha; KuwaitSat-1; MilSpace 2.1-1 + 2.1-2; PACE-2; PolITAN-HP-30; Sharja-Sat-1; TAUSAT 2; Zeus-1; NPC-Sat | Technologie |
| 2 | 08. Jan | Langer Marsch 7A | Shijian 23 | Technologie |
| 3 | 09. Jan | Ceres 1 | Nantong Zhongxue | Ausbildung |
| | | | SciTech-1 | Erdbeobachtung |
| | | | Tianqui-13 | Internet of Things |
| | | | Tianmu-1 01 und 02 | Meteorologie |
| 4 | 09. Jan | Launcher One | AMAN; Stork-6 | Erdbeobachtung |
| | | | CIRCE A und B | Ionosphärenforschung |
| | | | IOD-3 Amber | Marineüberwachung |
| | | | DOVER Pathfinder; ForgeStar-0; Prometheus 2A und 2B | Technologie |
| 5 | 10. Jan | Falcon 9 Block 5 | 40 x OneWeb | Kommunikation |
| 6 | 10. Jan | RS 1 | VariSat-1A und 1B | Technologie |
| 7 | 12. Jan | Langer Marsch 2C | Apstar 6E | Kommunikation |
| 8 | 13. Jan | Langer Marsch 2D | Yaogan 37 | Aufklärung |
| | | | Shiyan 22A und b | Technologie |
| 9 | 15. Jan | Langer Marsch 2D | Jilin 1 Gaofen 03D-34; Jilin 1 Hongwai 01A 07 Jilin 1 Hongwai 01A 08; Jilini 1 Mofang 02A-03; Jilini 1 Mofang 02A-04; Jilini 1 Mofang 02A-07; Luojia 3-01; Quilu 2 und 3; Rizhao 3 | Erdbeobachtung |
| | | | Beiyou 1; Golden Bauhinia 3,4, 6 | Technologie |
| 10 | 16. Jan | Falcon Heavy | CBAS-2 | Militärische Kommunikation |
| | | | LDPE-3A | Technologie |
| 11 | 18. Jan | Falcon 9 Block 5 | GPS-III 06 | Navigation |
| 12 | 19. Jan | Falcon 9 Block 5 | 51 x Starlink 2-4 | Kommunikation |
| 13 | 25. Jan | Electron | Hawk 6A, 6B, 6C | Signalaufklärung zivil |
| 14 | 26. Jan | H-2A 202 | IGS Radar 7 | Radaraufklärer |
| 15 | 26. Jan | Falcon 9 Block 5 | 56 x Starlink 5-2 | Kommunikation |
| 16 | 31. Jan | Falcon 9 Block 5 | 49 x Starlink | Kommunikaton |
| | | | ION SCV 009 | Payload Carrier |
| | | | EBAD Test Mass | Satellitendummy |
| 17 | 02. Feb | Falcon 9 Block 5 | 53 x Starlink 5.3 | Kommunikation |
| 18 | 05, Feb | Proton M DM-03 | Elektro-L Nr. 4 | Meteorologie |
| 19 | 07. Feb | Falcon 9 Block 5 | Amazonas Nexus | Kommunikation |
| 20 | 09. Feb | Sojus 2.1a | Progress MS-22 | Versorgung ISS |
| 21 | 10. Feb | SSLV | AzaadiSat-2 | Ausbildung |
| | | | EOS-07 | Erdbeobachtung |
| | | | Janus-1 | Technologie |

| | DATUM | TRÄGER | NUTZLAST | MISSION |
|---|---|---|---|---|
| 22 | 12. Feb | Falcon 9 Block 5 | 55 x Starlink 5-4 | Kommunikation |
| 23 | 17. Feb | Falcon 9 Block 5 | 51 x Starling 2-5 | Kommunikation |
| 24 | 18. Feb | Falcon 9 Block 5 | Inmarsat-6 F2 | Kommunikation |
| 25 | 23. Feb | Langer Marsch 3B/E | ChinaSat-26 | Kommunikation |
| 26 | 24. Feb | Sojus 2.1a | Sojus MS-23 | Ohne Crew zur ISS, Ersatz für MS-22 |
| 27 | 24. Feb | Langer Marsch 2C | Horus 1 | Erdbeobachtung |
| 28 | 27. Feb | Falcon 9 Block 5 | 21 x Starlink 6-1 | Kommunikation |
| 29 | 02. Mrz | Falcon 9 Block 5 | SpaceX Crew 6 | Crew-Transport zur ISS |
| 30 | 03. Mrz | Falcon 9 Block 5 | 51 x Starlink 4-9 | Kommunikation |
| 31 | 07. Mrz | H3-22S | ALOS-3 | Erdbeobachtung |
| 32 | 09. Mrz | Falcon 9 Block 5 | 40 x OneWeb | Kommunikation |
| 33 | 10. Mrz | Langer Marsch 4C | Tianhui 6A und 6B | Erdbeobachtung |
| 34 | 13. Mrz | Proton M Briz M | Olymp-K Nr. 2 | Signalaufklärer |
| 35 | 13. Mrz | Langer Marsch 2C | Horus-2 | Erdbeobachtung |
| 36 | 15. Mrz | Falcon 9 Block 5 | LightCube | Bildung |
| | | | AuroraSat; YukonSat | Ionosphärenforschung |
| | | | NEUDOSE | Strahlungsphysik |
| | | | ARKSat-1 | Technologie |
| | | | SpaceX CRS-27 | Versorgung ISS |
| | | | Ex-Alta 2 | Waldbrand-Monitoring |
| 37 | 15. Mrz | Langer Marsch 11 | Shiyan 19 | Technologie |
| 38 | 17. Mrz | Electron | Capella 9 und 10 | Erdbeobachtung |
| 39 | 17. Mrz | Langer Marsch 3B/E | Gaofen 13-02 | Erdbeobachtung |
| 40 | 17. Mrz | Falcon 9 Block 5 | 52 x Starlink 2-8 | Kommunikation |
| 41 | 18. Mrz | Falcon 9 Block 5 | SES-18 und 19 | Kommunikation |
| 42 | 22. Mrz | Kuaizhou 1A | Tianmu 1 03-06 | Meteorologie |
| 43 | 23. Mrz | Terran 1 | Keine Nutzlast | Testflug |
| 44 | 23. Mrz | Sojus 2.1a | Bars-M Nr. 4 | Optischer Aufklärer |
| 45 | 24. Mrz | Electron | Blacksky 18 und 19 | Erdbeobachtung |
| 46 | 24. Mrz | Falcon 9 Block 5 | 56 x Starlink 5-5 | Kommunikation |
| 47 | 26. Mrz | LVM 3 | 36 x OneWeb | Kommunikation |
| 48 | 29. Mrz | Shavit 2 | Ofeq 13 | Optischer Aufklärer |
| 49 | 29. Mrz | Sojus 2.1v | EO MKA Nr. 4 (Kosmos 2568) | Technologie militärisch |
| 50 | 29. Mrz | Falcon 9 Block 5 | 56 x Starlink 5-10 | Kommunikation |
| 51 | 30. Mrz | Langer Marsch 2D | PIESAT 1A 01; PIESAT 1B 01-03 | Erdbeobachtung |
| 52 | 31. Mrz | Langer Marsch 4C | Yaogan 34-04 | Optischer Aufklärer |
| 53 | 02. Apr | Tianlong 2 | Jinta | Technologie, Testflug Trägerrakete |
| 54 | 02. Apr | Falcon 9 Block 5 | 2 x Tracking La. Tranche 0 | Frühwarnung |
| | | | 8 x Transp. Lay.Tranche 0 | Militärische Kommunikation |
| 55 | 07. Apr | Hyperbola 1 | Keine Nutzlast | Testflug |
| 56 | 07. Apr | Falcon 9 Block 5 | Intelsat 40E/Tempo | Kommunikation |
| 57 | 14. Apr | Ariane 5 ECA | JUICE | Jupitersonde |
| 58 | 15. Apr | Falcon 9 Block 5 | TAIFA-1 | Ausbildung |
| | | | ION SCV-10 | CubeSat-Deployer |
| | | | GHGSat-C6, C7 und C8; GHOSt 1 und 2; NorSat-TD; Tomorrow R1; BRO-09; FACSAT-2; INSPIRE-Sat; IRIS-C; PLEIADES YEARLING. REVELA | Erdbeobachtung |
| | | | DEWASat 2; LLITED A und B; VIREO | Internet of Things |
| | | | Rosey CubeSat 1 | Ionosphärenforschung |
| | | | LacunaSat-2F | Kommunikation |
| | | | Kepler 20 und 21 KILICSAT | Navigation |
| | | | Brokkr-1; Hawk 7A, 7B und 7C IMECE | Signalaufklärer |
| | | | Vigoride-6 | Space Tug |
| | | | 4 x ÑuSat; Umbra 06; CIRBE; DISCO-1; EPICHyper-1; It's About Time; 3 x Lemur 2; Sapling 2 Sateliot_0/ Platform 3; SSS-2B; VCUB-1 | Technologie |
| | | | Connecta T2.1 | Weltraumwetter |
| 59 | 16. Apr | Langer Marsch 4B | Fengyun 3G | Meteorologie |
| 60 | 19. Apr | Falcon 9 Block 5 | 21 x Starlink 6-2 | Kommunikation |

Rot : Fehlschlag Orange : Teilerfolg Blau : Ausblick, Änderungen wahrscheinlich

| | DATUM | TRÄGER | NUTZLAST | MISSION |
|---|---|---|---|---|
| 61 | 22. Apr | PSLV-CA | TelEOS-2 | Erdbeobachtung |
| 61 | | | Lumelite-4 | Technologie |
| 62 | 27. Apr | Falcon 9 Block 5 | 46 x Starlink 3-5 | Kommunikation |
| 63 | 28. Apr | Falcon 9 Block 5 | O3b mPower 3 und 4 | Kommunikation |
| 64 | 01. Mai | Falcon Heavy | ViaSat-3; Arcturus; G-Space 1 | Kommunikation |
| 65 | 04. Mai | Falcon 9 Block 5 | 56 x Starlink 5-6 | Kommunikation |
| 66 | 08. Mai | Electron | 2 x Tropics | Erdbeobachtung |
| 67 | 10. Mai | Langer Marsch 7 | Dalian-1 | Erdbeobachtung |
| | | | Tianzhou 6 | Nachschub für chinesische Raumstation |
| 68 | 10. Mai | Falcon 9 Block 5 | 51 x Starlink 2-9 | Kommunikation |
| 69 | 14. Mai | Falcon 9 Block 5 | 56 x Starlink 5-9 | Kommunikation |
| 70 | 17. Mai | Langer Marsch 3B/E | BeiDou-3 G4 | Navigation |
| 71 | 19. Mai | Falcon 9 Block 5 | 22 x Starlink 6-3 | Kommunikation |
| 72 | 20. Mai | Falcon 9 Block 5 | 5 x IRIDIUM Next; 15 x OneWeb; Joey Sat | Kommunikation |
| 73 | 21. Mai | Langer Marsch 2C | Luojia 2-01 | Technologie |
| | | | Macao Science 1A, 1B | Weltraumwetter |
| 74 | 21. Mai | Falcon 9 Block 5 | Axiom 2 | Crew-Transport zur ISS |
| 75 | 24. Mai | Sojus 2.1a | Progress MS-23 | Nachschub ISS |
| 76 | 26. Mai | Nuri (KSLV-II) | JLC-101-v1-2 | Erdbeobachtung |
| | | | KSAT | Meteorologie |
| | | | NEXTSat-2 | Technologie |
| | | | Lumir-T1; 4 x SNIPE | Weltraumwetter |
| 77 | 26. Mai | Electron | 2 x TROPICS | Erdbeobachtung |
| 78 | 26. Mai | Sojus 2.1a Fregat | Kondor FK Nr. 1 | Radaraufklärer |
| 79 | 27. Mai | Falcon 9 Block 5 | Arabsat 7B (BADR-8) | Kommunikation |
| 80 | 29. Mai | GSLV Mk. II | IRNSS-1J (NVS-01) | Navigation |
| 81 | 30. Mai | Langer Marsch 2F/G | Shenzhou 16 | Crew Transfer zu Tiangon |
| 82 | 30. Mai | Chollima 1 | Malligyong-1 | Optischer Aufklärer |
| 83 | 31. Mai | Falcon 9 Block 5 | 52 x Starlink 2-10 | Kommunikation |
| 84 | 04. Jun | Falcon 9 Block 5 | 22 x Starlink 6-4 | Kommunikation |
| 85 | 05. Jun | Falcon 9 Block 5 | Ukpic-1 | Ausbildung |
| | | | Essence; SC-ODIN | Erdbeobachtung |
| | | | RADARSAT-SK | Strahlungsforschung |
| | | | Maya 5 und 6; Moonlighter | Technologie |
| | | | CRS-28 | Versorgung ISS |
| | | | Iris | Weltraumwetter |
| 86 | 07. Jun | Kinetika 1 | Fucheng-1; Xi'an Hangtou-8 | Erdbeobachtung |
| | | | CXPD | Röntgen-Astronomie |
| | | | Shiyan 24A und 24B; Tianyi-26 | Technologie |
| | | | 20 x Unbekannt | Unbekannt |
| 87 | 09. Jun | Kuaizhou 1A | Longjiang-3 | Kommunikation |
| 88 | 12. Jun | Falcon 9 Block 5 | 52 x Starlink 5-11 | Kommunikation |
| 89 | 12. Jun | Falcon 9 Block 5 | URESAT | Amateurfunk |
| | | | 4 x Blackjack | Aufklärung |
| | | | ION-SCV 011; Skykraft-3 | CubeSat-Deployer |
| | | | MRC-100 | Elektrosmog-Monitoring |
| | | | ABA First Runner; FASat-Delta/RUNNER-1; GHOST 3; HotSat-1; 4 x ICEYE; 4 x ÑuSat; AMATEURU-III; EPICHyper-2 Clyde; 2 x Lemur 2; Unicorn-2 | Erdbeobachtung |
| | | | ELO-4; Kelpie 2; MDQSAT 1C und 1D; Tiger 4; 4 x FOSSASat FEROX | Internet of Things |
| | | | EIVE; 14 x Spacebee; Satlla-2 | Kommunikation |
| | | | 4 x Skykraft ATM | Luftverkehrs-Management |
| | | | GEI-Sat | Methan-Monitoring |
| | | | Alba Cluster 6 | Pocket CubeSat-Dispenser |
| | | | SpeiSat | Religiöses Radio |
| | | | MuSat-1; Otter Pup; Tomorrow R2; Winnebago 1; AllDelta; Ayris-1; Grégoire; MISR-A und B; Outpost Mission; Pleiades Squared; Viasat XVI; Istanbul; ROM-2 | Technologie |
| | | | FOREST-2 | Waldbrandüberwachung |
| | | | Droid 001 | Weltraummüll-Monitoring |

| | DATUM | TRÄGER | NUTZLAST | MISSION |
|---|---|---|---|---|
| 90 | 15. Jun | Langer Marsch 2D | 8 x Jilin-1Gaofen-03; 30 x Jilin-1Gaofen-06A; 2 x Jilin Pingtai 02A | Erdbeobachtung |
| | | | Heerguosi-1 | Unbekannt |
| 91 | 18. Jun | Falcon 9 Block 5 | SATRIA | Kommunikation |
| 92 | 20. Jun | Langer Marsch 6 | Shiyan 25 | Technologie |
| 93 | 22. Jun | Falcon 9 Block 5 | 47 x Starlink 5-7 | Kommunikation |
| 94 | 22. Jun | Delta 4 Heavy | Orion 11 (USA-345) | Signalaufklärer |
| 95 | 23. Jun | Falcon 9 Block 5 | 56 x Starlink 5-12 | Kommunikation |
| 96 | 27. Jun | Sojus 2.1b Fregat | ArcCube-01; UmKa-1 | Ausbildung |
| | | | StratoSat TK-1 | CubeSat-Deployer |
| | | | Cube-SX-HSE-3; Zorkiy 2M | Erdbeobachtung |
| | | | Yarilo 3 und 4 | Erdmagnetfeld-Monitoring |
| | | | Monitor 2, 3 und 4 | Gammastrahlen-Astronomie |
| | | | PHI-Demo; ReshUCube-2 | Internet of Things |
| | | | 3 x Rassvet 1 | Kommunikation |
| | | | Ahmat-1 | Luftverkehrsmanagement |
| | | | SamSat ION | Magnetosphärenforschung |
| | | | Meteor-M Nr. 2-3; UTMN-2; Vizard Meteo | Meteorologie |
| | | | 8 x Sitro-AIS | Schiffstracking |
| | | | Impuls-1 | Solarphysik |
| | | | Sirius-SINP-3U | Strahlungs-Detektion |
| | | | Polytech Universe-3 | Strahlungsphysik |
| | | | A-SEANSAT-PG1; Avion; BSUSat-2; CSTP-1.1 und 1.2; KuzGTU-1; 6 x TinySat | Technologie |
| | | | Svyatobor-1 | Waldbrandüberwachung |
| | | | Khors 1 und 2; Nanosond-1; NORBI-2; Saturn | Weltraumwetter |
| 97 | 01. Jul | Falcon 9 Block 5 | Euclid | Astronomie |
| 98 | 05. Jul | Ariane 5 ECA | Heinrich Hertz | Kommunikation |
| | | | Syracuse 4B | Militärische Kommunikation |
| 99 | 07. Jul | Falcon 9 Block 5 | 48 x Starlink 5-13 | Kommunikation |
| 100 | 09. Jul | Langer Marsch 2C YZ-1S | Hulianwang Jishu Shiyan 01 und 02 | Kommunikation |
| 101 | 10. Jul | Falcon 9 Block 5 | 22 x Starlink 6-5 | Kommunikation |
| 102 | 12. Jul | Zhuque 2 | Keine Nutzlast | Testflug |
| 103 | 14. Jul | LVM 3 | Vikram | Mondlandesonde |
| 104 | 16. Jul | Falcon 9 Block 5 | 54 x Starlink 5-15 | Kommunikation |
| 105 | 18. Jul | Electron | 2 x Lemur 2 | Erdbeobachtung |
| | | | Telesat LEO 3; 4 x Starling | Technologie |
| 106 | 20. Jul | Kuaizhou 1A | Tianmu 1 7-10 | Meteorologie |
| 107 | 20. Jul | Falcon 9 Block 5 | 15 x Starlink 6-15 | Kommunikation |
| 108 | 22. Jul | Ceres 1 | Xingshidai-16 | Erdbeobachtung |
| | | | Quiankun-1 | Technologie |
| 109 | 23. Jul | Langer Marsch 2D | Lingxi-03; Skysight AS 01, 02, 03 | Erdbeobachtung |
| 110 | 24. Jul | Falcon 9 Block 5 | 22 x Starlink 6-6 | Kommunikation |
| 111 | 26. Jul | Langer Marsch 2D | Yaogan 36-05A, B, C | Militärische Aufklärung |
| 112 | 28. Jul | Falcon 9 Block 5 | 22 x Starlink 6-7 | Kommunikation |
| 113 | 29. Jul | Falcon Heavy | Jupiter 3 (Echostar-24) | Kommunikation |
| 114 | 30. Jul | PSLV-CA | DS-SAR | Erdbeobachtung |
| | | | NuLIon | Internet of Things |
| | | | ARCADE | Ionosphärenforschung |
| | | | Galassia-2; ORB-12 STRIDER; Scoob-2; Velox-AM | Technologie |
| 115 | 03. Aug | Langer Marsch 4C | Fengyun 3F | Meteorologie |
| 116 | 02. Aug | Antares 230+ | Cygnus NG-19 | Nachschub ISS |
| | | | Duplex | Technologie |
| 117 | 03. Aug | Falcon 9 Block 5 | Galaxy 37 | Kommunikation |
| 118 | 07. Aug | Falcon 9 Block 5 | 22 x Starlink 6-8 | Kommunikation |
| 119 | 07. Aug | Sojus 2.1b Fregat | Glonass K2 13L (Kosmos 2569) | Navigation |
| 120 | 08. Aug | Falcon 9 Block 5 | 15 x Starlink 6-20 | Kommunikation |
| 121 | 09. Aug | Langer Marsch 2C | S-SAR 02 | Radar-Erdbeobachtung |
| 122 | 10. Aug | Ceres 1 | 4 x Xi'an Hangtou; Xiguang 1-01; Xingchi-1B | Erdbeobachtung |
| | | | Henan Ligong 1 | Technologie |

| | DATUM | TRÄGER | NUTZLAST | MISSION |
|---|---|---|---|---|
| 123 | 11. Aug | Sojus 2.1b „Fregat" | Luna 25 | Mondlander |
| 124 | 11. Aug | Falcon 9 Block 5 | 22 x Starlink 6-9 | Kommunikation |
| 125 | 12. Aug | Langer Marsch 3B/E | Ludi Tance 4 01A | Erdbeobachtung |
| 126 | 14. Aug | Kuaizhou 1A | Jiatong 06-10 | Schiffstracking |
| 127 | 17. Aug | Falcon 9 Block 5 | 22 x Starlink 6-10 | Kommunikation |
| 128 | 20. Aug | Langer Marsch 4C | Gaofen 12-04 | Erdbeobachtung |
| 129 | 22. Aug | Falcon 9 Block 5 | 21 x Starlink 7-1 | Kommunikation |
| 130 | 23. Aug | Sojus 2.1a | Progress MS-24 | Nachschub ISS |
| 131 | 23. Aug | Chŏllima 1 | Malligyong-1 | Aufklärung |
| 132 | 24. Aug | Electron | Acadia 1 | Erdbeobachtung |
| 133 | 25. Aug | Ceres 1 | Jilin 1 Kuanfu-02A | Erdbeobachtung |
| 134 | 26. Aug | Falcon 9 Block 5 | SpaceX Crew-7 | Crew Transport zur ISS |
| 135 | 27. Aug | Falcon 9 Block 5 | 22 x Starlink 6-11 | Kommunikation |
| 136 | 31. Aug | Langer Marsch 2D | Yaogan 39-01 A, B, C | Militärische Aufklärung |
| 137 | 01. Sep | Falcon 9 Block 5 | 22 x Starlink 6-13 | Kommunikation |
| 138 | 02. Sep | PSLV-XL | Aditya-L1 | Heliophysik |
| 139 | 02. Sep | Falcon 9 Block 5 | 2xTracking Lay. Tranche 0 | Frühwarnung |
| | | | 11xTransp. Lay. Tranche 0 | Militär-Kommunikation |
| 140 | 04. Sep | Falcon 9 Block 5 | 21 x Starlink 6-12 | Kommunikation |
| 141 | 05. Sep | Ceres 1S | Tianqi 21-24 | Internet of Things |
| 142 | 06. Sep | Langer Marsch 4C | Yaogan 33-03 | Radar-Aufklärer |
| 143 | 07. Sep | H2A-202 | SLIM | Mondlander |
| | | | XRISM | Röntgenastronomie |
| 144 | 09. Sep | Falcon 9 Block 5 | 22 x Starlink 6-14 | Kommunikation |
| 145 | 10. Sep | Langer Marsch 6A | Yaogan 40A, B, C | Signalaufklärung |
| 146 | 10. Sep | Atlas 5 551 | Silentbarker 1, 2 und 3 | Space Domain Awareness |
| 147 | 15. Sep | Alpha | Victus Nox | Space Domain Awareness |
| 148 | 15. Sep | Sojus 2.1a | Sojus MS-24 | Crew Transport zur ISS |
| 149 | 16. Sep | Falcon 9 Block 5 | 22 x Starlink 6-16 | Kommunikation |
| 150 | 17. Sep | Langer Marsch 2D | Yaogan 39-02A, B, C | Militärische Aufklärung |
| 151 | 19. Sep | Electron | Acadia 2 | Erdbeobachtung |
| 152 | 20. Sep | Falcon 9 Block 5 | 22 x Starlink 6-17 | Kommunikation |
| 153 | 21. Sep | Ceres 1 | Jilin-1 Gaofen-04B | Erdbeobachtung |
| 154 | 24. Sep | Falcon 9 Block 5 | 22 x Starlink 6-18 | Kommunikation |
| 155 | 25. Sep | Falcon 9 Block 5 | 21 x Starlink 7-3 | Kommunikation |
| 156 | 26. Sep | Langer Marsch 4C | Yaogan 33-04 | Radar-Aufklärer |
| 157 | 27. Sep | Quased | Noor 3 | Militärische Aufklärung |
| 158 | 30. Sep | Falcon 9 Block 5 | 22 x Starlink 6-19 | Kommunikation |
| 159 | 05. Okt | Langer Marsch 2D | Yaogan 39-03A, B, C | Militärische Aufklärung |
| 160 | 05. Okt. | Falcon 9 Block 5 | 22 x Starlink 6-21 | Kommunikation |
| 161 | 06. Okt | Atlas 5 501 | Kuipersat 1 und 2 | Kommunikation |
| 162 | 07. Okt | Falcon 9 Block 5 | 21 x Starlink 7-4 | Kommunikation |
| 163 | 09. Okt | Vega | THEOS-2; ANSER Leader; ANSER Follower 1 u. 2; PRETTY; V-CC | Erdbeobachtung |
| | | | MACSAT | Internet of Things |
| | | | TRITON | Meteorologie |
| | | | CSC 1 und 2 | Payload Hosting |
| | | | ESTCube 2; N3SS | Technologie |
| 164 | 09. Okt | Falcon 9 Block 5 | 21 x Starlink 7-4 | Kommunikation |
| 165 | 10. Okt | Falcon 9 Block 5 | 22 x Starlink 6-22 | Kommunikation |
| 166 | 12. Okt | Falcon Heavy | Psyche | Asteroiden-Orbiter |
| 167 | 14. Okt | chinesischer Start | unbekannt | unbekannt |
| 168 | 15. Okt | Falcon 9 Block 5 | 22 x Starlink 6-23 | Kommunikation |
| 169 | 15. Okt | Falcon 9 Block 5 | 22 x Starlink 6-23 | Kommunikation |
| 170 | 14. Okt | Langer Marsch 3B/E | ChinaSat-6E | Kommunikation |
| 171 | 15. Okt | Kuaizhou 1A | unbekannt | unbekannt |
| 172 | 19. Okt | Jielong 3 | unbekannt | unbekannt |

| | DATUM | TRÄGER | NUTZLAST | MISSION |
|---|---|---|---|---|
| 173 | 21. Okt | Falcon 9 Block 5 | 22 x Starlink x-xx | Kommunikation |
| 174 | 22. Okt | Falcon 9 Block 5 | 22 x Starlink x-xx | Kommunikation |
| 175 | 22. Okt | Falcon 9 Block 5 | O3b mPower 5; O3b mPower 6 | Kommunikation |
| 176 | 26. Okt | Falcon 9 Block 5 | SARah-2 und 3 | Militärische Aufklärung |
| 177 | 28. Okt | Langer Marsch 2F/G | Shenzhou 17 | Crew Transport zu Tiangong |
| 178 | 29. Okt | Falcon 9 Block 5 | World View Legion 1 und 2 | Erdbeobachtung |
| 179 | 29. Okt | PSLV | THEOS-2A | Erdbeobachtung |
| 180 | 31. Okt | Chŏllima 1 | unbekannt | Testflug |
| 181 | 31. Okt | Starship | Keine Nutzlast | Testflug |
| 182 | 01. Nov | Falcon 9 Block 5 | SpaceX CRS-29 | Versorgung ISS |
| 183 | 01. Nov | GSLV Mk. II | INSAT-3DS | Meteorologie |
| 184 | 03. Nov | Falcon 9 Block 5 | 22 x Starlink x-xx | Kommunikation |
| 185 | 04. Nov | chinesischer Start | unbekannt | unbekannt |
| 186 | 07. Nov | Falcon 9 Block 5 | 2 x HBTSS-1; 4 x Tracking Layer T.0 | Frühwarnung |
| 187 | 07. Nov | Falcon 9 Block 5 | 22 x Starlink x-xx | Kommunikation |
| 188 | 10. Nov | chinesischer Start | unbekannt | unbekannt |
| 189 | 11. Nov | Falcon 9 Block 5 | 22 x Starlink x-xx | Kommunikation |
| 190 | 12. Nov | Falcon 9 Block 5 | Transporter 9 mit ca. 100 Nutzlasten | Rideshare-Mission |
| 191 | 12. Nov | chinesischer Start | unbekannt | unbekannt |
| 192 | 15. Nov | Falcon 9 Block 5 | 22 x Starlink x-xx | Kommunikation |
| 193 | 16. Nov | Falcon 9 Block 5 | Eagle Cam | Ausbildung |
| | | | GEC | Erdbeobachtung |
| | | | IM-1 | Mondlander |
| 194 | 16. Nov | Sojus 2.1b | Resurs-P | Erdbeobachtung |
| 195 | 23. Nov | chinesischer Start | unbekannt | unbekannt |
| 196 | 26. Nov | chinesischer Start | unbekannt | unbekannt |
| 197 | 26. Nov | chinesischer Start | unbekannt | unbekannt |
| 198 | 27. Nov | Firefly Alpha | Rideshare-Mission mit 10 Nutzlasten | Rideshare-Mission |
| 199 | 28. Nov | Falcon 9 Block 5 | Andesat-1; 2 x Annvu; UtilitySat | Kommunikation |
| 200 | 29. Nov | Jielong 3 | Hong Kong Star | Erdbeobachtung |
| 201 | 30. Nov | Falcon Heavy | USSF-52 | Militärische Kommunikation |
| 202 | 01. Dez | Sojus 2.1a | Progress MS-25 | Nachschub ISS |
| 203 | 02. Dez | Falcon 9 Block 5 | 22 x Starlink x-xx | Kommunikation |
| 204 | 03. Dez | Electron | Acadia 3 | Erdbeobachtung |
| 205 | 05. Dez | Falcon 9 Block 5 | 22 x Starlink x-xx | Kommunikation |
| 206 | 09. Dez | Sojus 2.1b Fregat | Ionosfera M Nr. 1 u. 2 | Ionosphärenforschung |
| 207 | 10. Dez | Falcon 9 Block 5 | 22 x Starlink x-xx | Kommunikation |
| 208 | 10. Dez | chinesischer Start | unbekannt | unbekannt |
| 209 | 11. Dez | Falcon 9 Block 5 | Sea Lion; Ut ProSat-1 | Kommunikation |
| | | | Cygnus NG-20 | Nachschub ISS |
| | | | LizzieSat-2 | Technologie |
| 210 | 14. Dez | chinesischer Start | unbekannt | unbekannt |
| 211 | 16. Dez | Falcon 9 Block 5 | 22 x Starlink x-xx | Kommunikation |
| 212 | 16. Dez | chinesischer Start | unbekannt | unbekannt |
| 213 | 17. Dez | Sojus 2.1a | Obzor-R | Erdbeobachtung |
| 214 | 17. Dez | Falcon 9 Block 5 | 22 x Starlink x-xx | Kommunikation |
| 215 | 18. Dez | Electron | QPS-SAR 5 | Erdbeobachtung |
| 216 | 18. Dez | Angara 1.2 | Aist 2T Nr. 1 und 2 | Erdbeobachtung |
| 217 | 19. Dez | chinesischer Start | unbekannt | unbekannt |
| 218 | 22. Dez | Sojus 2.1b Fregat | Arktika M | Meteorologie |
| 219 | 26. Dez | Sojus 2.1b Fregat | Marafon-D | Internet of Things |
| | | | Meteor M | Meteorologie |
| 220 | 26. Dez | chinesischer Start | unbekannt | unbekannt |
| 221 | 28. Dez | Falcon 9 Block 5 | 22 x Starlink x-xx | Kommunikation |

Rot : Fehlschlag Orange : Teilerfolg Blau : Ausblick, Änderungen wahrscheinlich

# GLOSSAR

*Hier erläutern wir Ihnen einige der in diesem Buch verwendeten Fachbegriffe und Abkürzungen. Ein umfassendes Raumfahrt-Wörterbuch finden Sie auf* ***www.space-jahrbuch.de/glossar***

| | |
|---|---|
| Alpha | Trägerrakete von Firefly. |
| Apogäum | Höchster Bahnpunkt einer elliptischen Orbitalbahn um die Erde. |
| Aposelenum | Mondfernster Punkt einer elliptischen Mondumlaufbahn. |
| ArianeGroup | Europäischer Hersteller und Betreiber von Trägerraketen. |
| Arianespace | Unternehmen, das den Betrieb und die Vermarktung der von der ArianeGroup und Avio hergestellten Raketen der Typen Ariane 6 und Vega durchführt. |
| ASTP-Programm | Apollo-Sojus-Testprogramm. Ein gemeinsames bemanntes Raumflugprogramm zwischen den USA und der Sowjetunion im Jahre 1975. |
| Axiom Space | US-Raumfahrtunternehmen. Baut eine kommerzielle Raumstation. |
| Beresheet | Der Beresheet-Lander war ein israelisches Mondlandegerät, das nach einem zunächst planmäßigen Flug in eine Mondumlaufbahn am 11. April 2019 auf dem Mond abstürzte. |
| Blue Origin | Raumfahrtfirma des US-Unternehmers Jeff Bezos. |
| Booster | Seitlich an der Basis der Rakete angebrachte Starthilfsrakete. Wird zunehmend häufiger auch für die erste Stufe einer Trägerrakete verwendet. |
| CapCom | Für „Capsule Communicator". Astronaut, der im Missionskontrollzentrum den Sprechverkehr mit der Flightcrew abwickelt. |
| CAPSTONE | Mikro-Mondsonde. |
| CNSA | China National Space Agency. Nationale Raumfahrtagentur Chinas. |
| Crew Dragon | Bemanntes Raumfahrzeug des US-Unternehmens SpaceX. |
| Cubesats | Standardisierte, würfelförmige Nanosatelliten. |
| Curie-Triebwerk, Curie-Kickstufe | Antriebseinheit mit gleichnamigem Triebwerk für die Electron-Rakete von Rocket Lab. Quasi eine dritte Stufe. |
| DART | Double Asteroid Redirection Test. Die Sonde DART flog zu dem Doppelasteroiden Didymos und schlug am 26. September 2022 auf dem Begleiter Dimorphos ein. |
| De-orbit | Triebwerks-Brennmanöver, mit dem ein Raumfahrzeug wieder den Orbit verlassen kann. |
| DLR | Deutsches Zentrum für Luft- und Raumfahrt. Nationale deutsche Luft- und Raumfahrtbehörde. |
| Dragon | Unbemanntes (Cargo Dragon) oder bemanntes (Crew Dragon) Transportraumschiff von SpaceX. |
| EMU | Extra Vehicular Mobility Unit. |
| Epsilon | Feststoffbetriebene japanische Trägerrakete. |
| eRoSita | Deutsches Instrument auf dem russischen Röntgenforschungssatelliten Spektr-RG. |
| FAA | Federal Aviation Administration. Nationale Luftfahrtbehörde der Vereinigten Staaten. |
| Fairing | Nutzlastverkleidung einer Rakete. |
| Full duration test | Triebwerkstest über die volle Dauer und dem Schubprofil eines realen Einsatzes. |
| Gaofen | Serie chinesischer Erdbeobachtungssatelliten des CHEOS-Programms. |
| GEO | Geostationärer Orbit. |
| Geostationärer Orbit | Kreisförmige Umlaufbahn eines Satelliten, auf welcher er die Erde in genau 24 Stunden umrundet und daher über einem Punkt der Erde still zu stehen scheint (Höhe etwa 35.800 Kilometer über der Erdoberfläche). |
| Geosynchroner Orbit | Inklinierte und/oder elliptische Umlaufbahn eines Satelliten, auf welcher er die Erde in genau 24 Stunden einmal umrundet. |
| GTO | Geosynchronous Transfer Orbit. Stark elliptische Übergangsbahn zum Erreichen des geosynchronen Orbits (GEO). |
| HAKUTO | Mondlander des japanischen Unternehmens ispace. |
| Handover | Zeitlich überlappende Übergabe zwischen Raumstations-Crews: Die neue Crew erreicht die Station 8-10 Tage vor dem Dienstende der vorausgehenden Mannschaft und bekommt in dieser Zeit eine eingehende Einweisung. |
| Hermes | Europäisches Programm für die Entwicklung eines bemannten Raumfahrtsystems. Lief von 1982 bis 1992 und wurde dann eingestellt. |
| HLS | Für: Human Landing System. Der Mondlander des Orion-Programms |
| Hyperbola | Chinesische Trägerrakete |
| Interim Cryogenic Propulsion Stage | Oberstufe des Space Launch Systems für die ersten drei Einsätze |
| ISRO | Indian Space Research Organisation (Nationale indische Raumfahrtagentur). |

| | |
|---|---|
| Kuiper-Konstellation | Geplante Internet-Konstellation von Amazon. |
| Lampoldshausen | Raumfahrtstandort des DLR und der ArianeGroup GmbH nördlich von Heilbronn. |
| LIFE-Habitat | Aufblasbares Wohnmodul von Sierra Nevada für das Orbital Reef. |
| Luna 25 | Russischer Mondlander gescheiterter Landeversuch 2023. |
| Luna 27 | Russischer Mondlander. Startdatum ungewiss. |
| Lunar Gateway | Geplante Raumstation von NASA, ESA, JAXA und CSA. Sie soll den Mond in einer weiten Umlaufbahn umkreisen und nicht durchgängig bemannt sein. |
| MASTIF | Abkürzung für: Multiple Axis Space Test Inertia Facility. Trainingsgerät der Mercury-Astronauten. |
| MEO | Medium Earth Orbit. Mittelhoher Erdorbit zwischen 2.000 und 36.000 Kilometern. |
| Mikrolauncher | Orbitalraketen mit einer Nutzlastkapazität von weniger als 500 Kilogramm auf eine niedrige, östliche Erdumlaufbahn. |
| MVac | Merlin Vacuum Engine. Version des SpaceX Merlin-Triebwerks für die zweite Stufe der Falcon 9. |
| Nano-, Pico- und Femtosatelliten | Raumfahrzeuge mit einem Startgewicht von zehn Kilogramm oder weniger. |
| Nanorack | US-Raumfahrtunternehmen. Hauptauftragnehmer für die kommerzielle Starlab-Raumstation. |
| Neutron | Geplante mittelschwere Trägerrakete von Rocket Lab. |
| New Glenn | Trägerraketenprojekt der Firma Blue Origin. |
| Nuri | Südkoreanische Trägerrakete. |
| OneWeb | Geplante Internet-Konstellation des gleichnamigen Unternehmens. |
| Orbit insertion burns | Triebwerksbrennmanöver, das für den finalen Impuls zum Erreichen eines Orbits sorgt. |
| Orbital Reef | Bezeichnung einer kommerziellen Raumstation unter der Leitung von Blue Origin. |
| orbitall | Raumfahrtsimulation für Kinder und Jugendliche im FEZ Berlin-Wuhlheide. |
| Periselenum | Mondnächster Punkt einer elliptischen Mondumlaufbahn. |
| Preliminary Design Review | Abschluss der Konstruktionsphase. Beginn der Hardware-Fertigung in einem Raumfahrtprojekt. |
| Rashid Rover | Kleines Mondfahrzeug der Vereinigten Arabischen Emirate, das an Bord des HAKUTO-M-Landers auf den Mond transportiert werden soll. |
| Rocket Lab | Neuseeländischer Entwickler und Hersteller der Kleinträgerrakete Electron. |
| Roskosmos | Russische Raumfahrtagentur. |
| SAGE | Swiss Artificial Gravity Experiment – ein Nanosatellitenprojekt zur Erforschung der künstlichen Schwerkraft im Bereich der Milli- und Mikrogravitation, wie sie auf kleinen Monden und Asteroiden vorkommt. |
| Sierra Space | US-Raumfahrtunternehmen. Hersteller des Dream Chaser-Raumfahrzeugs. |
| SLS | Abkürzung für „Space Launch System". Großträgerrakete der NASA, die das Orion-Raumschiff zum Gateway senden soll. |
| Space Force | Abkürzung für "United States Space Force", der fünften Waffengattung des US-Militärs. |
| space tug | „Raumschlepper" – ein Raumfahrzeug, mit dem Fracht im All von einer Umlaufbahn in eine andere transportiert wird. |
| Spin Launch | US-Unternehmen, das kleine Raumfahrzeuge mittels kinetischen Impulses starten will. |
| Starliner | Bemanntes US-Raumfahrtsystem für Erdorbit-Einsätze, entwickelt von Boeing. |
| Starlink | Konstellation niedrig fliegender Kommunikationssatelliten von SpaceX, für einen weltumspannenden Breitband-Internetzugang. |
| Starship | Neuartiges, zweistufiges, voll wiederverwendbares Raumschiff von SpaceX. |
| Startanlage 39B | Startkomplex am Kennedy Space Center für die SLS-Rakete. |
| Stationkeeping | Manöver, die notwendig sind, um die Arbeitsposition eines Raumfahrzeugs zu halten. |
| Super Heavy | Boosterstufe des SpaceX Starship. |
| Supersynchrone geostationäre Transferbahn | Geostationärer Orbit mit einem Apogäum von mehr als 35.800 Kilometern. Wird häufig gewählt, wenn bei leichteren Nutzlasten ein Leistungsüberschuss seitens der Trägerrakete vorliegt. Der dadurch niedrigere Treibstoffverbrauch zum Erreichen des geostationären Orbits kann der Satellit in eine längere Einsatzdauer investieren. |
| SUSIE | Abkürzung für Smart Upper Stage for Innovative Exploration. Geplantes europäisches Mehrzweckraumfahrzeug, auch für bemannte Einsätze. |
| TLI | Trans Lunar Injection. Einschuss in eine Flugbahn zum Mond. |
| USSF | United States Space Force. |
| VFR | Verein zur Förderung der Raumfahrt e.V., gegründet 1988. |
| Virgin Orbit | US-Raumfahrtunternehmen. |
| VKS | Abkürzung für die russischen Luft- und Raumfahrtkräfte. Steht für Vozdushno- Kosmicheskiye Sily. |
| waiver | Außerkraftsetzung oder Abschwächung von prozeduralen Vorschriften. |

# RAUMFAHRT-GESCHICHTE IN JAHRESTAGEN

*Hier finden Sie einige Raumfahrtereignisse, die 2024 ein „Jubiläum" begehen. Auf www.space-jahrbuch.de finden Sie unseren SPACE-Kalender, der diese Jahrestage als kultigen Monatsplaner aufberereit.*

| DATUM | RAUMFAHRTEREIGNIS | JAHRE |
|---|---|---|
| 01.01.2019 | Vorbeiflug von New Horizons an (486958) Arrokoth. Dieses transneptunische Objekt besteht aus zwei Körpern, die sich berühren. | 5 Jahre |
| 02.01.1959 | Start von Luna 1 – Verfehlte den Mond um 6000 Kilometer. Erstes menschengemachtes Objekt in einem heliozentrischen Orbit. | 65 Jahre |
| 03.01.2019 | Chang'e 4 – Erste weiche Landung auf der Mondrückseite | 5 Jahre |
| 04.01.2004 | Landung des Mars-Rovers Spirit im Gusev-Krater | 20 Jahre |
| 05.01.1969 | Start von Venera 5 – Erster Fallschirmflug in der Venusatmosphäre, Kontaktverlust vor der Landung. | 55 Jahre |
| 16.01.1969 | Erstes Docking-Manöver zweier bemannter Raumfahrzeuge (Sojus 4 und 5), erster Crew-Austausch. | 55 Jahre |
| 21.01.1959 | Discoverer 1 erreicht (von der Luftwaffenbasis Vandenberg aus) als erster Satellit weltweit eine polare Erdumlaufbahn. | 65 Jahre |
| 25.01.2004 | Landung des Mars-Rovers Opportunity | 20 Jahre |
| 30.01.1964 | Ranger 7 startet zum Mond, sendet aber wegen einer Fehlfunktion des Kamerasystems keine Bilder | 60 Jahre |
| 05.02.1974 | Mariner 10 – Venusvorbeiflug in 5768 Kilometern Höhe, erstes Gravitationshilfsmanöver, erstes Foto der Venus aus dem Weltraum | 50 Jahre |
| 07.02.1984 | STS-41-B – Erster Weltraumspaziergang ohne Sicherungsleine mit Bruce McCandless II. | 40 Jahre |
| 15.02.1564 | Galileo Galilei wird in Pisa geboren | 460 Jahre |
| 21.02.1969 | Erster Testflug der sowjetischen Mondrakete N1. Die Mission scheitert nach 69 Sekunden. | 55 Jahre |
| 24.02.1949 | Bumper-5 – WAC Corporal-Rakete auf einer V-2-Rakete, die als erste zweistufige Flüssigkeitsrakete eine Rekordhöhe von 393 Kilometern (244 Meilen) erreicht. | 75 Jahre |
| 02.03.2004 | Start der Raumsonde Rosetta/Philae zum Kometen Tschurjumow-Gerassimenko. | 20 Jahre |
| 02.03.2019 | Erfolgreiche Durchführung des SpX-DM1 Fluges von SpaceX, einer unbemannten Demo-Mission zur ISS mit dem Crew Dragon. | 5 Jahre |
| 03.03.1959 | Start von Pioneer 4, die zur ersten US-Sonde wird, die eine heliozentrische Umlaufbahn erreicht. | 65 Jahre |
| 03.03.1969 | Start zur Mission von Apollo 9 mit den Astronauten James McDivitt, David Scott und Russell Schweickart, bei der die Kombination aus Mondfähren und Kommandokapsel in der Erdumlaufbahn erprobt wird. | 55 Jahre |
| 05.03.1979 | Voyager 1 – Vorbeiflug am Jupiter (dichteste Annäherung 349.000 km), Begegnung mit fünf Jupitermonden, Entdeckung von Vulkanismus auf Io | 45 Jahre |
| 06.03.2009 | Die Kepler Mission startet, das erste Weltraumteleskop, das gezielt nach erdähnlichen Exoplaneten suchen soll. | 15 Jahre |
| 29.03.1974 | Mariner 10 – Erster Merkur-Vorbeiflug in 703 Kilometern Höhe | 50 Jahre |
| 08.04.1964 | Start der unbemannten Gemini 1 | 60 Jahre |
| 13.05.2019 | Offizieller Beginn des ARTEMIS-Programms. | 5 Jahre |
| 18.05.1969 | Start zur Mission von Apollo 10 mit den Astronauten Tom Stafford, John Young und Eugene Cernan bei dem in einer Mondumlaufbahn die Generalprobe zur Mondlandung durchgeführt wurde. | 55 Jahre |
| 29.05.1974 | Start der sowjetischen Mondsonde Luna 22. | 50 Jahre |
| 20.06.1944 | Erster Weltraumflug – Eine V-2 Rakete überwindet erstmals die sog. Kármán Linie von 100 km Höhe. | 80 Jahre |
| 21.06.2004 | Mike Melvill überwindet beim Probeflug für den Ansari X-Price mit einer Flughöhe von 100,124 Kilometern die Kármán-Linie (100 Kilometer) | 20 Jahre |
| 25.06.1924 | Gesellschaft für Studien über interplanetare Reisen gegründet – Zu den Mitgliedern gehören Konstantin Ziolkowski, Friedrich Zander und Juri Kondratjuk | 100 Jahre |
| 01.07.2004 | Die Raumsonde Cassini–Huygens ist das erste Objekt in einem Saturnorbit | 20 Jahre |
| 03.07.1969 | Der zweite Testflug der N1 endet 100 Meter über dem Starttisch in einer der größten nichtnuklearen Explosionen in der Geschichte der Menschheit. Die Anlage wird vollständig zerstört. | 55 Jahre |